Ri Luinneig mun Chrò

MUN SGRÌOBHAICHE ∾ ABOUT THE AUTHOR

Thogadh an t-ùghdar ann an Gall Ghàidhealaibh air a cuairteachadh le crodh agus ceòl. Rinn i ceum le urram ann an Gàidhlig agus Eachdraidh na h-Alba aig Oilthigh Dhùn Èideann agus PGCE ann an Obar Dheathain. Bho 1990 tha i air a bhith ag obair ann am foghlam tro mheadhan na Gàidhlig anns a' Ghàidhealtachd, ann an Earra-ghàidheal agus ann an Dùn Èideann, a' leudachadh a h-ùidh ann an dualchas, eachdraidh agus òrain nan Gàidheal.

Mhothaich i cho tric 's a tha crodh a' nochdadh ann an òrain Ghàidhlig, gu h-àraidh ann an tàlaidhean agus òrain ghaoil. 'S e an leabhar seo toradh a rannsachaidh air a' chuspair.

Janet Grigor was raised in Galloway, surrounded by cattle and traditional music and song from an early age. After graduating with an MA (Hons) in Celtic Studies and Scottish History from Edinburgh University and a PGCE from Aberdeen Northern College, her work in Gaelic-medium primary education in the Highlands, Argyll and Edinburgh has further developed her interest in oral tradition, social history and Gaelic song. Singing Gaelic lullabies to her daughter, and noticing their rich references to cattle in myriad forms, was the spark for some four years of research into cattle in Gaelic song, of which this book is the culmination.

Ri Luinneig mun Chrò

Crodh ann am Beatha agus
Dualchas nan Gàidheal

Cadal no dùsgadh, cluinnidh mi uam
A' bhanarach òg ri luinneig mun chrò

Seònaid Ghriogair

Chaidh *Ri Luinneig mun Chrò* fhoillseachadh an toiseach
le Grace Note Publications ann an 2014

GRACE NOTE PUBLICATIONS
Grange of Locherlour
Uachdar Thìre mu Chraoibh
Siorrachd Pheairt PH7 4JS, ALBA
Post-dealain: books@gracenotereading.co.uk
www.gracenotepublications.co.uk

LAGE/ISBN 978-1-907676-55-0

Dealbh a' chòmhdaich-aghaidh: Peigi NicRath a' bleoghan Dora,
Taobh a Tuath Ghleann Dail, Uibhist a Deas, 1933.
Dlighe-sgrìobhaidh © 1933 Margaret Fay Shaw Campbell,
Canna House Collection le cead Urras Nàiseanta na h-Alba

Dealbh a' chòmhdaich chùil, dlighe-sgrìobhaidh © 2014 Grace Note Publications

Clò-shuidhichte le Grace Note Publications, Uachdar Thìre

Chuidich Comhairle nan Leabhraichean am foillsichear
le cosgaisean an leabhair seo

Do
Mhoray agus Raonaid
le gaol gu sìorraidh agus
taing mhòr airson ur foighidinn

Clàr-innse

Òrain agus Dàin

CAIBIDEIL 3: TOCHRAIDHEAN AGUS BEAIRTEAS

CAIBIDEIL 6: BAINNE AGUS BLEOGHAN

CAIBIDEIL 7: AN ÀIRIGH: ÙRACHADH AGUS GAOL

CAIBIDEIL 8: DRÒBHAIREACHD AGUS FÈILLTEAN

Giorrachaidhean

Ag H R:	Agricultural History Review
APS:	Acts of the Parliament of Scotland
deas:	deasaiche
FC:	Fear-clàraidh
GD:	Gifts and Deposits
NC:	neach-clàraidh
NSA:	New Statistical Account (1834-45)
OSA:	Old Statistical Account - Statistical Account of Scotland (1791-99)
RC:	ro Chrìosd
S.R.O.:	Scottish Record Office
td:	taobh-duilleig
tdd:	taobh-duilleagan
TGSI:	Transactions of the Gaelic Society of Inverness
Urr (an t-Urr):	Urramach (an t-Urramach)

Ro-ràdh

Air feadh an t-saoghail 's e samhla làidir, tòimhseachanach, àlainn de dh'Alba a th' anns a' bhò Ghàidhealach. Air cùlaibh na h-ìomhaigh ainmeil seo tha dualchas mìorbhaileach de dh'eachdraidh, seanchas, bàrdachd agus òrain, a' sealltainn an dlùth-cheangal a th' air a bhith eadar muinntir na Gàidhealtachd agus an cuid chruidh thar nan linntean. Nochdaidh crodh, buachaillean agus banaraich ann an iomadh seòrsa òran, bho dhàin-molaidh na siathamh linne deug gu bàrdachd an latha an-diugh, bho òrain gaoil gu òrain aoireil, bho bhàrdachd Alasdair Mac Mhaighstir Alasdair, Dhonnachaidh Bhàin agus Rob Dhuinn gu tàlaidhean agus geantraighean. Tha cuid de na h-òrain rin cluinntinn gu tric, le feadhainn eile nach deach a chlàradh a-riamh. Innsidh facail nan òran agus cunntasan co-aimsireil sgeulachd inntinneach mu dheidhinn beathach a th' air a bhith cho cudromach ann am beatha agus eaconamaidh na h-Alba airson ceudan de bhliadhnaichean. 'S e amas an leabhair seo an sgeulachd sin ath-innse, tro na h-òrain agus na cunntasan, a' coimhead air a' chrodh fhèin agus air na daoine a bha gan àrach, gam bleoghan, gam buachailleachd, gan iomain gu margaidhean agus gu fèilltean no gan goid bho nàbaidhean ann am meadhan na h-oidhche.

Nuair a smaoinich mi air an obair-rannsachaidh seo anns a' chiad dol a-mach, cha do shaoil mi idir gum bithinn ag obair leis an uimhir de rannan is òrain air cuspair a' chruidh. Aig a' cheann thall cha b' e lorg òrain fhreagarrach a bha doirbh, ach a' taghadh dè a dh'fheumainn fhàgail às. Ged a tha faisg air trì cheud òran agus pìos bàrdachd san leabhar seo, dh'fheumainn dìreach earrann den a' chuid as motha dhiubh a chleachdadh agus tha tòrr a bharrachd a dh'fhaodadh a bhith ann. Is tric a tha barrachd air aon tionndadh de dh'òran ri chluinntinn, le briathran no fuinn eadar-dhealaichte a rèir cò às a tha iad agus cò a tha gan seinn, agus tha sin fhèin a' meudachadh an luaich agus a' toirt dhuinn seallaidhean diofraichte den chuspair. Gu dearbh, 's e sruth gu math làidir a th' ann am beul-aithris nan Gàidheal, agus dìreach mar a bhios sruth bras a' sguabadh ùir, duilleagan agus eile leis, 's iomadh rann a chaidh a sgaoileadh agus atharrachadh air bilean dhaoine thar nam bliadhnaichean. Tha mi an dòchas gun toir na h-earrannan a thagh mi blasad den dualchas luachmhor seo dhuibh, agus gun cuidich an liosta de chlàraidhean sibh gus na h-òrain slàn a chluinntinn dhuibh fhèin.

Buidheachas

Bu mhath leam taing a thoirt don a h-uile duine a thug taic dhomh an leabhar seo a thoirt gu bith: a h-uile duine a chuidich ann an dòigh sam bith an dualchas làidir seo de dh'òrain, de bhàrdachd agus de bheul-aithris a chumail beò thar nan linntean, gu h-àraidh seinneadairean agus luchd-clàraidh nan òran agus sgioba Tobar an Dualchais; Cathlin NicAmhlaidh agus Caroline Milligan ann an Sgoil Eòlais na h-Alba airson an taic ann a bhith a' lorg chlàraidhean agus a' faighinn cead dhomh an cleachdadh; Magda Sagarzazu agus Urras Nàiseanta na h-Alba airson cead earrannan bho thasglann Chanaigh a chleachdadh; Comunn Eachdraidh Nis airson nan earrannan bho 'Àirigh ann an Leòdhas' le Murchadh 'An Dhòmhnaill; an Comunn Tirisdeach airson earrannan bhon leabhar 'Na Bàird Thirisdeach'; sgioba BBC Alba & Rèidio nan Gàidheal airson cead earrannan a chleachdadh bho na prògraman aca agus airson a bhith a' toirt na h-uimhir de chothroman dhomh thar nam bliadhnaichean air òrain Ghàidhlig a chluinntinn; Acair earranta, Birlinn Ltd., Howie Firth, Taigh na Teud agus University of Toronto Press, Comunn Litreachas Gàidhlig na h-Alba, Llanerch Press, Oxford University Press agus a h-uile foillsichear agus ùghdar eile a thug dhomh cead earrannan a chleachdadh; Ruairidh MacIlleathain, Màrtainn Mac an t-Saoir agus an t-Ollamh Mìcheal Newton; sgioba Leabharlann Nàiseanta na h-Alba agus Leabharlann a' Mheadhain ann an Dùn Èideann; Lottie Fyfe aig Pan MacMillan UK airson a taic le còraichean glèidhte; Heather Brunstad, The Canadian Copyright Licensing Agency; Copyright Services of Library and Archives Canada; an luchd-teagaisg anns na Roinnean Ceiltis, Eachdraidh na h-Alba agus Eòlas na h-Alba ann an Oilthigh Dhùn Èideann, a thug dhomh na sgilean agus a' mhisneachd leabhar mar seo a rannsachadh agus a sgrìobhadh sa Ghàidhlig, agus gu h-àraidh Anja Gunderloch airson a taic le dàin Tadhg Dall Ó hUiginn; Beathag Mhoireasdan, Lisa Storey agus Una Cochrane airson an cuid comhairle agus am brosnachaidh; Taigh-tasgaidh na h-Alba, Dùn Èideann; Taisbeanadh nan Dròbhairean Gàidhealach, Ionad Tadhail Chraoibh; Comhairle nan Leabhraichean; Moray airson fhoighidinn agus a chùl-taic agus Raonaid airson a bhith ag èisteachd gu toilichte ris an uimhir de dh'òrain mu dheidhinn crodh nuair a bha i beag 's mi ga tàladh anmoch air an oidhche ... agus, gu dearbh, na mairt fhèin agus na daoine a bhiodh, agus a tha fhathast, gan àrach.

Bha crodh an sàs anns a' chiad chonnspaid eachdraidheil mu dheidhinn dlighean-sgrìobhaidh a bh' ann a-riamh, eadar Finian agus Colm Cille anns an t-siathamh linn. Gun fhios do Finian, bha Colm Cille air leth-bhreac a dhèanamh de shalmadair prìseil a bhuineadh do Finian. Nuair a chaidh iarraidh air Diarmait mac Cerbhiall, Àrd-rìgh na hÉireann breith a thoirt anns a' ghnothaich thuirt e:

"Le gach bó a buinín agus le gach leabhar a chóip."

Tha mise air a h-uile oidhirp a dhèanamh gun a bhith a briseadh dlighean-sgrìobhaidh dhuine sam bith, ach ma tha mi air seo a dhèanamh gun fhios, nach cuir sibh fios thugam.

Tron phroiseact seo fhuair mi comhairle air dreachan den teacsa bho Bheathag Mhoireasdan. Bu mhath leam taing mhòr a thoirt dhith airson a taic. Ma tha mearachdan sam bith air èaladh air ais a-steach dhan teacsa, 's e mise as coireach.

Caibideil 1

Crodh ann am Beatha nan Gàidheal

Is maith í an bhó,
Is bainne í le n-ól,
Is im í agus is feoil,
Is solas geal í ar bord;
Deineann a heireaball rón
Agus a hadharc ceol
Agus is maith í a leathar chun na mbróg.[1]

Ann an eaconamaidhean treudach air feadh an t-saoghail, tha crodh air leth cudromach ann am beatha làitheil chinne-daonna. Coltach ri iomadh dùthaich eile, 's e pàirt deatamach de theachd-an-tìr a bh' ann an sprèidh anns na dùthchannan Ceilteach, Alba nam measg, bho na linntean as aosta. Tha arc-eòlaichean air bàthchannan a lorg am broinn làraich dhùin aosta ann an iomadh pàirt de dh'Alba agus tha fianais àirseachail a' sealltainn gun robh crodh air an cumail ann an stàilichean tron oidhche le daoine anns a' Mhonadh Cheviot ann an Alba cho tràth co-dhiù ri 700RC.[2] Ann an cuid de na bàthchannan as motha, bha rùm gu leòr ann airson suas ri deich bà air fhichead a chumail blàth agus sàbhailte tro mhìosan garbh a' gheamhraidh, le àite anns a' mheadhan airson feur agus fodar dhaibh. Bhiodh luchd-seilbh nam bò a' fuireach os an cionn, a' dèanamh deagh fheum den bhlàths a bha ag èirigh bhon sprèidh gu h-ìosal, dìreach mar a bhiodh daoine agus beathaichean a' dèanamh blàths ann an dachaighean beaga na Gàidhealtachd suas chun na naoidheimh linne deug.

Ri linn Diodorus (c.60 – 30 RC) bha crodh agus bainne cudromach do na Ceiltich agus do mhuinntir Bhreatainn, ach a rèir na h-aithris aige bha na Ceiltich na b' adhartaiche ann an sgilean toradh-na-bà:

The (Briton) men are taller than the Celti ….Their manners are
in part like those of the Celts, though in part more simple and
barbarous; insomuch that some of them, though possessing

---

[1] Rann de chrònan a tha cumanta ann an Muscraidhe agus Ciarraí ann an Èirinn. Air a thogail bho Pádraig Ó Maoileoin, *Seanfhocail na Mumhan*, Baile Átha Cliath: An Gúm, 2007, td 166.

[2] Alistair Moffat, *Before Scotland*, London: Thames & Hudson, 2005, td 204.

plenty of milk, have not skill enough to make cheese, and are totally unacquainted with horticulture and other matters of husbandry. Forests are their cities; for having enclosed an ample space with felled trees, here they make themselves huts and lodge their cattle, though not for any long continuance.[3]

Far an robh daoine a' fuireach, cha bhiodh crodh fada air falbh, mar a chì sinn ann an rann bheag à Taobh a Tuath Ghleann Dail:

> M' iteagan is m' eòin is m' uighean,
> Mo chrodh-laoigh ri taobh mo thaigh';[4]

Bha crodh Gàidhealach, sliochd nan damh Ceilteach, calma gu leòr a bhith a' maireachdainn beò air fearann garbh ri sìde nan seachd sian. Chùm cion a' bhìdh beag iad, an coimeas ri beathaichean an latha an-diugh, gu h-àraidh tron gheamhradh mus robh snèapan agus fodar geamhraidh eile furasta rim faotainn. Mar as trice, bha dath dubh orra suas gu meadhan na naoidheimh linne deug, nuair a dh'fhàs crodh ruadh na bu chumanta.

Ged a bha caoraich air an cumail le iomadh teaghlach, cha robh iad idir cho cudromach ri crodh ann an eaconamaidh na h-Alba ron ochdamh linn deug. Thug caoraich bheaga, dhùthchasail na Gàidhealtachd clòimh, feòil agus bainne seachad a bha math, ach cha bu phailt e. Bhiodh daoine a' cur na clòimhe gu feum gus stocainnean a dhèanamh airson margaidean ionadail, dùthchail agus thall thairis.[5] Ged a bha iad fhathast air an cumail le daoine bochda ann am meadhan na naoidheimh linne deug, ghabh caoraich dhubh-cheannach àite nan caorach bheaga gu ìre mhòr mu 1800, mus do thòisich tuil nan caorach mhaola. Aig àm a' Chunntais Ùir Àireimheil anns na 1830an, bha caoraich na bu phailt na crodh ann an iomadh sgìre den Ghàidhealtachd.[6]

Ghabh mucan, gobhair, eich, iasgach agus sealg uile pàirt cudromach ann an eaconamaidh dhùthchail na Gàidhealtachd, ach b' iad crodh, coirce agus eòrna mòr a bu chudromaiche buileach airson iomadh linn. 'S ann bho chrodh a thàinig beairteas agus, gu ìre, inbhe anns a' choimhearsnachd. Air a' Chnìp ann an Leòdhas, lorg arc-eòlaichean cnàmhan de dh'iomadh bò bheag, chaol, a' sealltainn 's dòcha, gun robh an àireamh de sprèidh na bu chudromaiche na am fallaineachd. Is cinnteach gun deach beairteas a mheasadh a rèir cia mheud bò a bh' aig daoine, beairteas a choisinn cumhachd agus urram, mar a tha an sean-fhacal seo a' dearbhadh:

---

[3] Diodorus a' sgrìobhadh mu dheidhinn nam Breatannach; Alexander MacBain. 1884. "The Ancient Celts," *TGSI* 11. td 73.

[4] Òran 1: M'iteagan is m'eòin is m'uighean.

[5] T. Pennant, *A Tour in Scotland* 1769, Edinburgh: Birlinn, 2000: td 84; T. Pennant, *Tour in Scotland and Voyage to the Hebrides* 1772, Edinburgh: Birlinn, 1998, td 170.

[6] NSA vol.14, Duirinish, 1834-45, td 350.

Is duine còir fear dà bhò;
Is duine ro chòir fear a trì;
'S chan fhaigh fear a còig no sia
Còir no ceart le fear nan naoi.[7]

Ged a bha treudan mòra aig feadhainn, cha robh ach beagan sprèidh aig a' chuid as motha de theaghlaichean – dìreach gu leòr airson feumalachdan an teaghlaich fhèin. Bhiodh iomadh duine, mar sgrìobhadair an òrain Èireannaich 'Molly na gCuach ní Chuilleanáin'[8], gam measadh fhèin beairteach agus sunndach nan robh ceithir mairt aca agus deagh bhanarach a' gabhail cùram dhiubh.

Cha b' e obair fhurasta a bh' ann ge-tà, beòshlaint a dhèanamh à fearann garbh, neo-tharbhach, agus is cinnteach gun robh daoine fo dhochann tòrr den ùine. 'Fear na bà fhèin sa pholl an toiseach,'[9] tha an seanfhacal ag ràdh. Tha deagh fhios aig duine sam bith a tha an sàs ann an obair a' chruidh, nach tig buannachd gun saothair. Chuir Coinneach 'Red' MacLeòid seo an cèill, san stoidhle sgileil, abhcaideach aige fhèin, ann an 'Òran na Bà':

'Tha mi duilich, duilich, is muladach mi 'n-dràst',
Tha na rinn mi shaidhbhreas dol am broinn na bà.'[10]

Chaidh dochannan a lùghdachadh, gu ìre, tro òrain. Tha cuid dhiubh seo a' peantadh dealbh dhuinn de dhòigh-beatha ar sinnsearan, leithid bean an tuathanaich a' dol mun cuairt nam beathaichean gach latha.[11] Ach a dh'aindeoin na h-obrach, cluinnear tric an dlùth-dhàimh eadar bò agus banarach ann an òrain. Ann an òran bleoghain, a chruinnich Alasdair Mac 'Ille Mhìcheil anns na Hearadh aig deireadh na h-ochdamh linne deug, tha e soilleir nach gabhadh an seinneadair ach an rud a b' fheàrr airson na bà bige duibhe aice.[12]

Tha deagh eisimpleir eile den dlùth-cheangal seo anns an òran Èireannach, 'An Droimeann donn dìlis'.[13] Tha corra rann bhon òran seo ga chomharradh mar òran poilitigeach, anns a bheil a' bhò Druimfhionn Donn na samhla de dh'Èirinn fhèin air neo den rìgh air fògradh.[14] Ge b' e dè bun an òrain, thug eilthirich leotha e nuair a dh'fhàg iad Èirinn airson Canada.

---

[7] Alexander Robert Forbes, *Gaelic Names of Beasts (Mammalia), Birds, Fishes, Insects, Reptiles etc.* Edinburgh: Oliver & Boyd, 1905, td 118.

[8] Òran 2: Molly na gcuach Ní Chuileanáin.

[9] W. A. Ross agus H. R. Ross, *A Little Book of Gaelic Proverbs.* Belfast: Appletree Press, 1996.

[10] Coinneach MacLeòid, *Orain Red.* Steòrnabhagh: Acair, 1998, td 34.

[11] Òran 3: 'S gun dèan mi rann.

[12] Òran 4: Crònan cruidh.

[13] Òran 5: An Droimeann donn dìlis.

[14] Eideard Bunting, *The Ancient Music of Ireland*, Volume 3. Dublin: Hodges and Smith, 1840, td 93. (òran 42)

Chaidh tionndaidhean diofraichte den òran a chruinneachadh ann an Alba Nuadh anns na 1930an agus na 1950an far an robh e a' maireachdainn beò mar òran bleoghain, mar thàladh agus mar chumha.[15] Is cinnteach gur e call mòr a bh' ann nuair a chailleadh bò. Ged a bha fios aig daoine nach biodh i ann gu bràth, tha facail an òrain a' sealltainn gun robh e doirbh dhaibh meòmhrachadh air beatha às aonais beathach cho cudromach.

Cha b' e Èirinn a-mhàin a chaidh a riochdachadh le bò ann an òrain. Ann an 'Hugaibh air fear donn a' bhealaich'[16], gheibheadh daoine rud na bu phrìseile na bainne bhon 'bhò mhaol dhubh air aon sine' – meatafor airson poit dhubh an uisge-bheatha. Feumaidh gun robh daoine tric fo imcheist gun lorgadh na maoir am poitean dubha, dìreach mar a bha eagal orra gum falbhadh 'na seòid' leis an fhìor bhoin phrìseil nan deigheadh i à sealladh. 'S e faothachadh a bh' ann nam fuiricheadh bò faisg air a neach-seilbh, mar sholaraiche agus mar dheagh charaid[17], ged a thigeadh iad uaireannan rud beag ro fhaisg! [18]

Annlan

Crodh aimhleasach acrach ann no às, bha bainne bà na phàirt chudromach de dh'annlan làitheil nan Gàidheal, mar a dh'aithris Màiri NicEalair ann am pàipear a sgrìobh i airson Comunn Ghàidhealach Inbhirnis ann an 1887:

> Milk, in its different forms, was their chief sustenance. Milk was taken to the potatoes, porridge, or brose that was their breakfast; and for a good substantial dinner, milk porridge, or milk brose was frequently given, not only as a luxurious, but as a good, strong, sustaining meal, that kept hunger long at a distance, and for that reason such meals were given to men going on long journeys. Milk, in some instances, was often taken with the potatoes for dinner, and at times butter, cheese, and milk were all on the table, and when taken with good, dry, well-boiled, mealy potatoes, it was a luxurious, as well as a delicious, meal, and considered by themselves food fit for a king's table. The "Ceapaire Saileach," or "Kintail piece," was butter thickly laid on cheese of equal thickness, and was not only taken with potatoes, but, when meal was scarce, it was taken with milk instead of bread and butter, and sometimes a sprinkling of oatmeal was laid on the butter to make it stronger eating. A careful housewife was much more lavish with her butter and cheese to her household than she

---

[15] Òran 6: Drimindown.

[16] Òran 7: Hugaibh air fear donn a' bhealaich.

[17] Òran 8: Ged tha crodh chàich a-muigh.

[18] Òran 9: Òran bò Alasdair 'ic Dhubhghaill.

would be with either her warm milk or cream, as she took great pride in the quantities of dairy produce in her "cellar" at the end of the season. [19]

Ach a dh'aindeoin aire bean an taighe, cha robh bainne an-còmhnaidh ri fhaotainn. Nan robh an crodh-bainne tinn, fann no seasg, no air an goid air falbh le creachadairean air neo nàbaidhean acrach, b' e 'sùghan' deoch na maidne. Rinneadh sùghan le bhith a' bogadh min-choirce no garbhan ann an uisge agus ged a lìonadh e stamag acrach, cha robh e idir cho math ri bainne ùr. Bha 'brochan bainne' tòrr na b' fheàrr na 'brochan lom sùghain' air neo 'brochan bùirn'. [20]

Eadhon nuair a bhiodh biadh gann, bha e cudromach ann an cultar nan Gàidheal aoigheachd a thoirt seachad do dhuine sam bith a thigeadh air chèilidh:

> Yet there were times when even the richest cream would be freely produced, and this was especially at the demands of hospitality. Water was never offered as a drink to the meanest wayfarer. "Deoch fhionna-ghlas" was the most effectual drink for quenching thirst. This "whitey-grey" mixture was milk and water in equal proportions, and the sour thick milk that was under the cream that was kept for butter was churned into a froth, and it made a cooling drink. It was called "sgathach." When strangers had to be entertained, "fuarag" was made plentifully, and curds and cream were laid out with oatcake, butter, cheese, and whisky.[21]

Dhèanadh daoine an dìcheall am bainne a b' fheàrr a thoirt do dh'aoighean, a' brosnachadh na bà gus pailteas bainne a leagail le bhith a' seinn rithe.[22]

B' e Sir Uilleam Burrell aon neach-tadhail a mheas an fhialaidheachd seo gu mòr, agus e air turas tro Alba ann an 1758:

> About 2 miles from our landing place we experienced the hospitality of the laird of Blairvochy, who, though a poor farmer and labouring at his harvest, left his work to entertain us with the best fare his cot afforded. It consisted of sour milk and goats' whey which, homely as it was, we received with greater pleasure, and it was more acceptable to us, than all

---

[19] Mary Cameron MacKellar, "The Sheiling: its Traditions and Songs," TGSI 14, td 147.

[20] Òran 10 : Brochan bùirn.

[21] Mary Cameron MacKellar. 1888. TGSI 14. td 148.

[22] Òran 11: Thoir am bainne, bhò dhonn.

the dainties of a palace.[23]

Bhiodh crodh a' fulang tro mhìosan a' gheamhraidh nuair a bha biadh gann. Cha b' fhiach e cus dhiubh a chumail agus chaidh tòrr a mharbhadh as t-fhoghar, gus am biodh feòil gu leòr ann, gu h-àraidh airson uachdarain agus fir-taic.[24] Nan robh crodh gu leòr aig teaghlach, mharbhadh iad aona bhò reamhar gus am biodh feòil shaillte aca airson corp is anam a chumail ri chèile tron gheamhradh. Chuireadh daoine cha mhòr a h-uile pàirt den mhart gu feum ann an dòigh air choreigin.[25] 'S e tachartas mòr a bh' ann am marbhadh mart. Thigeadh nàbaidhean airson cuideachadh le sailleadh feòla agus ullachadh mharagan dubha agus geala. Bhiodh biadh agus ceòl gu leòr ann, mar a chluinneas sinn anns na seann phuirt-à-beul 'Far am bi na fìdhleirean' agus 'Bidh 'n dròbhair'.[26]

Gu toiseach na 20mh linne, bhiodh daoine a' toirt fuil à cuisle mairt bheò agus ga measgachadh le min-choirce airson maragan a dhèanamh, a bha gu math feumail nuair a bha biadh eile gann.[27]

Fhad 's a bha muinntir a' chinnidh ag ithe feòil shaillte agus maragan, lorgadh mairtfheòil ùr neo-shaillte air bòrd nan uaislean ann an 'taigh mòr farsaing' le 'teine guail' mar a chì sinn bho òran luaidh a' moladh Chlann Raghnaill.[28]

Todhar

Leithid mairtfheòil ùr, b' e 'teine guail' samhla de bheairteas agus uaisleachd. Cha robh gual ri fhaotainn ach aig glè bheag de dhaoine, agus bha fiodh gann ann an iomadh sgìre. A bharrachd air mòine agus feamainn, bhiodh daoine a' losgadh todhar a' chruidh airson blàths agus còcaireachd:

> The inferior island is the island of Heiskir; which lies near three leagues westward of North Uist, is three miles in circumference, of a sandy soil, and very fruitful in corn and grass, and black cattle. The inhabitants labour under want of fuel of all sorts, which obliges them to burn cow's dung, barley- straw, and dried sea-ware...[29]

---

[23] John G. Dunbar, *Sir William Burrell's Northern Tour, 1758*. East Linton: Tuckwell Press, 1997, td 82.

[24] I.F. Grant, *Highland Folk Ways*. London: Routledge & Kegan Paul,1961, td 74

[25] Òran 12: Am mart a bh' aca 'n Ionar-gharradh.

[26] Òrain 13 agus 14.

[27] Tasglann Sgoil Eòlais na h-Alba: SA1968.035, Iain MacAonghais a' bruidhinn ri Dòmhnall Mac na Ceàrdaich ann an Tiriodh: SA1973.01, Neil McEacharn à Ìle.

[28] Òran 15: 'S e m' eudail mhòr Mac 'ic Ailein'.

[29] Thomas Pennant, *A Tour in Scotland 1769*, Edinburgh: Birlinn, 2000, td 111.

Bha innear a' chruidh gu math feumail airson an talamh ath-bheothachadh. Chun an latha an-diugh, tha talamh gorm tric ri fhaicinn far an robh àirighean o shean, an ùir air a mhathachadh le innear àrachail. Bha cuid den bheachd gun robh dòighean ann air barrachd feum a dhèanamh den stuth phrìseil seo:

> It was a prevailing error of old, still not quite worn out, in the management of pasture land, to put in too many cattle, and in agriculture to plough much without manuring properly. Out-field land, as formerly manured in this country by summer folding, or teathing, will not pay the cost of feed and labour, not to mention the great hurt done to the cattle. A few acres, well manured and cultivated, will yield a greater and better return than double the number of acres poorly manured and cultivated.[30]

B' e dìth todhair cnap-starra mòr ann a bhith ag àrach barra. Ann am Muile, mar ann an iomadh àite eile air feadh na Gàidhealtachd agus nan Eilean, dh'fheumadh teaghlaichean searraich a chumail airson obair fearainn agus airson feamainn a ghiùlain far a' chladaich. Chaill na croitearan fearann-ionaltraidh air na cnuic faisg air Dearbhaig nuair a chuir uachdaran ùr fearainn fon chrann e. Às dèidh seo thachairt, b' fheudar dhaibh an cuid sprèidh a reic:

> We could no longer manure in a proper manner and our produce decreased. At present a crofter can have little meal off his own croft. The expense of working our crofts, engaging horses for ploughing, harrowing and carting manure is considerable …[31]

Àm-breith nan Laogh

'Béarfaidh bó éigin gamhain éigin lá éigin.'[32]

> Tha an crodh a' breith nan laogh
> Anns a' mhuilinn dubh 's a' mhuilinn dubh
> Tha an crodh a' breith nan laogh
> Anns a' mhuilinn dubh o shamhradh.[33]

---

[30] OSA vol. 10, td 322, United Parishes of Kilninver and Kilmelfort (Presbytery of Lorn – Synod and County of Argyle) leis an Urr Patrick Caimbeul.

[31] Lachlann Kennedy, Dearbhaig, Muile ann an A.D. Cameron 1986: td 61.

[32] Pádraig Ó Maoileoin, Seanfhocail na Mumhan, Baile Átha Cliath: An Gúm, 2007, td 169.

[33] Tasglann Sgoil Eòlais na h-Alba: Seumas Caimbeul, air a chlàradh le Mòrag NicLeòid SA1984.002.

'S e àm-breith nan laogh àm air leth cudromach airson a h-uile duine a tha an eisimeil crodh agus toradh-na-bà. Bha e cudromach nach breitheadh iad ro thràth, mus biodh feur a' fàs airson mairt agus laoigh a chumail fallain.

> Faoilleach, Faoilleach, crodh air theas,
> Gal 'us gaoir nitear ris,
> Faoilleach, Faoilleach, crodh 'am preas,
> Fàilt' 'us faoilte nitear ris.[34]

Anns na seann làithean, bha cuid a dhaoine cinnteach gum beireadh an crodh aig amannan sònraichte – nuair a bha a' ghealach slàn no aig àirde-reothairt.[35] Chuirte gobhair a-steach am measg nam mairt gus nach tilgeadh crodh na laoigh agus gheibheadh mairt thorrach bad arbhair leis a' ghràinne fhathast air, nan robh duilgheadasan aca.[36] Ged nach robh lighichean-sprèidhe ann airson cuideachadh gu o chionn ghoirid, cha robh duilgheadasan tric aig crodh Gàidhealach, no aig crodh Shorthorn, aig àm breith-laoigh. Le ìochdar leathan air am broinn, chan fheumadh iad mòran taic bho dhaoine idir, an coimeas ri treudan eile.[37]

Ged a dhèanadh an crodh an gnothach leotha fhèin gun mhòran dragh, is cinnteach gum biodh iad tric a' faighinn cùram air leth bhon luchd-seilbh aig an àm chudromach seo.[38]

> A-mach dhan t-sabhal le mias uinnse dha laogh gliogach, faileasach, fàileadhach. A' bhò a-staigh, 's i fhathast gun am beidhir a bhreith, 's i air a cuairteachadh le gach coibhneas is mileag a bha dol. An uair sin i a' faighinn a-mach; na crodhanan a' bragail air làr doras a' stuill. Suas dhan fheur ghorm, 's am bacan ga bhualadh, is sùil oirre a-mach air an uinneig-chùil ... 's an uairsin am bainne blàth ga òl as a' mhuga seapain. A' roinn gach mias gus am faigheadh gach duine a chuid fhèin dhen bainne thiugh le spàinn mhòr, 's cnapan barra fhathast na mheasg. Loinid is ceann is cuinneag, 's an t-ìm mar mhil shaillte.[39]

---

[34] A. Nicolson, *A Collection of Gaelic Proverbs and Familiar Phrases – based on MacIntosh's Collection*, Edinburgh: MacLachlan and Stewart, 1882: td 178.

[35] Dòmhnall Iain MacIllinnein a' bruidhinn ri Iain MacIlleathain air 'Facal Oirbh' (BBC Alba 2011).

[36] Tasglann Sgoil Eòlais na h-Alba: Angus MacKechnie, Ìle, air a chlàradh le Mòrag NicLeòid agus Iain MacIlleathain SA1971/19. Dh'innis am fiosraiche nach do thachair sin na chuimhne fhèin. Dh'innis fiosraiche eile à Ìle, Neil McEacharn, gum biodh daoine a' cur gobhar dhan bhàthaich leis na mairt gus nach tilgeadh iad an laoigh – Tasglann Sgoil Eòlais na h-Alba: SA1973.12.B8 agus ri chluinntinn air Tobar an Dualchais.

[37] Òran 261: An tarbh Gàidhealach agus an tarbh Gallta.

[38] Dòmhnall Iain MacIllinnein a' bruidhinn ri Iain MacIlleathain air 'Facal Oirbh' (BBC Alba 2011).

[39] Fionnlagh MacLeòid 'Ag atharrachadh na bà' bho M. MacLean agus C. Carroll, *Às an Fhearann*. Edinburgh: Mainstream Publishing/Stonoway: An Lanntair/ Glasgow: Third Eye Centre, 1986.

Tha a' chiad bhainne a thig bho mhart às dèidh dhi breith air leth beairteach, agus bhiodh an dà chuid laoigh agus daoine ag iarraidh pàirt dheth.[40] Aig amannan, ge-tà, cha ghabhadh a' bhò ris an laogh. Às aonais a' bhainne phrìseil seo, bhiodh an laogh a' fàs lag. Dhèanadh daoine an dìcheall a bhith a' toirt air a mhàthair gabhail ris, ga brosnachadh le òrain.[41]

Chumadh na banaraich deagh shùil air laoigh òga, a' dèanamh cinnteach gun robh iad a' faighinn bainne gu leòr. Bheireadh na banaraich 'bainne-scuimte' do na laoigh cuideachd. B' e sin am bainne a bh' air fhàgail nuair a bha am bàrr air a thoirt air falbh bhon a' bhainne a fhuaireadh an latha roimhe[42].

> Nuair dh'iathas ceò an fheasgair dlùth,
> Cur smùid air bhàrr nam beann,
> 'S an crodh bhon innis cnàmh an cìr,
> Cho sgìth a' tigh'nn don ghleann;
> Nuair bhios a' bhanachag 'm beul na h-oidhch'
> Don laoigh toirt deoch le meòir,
> Coinnichidh mi an gleann an fhraoich,
> Mo ghaol, mo rìbhinn òg.[43]

Ìocshlaint

Bha a' chiad-bhainne làn mathais airson laoigh agus daoine, ach chreid mòran gun robh bainne na bà ruaidhe, no bainne gobhair geal, air leth èifeachdach airson euslaintich aig àm sam bith, chan ann dìreach às dèidh breith-laoigh:

> Bainne ghobhar fo chobhar 's e blath,
> 'S e chuir an spionnadh sna daoine a bh' ann.[44]

Chuireadh ìm gu feum mar ìochshlaint airson iomadh tinneas cuideachd, mar a dh'aithris Màiri NicEalair ann an 1887:

> For chest complaints, a cog full of butter was melted down,
> and after the juices of certain herbs were mixed with it, they
> placed it to cool, and it was administered in small quantities,

---

[40] Dòmhnall Iain MacIllinnein a' bruidhinn ri Iain MacIlleathain air 'Facal Oirbh' (BBC Alba 2011).

[41] Òran 16: Ho m' aghan.

[42] Tasglann Sgoil Eòlais na h-Alba: Katie Darroch, Diùra, air a clàradh le Mòrag NicLeòid agus Iain MacIlleathain, SA1971/19/B2.

[43] Òran 130: Gleann an Fhraoich.

[44] Mary Cameron MacKellar. 1888. TGSI 14. td 150.

as cod liver oil is now. This was called 'cuach ghorm.' For colds in throat or chest, salt butter, mixed with oatmeal, was laid on wool and applied, and salt butter was considered the most effectual cure for a bruise. It was also applied to a cut, if they feared there was any rust about the weapon that caused the injury. For any eruption on the skin, sulphur mixed with fresh butter was applied, and a little melted butter in its liquid state was taken instead of the castor oil now so common. Fresh butter was melted with bees-wax and the roots of dockens to heal a burn and this was used freely for chopped hands or lips. In fact, butter was the principal article in a Highland woman's pharmacopia. If even one of her fowls were ill, it was caught and a piece of fresh butter forced into its bill, which was sure to cure it. [45]

Shuathadh daoine ola bho chasan a' chruidh air craiceann sgamalach agus altan teann, goirt. Tha sean-fhacal a' sealltainn cho èifeachdach 's a bha ola mar chungaidh-leigheis a rèir cuid: 'Ùilleadh na bà a-mach 's a-steach – mur leigheis sin an Gàidheal, chan eil a leigheas ann.'[46]

Leathar

Bha ola na bà cuideachd feumail ann a bhith ag ullachadh leathair. Ghabhadh na seicean fhèin an rèic – bha malairt mhòr ann an seicean chruidh eadar a' Ghàidhealtachd agus Glaschu – no gan cleachdadh airson brògan no fiù 's druma.[47] Cha b' fhiach e do dhuine sam bith cus den stuth phrìseil a chleachdadh ge-tà, no 's mathaid gun deigheadh a chàineadh ann an òran:

> 'S ann agam-sa bha 'm bodach brògach
> *Hòro bhodachan hòrò.*
> Ra' dh seice 'n tairbh mhòir na bhrògan,
> *Ubh, ubh, ubh, ubhan, h-ubhi …* [48]

Malairt

Nan robh crodh sam bith air fhàgail às dèidh do 'bodach miothar' grèim fhaighinn orra, ghabhadh am malairt agus phàigheadh iad am màl. Tha tòrr fianais aithriseach ann a sheallas cho cudromach 's a bha crodh mar às-mhalairt, gu h-àraidh ann an sgìrean far an robh an talamh agus an aimsir

---

[45] Mary Cameron MacKellar. 1888. TGSI 14. td 149.

[46] Mary Cameron MacKellar. 1888. TGSI 14. td 150.

[47] Òran 17: Seice Ruairidh.

[48] Hòro bhodachan hòrò.

a' dèanamh àiteachas eile gu math doirbh. Thug Tòmas Pennant, a chaidh air turas air feadh Alba ann an 1769, cunntas air coirce agus crodh dubh mar 'the resources of the exhausted parts of South Britain'.[49] Air feadh na cuid as motha de thaobh an iar agus thaobh a tuath na h-Alba, cha do shoirbhich mòran a bharrachd agus ann an cuid de sgìrean bha e doirbh eadhon coirce gu leòr fhàs. Mar sin, bha toradh-na-bà agus malairt sprèidhe deatamach airson bith-beò. Anns na 1790an, sgrìobh ministear Chinn an Loch:

> Of potatoes, butter, cheese, and black cattle, we have in this parish sufficient for our own use, and somewhat to spare to our neighbours. The surplus is sent to Clyde, with which we have such regular and constant intercourse by packets, that our markets here are pretty much regulated by the price of provisions there. [50]

Sgrìobh e cuideachd, mar iomadh ministear eile bho air feadh Alba, nach robh arbhar gu leòr a' fàs anns an sgìre airson feumalachdan nan daoine. Às aonais chìsean air coirce, a chùm prìsean ìosal, bha e den bheachd gum feumadh muinntir Chinn an Loch a bhith beò air àile agus bùrn a-mhàin.

> Scarce any arable land, for the excessive wet which reigns here almost totally prevents the growth of corn, and what little there is fit for tillage sets at ten shilling an acre. The inhabitants of this district are therefore obliged, for their support, to import 6,000 bolls of oatmeal annually, which cost about £4,000; the rents are about £3,000 per ann. The return for their cattle is about £7,500, the horses may produce some trifle; so that the tenants must content themselves with a very scanty subsistence, without the prospect of saving the least against unforeseen accidents.[51]

Rinn Riaghaltas na h-Alba achdan ann an 1581, 1588 agus 1582 airson stad a chur air 'the transporting of nolt (cattle) and scheip in(to) England in grite nowmeris.' [52] Bha iad airson crodh a chumail dha na margaidean ionadail. Feumaidh nach tug mòran dhròbhairean aire don reachdas seo ge-tà. Ann an 1607 nochd Achd eile, a leig leis an riaghaltais cìsean mòra iarraidh air mairt a' dol a-steach do Shasainn. Ann an 1655 chaidh Tòmas Tucker a chur a dh'Alba airson cuideachadh le càineachadh chìsean-bhathair. Sgrìobh e anns an aithris aige:

---

[49] Thomas Pennant, *A Tour in Scotland, 1769*, td 73.

[50] OSA vol. 10, aireamh xxxv Campbeltown, leis an Urr Iain Mac a' Ghobhainn, td 550.

[51] Thomas Pennant, *A Tour in Scotland, 1769*, td 138.

[52] APS III (1587) td 577.

> In Caithness there is a wayter constantly resident for lookeing
> after Thursoe and Weeke, two small ports, from whence
> good store of beefe, hides and tallowe, are usually sent to
> the coast; his worke is rather preventative, for hindering
> those comodities from being sent into foreigne ports, than
> profitable by any thing he is likely to receive there.[53]

Ag aithris air sgìrean eile de dh'Alba, a' gabhail a-steach Asainte agus na
h-Eileanan an Iar, sgrìobh Tucker gun robh iad 'destitute of all trade, being
a county stored with cattell, craggie hills, and roches.' Bha malairt gu leòr
ann an cuid de sgìrean ge-tà. Ann an Eilean Bhòid, mar eisimpleir, lorg
Tucker 'countreymen and cowheards, who feede cattell, and spinne, and
make some woollen clothe, which is carryed to bee dyed and dressed at
Glasgowe ... '[54]

A bharrachd air a bhith na phrìomh bhaile airson malairt anns an Roinn
Eòrpa, a' dèanamh malairt le Èirinn, an Fhraing agus Nirribhidh, b' e Glaschu
an ceann-uidhe airson iomadh seòrsa bathair às a' Ghàidhealtachd agus na
h-Eileanan, gu h-àraidh seicean chruidh. Anns an aithris a rinn e air a' mhalairt
dhùthchail seo, sgrìobh Tucker gun do rinn muinntir Ghlaschu malairt ...

> ... with theyr neighbours the Highlanders, who come hither
> from the isles and westerne ports; in summer by the Mul of
> Cantyre, and in winter by the Torban (Tarbert) to the head
> of the Loquh Fyn, (where is a small neck of sandy land, over
> which they usually drawe theyr small boats into the Firth of
> Dunbarton), and soe passe up in the Clyde with pladding,
> dry hides, goate, kid and deere skyns, which they sell, and
> purchase with theyr price such comodityes and provisions as
> they stand in neede of, from time to time.[55]

Dh'fhàs malairt le Sasainn na b' fhasa às dèidh Aonadh nam Pàrlamaidean
ann an 1707.

Màl

Fhuair cinn-feadhna agus uachdarain fearainn tòrr den mhàl, no den
'chàin' aca ann am bathar, a' gabhail a-steach crodh, ìm agus càise, rudan a
dh'fheumadh iad airson am muinntir fhèin a bhiathadh tron bhliadhna agus
airson malairt. Uaireannan ghreimich iad air sprèidh nam màladairean airson

---

[53] Peter Hume Brown, *Early Travellers in Scotland*, Edinburgh: James Thin, 1978, td 175.

[54] Report by Thomas Tucker upon the Settlement of the Revenues of Excise and Customs
of Scotland (Chaidh Tucker a chuir a dh'Alba anns an Lùnastal 1655 mar Register to the
Commissioners for the Excise in England "to give his assistance in settling the excise and
customs there.") P. Hume Brown 1978: td 178.

[55] Ibid. td 177.

am fiachan fhèin a phàigheadh. Ann an 1469 dh'fheuch Achd de Phàrlamaid na h-Alba ri stad a chur air a' chleachdadh seo:

James III 1469 cap 36 Anent the destrenying of tenandis for the lordis dettis

To eschew the gret herschip and distructionis of the kingis commonis malaris and Inhabitaris lordis landis throw the force of the brefe of distres that quhare any soumes ar obtenit be virtu of the said brefe ypoun the lord Awnare of the ground that the gudis and catal of the pure mennis Inhabitaris of the ground ar takin and distrenyeit for the lordis dettis quhare the malis extendis nocht to the avail of the det. It is avisit and ordanit in this present parliament that fra hyne furth the pure tenandis sal nocht be distrenyit for the lordis dettis forthir than his termes mail extendis...[56]

Dh'fhuiling daoine cuideachd fo dhleastanasan eile a dh'iarr uachdarain orra. Dh'fheumadh cuid de dhaoine sprèidh an uachdarain a chumail tron gheamhradh.[57] Sgrìobh Màrtainn Mac 'Ille Mhàrtainn mu dheidhinn dleastanas annasach eile a bh' ann eadar tuathanach agus uachdaran:

Besides the ordinary rent paid by the tenant to his master, if a cow brought forth two calves at a time, which indeed is extraordinary, or an ewe two lambs, which is frequent, the tenant paid to the master one of the calves or lambs; and the master on his part was obliged, if any of his tenants' wives bore twins, to take one of them, and breed him in his own family.[58]

Bha iomadh dleastanas fhathast maireann ri linn an t-Seann Chunntais Àireimheil aig deireadh na h-ochdamh linn deug. Seo feadhainn a bha air muinntir na Hearadh aig an àm sin:

'Repairing of the teal dykes and inclosures, a work of perpetual labour, weeding of corn, making of kelp, reaping of the different crops, hay, barley, oats and potatoes in harves, and the laborious tillage for raising these crops in winter and

---

[56] *Acts of the Parliament of Scotland (Scots Statutes Revised). Edininburgh: Wm. Green & Sons.*

[57] *S.R.O GD244 4 (1683) Skene of Rubislaw.*

[58] *Martin Martin, A Description of the Western Isles of Scotland, circa 1695. Edinburgh: Birlinn, 1999, td 82.*

> spring, besides the thatching and repairing of houses, tending
> and herding the cattle, cows, horses and sheep' [59]

Ann an cuid de sgìrean, ghabh uachdarain ceumannan air stoc cruidh na sgìre a leasachadh le bhith a' cur sliochd crodh làidir à Sasainn no Èirinn air crodh a fhuair iad bho mhàl an luchd-aonta. Chuireadh uachdarain, mar Iarla Panmure ann an Siorrachd Aonghais, crodh an luchd-aonta air feurach math gus am fàsadh iad reamhar ro àm nam margaidhean.[60]

Fhathast aig deireadh na naoidheamh linn deug, b' e crodh pàirt den mhàl ann an iomadh sgìre. Dh'innis an croitear Dòmhnall MacDhòmhnaill à Hiort do Choimisean Napier ann an 1883 nach do phàigh iad màl ann an airgead idir, ach le todhar an eilein fhèin – itean, ola, clò agus crodh – agus gun robh am bàillidh aig an àm sin a' tabhainn phrìsean air leth math airson crodh an eilein.[61] Ann am Burness ann an Arcaibh, dh'innis croitear eile gun do dh'àraich e sprèidh gu leòr airson am màl a phàigheadh agus gràn gu leòr airson a theaghlach. Bha esan tòrr na b'fheàrr dheth na mòran, ach cha robh e fiù 's furasta dhàsan beòshlaint a chosnadh. "Yes," thuirt e ris a' Choimisean, "I really do pay my rent out of the animals I sell, but that does not mean I can always make ends meet; there are other things besides rent."[62] Dh'iarr cuid de dh'uachdarain barrachd màil agus dleastanasan na feadhainn eile.[63] Fhuair cuid eile moladh mòr airson tròcair a shealltainn do mhuinntir an fhearainn.'[64]

Ionaltradh agus dìth fearainn

Bha comas nan Gàidheal a bhith ag àrach crodh fallain gu mòr an eisimeil air staid an fhearainn, rud a dh'atharraich gu mòr bho sgìre gu sgìre. Air turas tro Alba ann an 1758 sgrìobh Sir Uilleam Burrell mu dheidhinn fearann-ionaltraidh Shrath Spè:

> The vale called the strath of Spey is a most fertile spot, which
> extends several miles up the country. On its banks we saw
> several large herds of cattle feeding, by which the inhabitants
> are considerable gainers.[65]

---

[59] OSA vol. 10, Parish of Harris, td 366.

[60] Ian Whyte, *Agriculture and Society in Seventeenth Century Scotland*, Edinburgh: John Donald, 1979: td 123.

[61] A.D. Cameron, *Go Listen to the Crofters: The Napier Commission and Crofting a Century Ago.* Stornoway: Acair, 1986, td 76.

[62] *Ibid.*, td 48: David Wallace, Bratsfold, Burness.

[63] Faicibh, mar eisimpleir, rannan bho 'Òran do MacLeòid Dhun Bheagain' (òran 49).

[64] Òran 19: Dh'èirich mi 's cha robh mi sunndach.

[65] John G. Dunbar 1997: td 99.

Fhuair cuid de dh'àitichean moladh ann an dàin agus òrain airson cho math 's a bha iad airson àrach chruidh.[66] Seo, mar eisimpleir, loidhnichean bho 'Òran an Iasgaidh' leis a' bhàird Thiristeach, Iain MacDhùghaill:

> Tìr na gainmhich, tìr ro-tharbhach,
>> Tìr gu dearbh nach mòr,
> Tìr a' mhargaidh, pìos de dh'Albainn,
>> Tìr is meanmnaich seòid.
> Tìr a' mheanbh-chruidh, tìr a' gharbh-chruidh,
>> Tìr an airgid mhòir,
> Tìr ro-ainmeil, tìr gun gharbhlach,
>> Tìr gun ana-bheist beò.[67]

Ann an sgìrean eile, ged-tà, bha feurach gu math gann:

> Continue my tour on a very fine road on a side of a narrow vale, abounding with cattle, yet destitute both of arable land and meadow; but the beasts pick up a sustenance from the grass that springs up among the heath.[68]

Mus do thòisich uachdarain-fearainn air leasachaidhean a dhèanamh ann an àiteachas agus cleachdadh-fearainn anns an ochdamh linn deug, bha deagh thalamh àiteachais gann anns a' chuid as motha de dh'Alba. Às aonais coirce no eòrna, bha e gu math doirbh sprèidh a chumail slàn, fallain tron gheamhradh. Bha co-dhiù bloigh beag de thalamh-àiteachais agus de chòraichean ionaltraidh airson bò no dhà aig cha mhòr a h-uile duine, ach dèircich.[69] Rinn Pàrlamaid na h-Alba Achd ann an 1606 a chuir an cèill gun robh ministearan na h-Eaglaise 'greatumlie hurte and defraudit' mura robh talamh àitich aca,[70] agus b' e feurach airson bò fear de na rudan a dh'fheumadh uachdarain-fearainn a thoirt seachad do mhinistearan an SSPCK anns an ochdamh linn deug.[71]

Airson dèanamh cinnteach gun d' fhuair gach teaghlach roinn chothromach de fhearann-ionaltraidh, chuireadh 'soumes' gu feum. B' e an 'soume' an àireamh de sprèidh a ghabhadh pìos fearainn gu h-iomchaidh agus tha liostaichean màil a' toirt dhuinn fianais air na 'soumings' airson

---

[66] Faicibh, mar eisimpleir, àireamhan 20 – 23.

[67] Hector Cameron, *Na Bàird Thiristeach*. Sruighlea: A' Chomunn Thirisdeach, 1932, tdd 217-220. Chaochail Iain MacDhùghaill ann an 1875.

[68] Sgrìobh Pennant seo mu dheidhinn an slighe eadar Tyendrum agus Glen Urqhie (sic). T. Pennant 2000: td 143.

[69] Ian Whyte 1979: td 11 agus td 38-9.

[70] 'Anent glebis in pasturage and soumes grass' ann an APS 1606 cap7.

[71] R.W. Munro, *Taming the Rough Bounds; Knoydart 1745-1784*. Coll: The Society of West Highland & Island Historical Research, 1984, td 31.

croitean air oighreachdan. Seo eisimpleir bho oighreachd Chnaip ann an Cnapadal airson 1779:

> the souming of the Cott House Acres is
> – Two Cows with their Stirks and Calves and one two-year old
> – Five sheep with their followers besides the kain payable to
>   the Proprietor.
> The sowing thereof, if entirely in tillage is One boll and two
>   pecks of Oats.[72]

Bha 'soumings' cuideachd air an cleachdadh airson obrachadh a-mach dè an sprèidh a b' urrainn do theaghlach cur air feurach coitcheann. Bha sprèidh air am measadh a rèir an luaich – bha aon each co-ionnan ri dà bhò agus bha aon bhò co-ionnan ri deich caoraich.[73] Bha roinn aig gach teaghlach agus cha robh e ceadaichte barrachd sprèidh a chur air feurach na an roinn sin. Seo earrann eile bho Sheann Chunntas Àireimheil na Hearadh:

> The third class of the people, whom we have denominated cotters, are tacksmens servants, constantly employed in the labours of the farm. They have generally grass, on the same pasture with their master's cattle, for one milch cow with its followers, i.e. a three year, a two year, and one year old, a working horse and breeding mare, besides sheep in the number of which they are seldom restricted, and a farthings division of land for corn and potatoes with its proportion of sea-ware for manure. They have also a kail-yard, fuel, and a weekly allowance of a peck of meal. They are allowed a day in the week to work for themselves, which, with the help of their families, is sufficient for raising and repairing their crops …[74]

Ach le feurach an gainnead, bha e doirbh do theaghlaichean bith-beò fhaighinn, gu h-àraidh nan robh aca ri màl àrd a phàigheadh. Cha robh mòran a bharrachd aig a' mhòr-chuid ach an teachd-an-tìr, agus ann an àm èiginn, 's gann gun robh eadhon sin fhèin aca. Tha sgeulachd ann mu dheidhinn croitear a bha a' fuireach aig bonn beinne ann an taobh tuath na h-Alba. Bha bò aige, ach cha robh ach beagan feuraich aige dhi. Thug e a' bhò suas gu mullach na beinne far nach robh ach fraoch a' fàs. Nuair a chunnaic e seo, thuirt nàbaidh ris a' chroitear: "Chan eil ionaltradh ann do bhò aig mullach na beinne." "'S dòcha nach eil," fhreagair an croitear, "ach tha fìor dheagh

---

[72] *Inverneil estate papers; Knap Estate, 1779.*

[73] A. Fenton (deasaiche), 'Skene of Hallyards (1666)' ann an *Manuscript of Husbandrie* (Ag H R II 1963), tdd 67-78; (air aithris ann an Ian Whyte 1979: td 83.)

[74] OSA vol 10, Harris; an t-Urr Iain MacLeòid, td 369.

àite-seallaidh aice."[75]

Ged is e sgeul èibhinn, aotrom a tha seo, cha robh mòran a bharrachd air deagh sheallaidhean aig tòrr chroitearan aig deireadh na h-ochdamh linn deug agus tron naoidheamh linn deug. Ann an iomadh sgìre, cha robh an talamh ach truagh co-dhiù, làn chreagan agus monadh. Bha ionaltradh ri fhaotainn air mòr-earrann na coimhearsnachd, ach eadhon ann an 1789 cha robh gu leòr ann airson sprèidh nan daoine air fad a bhiathadh gu leòr.

> The tame animals are cows, horses, sheep and goats. The
> small tenants, in general, overstock their grounds, so that the
> black cattle are rather small ...[76]

Dh'fhàs trioblaidean nan daoine na bu mhiosa fhathast ma bha droch bhuaidh aig an aimsir no aig galaran air an cuid barra, agus cha b' ann ainneamh a thachair sin. Seo loidhnichean bhon bhàrd Lachlann Mac a' Phearsain à Srath Mhathaisidh faisg air an Lagan (mu 1760), 's e a' caoidh mar a chaidh a bhàrr a mhilleadh agus an abhainn Mhathaisidh na tuil:

> Mhathaisith fhrògach dhubh,
> Fhrògach dhubh, fhrògach dhubh,
> Mhathaisith fhrògach dhubh,
> 'S mòr rinn thu chall domh.
> Rinn thu m' eòrna a mhilleadh,
> 'S mo chuid ghòrag air sileadh,
> 'Us cha d' fhàg thu sguab tioram
> Do na chinnich do bhàrr dhomh.[77]

B' e 1770 'Bliadhna an t-Sneachda Bhuidhe', nuair a laigh sneachd a' gheamhraidh air fearann na Gàidhealtachd cho fada 's gun do thionndaidh e buidhe. Chuir an còta geamhradhail seo bacadh sgriosail air fàs ùr an earraich agus chaill iomadh duine sprèidh air sgàth na droch aimsire. Às a' bhochdainn thàinig an t-òran feallsanachail 'O cuir a-nall am bodach', a rinneadh, 's dòcha, le Iain MacMhurchaidh à Cinn Tàile. A-rithist, fhuair daoine faochadh bho dhuilgheadasan làitheil ann an òrain ... agus ann an deoch làidir is deagh chuideachd![78]

Sgrìobh Johnson mun droch shuidheachadh a dh'èirich ann am Muile às dèidh geamhradh air leth cruaidh ann an 1771, nuair a laigh sneachd air an eilean airson ochd seachdainean:

---

[75] William Grant, *Scottish Anecdotes and Tales*, Montana: Kessinger Publishing, 2010, td 104.

[76] OSA (1791-99) vol. 12, àireamh xxv, Diùra, aithris leis an Urr Francis Stewart, td 322.

[77] *The Celtic Magazine*, Àireamh 1, an t-Samhain 1875.

[78] Òran 24: Òran òil, no buideil.

Against a calamity never known, no provision had been made, and the people could only pine in helpless misery. One tenant was mentioned, whose cattle perished to the value of three hundred pounds; a loss which probably more than the life of man is necessary to repair. In Mull the disappointment of a harvest, or a murrain among the cattle, cuts off the regular provision; and they who have no manufactures can purchase no part of the superfluities of other countries. The consequence of a bad season is here not scarcity, but emptiness; and they whose plenty was barely a supply of natural and present need, when that slender stock fails, must perish with hunger.[79]

Dh'fhàs e sìor na bu doirbhe creideas fhaighinn bho uachdarain fearainn, eadhon nuair a bha cruaidh-fheum air. Tron an naoidheamh linn deug, nuair a chuir uachdarain tòrr ionaltraidh math fo chaoraich, agus an uair sin fo fhèidh, bha croitearan air am fàgail ann an suidheachadh èiginneach. B' e dìth fearainn adhbhar gearain a nochd gu math tric am measg chroitearan agus chotairean a bha a' toirt fianais do Choimisean Napier anns na 1880an. Thuirt Alasdair MacAsgaill à Sòaigh:

'In the time of the last proprietor there were two crofts; now there are twenty-three families, about a hundred people on the island. We pay £3 for a croft and the grazing of a cow, and at first we were to have four milk goats, and a cow, and ten sheep and a horse, but we lost the grazing for the sheep and no horse can stand upon it. Some crofts are bogs and rocks, heather and fern, that is all … we live by fishing. Every cent we get is by fishing. I just keep body and soul together by it, and keep my aged parents out of the poorhouse.'[80]

Dh'innis Iain MacMhathain à Barbhas mu dheidhinn trioblaidean a dh'èirich le bhith a' dùblachadh na h-àireimh de chroitean anns a' bhaile bho dhà-dheug gu ceithir air fhichead thar na leth-cheud bliadhna mu dheireadh, agus mu dheidhinn buannachdan na feamad ann a bhith a' cur ri ionaltradh nam beathaichean tron bhliadhna:

'I have too many animals for my croft this year, more than the croft can properly feed. I have no summing; that has gone out of fashion. We always buy more or less fodder for our stock in winter, but we get a good deal of their provender out of the shore – sea-ware. The sheep don't eat sea-ware, but the cattle and the horses do. They go away down to the sea themselves to eat it. Of course, the people bring it up for them too. It is

---

[79] Pat Rogers, *Johnson & Boswell in Scotland – A Journey to the Hebrides*, New Haven & London: Yale University Press, 1993, td 245.

[80] A.D. Cameron 1986: td 74.

very good for cows in the way of making milk ... and straw is
the best food to go along with it.'[81]

Bha cuid de dhaoine toilichte na caoraich mhaola fhaicinn, a dhèanadh
barrachd airgid dhaibh aig a' mhargaid agus ann am màl. Coltach ri iomadh
ministear a bha an urra ri uachdaran an fhearainn airson am beòshlàint,
thug an t-Urr Ùisdean MacThàmhais taic do dh'uachdaran Inbhir Chaolain
airson caoraich a thoirt a-steach, san aithris a sgrìobh e airson a' Chunntais
Àireimheil anns na 1780an:

> Our mountains, which were of old pasture with black cattle
> and horses, are now covered with sheep, which has not only
> made a pleasant change on the surface, but has also encreased
> (*sic*) the rents considerably, and enables the graziers to live
> better, and make money. There may be about 14,000 sheep
> in the parish......The rage for sheep stocks has banished the
> practice of rearing many black cattle, though some judicious
> farmers think a few on the hills, in summer, along with the
> sheep, would pasture on those grasses which the sheep do
> not like, and which are otherwise entirely lost. There may be
> about 400 cattle in the parish, and 140 horses.[82]

Gun teagamh bha buaidh mhòr air na caoraich, air crodh agus air beatha nan
daoine a bha an urra riutha. Ann an cuid de dh'àitichean, leithid Tiriodh, bha
fhathast tòrr a bharrachd cruidh na caoraich ann ri linn an t-Seann Chunntais
Àireimheil (1800 crodh dubh agus 600 caoraich), ach rinn na caoraich cron
mòr air fallaineachd an eilein, a' milleadh an fheòir agus ag adhbhrachadh
tinneas-dubh na sprèidhe:

> The black cattle and horses (used for carrying seaware off the
> shore) are mostly in a starving condition. ... Many tenants
> keep two or three cows, which have not a calf for years
> together. One informed me of his having a cow ten years old,
> that never had but one calf. Another, that he keeps three or
> four cows, but had not a calf for six years.[83]

Le tòrr den fhearann fo chaoraich agus àireamh an t-sluaigh a' fàs, cha robh
talamh gu leòr ann airson sprèidh nan croitearan agus coitearan. Ag aithris
air staid nan croitearan ann an Apainn agus Lios Mòr ann an 1789, sgrìobh
an t-Urr Dòmhnall MacNeacail:

---

[81] *Ibid.* td 27.

[82] OSA vol. 5, àireamh xxxv, Inbhir Chaolain, Earra-Ghàidheal, leis an Urr Ùisdean Mac Thàm-
hais, tdd 462-469.

[83] OSA vol. 10, àireamh xxix, Tiriodh, leis an Urr Archibald MacColla, td 412.

... all the black cattle bred are principally intended for common family use. There are 25 000 sheep in the parish, or perhaps many more, as they are daily on the increase. ... A rage for emigration has got to a great height, of late, in the Highlands. There have been two emigrations from these parishes, particularly from Appin. The inhabitants are now become so crowded, that some relief of this sort, in one shape or other, seems absolutely necessary.[84]

Bha an aon suidheachadh ri fhaicinn ann an iomadh sgìre, gu h-àraidh ann am bliadhnaichean mar 1790 agus 1791 nuair a bha droch fhoghar ann agus prìsean gu math ìseal airson crodh agus ceilp.

Bha an imrich agus an eilthireachd mhòr air tòiseachadh.

***

---

[84] OSA vol. 1, àireamh LII, Apainn agus Lios Mòr, leis an Urr Dòmhnall MacNeacail, td 488.

Caibideil 2.

Eilthireachd agus Atharrachadh

> Thoir mo shoraidh le fàilte Chinn t-Sàile nam bò,
> Far an d' fhuair mi grèis m' àrach 's mi 'm phàisde beag òg;
> Bhiodh òigearean sgoinneal air bhonnaibh ri ceòl,
> 'Us nighneagan dualach 's an gruaidh mar an ròs.[1]

'S ann gu bailtean mòra ann am meadhan na h-Alba a dh'imrich mòran airson cosnadh a lorg 's e a' sìor fhàs na bu doirbhe beòshlaint a dhèanamh anns a' Ghàidhealtachd agus sna h-Eileanan. Fiù 's aig àm an t-Seann Chunntais Àireimheil anns na 1790an bha 1,825 teaghlach Gàidhealach a' fuireach ann an Grianaig, a' chuid as motha dhiubh à Earra-Ghàidheal. Ged a lorg tòrr aca obair air làraichean-togail is air bàtaichean, cha robh bochdainn fhathast fada air falbh bho iomadh Gàidheal.

> All the money we get is earned by people going south and getting wages, unless we sell a stirk. We are not home scarcely for a week with our earnings when we pay it over to the proprietors, and they are off to London and elsewhere abroad to spend it. Not a penny of it is spent on the place for which the rent is paid.[2]

'S e cianalas, tèama làidir a nochdas ann an iomadh òran bhon an naoidheamh linn deug. Bhiodh daoine a' coimhead air ais gu cumhach air beatha anns na glinn, agus obair a' chruidh, a dh'aindeoin cho doirbh 's a bha a' bheatha sin.[3]

Cha b' e rud ùr a bha seo. Cho fada air ais ris an t-seachdamh linn deug bha a' bhana-bhàrd Màiri nighean Alasdair Ruaidh (1615 – 1706) ag ionndrainn

---

[1] Òran 25: Dèan cadalan sàmhach. Faicibh cuideachd 'Och nan och, tha mi fo mhulad – òran 26.

[2] OSA vol. 5, àireamh L, Greenock, leis an Urr Archibald Reid, td 571.

[3] Òran 27: Cinntàil' a' chrodh chean-fhionn.

'Uilbhinnis[4] a' chruidh chaisfhinn', is i air fògradh ann an Scarba.[5]

Dà cheud bliadhna às dèidh làimhe, sgrìobh banaltram ainmeil eile às an Eilean Sgitheanach iomadh òran is dàn làn cianalais airson eilean a h-àrach, fhad 's a bha i ag obair ann an Inbhir Nis agus Glaschu. 'S e Màiri an t-ainm a bh' oirrese cuideachd – 'Màiri Mhòr nan Òran' à Sgeubost, a rinn an t-òran ainmeil 'Nuair bha mi òg'.[6] Tha a cianalas airson eilean a h-òige nas soilleire fhathast ann an òran eile leatha – 'An gleann 's an robh mi òg'.

> Nuair a dhùisgeadh mi sa mhaduinn,
> Le clag a' bhaile mhòir,
> Air mo thacadh leis an stùr,
> 'S ga mo mhùcadh leis a' cheò;
> Bidh mo chridhe call a lùth's,
> 'S bho mo shùil gun sruth na deòir,
> Nuair a chuimhnicheas mi chlann,
> a bha sa ghleann 's an robh mi òg.[7]

Cha do chòrd fuaim agus salchar a' bhaile mhòir ri Màiri, ach shaoil iomadh Gàidheal gun robh beatha na b' fheàrr a' feitheamh riutha gu deas no thall thairis ann an 'talamh a' gheallaidh'. Cluinnidh sinn an dòchas aca ann an cuid de na h-òrain eilthireach. Chaidh 'Guma slàn do na fearaibh' a sgrìobhadh le Dòmhnall Phàil à Ceann a' Ghiùthsaich ann an 1838, nuair a dh'fhàg mòran an sgìre air Latha Fèille Chaluim Chille airson seòladh às an Òban gu ruig Astràilia. Ged nach do sheòl am bàrd còmhla riutha, tha facail an òrain a' cur an cèill cuid de na rudan a bha a' cur dragh air daoine anns a' Ghàidhealtachd – rudan nach biodh iad ag ionndrainn san dùthaich ùr.[8] Tha na h-aon fhaireachdainnean a' nochdadh ann an òran le Iain MacMhurchaidh, a dh'fhàg Cinn Tàile airson Carolina a Tuath cho tràth ri 1774.[9] Cluinnidh sinn dùbhlan agus àrdan an eilthirich ann an òran eile le Iain MacMhurchaidh[10]. Is cinnteach gun tug òrain den t-seòrsa seo misneachd do dh'eilthirich air an turas fhada gu dùthaich ùr.

Lorg feadhainn beatha mhath ùr dhaibh fhèin, làn dòchais, ged a bha tòrr obair ri dhèanamh san dachaigh ùr mus fhàsadh bàrr agus mus gabhadh sprèidh àrach gu soirbheachail. Sgrìobh Mìcheal Mòr MacDhòmhnaill à Uibhist a Deas an t-òran 'O 's àlainn an t-àite' mu 1775, goirid às dèidh dha Ceap Breatainn a ruighinn:

----

4 Uilbhinnis san Eilean Sgitheanach. Ged a bhuineadh Màiri do na Hearadh, bha dlùth-cheangail aice ris an Eilean Sgitheanach far an robh i na bean-altraim dha MacLeòid Dhunbheagain.

5 Òran 28: Tuireadh.

6 Òran 29: Nuair bha mi òg.

7 Òran 30: An gleann 's an robh mi òg.

8 Òran 31: Gum a slàn do na fearaibh.

9 Òran 32: Tha tighinn fotham èirigh.

10 Òran 33: Bhon a sguir mi phàidheadh màil.

> O 's àlainn an t-àite
> Th' agam 'n cois na tràghad
> Nuair thig e gu bhith 'g àiteach ann
> Leis a' chrann, leis a' chrann, o.
> Ni mi 'n t-aran leis na gearrain
> 'S an crodh-bainne chuir mun bhaile;
> 'S cha bhi annas oirnn 's an earrach,
> Chuirinn geall, chuirinn geall.[11]

Chan e 'tìr a' gheallaidh' a lorg feadhainn eile, ach briseadh-dùil, mar a chluinneas sinn anns an òran ainmeil 'A' choille ghruamach'[12] (no 'Am Bàrd ann an Canada') le Iain Mac Ailein à Tiriodh. Dh'fhalbh Mac Ailein agus an teaghlach aige gu saor-thoileach, ach tha am briseadh-dùil aige soilleir anns an òran a chuir e gu a bhràthair air ais ann an Alba goirid às dèidh dha Alba Nuadh a ruighinn.[13] Rinn e coimeas eadar na tagraichean a mheall mìltean de dhaoine air falbh le geallaidhean breugach, agus crodh air an toirt air falbh bho thìr an àraich le dròbhairean. Cha robh 'dròbhairean' Mhic Ailein nan daoine idir cho earbsach ri dròbhairean cliùiteach onarach leithid Coire Choille[14].

Lean eilthireachd, an dà chuid saor-thoileach agus èigneach, air adhart air feadh na naoidheimh linn deug. Airson an fheadhainn a dh'fhuirich anns a' Ghàidhealtachd bha strì fhada air am beulaibh. Dhùisg cor nan daoine agus strì nan croitearan agus coitearan airson tèarainteachd fearainn iomadh òran feargach, cumhachdach ann an cridhe nam bàrd – òrain agus dàin a tha a' peantadh dealbh làidir de fhaireachdainnean an ama. Nochdaidh crodh tric ann an òrain cianalais mar shamhla de 'laithean sona ar n-òige'. Tha deagh eisimpleir de seo ann am 'Fuadach nan Gàidheal' le 'Fionn'.[15]

Ri linn nam fuadaichean, nuair a dh'fhalbh coimhearsnachdan air fad, pheant bàird, leithid Iain MacIlleathain agus Uilleam Mac Dhunlèibhe, dealbhan làidir an-shocrach de na h-àitichean a dh'fhàg iad.[16] Rugadh Uilleam Mac Dhunlèibhe (1808 – 1870) air tuathanas Gartmain ann an Cill an Rubha, Ìle. Chaidh 'Òran Bean Dhonnachaidh' no 'Fios chun a' bhàird'[17] fhoillseachadh an toiseach ann an 1863, goirid às dèidh eilthireachd

---

[11] Òran 34: O 's àlainn an t-àite.

[12] Òran 35: A' choille ghruamach.

[13] Dh'fhalbh Iain Mac Ailein fhèin a-null gu Alba Nuadh ann an 1819.

[14] Faicibh caibideil 8 – 'Dròbhairean agus Fèilltean' – san leabhar seo.

[15] Òran 36: Fuadach nan Gàidheal. B' e 'Fionn' ainm-pinn Eanraig Mac'IlleBhàin (Henry Whyte) (1852 – 1913), a bha gu mòr an sàs ann a bhith ag adhartachadh chòraichean nan Gàidheal tro òraidean agus òrain aig àm air leth cudromach ann an eachdraidh cleachdadh-fearainn anns a' Ghàidhealtachd agus na h-Eileanan.

[16] Òrain 37 agus 38.

[17] Òran 39: Fios chun a' bhàird.

iomadh Ìleach a-null a Chanada ann an 1862 agus 1863.[18] 'S e 's dòcha an t-òran as cumhachdaich a chaidh a sgrìobhadh a-riamh mu dheidhinn atharrachaidhean anns a' Ghàidhealtachd is na h-Eileanan.

Strì:

Thog bàird an guthan tric an aghaidh ana-ceartais agus uachdarain aintighearnail anns an t-strì airson tèarainteachd fearainn. Cho tràth ris na 1790an sgrìobh Ailean Dùghallach à Gleanna Garadh òran searbh an aghaidh cìobairean Gallta agus na h-uachdarain a thug a-steach iad. Bha iomagain air gun atharraicheadh dòighean ùra àiteachais seann choimhearsnachdan Gàidhealach gu tur.[19]

Nuair a ghabh croitearan ceumannan air an talamh fhaighinn air ais thuca fhèin gus am biodh feurach aca airson an cuid sprèidhe, fhuair iad taic agus brosnachadh bho bhàird leithid Màiri Mhòr nan Òran. Ann an 1881, dhiùlt cuid de na croitearan màl a phàigheadh gus am faigheadh iad cead an cuid sprèidhe a chur air ais air feurach Beinn Lì, ionaltradh prìseil a chaidh a thoirt air falbh bhuapa ann an 1865. Loisg na croitearan na h-òrdughan fuadachaidh a chaidh a chur orra, a' leantainn gu Blàr na Bràighe ann an 1882 – strì a ghlac aire luchd-naidheachd agus a rinn tòrr airson cor nan croitearan a thaisbeanadh air feadh Bhreatainn.

Ann an 1883 thàinig am Morar Napier a dh'èisteachd ri croitearan à Sealtainn gu Earra-Ghàidheal, bho Leòdhas gu Barraigh. Chuala e gun robh mòran a' fulang le dìth fearainn. Bhruidhinn Aonghas Stiùbhart ann am Peighinn a' Chorrain san Eilean Sgitheanach às leth croitearan na Bràighe:

'The principal thing we complain of is our poverty. The smallness of our holdings and the poor quality of the land is what has caused our poverty, and the way in which the poor crofters are huddled together, and the best part of the land devoted to deer forests and big farms. The people cannot take a crop out of the ground; it does not yield crops to them. It is a great hardship that all our earnings at the fishing we have to put into meal for the support of our families... we cannot get back out of the ground two-thirds of what we put into it.. we cannot leave any part of our cultivated ground out of cultivation. What would we cultivate if we were to leave half of it out? What would feed the cattle for us? 'The remedy, throughout the island of Skye is easy to supply – give us land out of the plenty that there is about for cultivation. Give us land at a suitable rent – at a rent within our power to pay.'....[20]

---

[18] M.C. Storrie, *Islay: Biography of an Island,* Islay: The Oa Press, 1981, tdd 189-190.

[19] Òran 40: Òran do na cìobairean Gallda.

[20] A.D. Cameron 1986: td 8-9.

Bha iomadh neach eadar Cinn Tìre agus Sealtainn an dòchas gum fàsadh cùisean na b' fheàrr dhaibh, le taic bho Napier agus bhon *Highland Land Law Reform Association*. Ghlac Dòmhnall MacEacharna an dòchas sin anns an luinneig aige.[21]

A-mach à Aithisg Choimisean nan Croitearan thàinig Achd nan Croitearan ann an 1886, achd a dh'fheuch, am measg rudan eile, ri tèarainteachd fearainn a thoirt do chroitearan. B' e sin ceum mhòr air adhart, ach 's e briseadh-dùil a bh' ann airson mòran, gu h-àraidh cotairean. Cha d' fhuair iadsan còraichean sam bith, no an rud a bu chudromaiche dhaibh – barrachd fearainn. Cha b' e Achd nan Croitearan idir deireadh na cùise. Seo aithris a nochd anns an *Oban Times* anns a' Mhàrt 1886:

> At the meeting at Lochcarron Schoolhouse, Mr Neil MacKay of Janetown, moved a resolution: 'That the Crofters' Bill now before Parliament, is a totally inadequate measure of land reform, particularly in that it totally ignores the clan rights of the Highland people to the land; that it fails to provide for the restoration of arable land as well as pasturage; that it is, to all intents and purposes, to stereotype rather than terminate the present obnoxious state of things in the Highlands of Scotland.'[22]

Aig an aon choinneamh sheinn Iain MacRath, croitear ann an Loch Carrann, 'Òran air Bile nan Croitearan', a' sealltainn fearg an aghaidh na h-Achd agus diongmhaltas an t-sluaigh a bhith a' leantainn orra anns an t-strì airson tèarainteachd fearainn.[23]

Às dèidh nan caorach thàinig na sealgairean agus chaidh fearann a thoirt air falbh gus frìthean a chruthachadh. Cha robh trioblaidean nan croitearan faisg air a bhith seachad. Ann an 'Cumha nan Croitearan' thug am bàrd brosnachadh dhaibh ann am briathran làidir:

> Ach seasaibh làidir mar ghaisgich threun,
> 'S na gabhaibh tàmh gus a fàs sibh fèin
> Nur daoine saor air gach cluain 'us aonach,
> Gun chead ri fhaotainn bho h-aon fon ghrèin![24]

Sheas cotairean Leòdhais làidir. Ann an 1887 rinn iad ionnsaigh air Frìth na Pàirce, a b' àbhaist a bhith aca airson ionaltradh sprèidhe. Chaidh na cotairean a thoirt an grèim, ach chaidh an leigeil mu sgaoil leis a' Chùirt

---

[21] Òran 41: Luinneag. Rugadh MacEacharn ann an Diùra ann an 1836 ach chuir e seachad a' chuid as motha de a bheatha ann an Dùn Èideann.

[22] *The Oban Times* 20 March 1896.

[23] Òran 42: Òran air Bile nan Croitearan.

[24] Òran 43: Cumha nan croitearan.

ann an Dùn Èideann. Chleachd an t-Urramach Dòmhnall MacCaluim (1849-1929), a bha na mhinistear air na Lochan ann an Leòdhas, a sgilean ann am bàrdachd às leth nan cotairean. Rinn e aoir ealanta an aghaidh 'Bodach Isgein', aig an robh Frìth na Pàirce air màl, airson cho neo-thruacanta 's a bha e air a bhith an aghaidh nan cotairean acrach.[25]

Leasachaidhean agus adhartas

> Cho fad 's a bhitheas monadh an Ceann Tàile,
> cha bhi MacCoinnich gun àl sa chrò.[26]

A dh'aindeoin Bodach Èsgein agus a leithid, bha a' chuibhle air tionndaidh airson croitearan agus cotairean mu dheireadh thall. Cha deach na frìthean uile a leagail, agus ann an iomadh sgìre chan eil crodh air an àrach 'anns na lagain uain' chun an latha an-diugh, ach le barrachd tèarainteachd agus èirigean airson obair leasachaidh air an fhearann, bha dòigh ann aon uair eile beòshlaint a dhèanamh ann an croitearachd.[27]

Le leasachaidhean, dh'atharraich coltas a' chruidh. Air iomadh tuath dh'fhàs Shorthorns, Herefords, Aberdeen Angus, Limousins agus Charolais na bu chumanta na crodh Gàidhealach agus is ainneamh a chìteadh bò ròmach dhubh air monaidhean na Gàidhealtachd tuilleadh. Ann an 1884 chaidh Comunn Crodh Gàidhealach a stèidheachadh airson feartan na gnèithe a dhìon. Dh'fhàs an dath ruadh na bu chumanta, nuair a thugadh an gnè ruadh a-steach à Siorrachd Pheairt, far an robh an crodh na bu mhotha na crodh dubh nan Eilean.

Thug eilthirich crodh Gàidhealach leotha gu Astràilia ann am meadhan na naoidheimh linn deug agus lean a' chiad bhò Ghàidhealach na mìltean de Ghàidheil a chaidh thar sàile gu Manitoba ann an Canada anns na 1880an. Dh'fhàs ùidh anns a' ghnè am measg thuathanach ann an iomadh pàirt den t-saoghal, gu h-àraidh airson an neart ann an suidheachaidhean cruaidh. Tha an tarbh Gàidhealach air a mheasadh gu mòr airson laoigheadh, a' toirt feartan làidir na gnèithe don àl. Chaidh comuinn crodh Gàidhealach a stèidheachadh ann an Astràilia, na Stàitean Aonaichte (1948) agus Canada (1964) agus ann an iomadh dùthaich Eòrpach.

A dh'aindeoin atharrachaidhean mòra ann an cleachdaidhean fearainn, tha crodh fhathast rim faicinn air iomadh croit agus tuathanas air feadh Alba cuideachd, agus tha àrach chruidh agus toradh na bà fhathast a' cur

---

[25] Òran 44: Bodach Isgein.

[26] fo 'crò' ann an Edward Dwelly, *The Illustrated Gaelic-English Dictionary*, Glaschu: Gairm, 1977 td 274.

[27] Mar a dh'aithris Seumas Mac an t-Sealgair, chaidh còrr is 52,000 acair fearainn àiteachail agus 732,000 acair ionaltraidh a chur ri fearann croitearachd eadar 1886 agus toiseach nan caogadan. J Hunter, *The Making of the Crofting Community*, Edinburgh: John Donald, 1986, td 206.

gu mòr ri eaconamaidh na dùthcha.[28] Le aire chinne-daonna a-rithist ag amas air mathas an fhearainn agus fiadh-bheatha a ghleidheadh, tha pàirt chudromach ann airson dòighean croitearachd traidiseanta. A rèir Dualchas Nàdair na h-Alba, tha ionaltradh sprèidhe deatamach airson flùraichean na machrach a ghleidheadh.[29] Tha cleachdadh todhair nàdarra, leithid innear agus feamainn, a' cuideachadh na h-ùrach agus a' cur ris an toradh a cheart cho math an-diugh 's a bha e a-riamh, agus tha pàirt mhath aig crodh Gàidhealach ann an gnìomhachas turasachd na dùthcha agus ann am beatha làitheil nan Gàidheal. Ann am facail a' bhàird Leòdhasaich Coinneach MacLeòid (1899-1977):

> Nuair a thig an t-earrach cha bhi fois no tàmh,
> Mach mi le mo spaid a chur mo chuid buntàt',
> Slaodadh thuige todhar ach an toir e fàs -
> H-uile càil a nì mi, 's ann airson na bà.[30]

A bharrachd air na beathaichean fhèin, tha tòrr den dualchas luachmhor air an cùlaibh air a ghleidheadh. 'S dòcha nach 'èistear luinneag no duanag, bleoghan mairt aig gruagaich'[31] mar a b' àbhaist, agus 's e call mòr a tha sin; ach gabhaidh na h-òrain seinn fhathast, agus gabhaidh òrain ùra an cruthachadh le bàird ùra Gàidhlig, leithid Goiridh Mac Alastair Dhùghaill à Bràigh na h-Aibhneadh ann an Ceap Breatainn. Ann an tòrr de na h-òrain seo, nochdaidh tèamaichean bho sheann òrain ann an dreach ùr. 'S ann à Mùideart agus Arasaig a thàinig sinnsearan Ghoiridh anns an naoidheamh linn deug. Ann an 'Crodh air a' bhruaich' tha e a' caoidh gum feum òigridh falbh chun an taobh an iar airson cosnadh fhaighinn, gu bheil tuathanachas a' sìor fhàs nas doirbhe agus gu bheil talamh àiteachais air a thoirt thairis le dris agus craobhan, coltach ris a' Choille Ghruamaich a lorg Iain MacIlleathain aig toiseach na naoidheimh linn deug. Dìreach mar ann an Alba ge-tà, tha daoine ann aig a bheil crodh, agus aig am bi crodh airson bliadhnaichean ri teachd.[32]

> 'S iomadh fear thug a West air, shireadh cliù agus maoin
> Nach d' fhuair e làn dùil ged a dh'fhàg e chuid daoin'

---

[28] Ann an 2010 b' fhiach malairt ann an toradh-na-bà £270M do dh'eaconamaidh na h-Alba, ged a thàinig a' chuid as motha de sin bho thacan mòra bainne ann an taobh an ear-thuath agus iar-dheas na dùthcha <www.scotland.gov.uk/Topics/farmingrural/Agriculture/Livestock/ Dairy>. Ann an 2008 bha 28,315 beathach cruidh air an cumail air croitean ann an Alba. <www. crofterscommision.org.uk>.

[29] Comhairle nan Eilean Siar agus Dualchas Nàdair na h-Alba, *Plana-gnìomha bith-iomadachd ionadail nan Eilean Siar*, Comhairle nan Eilean Siar agus Dualchas Nàdair na h-Alba, 2007. (air a ruighinn air-loidhne 2009).

[30] Coinneach MacLeòid 1998: td 34.

[31] Òran 40: Òran do na cìobairean Gallda.

[32] Òran 45: Crodh air a' bhruaich.

A bhios fuireach am feasd' ann le a chridhe goirt, tinn
Ach tha crodh air a' bhruaich air a bhail' againn fhìn.

***

Caibideil 3

Tochraidhean agus Beairteas

'Fear an ime mhòir 's e 's binne gloir.'[1]

Tha m' fhearann saoibhir, *ho i ho,*
I hiu ro bho nam b' àillibh e,
Tha m' fhearann saoibhir, *ho i ho.*
Tha m' fhearann saoibhir air gach taobh dhìom,
'S mo chrodh-laoigh air àirigh ann,
Tha m' fhearann saoibhir, *ho i ho.*[2]

B' e comharra inbhe bho na linntean a dh'fhalbh a bha ann an crodh, agus bha beairteas dhaoine air a mheasadh, air feadh nan dùthchannan Ceilteach coltach ri ceàrnaidhean eile den t-saoghal, a rèir na bh' aca de chrodh. Tha a' phrìsealachd seo soilleir ann am facail mar 'seòid' agus 'eudail' a bh' air an cleachdadh airson crodh ann an sgeulachdan aosta leithid Tàin Bò Flidais. B' e buaile de cruidh fear de na rudan as luachmhora a dh'fhaodadh a bhith aig daoine, a' toirt dhaibh bith-beò agus inbhe ann an sùilean an nàbaidhean.[3]

Bha luach beatha gu tric air a mheasadh ann an crodh. Ann an seann laghan Cheilteach bha am facal 'crodh' a' ciallachadh a' chàin a dh'fheumadh eucoraich a phàigheadh airson lochdan eadar-dhealaichte. B' e mìle bò a' chàin airson rìgh a mhurt, 140 bò airson iarla, sìos gu sia-deug airson murt neach cumanta no eucorach eile. 'S e duine gu math bochd aig nach robh ach aona bhò.

A rèir Alasdair Mac 'Ille Mhìcheil, b' fhiach tè de na làmh-sgrìobhainnean aig Fearchar Beatan – Fearchar Lighiche – seasgad crodh-laoigh. Mheas

---

[1] Mary Cameron MacKellar. 1888. TGSI 14. td 145.

[2] Mary Cameron MacKellar. 1888. TGSI 14. td 145; K. C. Craig, *Òrain Luaidh Màiri Nighean Alasdair*. Glaschu: Alasdair Matheson & Co Ltd.,1949, td 69. Tha an aon sèist ann an 'Iorram Cuain' le Alasdair Mac Mhaighstir Alasdair (John MacKenzie 1904: td 126), ged nach eil luaidh air crodh-laoigh air àirighean san iorram. 'S ma dh'fhaoidhte gun do chleachd Mac Mhaighstir Alasdair sèist a bha air a sheinn aig an àm. Tha clàradh den òrain seo air Seinn o ho ro Seinn le Fiona MacKenzie & Arthur Cormack (Mairi Mhor Gaelic Song Fellowship 2003) agus air Uam le Julie Fowlis (Machair Records 2009).

[3] Òran 46: Coisich a rùin – òran-molaidh do Chlann Nèill ann am Barraigh. Chleachdar crodh mar airgead cuideachd. Ann an 1522 phaigh Ùisdean Dubh O'Donnel à Tìr Conell 140 crodh-laoigh airson leabhar sònraichte 'The Book of Ballimote'. A. R. Forbes 1905: td 98.

Fearchar cho prìseil i 's gun iarradh e air searbhant earbsach a toirt leis air each an àite a bhith ga toirt ann am bàta.[4] Nochd crodh ann an cùmhnantan daltachais cuideachd, mar a chithear bho chùmhnantan a chaidh a ghleidheadh bhon t-siathamh agus bhon t-seachdamh linn deug.[5] Nuair a lorg pàrantan altraichean airson an cuid chloinne, phàigh iad tuarastal de chrodh dhaibh airson dèanamh cinnteach gun deigheadh an fheadhainn bheaga àrach a rèir an inbhe. Dh'obraich seo cuideachd mar sheòrsa de dh'urras:

> 'When the child went to its foster-parents there was handed over by its father a certain number of cattle, to which were added a similar number by the foster-parent. The number varied, but was usually, as far as one can accurately tell, four or five cows and stirks, and perhaps a horse, from either side. The small herd was called the 'Makallow,' 'Maealive,'- or 'M'heliff goods,' and was the absolute property of the child,- as was also the increase, but no part of it was allowed to be disponed away without the father's consent. In Mull, according to Johnston (sic), only half of the increase belonged to the child, the other half being the property of the fosterer. Sometimes the stock was put in the hands of a 'mediate man,' a third party, to be attended to, and who was answerable for it and its offspring. The fosterer evidently had to provide the pasture free of charge, but was allowed the milk of the cows.'[6]

Ann an dàn molaidh bhon t-siathamh linn deug, thug am bàrd Èireanneach Tadhg Dall Ó Huiginn cunntas air cuid de na sochairean a fhuair Eachaidh Doimlén – sìol Cholla – bho Rìgh Èirinn Muireadhach Tireach. Am measg shochairean eile de dh'iomadh seòrsa[7], gheibheadh iad tuarastal de bhò air fhichead agus dìol tabhartais airson sprèidh a thugadh bhuapa fhad 's a bha iad ann am feachd an rìgh.[8]

Thug na 'flaithi' ann an Èirinn crodh air iasad maireannach – 'rath' – do dhaoine aig inbhe na b' ìsle, agus fhuair iad màl agus seirbheis air ais bhuapa.[9] Air feadh eachdraidh nan Ceilteach, bha crodh air an toirt seachad, anns an aon dòigh, air iomlaid airson fearann, annlan agus obair. Seo rann

---

[4] Alexander Carmichael, *Carmina Gadelica* vol. 2, Edinburgh: Oliver & Boyd, 1928, td 79.

[5] *Black Book of Taymouth* (16mh linn) agus *Collectanea de rebus Albamcis* (17mh linn).

[6] *Alexander Curle W.S., F.S.A; SCOT. 1896. 'Notice of Four Contracts or Bonds of Fosterage', Proceedings of the Society of Antiquities of Scotland: (1895- 96). Edinburgh: Neill & Company.*

[7] Am measg shochairean eile chan fheumadh iad èirig fala a phàigheadh, b' urrainn dhaibh suidhe ri taobh Rìgh Èirinn, dh'fhaodadh iad an cuid each is choin ionaltradh ann an àite sam bith ann an Èirinn, cha chuirtear ach slabhraidhean òra air an giallan, air neo bhiodh iad saor agus gheibheadh iad trian den eudail bho phuirt-mara.

[8] Òran 47: Sìol Cholla.

[9] Liam De Paor, *The Peoples of Ireland*, Lunnainn, 1986, td 46.

bho bhàrdachd on t-siathamh linn deug le Fionnlagh am Bàrd Ruadh, anns a bheil e a' moladh Eòin Dubh MacGriogair Ghlinn Straidh († 1519) airson fhialaidheachd do na bàird agus a sgilean seilge:

> Baránta na h-aosa dána
> MacGriogóir a bhronnas ba;
> Urra dhámh is fear na sealga,
> A lámh gheal a dheargas ga.[10]

Cha robh a h-uile bàrd cho toilichte leis an tuarastal a fhuair iad bho am pàtran ge-tà, mar a tha soilleir ann am pìos bàrdachd eile bho Leabhar Deadhan Lios Móir, am fear seo leis a' bhàird Muireadhach Albanac Ó Dálaigh bhon treas linn deug – 'Mairg Thréigeas inn, a Amhlaoibh'.[11]

Fhuair bàird agus clàrsairean pàirt den tuarastal aca ann an crodh no feurach agus fhuair ceannardan co-dhiù pàirt den mhàl aca ann an crodh agus toradh na bà. Cha deach am màl seo a chur gu deagh fheum an-còmhnaidh, mar a chluinneas sinn ann an 'Òran do MhacLeòid Dhùn Bheagain', anns a bheil an Clàrsair Dall a' coireachadh Ruaidhri MhicLeòid, an ceann-feadhna ùr. Aocoltach ri athair, Iain Breac MacLeòid, chosgadh Ruaidhri òg an t-uabhas air aodach ann am bùithtean Dhùn Èideann, gun sùim aige don droch bhuaidh a bh' aig na dòighean caitheach aige air muinntir an tighearnais.[12]

Uaireannan chuireadh crodh gu feum mar èirig, mar a thachair ann an sgeulachd mu dheidhinn cailleach mhòr ghlas a thabhainn 'buaile de chrodh balg-fhionn, druim-fhionn, ceann-fhionn, cas-fhionn, agus dubh' mar èirig do 'Gille Dubh Mòr Mac Uaraic' nan toireadh e dhi a saorsa, às dèidh dha a glacadh agus a ceangal air druim an eich aige. [13] Tha an aon tèama a' nochdadh anns an rann seo bhon òran 'Bha mo leannan ann':[14]

> Cha robh bò dhubh no bò ghuail-fhionn,
> No bò bhreac an iomall buaile,
> Nach cuirinn, a ghaoil, gad fhuasgladh,
> Mar b' e 'n t-eug a sgaradh bhuam thu;
> Sona 's tu fhèin ga fuadach,
> Cràdh air an tè thèid gad ruagadh.[15]

---

[10] Bho 'Gabh rém Chomraigh, a Mheic Ghriogóir' ann an W.J. Watson, *Scottish Verse from the Book of the Dean of Lismore*, SGTS vol. 1, Edinburgh: Oliver & Boyd, 1937, td 126-132. Foillsichte cuideachd ann an W. McLeod agus M. Bateman, *Duanaire na Sracaire – Anthology of Medieval Gaelic Poetry*, Edinburgh: Birlinn, 2007, td 126.

[11] Òran 48: Mairg thréigeas inn, a Amhlaoibh.

[12] Òran 49: Òran do MhacLeòid Dhùn Bheagain.

[13] : MacKellar. 1888. TGSI 14. td 145.

[14] Faicibh cuideachd òran 101 : 'Seathan Mac Righ Èireann'.

[15] BBC Bliadhna nan Òran. Clàraichte cuideachd le Cliar, 2000, agus leis an Urr Uilleam MacMhathain airson Tobar an Dualchais.

Aig toiseach na siathamh linn deug sgrìobh am bàrd Barún Eóghan MacComhaigh gun toireadh esan seachad beairteas mòr, nan robh e aige, airson a bhith slàn fallain a-rithist. Dh'ainmich e dròbhan chruidh agus tarbh treun – rudan gu math prìseil.[16] Ach ged a bha MacComhaigh a' miannachadh gun robh beairteas aige a cheannaicheadh leigheis dha, cha robh cùisean an-còmhnaidh furasta do dhaoine le pailteas chruidh. Bha iad nan targaid do 'fir na faighde', daoine aig nach robh mòran, gu h-àraidh daoine òga air ùr-phòsadh, a dh'iarr dèirc bho dhaoine na bu bheairtiche. A rèir Dwelly, bha an cleachdadh seo gu math cumanta air a' Ghàidhealtachd agus sna h-Eileanan aig aon àm, agus fhathast a' tachairt ann an 1830. Cha dhiùltadh daoine urramach eòrna, clòimh no sprèidh a thoirt seachad do fhir na faighde, is cha robh sòradh aig cuid a bhith tighinn ga iarraidh – 'Faoighe do MhacGriogair, is leig leis fhéin a togail'[17]. Ghabhadh cuid a dhaoine brath air fialaidheachd agus urram nan daoine uasal, mar a sheall Giolla Coluim mac an Ollaimh, bàrd Thighearna nan Eilean, aig deireadh na còigeamh linn deug ann an 'Mór an feidhm freagairt na bhfhaighdeach'.[18]

Thar nan linntean tha aoir air pàirt làidir a ghabhail ann am bàrdachd Ghàidhlig. A bharrachd air a bhith a' moladh fheartan agus cliù am patranan agus an caraidean, bha comas aig bàird a bhith a' càineadh an nàimhdean le facail gheur. Dh'fhaodadh bàrd a bhith gu math dìoghaltach le bhith a' cur às leth cuideigin nach robh sprèidh aca, co-dhiù gum b' fhìor a' chasaid gus nach b' fhìor. Anns an dàn 'Mairead nan Cuireid', a th' air a ghleidheadh chun an latha an-diugh mar òran luaidh, tha a' bhana-bhàrd Sgitheanach Màiri Nighean Alasdair Ruaidh (c.1615 – 1705) a' cur na casaid – 'dubh iomall na tuatha, buinneag shuarach gun sprèidh' – mar thoibheum an aghaidh Maireid, a bha i fhèin air Màiri a mhaslachadh le bhith 'g innse gun robh dùil aice ri leanabh dìolain.[19]

Is cinnteach gun do dh'adbhraich gainnead de stòras duilgheadasan don fhireannach òg ann an 'Òran a' mharaiche'. Cluinnidh sinn àrdan agus searbhachd a' bhàird gun urra anns na briathran aige:

> Ged tha mi gun stòras,
> Gun chrodh air mo lòintean,
> Naile! Chumainn-sa lòn riut,
> Ged is seòladair mi.[20]

---

[16] Òran 50: Fada dhomh an laighe-se.

[17] Faicibh fo 'faoighe' ann an Edward Dwelly, *Ilustrated Gaelic English Dictionary*, Glaschu: Gairm, 1977.

[18] Òran 51: Mór an feidhm freagairt na bhfhaighdeach.

[19] Òran 52: Mairead nan cuireid.

[20] Òran 53: Òran a' mharaiche. Ann an 'Mo nighean donn an t-sùgraidh' (òran 54) cluinnidh sinn bho dhuine eile air an do bhuail an droch fhortan.

Cha b' e deagh chompanach a bhiodh ann am 'fear gun stòras' ann am beachdan iomadh duine, gu h-àraidh airson nighean uasal.[21] Airson deagh fhortan a thoirt do charaid, chanadh daoine:

> Crodh druim-fhionn, crodh guaill-fhionn,
> air do bhuaile mar chòmhla,
> Tè eile gan cuallach
> 's do bhean a' fuaigheal na seòmar.[22]

Cha dèanadh deagh threud de chrodh cron sam bith do dhuine a bha an dùil pòsadh:

> Ceist nam ban bho thìr nam bò,
> Bho Shrath-chluainidh gorm an fheòir,
> Far an d' fhuair thu d' àrach òg,
> 'S cunnta mòran aighean dhuit.[23]

Uaireannan is cinnteach gum b' e stòras an t-adhbhar as motha, air neo fiù 's an aon adbhar, airson gaol. Seo rann bhon òran seòlaidh 'Gaol fearainn, gràdh fuinn':

> 'S e gaol fearainn, gràdh fuinn,
> Thug dhomh suidhe cuide riut;
> Mo luaidh do chrodh dhruim-fhionn duinn
> Thug dhomh laighe làmh riut.[24]

Ann an 'Òran Mhic Uilleim Bhàin' le Rob Donn, dh'innis am bàrd mar a ruith Mac Uilleim Bhàin 'o thigh gu tigh', 's e a' feuchainn ri maidse a dhèanamh le nighean uasal air choreigin.

> Feumaidh tu tigh, feumaidh tu daimh,
> Feumaidh tu crodh thèid a dhàir;
> Feumaidh tu tigh, feumaidh tu daimh,
> Feumaidh tu crodh thèid a dhàir.[25]

---

[21] Òran 55: Shibeag.

[22] Alexander Robert Forbes 1905: td 89.

[23] Bho 'Òran do dhuine-uasal àraid, Alastair MacRath' – Ailein Dughalach 1829: td 11.

[24] Lauchie MacLellan, *Brìgh an Òrain: A Story in Every Song*, air a dheasachadh le John Shaw, Edinburgh: Birlinn, 2002, td 169.

[25] Òran 56: Òran Mhic Uilleim Bhàin.

'S dòcha gun robh cuid a dhaoine, leithid Buachaill ón Éirne[26], cho cinnteach mun stòras agus mealladh aca fhèin, 's nach robh tochradh air a mheasadh cudromach idir. Mar as trice ge-tà, bha sprèidh deatamach do ghruagaichean, agus chan ann dìreach airson bith-beò. Mar bu mhotha an treud, 's ann a b' fheàrr na cothroman a bh' aig gruagach air fear-cèile a roghainn fhèin, no roghainn a teaghlaich, fhaighinn.[27]

A rèir a' Chlàrsair Dhall, b' e Iain Breac MacLeòid aon neach a choisinn 'gaol nam ban 's nan gruagach òg':

> 'S iomadh maighdeann cheutach
> A bha dèidheil air do phòig,
> Lem b' ait bhith cunntadh sprèidhe dhut,
> 'S a deas-làimh fhèin le deòin.[28]

Às aonais tochradh sprèidhe, bha e doirbh do nighean pòsadh, mar a chluinneas sinn anns a' phort-à-beul 'Mur b' e an crodh cha ghabhainn thu.' Air an làimh eile, tha aon dhreach den òran a' sealltainn gur ann dìreach airson a chuid chruidh a bha nighean deònach gille, no seann bhodach 's dòcha, a phòsadh.[29]

Air a' Ghàidhealtachd bha dùil gun toireadh teaghlach bean na bainnse crodh seachad mar thochradh don fhear-phòsta aice a rèir inbhe a teaghlaich anns a' choimhearsnachd:

> Twenty milk cows was considered a good tocher for a tacksman's daughter, and twenty cows, with their calves at their feet, was very good; and for a crofter's daughter, a cow and her calf or stirk was a fair tocher, along with her blankets and other paraphernalia, and a girl who had such a tocher in prospect was apt to give herself airs, unless she had very good sense.[30]

Sin an dearbh rud a thachair ann an sgeulachd 'Cailleach Cath na Cuinneige', sgeulachd a chaidh innse 's dòcha mar rabhadh do bhanaraich òga a bha a' fàs caran mòr nam beachd fhèin:

---

[26] Òran 57: Buachaill ón Éirne.

[27] Òran 58: Thàinig an gille dubh.

[28] Bho 'Òran do Iain Breac MacLeòid' leis a' Chlàrsair Dhall. Cairistìona Mhàrtainn, *Òrain an Eilein*, Upper Breakish: Taigh na Teud, 2001, td 6.

[29] Òran 59: Mur b' e an crodh. 'S dòcha gur e 'Mur b' e an crodh' an dearbh phort a sheinn an duine air an do rinn am bàrd Rob Donn cronachadh às dèidh dha gealladh-pòsaidh a bhriseadh air sgàth 's gun robh tochradh a shuirghiche gann de ghamhainn: àireamh 60 – 'S ann a bhuail an iorghail.

[30] Mary Cameron Mackellar. 1888. *TGSI* 14. td 145.

A certain old woman, who still felt young, got a stoup full of milk, which she was going to sell in a town that was some distance from her. She sat down to rest on the way, and began to count the amount she would gain out of the selling of the milk, for which she had paid her only pennies. She meant to buy two stoups full, and make a larger profit, and she would go on trading thus until she would buy a calf, and she would feed the calf well, and it would soon be a cow, and after that it would then have a calf, which would in a year or two be a fine young heifer, and then a man would come the way, and say, "You have a cow, old wife; "Tha bò agad air a nasg, a chailleach. " and she would reply, "I have a cow and a heifer. "Tha bò 'us agh agam." "He will marry me then, and we will soon get rich, and I'll have a servant, and I'll make her do my bidding, and if she would dare refuse I would give her a kick!" The kick was directed by the dreaming woman to her milk stoup, and all her aerial castles came tumbling about her ears. There was no cow, nor heifer, nor husband, nor servant.[31]

Nan robh cruaidh fheum aig cuideigin air sprèidh airson tochradh, bha barrachd air aon dòigh air am faighinn anns na linntean a dh'fhalbh. Bu ghnàth le daoine creach a thogail bho nàbaidhean,[32] mar a dh'aithris Tòmas Pennant :

There are said to exist some very old marriage articles of the daughter of a chieftain, in which the father promises for her portion, 200 Scots marks, and the half of a Michaelmas moon, ie. Half the plunder, when the nights grew dark enough to make their excursions.[33]

Dh'fhaodadh na creachadairean a bhith gu math romansach a bharrachd air dàna. Tha an t-òran 'An nighinn donn a bha 'n Cat-thaobh' ceangailte ann am beul-aithris le mèirleach chruidh ainmeil à Loch Abar dom b' ainm Dòmhnall Donn Bhoth Fhionndainn.

---

[31] *Ibid., td* 146.

[32] Bidh seo a' tachairt fhathast ann an cuid a dhùthchannan, leithid Sudan agus dùthchannan air bruaichean an Nile. Nochd aithris anns a' Ghearran 2012 mu dheidhinn daoine a' goid chruidh bho an nàbaidhean ann an Sudan a Deas. Thuirt ceannard a' phàrtaidh dhùbhlanaich an sin, Onyoti Adigo, gun tèid duine bochd aig nach eil càil a-mach a ghoid chruidh gus am bi cothrom aige pòsadh. (aithris le Susan Nyiel Panchol ann am pàipear-naidheachd *The Citizen*, 15 an Gearran 2012).

[33] T. Pennant 2000: td 100.

> B' fheàrr leam fhèin na mìle bò,
> 'S na tha dh'òr aig Righ Sagsonn,
> Gum bithinn fhèin 's a' chruinneog dhonn
> 'M bun nan tom, buain nan dearcag.[34]

Le cho cudromach 's a bha an tochradh ann a bhith a' toirt crodh luachmhor don teaghlach, dh'fhàs e uaireannan doirbh do dh'fhireannaich òga bean a thaghadh, gu h-àraidh nan robh aca ri taghadh eadar beairteas agus bòidhchead. Bha ùine gu leòr ann aithreachas a ghabhail mu roghainn mhearachdach.[35] Thàinig na rannan seo a-mach à sgeulachd mu dheidhinn òganach a dh'iarr comhairle bho athair air a' chuspair, is eanchainn fhèin ann an ceò. Thathar an dòchas gun tug an t-òigear barrachd spèis don bhean ùr aige, ge b' e cò an tè a thagh e, às dèidh dhaibh pòsadh!

> "Comhairle iarram oirbh an ceò,
> Cò i feòil is fheàrr, a dhuine,
> Sean bhò 's i làn saill,
> No atharl' òg am feòil thana?"

> "Cha chuir sean bhò laogh mu chrò;
> 'S i 'n atharl' òg feòil is fheàrr."[36]

Cha b' e tochradh an rud bu chudromaiche do leannain nan robh an gràdh eatarra làidir gu leòr, ged is tric a chuir e bacadh air pòsadh. Tha iomadh òran ann sa bheil gràdh airson maighdinn gun tochradh, no òganaich gun sprèidh, air a dhearbhadh gu dealasach.[37] Le bhith a' leantainn an cridhe, bhiodh leannain òga tric a' fàgail dhòchasan agus iarrtasan-seilbhe an càirdean a leth-taobh.[38] Ann an aon tionndadh den òran 'Cadal chan fhaigh mi', dh'fhàg tinneas-gaoil gruagach ann am buaireadh tron oidhche, às dèidh dhi coinneachadh ri a leannan aig an fhèill agus tairgse fhaighinn cuideachd bho thuathanach beairteach. [39] Uaireannan gheibheadh òganach cobhair ann an leannanachd tro òran gaoil, leithid 'Màiri Nighean Dhòmhnaill', a dhearbhaich meud a ghràidh ged nach robh uimhir de chrodh aige 's a bh' aig suirghichean eile.[40] Airson feadhainn, ge-tà, chuir gainnead de sprèidh

---

34 Òran 61: An nighinn donn a bha 'n Cat-thaobh.

35 Òran 62: Òran le gille òg, 's e an dèidh seann tè a phòsadh.

36 Mary Cameron Mackellar. 1888. TGSI 14. td 146.

37 Òrain 63 – 65. Tha seo fìor taobh a-muigh na Gàidhealtachd cuideachd, mar a chluinneas sinn, mar eisimpleir, anns an òran 'Courting among the Kye', John Ord & Alexander Fenton, *Bothy Songs and Ballads*. Edinburgh: John Donald, 1995, td 37. Òran 69: Màiri Nighean Dòmhnaill.

38 Òrain 66 agus 67.

39 Òran 68: Cadal chan fhaigh mi.

40 Òran 69: Màiri Nighean Dhòmhnaill

bacadh ro mhòr air gaol – tèama a nochdas gu tric ann an òrain luaidh.[41] Anns an òran 'Chatriona a dh'fhalbhas gu banail' shaoileadh tu uaireannan nach eil ach beagan cruidh aig seinneadair an òrain, is aig amannan eile gu bheil dusanan de chrodh aice – barrachd co-dhiù na th' aig a' bhoireannach eile a tha a' feuchainn ri gràdh an duin' òig a chosnadh dhi fhèin.

Ann an co-dhiù aon òran, cha b' urrainn don nighean a faireachdainnean a chur air falach, is a cridhe gus briseadh le gaol airson 'mac an duin' uasail' agus eud ri a leannan ùr – cailin na sprèidhe – ach 's ann aig an fhireannach a tha am facal mu dheireadh anns an òran![42]

Ann an tionndadh den òran luaidh 'Phiuthrag 's a phiuthar' tha an seinneadair a' caoidh mar a thug i tochradh seachad, dìreach airson a faighinn air ais an ath bhliadhna. 'S e rannan tiamhaidh a th' annta, air an seinn 's dòcha le banntrach a chaill a fear-cèile dìreach bliadhna às dèidh dhaibh pòsadh. [43]

Ri linn ar-a-mach nan Seumasach thug Alasdair Mac Mhaighstir Alasdair brosnachadh do mhuinntir cinnidh anns a' cheathramh seo, a tha a' sealltainn gun robh sprèidh fhathast air am measadh gu mòr mar stòras ann am meadhan na h-ochdamh linn deug:

> 'S ged tha sibh gun airm, gun aodach, gun spréidh,
> Gu faigh sibh bhuaith' fhéin gach aon seòrsa,
> A dh'fheumas 'ur cuirp 's 'ur n-anam gu feum,
> Gus an dean sibh a' bhéist ud fhògradh![44]

'S e gràdh a dh'aindeoin gainnead stòrais tèama maireannach ann an dualchas làidir òrain nan Gàidheal. 'S dòcha gur e 'Gun chrodh, gun aighean' an t-òran as ainmeile air an tèama.[45] 'S e òran gaoil do shaighdear a th' ann, ma dh'fhaoidte bho àm nam fuadaichean, ged nach eil fios ann le cinnt cuin a rinneadh e, agus tha briathran an òrain a' gabhail a-steach cuid de na tèamaichean as làidire ann an òrain nan Gàidheal: gaol, gràdh-dùthcha, cianalas, ana-ceartas agus dòchas[46]. Is iomadh duine a chaidh a-null thairis, anns an arm no mar eilthireach, anns an ochdamh agus an naoidheamh linn deug, iomadh dhiubh gun stòras sam bith air fhàgail – ach an gràdh, agus dualchas luachmhor de dh'òrain. [47]

***

---

41 Òrain 69 – 72.

42 Òran 73: Fhir a dhireas am bealach.

43 Òran 74: Phiuthrag 's a phiuthar (i).

44 Prof MacKinnon. 1908-9. 'Unpublished Songs by Alexander MacDonald (Mac Mhaighstir Alastair), Celtic Review, vol 5: td 30.

45 Òran 75: Seo òran le iomadh tionndadh agus iomadh rann, a' dèiligeadh le cuspairean co-aimseireil. Anns an tionndadh seo, tha an nighean ag ionndrainn a leannan, ach tha i cinnteach gun coisinn a bòidhchead òigear eile dhi san àm ri teachd.

46 Faicibh mar eisimpleir an tionndadh air làrach-lìn 'Bliadhna nan Òran'.

47 Òran 76: Thug mi mo làmh don Eileanach.

Caibideil 4

Creach agus Call

'Thug mi mo chrodh-laoigh don àiridh,
Agam an diugh, 's bhuam am màireach.'[1]

'Chan e faighinn na feudalach a's miosa,
ach a cumail an deaghaidh a faotainn.'[2]

'Feumaidh fear na h-aona bhà car de h-iorball bhith na dhòrn.'[3]

Creach, creiche, -an, *sf* Plunder, booty, pillage. 2 Ruin, devastation. Mo chreach! mo chreach! *my ruin, alas! and alas!* Tha mo chreach-sa déanta, *I am done for, as good as dead;* ag éigheach a chreach, *shouting that she was ruined;* a' togail na creiche, *carrying away the plunder.*[4]

Cha neònach e gu bheil an aon fhacal air a chleachdadh ann an Gàidhlig airson mèirle sprèidh agus sgrios. Airson na mòr-chuid de theaghlaichean 's ann bhon a' bhoin a thàinig am bith-beò. Bha crodh prìseil agus, mar sin, 's e targaid shònraichte a bh' annta airson nàbaidhean agus nàimhdean ann an cinnidhean eile, mar a chluinneas sinn bho chuid de na ciad sgrìobhadairean a shiubhail tron a' Ghàidhealtachd, leithid Tòmas Tucker:

> ... on the west side, with all the islands up towards the most northerne headland, being inhabited by the old Scotts or wilde Irish, and speakeing theyr language, which live by feeding cattle up and downe the hills, or else fishing and fowleing, and formerly, (till that they have of late been restrayned,) by plaine downright robbing and stealeing.[5]

---

[1] Alexander Robert Forbes 1905: td 121.

[2] *Ibid.*, td 89.

[3] D. A. MacDonald, sean-fhacal air a chur thuige leis a' Bh-ph Flòraidh NicDhòmhnaill à Loch nam Madadh, Tocher 47, 1994.

[4] Edward Dwelly, *The Illustrated Gaelic-English Dictionary*, Glaschu: Gairm, 1977.

[5] Aithris le Thomas Tucker (1655) ann am Peter Hume Brown 1978: td 163.

Chan eil mòran fianais ann idir airson taic a chur ri beachd Tucker gun deach casg sam bith a chur air togail na creiche ro 1655. Nuair a chaidh Tòmas Morer don Ghàidhealtachd còrr agus trithead bliadhna às dèidh Tucker ann an 1689, fhuair e a-mach gun robh creach fhathast cumanta gu leòr. Ged a bha Morer ainmeil airson 'intelligence and justness of mind'[6] am measg a cho-aimsirich, tha e soilleir gun robh an aon dìth earbsa aige ann am muinntir na Gàidhealtachd 's a bha aig iomadh Gall ri a linn-sa:

> They (the Highlanders) are constant in their habit or way of clothing; pladds are most in use with 'em ... The Low-landers add, that being too often men of prey, by this means they cover their booty the better, and carry it off without the owner's knowledge. Once or twice a year, great numbers of 'em get together and make a descent into the Low-lands, where they plunder the inhabitants, and so return back and disperse themselves.[7]

Nuair a bha biadh gann, mar a bha e gu tric, bheireadh creach teachd an tìr do dhaoine aig nach robh mòran, gu h-àraidh ceatharnaich-coille agus na bh' air fhàgail de chinnidhean sgapte às dèidh ar-a-mach nan Seumasach anns an ochdamh linn deug. 'S e cunnart bhuan a bh' ann an creach agus dh'èirich tòrr òrain às a' bhuaidh a bh' aige air muinntir na dùthcha. Ann an cuid a dh'òrain, leithid 'Crodh-laoigh nam bodach', cluinnidh sinn am faochadh nach deach crodh an t-seinneadair a chreachadh. [8]

Bhiodh daoine a' togail creach fada mus do thòisich luchd-siubhail na seachdamh linn deug a' sgrìobhadh man deidhinn.[9] Sgrìobh Adamnan mu dheidhinn creach ann an Alba cho tràth ris an t-siathamh linn, agus e a' cur às leth an Naoimh Choilm Chille gun do dh'fhàisnich e gun dèanadh *savage marauders* creach air tuathanach anns a' Mhorbhairne, a' goid air falbh crodh, àirneis agus stuthan eile bhuaithe. [10] Tha Achd Pàrlamaid na h-Alba bho rìoghachadh Uilleam an Leòmhann (1165 – 1214) a' toirt iomradh air an 'claremathan law', a rinneadh airson dèiligeadh le daoine a ghabh sealbh air crodh slaidte[11].

---

[6] Peter Hume Brown 1978: td 266.

[7] Aithris le Thomas Morer (1689) ann am Peter Hume Brown 1978: td 271.

[8] Òran 77: Crodh-laoigh nam bodach.

[9] Tha iomadh luaidh air creach anns a' Bhìoball – mar eisimpleir, Deuteronomi 20:14 'Ach na mnathan agus a' chlann bheag, agus an spréidh, agus na h-uile nithean a tha 's a' bhaile, eadhon a chreach uile, gabhaidh tu dhuit féin; agus ithidh tu creach do naimhdean, a thug an Tighearna do Dhia dhuit.' Anns na h-uirsgeulan Greugach, mhair Harpalyce beò air creach spréidhe às dèidh bàs a h-athar, Rìgh Harpalycus.

[10] Wm. Reeves, deas., *Life of Saint Columba, Founder of Hy. Written by Adamnan, Ninth Abbot of that Monastery*, Edinburgh, 1874, td 33.

[11] A.P.S. vol. I, td 50. (faicibh I. F. Grant 1930: td 27).

Le crodh cho luachmhor agus meadhanach furasta an creachadh, ma dh'fhaoidte gun robh creachadairean ag obair gu leantainneach bho àm nan uirsgeulan Èireanneach – 'Tain Bò Cuailgne' agus 'Tain Bò Flidais' – agus eadhon na bu thràithe. Nuair a rinneadh creach mar ionnsaigh le aon chinneadh air cinneadh eile, bha feum ann air iomadh buachaille a ruaigeadh sprèidh an nàmhaid agus a shaodaicheadh crodh creachte am maighstirean air ais gu fearann an luchd-seilbhe. Anns an uirsgeul 'Tain Bò Flidais', rinn Fearghus agus cinn-feadhna Dubloinges sgrios air dùn Ailill agus Medbh, mharbh iad Ailill agus a mhuinntir agus ghoid iad air falbh a bhanntrach Ailill agus a treud de chrodh os-nàdarra. Anns an treud seo bha a' bhò uirsgeulach Maol Flidais, a bheireadh seachad bainne gu leòr gach latha, a rèir beul-aithris, airson trì cheud fireannach agus an teaghlaichean a bheathachadh.

> Fergus, accompanied by herdsmen and guides from Flidais, went to see the Maol. They went to Lake Letriach and came to a deep dell in which the Maol was put with her large herds. Fergus and his men speedily collected the herds and cattle. Maol was lying down and wouldn't get up. Fergus struck the cow hard and her bellows and lowing groans were heard all over Ireland as they were trying to force her to leave her accustomed haunts and face the terrors of being violently driven away. Then Bricne said that the cow would rise forthwith at his bidding.

And Bricne spoke thus:

Eirich, a ferb ingantach	Rise, marvellous cow,
A Maol Flidais lacht milis;	Maol Flidais whose milk is sweet;
Fágaib Irrus aiten-gharbh;	Leave Erris with its rough furze,
Óir nír b'ingilt incaithme,	For it never provided pasture fit for you,
Duitsi riam an ruag bendach,	On its red precipices,
Acht mad adhradh Ailill,	Only your devotion to Ailill
	(made it endurable);
Do bregadh do bo thaintedh,	Your herdsmen were beguiled,
An cein do (f)uair airechas.	While he lorded it there.
O nach mair an milidh sin,	Seeing that the warrior no longer lives
Do (f)uair tu do turcairte.	Your days of plenty are also gone.
Na bi fesda a fuair-sleiphtib;	Remain no longer on these cold hills
Eirg romainn sa rím-slighidh,	But accompany us on our royal road,
Go ria Cruachain cladh-uaine.	To Cruachan of the green haughs.
Uair tic ainder Ailella	For the wife of Ailill also comes
Lind d'ar tigh do'n turus-a; ...	With us on this journey.[12]

____

[12] Prof MacKinnon, 'The Glenmasan MS,' Celtic Review vol. 4, 1907-8, td 109.

Dh'obraich òrdugh socair Bhricne tòrr na b' fheàrr na làimhseachadh garbh Fhearghuis. Dh'èirich a' Mhaol agus chaidh an crodh uile iomain seachad air Loch Letriach, gus an do choinnich iad ri Medbh agus Oilill aig tolmain Ghleann Mughaighe.

Thall ann an Alba, bha Clann Dòmhnaill a' cosnadh cliù dhaibh fhèin mar sàr-chreachadairean cho tràth ris an treasaibh linn deug. Ann an duan leis an ainm 'Ceannaigh duain t'athar, a Aonghas', a rinneadh do Aonghas mac Dhòmhnaill, 's dòcha le Giolla Brighde Mac Con Midhe à Ulaidh, tha am bàrd a' feuchainn ri tuarastal fhaighinn bho Aonghas, nach d' fhuair e a-riamh bho athair Aonghais.[13] Cha robh am bàrd ag iarraidh siubhal a-nall a dh'Alba a dh'iarraidh a thuarastal oir 's e droch sheòladair a bh' ann. Na fhacail fhèin: 'bím ar abhainn chiúin ar creathaibh mar ghabhuim sdiúir eathair orm'. [14] Is beag an t-iongnadh nach do shaoil e mòran de thuras-cuain Innse Gall, 's dòcha le creachadairean fiadhaich Ìleach a' feitheamh riutha![15]

Cha do shaoil a' chuid as motha de chreachadairean gur e rud dona a bh' ann an togail na creiche. Uaireannan b' e creach a' phrìomh dhòigh san do dhearbh àrmainn òga gun robh iad treun agus calma gu leòr airson a bhith nan ceannardan, dìreach mar a thachair ann an iomadh coimhearsnachd Inn-Eòrpach eile bho shean.[16] A' sgrìobhadh ann an 1695, sheall Màrtainn Mac 'Ille Mhàrtainn mar a chleachdadh creach san t-seagh seo ro na 1630an:

> Every heir or young chieftain of a tribe was obliged in honour to give a public specimen of his valour before he was owned or declared governor or leader of his people ... This chieftain was usually attended with retinue of young men of quality, who had not before hand given any proof of their valour, and were ambitious of such an opportunity to signalise themselves.
>
> It was usual for the captain to lead them, to make a desperate incursion upon some neighbour or other that they were in feud with; and they were obliged to bring by open force the cattle they found in the lands they attacked, or to die in the attempt.
>
> After the performance of this achievement, the young chieftain was ever after reputed valiant and worthy of government, and such as were his retinue acquired the like reputation. This custom being reciprocally used among them, was not reputed robbery; for the damage which one tribe sustained by the essay of the chieftain of another, was repaired when their chieftain came in his turn to make his

---

[13] W McLeod agus Meg Bateman 2007: td 80.

[14] 'Fiù 's air abhainn chiùin, tha mi air chrith nuair a ghabhas mi stiùir na h-eathrach.'

[15] Òran 78: Ceannaigh duain t' athar, a Aonghas.

[16] John MacInnes, 'Highland Droving', ann an *Dùthchas nan Gàidheal: Collected Essays of John MacInnes*. Edinburgh: Birlinn, 2006, td 147.

specimen; but I have not heard an instance of this practice for
these sixty years past.[17]

Tha iomradh air a leithid de chreach anns an duan ainmeil 'Ní h-éibhneas gan
Chlainn Dòmhnaill' le Giolla Coluim Mac an Ollaimh, bàrd Tighearnan nan
Eilean, a chruthaich e ri linn ùmhladh an Tighearnais ann an 1493. Rinn am
bàrd luaidh air feartan uasal nan Dòmhnallach, a' gabhail a-steach na leanas:

> Clann gan uabhar gan éagcáir, nár ghabh acht éadail chogaidh;[18]
> *Clann gun uabhar gun eucoir, nach do ghabh crodh ach ann an cogadh;*

Choisinn creachadairean soirbheachail cliù nan gaisgeach, mar a tha
soilleir ann an òrain leithid ''S e mo ghràdh na gamhna geala'.[19] 'S iad na
gamhna geala meatafor airson bàtaichean gaisgich Chlann Dòmhnaill, a
rinn iomadh creach thall ann an Aontroim anns an t-siathamh linn deug.
Tha samhlaidhean làidir de chrodh anns an òran, ge b' ann airson crodh a
chreachadh a dh'iomair na seòid a-nall gus nach b' ann. Ann am facail Anna
Latharna NicGilliosa:

> The description of boats as 'cattle' was fairly common in
> Gaelic, reflecting the large numbers of boats – a whole herd
> of them, as it were – which sailed the Minch and the Sea of
> Moyle in times gone by. The metaphor also conveys their
> speed, their masculine strength, their economic value, and of
> course their white sails.[20]

Tha an turas cuain gu Èirinn agus air ais air a chlàradh cuideachd anns an
òran luaidh 'Rinn mi moch-èirigh gu èirigh'. Peantaidh facail an òrain dealbh
dathach, faramach de bhuidhnean creachaidh, agus seallaidh iad am meas a
bh' ann airson Clann Raghnaill agus na h-euchdan aca.[21]

Thar nan linntean chuireadh iomadh teaghlach Gàidhealach a' cheist
"Carson a bu chòir dhuinn a bhith acrach nuair a tha crodh gu leòr ri làimh?"
'S e sin an dearbh cheist a dh'fhaighnich cuideigin neo-ainmichte ann an
Siorrachd Pheairt anns an t-seachdamh linn deug anns an òran 'Bothan
àirigh am Bràigh Raineach'.[22]

Chan e Gàidheil air fòghnadh anns a' Ghalltachd na h-aon daoine a rinn
creachan. Aig inbhe ionadail chaidh àireamhan beaga de sprèidh a ghoid

---

[17] Martin Martin 1999: td 71.

[18] Tha a' bhàrdachd gu lèir air a foillseachadh ann an W. McLeod agus M Bateman 2007: td 182.

[19] Òran 79: 'S e mo ghràdh na gamhna geala.

[20] Anne Lorne Gillies, *Songs of Gaelic Scotland*. Edinburgh: Birlinn, 2005, td 62.

[21] Òran 80: Rinn mi moch-èirigh gu èirigh.

[22] Òran 81: Bothan àirigh am Bràigh Raineach.

cuideachd, 's dòcha le dìreach aon neach a' goid mhairt bhon ath ghleann. Aig ceann eile na sgèile, rinn cinnidhean ionnsaighean mòra air càch a chèile anns an deach àireamhan mòra de sprèidh a chreachadh, airson prothaid, airson dìoghaltas, air neo mar phàirt de fhalachd leantainneach.

Bha falachd den t-seòrsa sin a' dol eadar Iain Mùideartach agus an uncail aige MacShimidh anns an t-siathamh linn deug. B' e Iain Mùideartach ceannard Chlann Raghnaill, ach dh'fheuch a cho-ogha Raghnall Gallda prìomh-àite a' chinnidh ann an Caisteal Tioram a ghabhail thairis fhad 's a bha Iain Mùideartach anns a' phrìosan. Thug MacShimidh taic do Raghnall agus fhuair Iain Mùideartach taic bho Chamshronaich Loch Iall. Choinnich an dà chinneadh aig ceann a tuath Loch Lòchaidh air latha teth san Iuchair 1544. Anns a' bhlàr a dh'èirich às an seo, Blàr na Lèine, rinneadh sgrios uabhasach air an dà thaobh agus chaidh MacShimidh fhèin a mharbhadh. Cha b' e sin deireadh na sgeòil ge-tà. Am foghar sin rinn Iain Mùideartach agus iomadh luchd-leantainn creach mhòr air fearann MhicShimidh timcheall air Inbhir Moireasdan mar dhìoghaltas airson sgrios Blàr na Lèine.

> ... the Lairds of Glengarry took booty of 20 full-grown cattle from the lands of Invermoriston. The inhabitants of Glenurquhart were allowed the privilege of feeding their flocks through the winter's snows, but in April 1545 the joint leaders suddenly swooped down on the devoted Glen with a great host from Glengarry, Lochaber, Glencoe, Ardnamurchan and the wilds of Clan Ranald, seized the Castle and swept the land of every hoof and article of food or furniture which they could find – sparing only the Barony of Corrimony, whose owner had taken no part in the affair of Blàr nan Leine. Never before and never after was Highland raid so thorough. For a month or more the work of violence and devastation went on; and when it was finished the invaders were in triumphant possession of a magnificent booty, consisting of 1188 great cattle, 392 young cattle, 525 calves, and lots of ewes, 383 horses and mares and much more ...
>
> Tradition tells how a woman of Richraggan, seeing her only cow being driven away by the Lochaber men, seized the animal by one of its hind legs and held it fast; and how Locheil, amazed at the woman's strength, ordered the men to leave the cow with her.[23]

Is cinnteach nach deach ìoranas an t-suidheachaidh a chall air luchd-seilbh na sprèidhe. Le bhith a' feitheamh chun an earraich, chan fheumadh creachadairean Ghleanna Garadh an creach a bhiathadh tron gheamhradh. Ghoid iad beathaichean mhuinntir Ghleann Urchadain dìreach nuair a bha cùisean a' fàs na b' fhasa dhaibh le feur ùr an earraich a' fàs.

---

[23] Wm. MacKay, *Urquhart & Glenmoriston – Olden Times in a Highland Parish.* Inverness: Northern Counties Newpaper & Printing & Publishing Co. Ltd., 1893, td 97.

Tha eisimpleir eile de chreach mar phàirt de fhalachd eadar cinnidhean a' nochdadh ann an aon tionndadh den sgeul air cùl an òrain 'Crodh Chailein'[24]. An turas seo 's iad na Dòmhnallaich agus na Caimbeulaich a bha a' strì an aghaidh a chèile agus thagh creachadairean MhicDhòmhnaill banais Chaimbeulach mar dheagh àm airson crodh an nàimhdean a chreachadh.

> ' In June 1646 a group of MacDonalds under Aonghais Òig na Ceapaich were returning from a cattle raid when they heard that the Campbell of Glenorchy was at his daughter's wedding feast and that all the Breadalbane nobles were at the feast and drunk. So the MacDonalds thought it a good time to take the Campbell's cattle away along with the rest of the plunder! But the Campbells found out and the alcohol didn't stop them pursuing the raiders with bare swords. They caught up with them at Sròn a' Chlachain and at the ensuing battle Aonghas Òg was killed by the bridegroom.
>
> In 1655 the MacDonalds made another raid on the Campbells which led to the song 'Crodh Chailein'. It was the Clann Iain of Glencoe and their kin from Keppoch who set fire to the barns and drove the cattle off the ionadan-ionaltraidh and made for their own land. They also took away a young girl who was herding the milk cows. At a certain point on the way home in a narrow pass this girl broke some of the calves legs which slowed down the raiders enough that the Campbells caught them and fought. The girl was killed but she saved Colin's cattle for her kin. The song is sung as if the girl herself is saying the words.' [25]

Dh'obraich cuid a chreachadairean air sgèile bheag, ged a ghoid iad 's dòcha barrachd mhairt tro bheatha creachaidh na ghoid buidhnean mòra ann an latha. Dh'fhàs cuid de na creachadairean seo, leithid Mac Iain Ghiarr à Muile, mì-chliùiteach mus do chaochail iad. Ann am facail Mhairi Nic Ealair:

> Mac Iain Ghiarr was a wild reaver of the seas on the West Coast. He was of good family, being of the Macdonalds of Mingarry in Ardnamurchan. ... He had a boat painted white on the one side and black on the other which gave rise to the proverb – 'Taobh dubh us taobh bàn a bh' air bàta Mhic Iain Ghiarr'. This was the boat that was so useful to him because no one that saw a white boat go up the loch in the morning thought it was one and the same with the black boat they saw returning in the evening. Mac Iain Ghiarr had been listening to

____

[24] Òran 169: Crodh Chailein.

[25] Dòmhnall Iain MacDhòmhnaill, "Crodh Chailein," ann an Gairm, Àireamh 140, Am Foghar 1987, td 311.

the dairymaid who was singing to her favourite young cow[26], and he replied, although she did not hear:

'A bhean ud thall ris an t-sìor bhleoghann
Bheir mi 'n dubh 's an donn 's a' chiar uat
'S dusan de na aighean ceud-laoigh.'

And before morning he fulfilled his threat, and only left the breast-bit, or 'caisean-uchd' of each cow to indicate that they need not look for them again upon the hill.[27]

Ann an àm san robh tursan-cuain na b' fhosgailte na slighean thar talamh, cha robh sprèidh eileanaich na bu shàbhailte bho chreachadairean na gin sam bith eile agus cha b' e Mac Iain Ghiarr an aon chreachadair à Muile a ghoid crodh. Is tric a thàinig cùisean 'spulyie' no mèirle cruidh air beulaibh na Comhairle-Dhìomhair anns an t-siathamh linn deug agus 's ann air Giogha a thachair fear de na cùisean a bu ghairbhe, le Lauchlane Mac Gilleathain à Muile aig a' cheann.

April 15 1579 – Lauchlane McClaine to be denounced and put to the horn[28]

Johnne Dow McClaine, accumpanyit with the haill freindis and force of Lauchlane McClaine of Dowart, bodin in weirlyke maner, offhis speciall causing … in the monthe of Januar last … came to the Isle of Giga … and their maist cruellie, barbaruslie and unmercifullie murdreist and slew nyne of the maist honest men within the said yle, togidder with twa wemen, … and spulyeit the same yle of the haill guidis being therein, to the nowmer of five hundreth ky, thre hundreth hors and mearis, and twa thowsand scheip and gait, with all the reddy victuall being alsua within the same; and, not satiat thairwith, treasonabillie rasit fyir and brint and distroyit the houssis and cornis of the four merkland of Kenarraroch, the twa merkland of Terbert, the four merkland of Ardalay, and the twa merkland of Drumachro; quhairthrow a greit

---

[26] Òran 82: Odha Ciaraig. 'S mathaid gur e seo an dearbh òran a bh' aig a' bhanarach, mar fhreagairt dhùbhlanach do na creachan soirbheachail a bh' aig Mac Iain Ghiarr roimhe.

[27] Mackellar. 1889. TGSI 15. td 162.

[28] Bha seo a' ciallachadh gun deach a chàineadh mar reubalach. Chaidh dùdag a shèideadh trì tursan airson sealltainn gun deach sgrìobhainn càinidh a chur a-mach.

multitude of honest houshaldaris ar compellit to beg their meit and put to utter povirtie for evir;[29]

B' e Gille Dubh Thangusdail à Barraigh creachadair ainmeil eile. A rèir beul-aithris, chuidich e Mac Nèill Bharraigh air tursan creachaidh cho fad' air falbh ri Sealtainn. 'S ann air turas den t-seòrsa seo a thàinig an t-òran 'Till an crodh Dhòmhnaill'. Seo mar a dh'innis Nan Nic Fhionghain à Bhatarsaigh an sgeulachd:

Gille Dubh Thangusdail

Dh'fhalbh Mac Nìll Bharraigh a thogail creiche a Shealtainn uaireigin dhen t-saoghal agus thug e leis am fear mòr làidir a bha seo, 's e Gille Dubh Thangusdail a chanadh iad ris. Agus thuirt Mac Nìll ris man do dh'fhalbh iad, man do dh'fhàg iad Barraigh, nuair a rachadh e fhèin a shabaid ris an fhear a bha à Sealtainn – 's e 'm Boc a far-ainm a bh' ac' air – 'S nuair a rachadh e shabaid ris cha do leig iad leis gus a faiceadh e gun robh dol air, air Mac Nìll fhèin. Ach nuair a chitheadh e gu robh dol aig a Bhoc Shealtainneach air fhèin, bha e an uairsin a' dol ga chuideachadh. Co-dhiù bha Gille Dubh Thangusdail a' cumail a shùil a-mach agus chunnaic e gun robh am batal a' dol air Mac Nìll, agus chaidh e ga chuideachadh agus 's e bun a bh' ann gun do mharbh e 'm Boc Sealtainneach. Agus nuair a chunnaic Mac Nìll gun robh am Boc Sealtainneach marbh 's ann a thòisich e air trusadh leis a' chruidh. Agus bhuail an t-aithreachas Gille Dubh Thangusdail gun do mharbh e 'm Boc Sealtainneach agus thuirt e ri Mac Nìll a chasan a thoirt leis cho luath 's a b' urrainn dha, e thoirt na bìrlinn air oir no gun dèanadh esan an aon rud air agus a rinn e air a' Bhoc Shealtainneach fhèin. Agus ghlèidh iad a-nis crodh Sealtainn air a shàilleabh sin agus dh'fhan Gille Dubh Thangusdail ann an Sealtainn agus phòs e nighean a' Bhoc Shealtainneach agus tha na daoine aige ann an Sealtainn a dh'ionnsaigh an latha 'n-diugh. Agus seo agaibh a-nis an t-òran a rinneadh dha nuair a bha e a' tilleadh a' chruidh a-staigh do Shealtainn:

> Till an crodh Dhòmhnaill, 's gheibh thu bhean bheadarrach,
> Till an crodh Dhòmhnaill, 's gheibh thu bhean bhòidheach.
> Till an crodh, fair an crodh,
> Ruaig an crodh, lean an crodh,
> Till an crodh Dhòmhnaill, 's gheibh thu bhean bhòidheach.[30]

---

[29] Register of the Privy Council of Scotland, vol. 3, 1578 – 1585.

[30] Òran 83: Till an crodh Dhòmhnaill.

Cha robh cogais cho cothromach aig a h-uile creachadair – bha Gille Dubh Thangusdail a-mach às an àbhaist ann a bhith a' tilleadh a' chruidh! Chaidh iomadh tionndadh den òran seo a chlàradh agus tha sgeulachdan diofraichte ann ma dheidhinn.[31] A rèir sgeulachd eile chaidh an t-òran a chruthachadh air an oidhche a dh'fhalbh Gleanna Garadh òg a phòsadh nighean Mhic an Tòisich. Fhad 's a bha muinntir Mhic an Tòisich trang ag ullachadh airson na bainnse, chaidh innse dhaibh gun robh creachadairean trang ag iomain air falbh a chuid mhairt. Ruith na daoine às an dèidh agus choisinn Dòmhnall òg Ghleanna Garadh urram dha fhèin anns an ruaig. Thill iad leis a' chrodh agus lean iad orra leis a' bhanais.[32]

Mar a chunnacas a-cheana anns an òran luaidh 'Rinn mi moch-èirigh gu èirigh', shaoil iomadh duine gur e gnìomh uasal a bh' ann an creachadh agus bha sàr-chreachadairean air am measadh seach an càineadh, fhad 's nach robh crodh a' bhàird fhèin gan togail![33] Tha am mòr-mheas seo soilleir anns an tàladh 'Cagaran gaolach'. Chaidh an tàladh a chlàradh bho sheann bhoireannach ann an Loch Abar faisg air deireadh na naoidheimh linn deug, ach is cinnteach gu bheil e tòrr nas sìne na sin. Innsidh an seinneadair mar a ghoideas an leanabh beag aice iomadh seòrsa beathach dhi nuair a dh'fhàsas e rud beag nas sine.[34]

A rèir coltais, bha Loch Abar làn de chreachadairean dealasach anns an t-seachdamh linn deug. Nam measg bha Alasdair mac Dhòmhnaill Dhuibh, no Alasdair Sgoilear, a rugadh faisg air Loch Arcaig agus a rinn iomadh creach faisg air Caisteal Ghrannd agus ann an sgìre Urrath, air taobh an iar-thuath den Bhlàr Dhubh. Na fhacail fhèin:

> Bheirinn creach o Thighearna Ghrannd,
> 's dh'òlainn dràm 's an dol-seachad.'[35]

Airson Alasdair Sgoilear 's e spòrs a bh' ann an togail na creiche a bharrachd air dòigh fhurasta air biadh fhaighinn. Le bhith a' leughadh a chuid rannan tuigidh sinn gum b' e creachadh deagh dhòigh do dh'fhireannaich òga

---

[31] Tha trì tionndaidhean diofraichte a' nochdadh ann am Margaret Fay Shaw, *Folksongs & Folklore of South Uist*, Aberdeen University Press, 1986. Gabhaidh a sheinn mar thàladh agus 's dòcha gur e seo aon adhbhar gun do mhair e cho fada ann am beul-aithris. Air a chlàradh fon tiotal 'Till an crodh laochain,' Rev. Norman MacDonald of Glenelg, SA1953/22/A2.

[32] Air a chlàradh le Father Allan MacDonald, Èirisgeigh bho Aonghas MacAonghais, Smeircleit, Uibhist a Deas ann an 1896: Margaret Fay Shaw 1986: td 164.

[33] Ann an dàn bhon t-siathamh linn deug, mhol am bàrd gun ainm euchdan MhicDhòmhnaill Dhùn Bheagain (c.1614), ach dhearbhaich e nach leigeadh e le duine sam bith a chuid chruidh fhèin a thogail. Faicibh 'An sith do rogha, a Rígh Fionnghall' ann an W. McLeod agus Meg Bateman. 2007: tdd 154-160.

[34] Òran 84: Cagaran gaolach.

[35] Calum Iain M. MacLeòid, "Alasdair Sgoilear, " ann an Sgial is Eachdraidh, Glaschu: Gairm 47, 1971.

sealltainn do chàch a chèile cho treun no cho dana 's a bha iad airson spòrs agus dùsgadh – mar 'joy-riding' na seachdamh linn deug 's dòcha![36]

'S ann à Loch Abar cuideachd a thàinig an creachadair ainmeil Colla MacDonnell na Ceapaich. Thug esan taic, mar ri iomadh duine eile, do Bhìocas Dhùn Dè anns an t-strì an aghaidh nan Cùmhnantach, mus do thill e dhachaigh le creach mhòr.[37] Bha MacDonnell na Ceapaich air leth sgileil ann a bhith a' lorg crodh a nàimhdean, Clann Mhic an Tòisich, agus chaidh a chàineadh mar 'virtually a professional bandit'.[38] Ann an 1689 ghairm Bìocas Dhùn Dè air MacDonnell a-rithist, ach a rèir coltais cha robh 'Colla nam Bò' mar a chaidh ainmeachadh, cho dèonach Claverhouse a chuideachadh an turas seo, is e trang a' beachdachadh air mar a chumadh e a chreach sàbhailte. Tha e soilleir nach do shaoil fear bratach Dhùn Dè mòran de seo:

> 'The king of thieves barely debated the matter to and fro, and framed excuses for delay. He then marched rapidly his claymores to the mountains, driving before him great herds of cattle, robbing villages and dwellings as he went, and pillaging the poorest cottages; and then, having wrapped all in flames before him, he retired to the hills and hid himself among the rocks of his inaccessible mountains. It was a bitter disappointment to Dundee.' [39]

Shiubhail creachadairean Loch Abair fada agus farsaing air tòir na creiche, ach 's e Bàideanach fear de na sgìrean a bu tarraingiche dhaibh. Seo rann à Bàideanach, a dh'fhoillsich an t-Urr Tòmas Stinton ann an 1906, a sheinneadh 's dòcha le muinntir na sgìre nuair a mhothaich iad nach robh crodh sam bith air fhàgail shuas air a' mhonadh:

> Hòro! Dìridh sinn,
> Tearnaidh sinn, dìridh sinn;
> Hòro! Dìridh sinn
> Tearnaidh sinn 'Chruadhlainn.
> Gur ann à Loch Abair
> A thàin an fheadhainn bhradach,
> Nach d'fhàg iad mart againn,
> A dhìreadh a' Ghualainn.[40]

---

[36] Òran 85: Fios gu Eoghann.

[37] James Cameron Lees, *A History of the County of Inverness*, Edinburgh & London: Wm Blackwood & Sons, 1897, td 93.

[38] Bruce Lenman, *The Jacobite Clans of the Great Glen 1650 – 1784*, London: Methuen,1984, td 43.

[39] James Cameron Lees 1897: td 94.

[40] Rev. Thomas Stinton, *Poetry of Badenoch*, Inverness: Northern Counties, 1906, td 24.

Lorg daoine dòighean innleachdach gus bacadh a chur air creachadairean. Fhad 's a bha iad leotha fhèin aig àirigh faisg air Beinn Eallair, chuala dithis bhanarach an cuid chruidh a' geumnaich agus bha fios aca anns a' bhad gun robh fir Loch Abair gan goid air falbh. Cho luath 's a ghabhadh, cheangail iad innealan meatailt riutha fhèin agus thog iad orra às dèidh nan creachadairean, a' dèanamh na b' urrainn dhaibh de dh'fhuaim. A rèir na sgeulachd, dh'obraich am plana agus chreid na creachadairean gun robh feachd mhòr armaichte air an tòir le freiceadanan a' feitheamh riutha anns an dorchadas. Dh'aithnich an crodh guthan nam banarach ge-tà, agus bhrist iad air falbh.[41]

Am measg nan daoine a bha buailteach do chreachan ann an Loch Abar bha an Clàrsair Dall, Ruaidhri Mac Mhuirich (c.1654 – 1714). Bhuineadh Ruaidhri bho thùs do Leòdhas mus do ghluais e don Eilean Sgitheanach airson a bhith na chlàrsair do dh'Iain Breac MacLeòid ann an Dùn Bheagain. Chruthaich e 'A' chiad Diluain den ràithe' às dèidh dha fògradh às an Eilean a-null gu Loch Abar. Sgrìobh Iain MacCoinnich, fear-deasachaidh *Sàr-Obair nam Bàrd Gaelach*, fiosrachadh inntinneach air cùl a' phìos bàrdachd agus dòigh innleachdach eile airson deiligeadh le creachadairean:

> 'When the Harper composed this song, he was residing in Tota-mòr, in Glenelg, as a farmer, and the few of the clans he alludes to were people that he had good reason to fear would rob him, or, in other words, carry away his cattle – a very prevalent practice in those days. As, therefore, he had little or no means of defending himself, he immediately called his harp and his muse to his aid, and composed the song, in which those dreaded enemies are invested with all the attributes of honour, honesty, and good neighbourhood; and, as far as the bard was concerned, they always acted toward him in the characters his muse was willing to believe they actually possessed.'[42]

Chaidh iomadh clann ainmeachadh anns a' bhàrdachd – Eóghan Loch Iall; Clann Mhic Mhaol-onfhaidh ('mo chreach mun coinnimh, 's mi fon comairc'; b' e 'n comunn mo mhiann, buachaillean mo threud 'n uair nach léir dhaibh a' ghrian); sliochd Iain Mhic Mhàrtainn ('far an ìsle 'n gàrradh, cha ghnàth leo a leum'), Clann Dubh-shìdh[43], marcaich na Mòighe, Clann Mhic Gillemhaoil, Clann Choinnich ('luchd nan gormlann nàimhdeach, nach sanntaich mo bhuar') agus Colla MacDonnell na Ceapaich fhèin.[44]

---

[41]*Ibid.,* td 24.

[42] John MacKenzie agus J Logan, *Sar-Obair nam Bard Gaelach* (5mh chlo-bhualadh), Dùn Èideann: MacLachlan & Stewart, 1841, td 89.

[43] Mac a' Phì.

[44] Òran 86: A' chiad Diluain den raithe.

Rinn cruth-tìre Loch Abair cùisean na b' fhasa do na creachadairean a bha a' fuireach agus ag obair ann. Chuir leasachaidhean siubhail na h-ochdamh linn deug an dòigh-beatha seo ann an cunnart gu ìre, mar a dh'innis Tòmas Pennant, a chaidh air chuairt anns an sgìre ann an 1769:

> ... enter Lochaber ... travel over a black moor for some miles; see abundance of cattle, but scarce any corn. Cross Highbridge ... built by General Wade, in order to form a communication with the country. These public works were at first very disagreeable to the old chieftains: it lessened their influence greatly; for by admitting strangers among them their clans were taught that the lairds were not the first of men. But they had another reason much more solid: Lochaber had been a den of thieves; and as long as they had their waters, their torrents and their bogs, in a state of nature, they made their excursions, could plunder and retreat with their booty in full security.[45]

'S e oidhche an t-àm a b' fheàrr airson creachadh, gu h-àraidh le beagan taic bho sholas na gealaich. Choisinn cuid de chinnidhean, leithid Camshronaich Loch Iall agus Clann Mhic Pharthalain, cliù airson an sgilean ann a bhith a' togail crodh dhaoine eile air an oidhche. Chanadh daoine gur ann ri solas gealaich Fèill Mhàrtainn a chunntadh uachdarain Gàidhealach tochraidhean an nigheanan. Aig àm Fèill Mhàrtainn bha crodh ann an deagh staid às dèidh mìosan a-muigh air deagh fheurach shuas air àirighean an t-samhraidh. B' e sin an t-àm cuideachd a bheireadh dròbhairean crodh sìos chun nam fèilltean sprèidhe mòra – prìomh thargaidean airson muinntir na creiche.[46]

Chainte 'Buad Mhic Pharthalain' ris a' ghealaich, oir chuidich solas na gealaich clann Mhic Pharthalain creachan a dhèanamh air fearann an nàbaidhean beairteach ann an sgìre an Àrchair.[47] Seallaidh facail ceòl na pìoba 'Thogail nam bò' cho cudromach 's a bha creach don chinneadh.[48]

Gu math tric thogadh Clann MhicPharthalain creach bho fhearann an nàbaidhean eadar Loch Laomainn agus Loch Long, ach thogadh daoine eile creach bhuapa-san cuideachd. Tha sgeulachd ann mu dheidhinn na thachair nuair a chaidh crodh Mhic Pharthalain a ghoid fhad 's a bha iad air feurach Beinn Mhùrlaig. Dh'fhalbh bàillidh Mhic Pharthalain, dom b' ainm Calum Garbh MacEòghain, agus grunn fhireannaich air tòir a' mhèirlich agus a chreach. Air taobh tuath Inbhir Nis chuala iad fear fo bhuaidh na dibhe a' seinn ann an coille:

---

⁴⁵ T. Pennant 2000: td 136.

⁴⁶Wm. Alexander, *Notes and Sketches Indicative of Northern Rural Life in the C18th*, Edinburgh: David Douglas, 1887, td 67. I.F. Grant, *Everyday Life on an Old Highland Farm 1769-1782*, London: Shepheard-Walwyn, 1981, td 14.

⁴⁷ Làrach-lin Clann Mhic Pharthalain <www.macfarlane.org> (air a ruighinn 2012).

⁴⁸ Òran 87: Thogail nam bò. 'S e 'MacFarlane's Gathering' ainm eile airson an fhuinn seo.

Thog mi à Beinn Mhùrlaig
Ghreigh dhubh-ghorm bu mhath snuadh;
Thug mi greigh nam Pàrlanach
A-nall o Lochan Sluaigh.
Chreic mi an Inbhir Nis iad
'S cha mhiste leam a luas,
'S cha dorra leam na 'n tòrachd
Gun d'fhàs mo bhrògan cruaidh.

Thog mi creach Bheinn Mhùrlaig
Nuair bha an sluagh nan suain,
'S fhuair mi mòran stòrais oirre –
Leam is deònach bhith ga luaidh.
Chuir mi pàirt na dramaig dheth
'S pàirt an aran cruaidh,
'S cha bu ghearan leam an tòrachd
Mur biodh mo bhrògan cruaidh.[49]

A rèir beul-aithris, ghabh muinntir Mhic Pharthalain grèim air an t-seinneadair agus dh'innis iad dha nach deigheadh a chrochadh nan toireadh e dhaibh an crodh no airgead sam bith a fhuair e air an son. Rinn e mar a chaidh iarraidh air, ach chaidh a chrochadh co-dhiù, dìreach airson dèanamh cinnteach nach goideadh e crodh bho Mhac Pharthalain a-chaoidh tuilleadh![50]

Thachair e gu tric gun robh na h-aon daoine a' togail na creiche agus a' dìon an cuid chruidh fhèin bho chreachadairean eile aig amannan eile. Bha sgilean creachaidh agus dìon air am measadh gu mòr:

Certain characters became famed throughout wide areas for their skill in raiding and evading capture. Auchry Malcolm of Poltalloch... known as Big Auchry ... was the best swordsman in the entire countryside. The cattle-raiders were all terrified of him. The MacFies of the island of Colonsay habitually came to lift cattle from Argyll and Big Auchry was their sworn enemy ... He made a little bothy or hut for himself on the hill above his home at Baile-ghuirgean and he taught his dog not to bark, but to warn him of approaching strangers by scratching his ear.[51]

Chleachd an t-Àireach Muileach cumhachd diofraichte – cumhachd na h-aoire – an aghaidh 'An Caimbeulach Dubh', às dèidh dha crodh a ghoid bho àirich an uachdarain MacIlleathain à Loch Buidhe tràth san ochdamh linn

---

[49] Michael Newton, *Bho Chluaidh gu Calasraid*, Steòrnabhagh: Acair, 1999. td 148.

[50] Anne Ross, *The Folklore of the Scottish Highlands*, Stroud: Tempus, 2000, td 27.

[51] Ross. 2000. td 27.

deug.[52] Thòisich e le dìteadh air a' Chaimbeulach agus lean e air le cuireadh do bhàird eile ionnsaigh bhriathrachail a thoirt air a' chreachadair.[53]

B' e dòigh eile air crodh a dhìon, airgead a phàigheadh do chuideigin airson sùil a chumail orra. Fhad 's a bha cuid de dh'fhireannaich trang a' togail chruidh bhon a' Ghalltachd no bho chinnidhean Gàidhealach eile, bhiodh feadhainn eile a' cosnadh beagan a bharrachd dhaibh fhèin bho thuathanaich Ghallta agus chinn-feadhna Ghàidhealach le bhith a' cumail sùil a-mach airson chreachadairean agus a' cur stad orra mus goideadh iad sprèidh an luchd-pàighidh.[54] Sgrìobh aon uachdaran Rosach mu 1700 nach biodh crodh sam bith air fhàgail anns a' ghleann ann an ùine gu math goirid, mura biodh a leithid de fhaire ann.[55] Ann an Gleann Ile bha daoine air am pàigheadh gus faire a chumail air na bealaich aig ceann a' ghlinne agus gus rabhadh a thoirt do mhuinntir a' ghlinne mu dheidhinn 'thiffes, broken men and fariners' a dh'fheuchadh 's dòcha ri crodh a ghoid bho na h-àirighean shìos anns na coireachan.[56]

Bha deagh eòlas aig daoine a bha air pàirt a ghabhail ann an creach air dòighean agus slighean nan creachadairean, agus is iadsan tric a rinn faire do dhaoine eile. Mar sin, chan e mòran a bharrachd na 'màl dubh' a bh' anns an tuarastal a fhuair iad. Thàinig am facal 'màl dubh' bho thùs bhon chrodh dhubh leis an deach am pàigheadh. Co-dhiù an robh teaghlach airson gun cumadh cuideigin faire air an cuid chruidh gus nach robh, dh'fhaodadh 'freiceadanan' nach d' fhuair pàigheadh a bhith a' tionndadh tric nam mèirlich a-rithist. 'S e Rob Ruadh MacGriogair 's dòcha am 'màladair dubh' as ainmeile a bh' ann a-riamh, fear a shaoil gur e pàirt onarach, traidiseanta den 'mhalairt-chruidh' aige a bh' ann am màl dubh agus brìbearachd.[57]

Bha màl dubh air a chleachdadh fad' is farsaing, chan ann dìreach am measg chinnidhean Gàidhealach, ach cuideachd ann an Galltachd na h-Alba, far an robh creachan eadar teaghlaichean agus tarsainn nan crìochan gu math cumanta. Seallaidh rannan bhon laoidh 'Jamie Telfer of the Fair Dodhead' mu dheidhinn creach anns na Crìochan. Ruith Jamie gu Stobs Hall airson cobhair a shireadh bhon teaghlach Elliot, is e a' fulang fo bhuaidh chreachadairean à Sasainn, ach cha d' fhuair e èisteachd sam bith.[58]

---

[52] Òran 88: An Caimbeulach Dubh.

[53] Cha do ghabh a h-uile bàrd taobh an àirich ge-tà. Thug Alasdair Mac Mhaighstir Alasdair (c.1690 -1770) freagairt don Àireach Mhuileach anns an do rinn e iomradh air a spèis don Chaimbeulach Dhubh. Tha clàraidhean de 'Moladh a' Chaimbeulach Dhuibh' le Mac Mhaighstir Alasdair air làrach-lìn Tobar an Dualchais. Airson tuilleadh fiosrachaidh air Mac Mhaighstir Alasdair, seallaibh air Mac Mhaighstir Alasdair: The Ardnamurchan Years le Ronald Black, The Society of West Highland & Island Historical Research, 1986.

[54] I.F. Grant 1961: td 68.

[55] W Munro. 1978. *Reivers or Cattle Thieves*.

[56] S.R.O Airlie muniments GD 16 306 3 (1608), ann an Ian Whyte 1979: td 15.

[57] David Stevenson, *The Hunt for Rob Roy*, Edinburgh: Birlinn, 2004.

[58] Òran 89: Jamie Telfer of the Fair Dodhead.

Sgrìobh Tòmas Pennant mar a chaidh màl dubh a phàigheadh airson sprèidh a dhìon bho chreachadairean ro ar-a-mach nan Seumasach ann an 1745:

> So weak were the laws in many parts of North Britain, till after the late rebellion, that no stop could be put to this infamous practice. A contribution, called the black meal, was raised by several of these plundering chieftains over a vast extent of country: whoever payed it had their cattle ensured, but those who dared to refuse were sure to suffer. ... At the breaking out of the last rebellion, a McGregor (note: who assumed the name of Graham), who had with the strictes honour (till that event) preserved his friends cattle, immediately sent them word, that from that time they were out of his protection, and must now take care of themselves. Barrisdale was another of this class, chief of a band of robbers, who spread terror over the whole country; but the Highlanders at that time esteemed the open theft of cattle, or the making a spreith (as they called it) by no means dishonourable; and the young men considered it as a piece of gallantry, by which they recommended themselves to their mistresses. On the other side there was often as much bravery in the pursuers; for frequent battles ensued, and much blood has been spilt on these occasions. They also shewed great dexterity in tracing the robbers, not only through the boggy land, but over the firmest ground, and even over places where other cattle had passed, knowing well how to distinguish the steps of those that were wandering about from those that were driven hastily away by the freebooters.[59]

Cluinnidh sinn fhathast cuideigin a' gairm air fear an taighe èirigh agus creachadairean a ruagadh anns an òran 'Maol Donn', bun-stèidh pìobaireachd den aon ainm. Anns an òran seo, a rèir coltais, is fheàrr le Iain Somaltach a leabaidh na ruaig chunnartach thar na mòintich, agus is beag an t-iongnadh! Tha an t-òran a' gleidheadh dhuinn a' bhuaidh a bh' aig creach air teaghlach agus a' chabhag anns an fheumadh iad dèiligeadh leis. Tha buntainneas làidir aig a' phìobaireachd ri Uibhist a Deas agus is mathaid gur e pìobaire Chlann Raghnaill a rinn e anns an t-seachdamh linn deug.[60] Tha cuid de na facail gu math coltach ris an òran 'An Droimeann donn dìlis"[61] agus tha cuid de dh'eòlaichean pìobaireachd den bheachd gun robh

---

[59] T. Pennant 2000: td 136.

[60] Fiosrachadh bho notaichean an lùib a clàir 'Eadarainn' le Rona Lightfoot. Tha port gu math diofraichte leis an ainm 'The hornless cow' cuideachd a' nochdadh aig àireamh 37 ann am Bunting, Ancient Music of Ireland, vol. 3, Dublin 1840.

[61] Òran 5: An Droimeann donn dìlis.

pìobaire Chlann Raghnaill a' cuideachadh ri bò banntraich a lorg a chaidh air chall anns a' pholl, 's chan ann ann an creach.[62] Ge b' e dè an sgeulachd cheart air cùlaibh na pìobaireachd, chuir a' bhò Maol Donn a luchd-seilbh an imcheist mhòr![63]

Rinn cuid a dh'uachdarain prothaid bho chreach le bhith a' togail cìs dom b' ainm 'staoig-creiche' air na creachadairean nuair a chaidh iad thar an fhearainn aca le creach à àitichean eile.[64] 'S e adhbhar strì a bh' anns a' chleachdadh seo uaireannan. Às dèidh turas creachaidh gu Srath Àrdail ann an 1454, bha mu 300 creachadair Rothach air an slighe dhachaigh le treud mhòr chruidh nuair a chuir Mac an Tòisich stad orra aig Clach na h-Aithrighe air taobh an iar Inbhir Nis. Dhiùlt na Rothaich staoig-creiche a phàigheadh dha airson a dhol tarsainn an fhearainn aige agus thòisich iad ri sabaid. Bha na creachadairean ro làidir dha Mac an Tòisich an turas sin.[65]

Airson daoine a bha beairteach gu leòr, ghabhadh daingneach a chleachdadh gu ìre airson sprèidh a dhìon. Air a thuras tro sgìre Linne Mhoireibh ann an 1769 sgrìobh Tòmas Pennant:

> 'all the houses in these parts are castles, or at least defensible;
> for, till the year 1745, the Highlanders made their inroads, and
> drove away the cattle of their defenceless neighbours.'[66]

Choisinn cuid de sgìrean droch ainm airson creach, a mhaireas chun an latha an-diugh ann an ainmean-àite leithid 'Rathad nam Mèirleach' faisg air Loch Gamhna agus Loch an Eilein ann an Rata Mhurchais, far am biodh na Camshronaich tric a' toirt ionnsaigh air dròbhairean. Anns a' chiad leth den ochdamh linn deug dh'fheuch Seanailear Wade òrdugh a thoirt don Ghàidhealtachd, rud air an robh cruaidh-fheum na bheachd-san, gu h-àraidh air oirean Earra-Ghàidheal, a' Cheapach, Bràghaid Albainn, Siorrachd Rois agus fearann nan Camshronach air taobh siar na Gàidhealtachd. Seo earrann bho aithris a sgrìobh Wade don riaghaltas ann an 1724:

> The clans in the Highlands … go out in parties from ten to thirty
> men, traverse large tracts of mountains till they arrive at the
> Lowlands … they drive the stolen cattle in the night time and in the
> day remain in the tops of the mountains or in the woods with which
> the Highlands abound, and take the first occasion to sell them at
> the fairs and markets that are annually held in many parts of the
> country.[67]

---

[62] Helen Creighton agus Calum MacLeod, *Gaelic Songs in Nova Scotia*, Ottawa: National Museum of Canada Bulletin no. 198 – Dept of the Secretary of State, Canada, 1964, td 283.

[63] Òran 90: Maol Donn.

[64] Anne Ross. 2000: td 28-29.

[65] W Munro. 1978.

[66] T. Pennant 2000: td 100.

[67] Air a thogail bho A.R.B. Haldane, *The Drove Roads of Scotland*. Newton Abbot: David & Charles, 1952, td 26.

Fo stiùir Wade chaidh 250 mile de rathaidean agus 40 drochaid a thogail gus smachd a chumail air na Seumasaich. A bharrachd air an sin thug Wade muinntir bho chuid de na cinnidhean Hanobhàirianach còmhla ann am buidheann 'vigilantes' a chumadh sùil a-mach airson Seumasaich an-fhoiseil agus mèirlich sprèidhe aig an aon àm.[68] B' e am buidheann seo bun-stèidh an Fhreiceadain Dhuibh. Dh'fhàs creachan tòrr na bu chumanta sa Ghàidhealtachd nuair a dh'fhalbh am Freiceadain Dubh a shabaid mar phàirt den Arm Bhreatannach anns an Roinn-Eòrpa.

Rinn an lagh a dhìcheall gus stad a chur air creachadh fada mus d' rinneadh am Freiceadan Dubh, agus bha mèirlich sprèidhe air am peanasachadh gu cruaidh le cùirtean an t-Siorraim nan deigheadh an cur an grèim. Tha iomadh cùis lagha a' nochdadh ann an Clàran Ceartais Earra-Ghàidheal eadar 1664 agus 1705 mu dheidhinn mèirle sprèidhe. Seo dìreach dà eisimpleir:

13 April 1666 Court of Inverary
Entired: John Ross alias McWilliam dey in Wachtermalzie
Dilated of certan crymes of theft …

To witt in the first the said John Ross in the yeir of god imvic and fourtie eight did go towards Perth and with him in companie John McIntyre in …. And ther most theifteouslie stoll and away took from the Laird of Boussie twa kyne quhilks the said pannell and the said John McIntyre drove with them to the lands of Glenurchay where they were keiped and pastured for ane certan space untill the Laird of Glenurchay had gotten notice thereof who therwpon caused returne the saids twa kyne to the said Laird of Boussie.[69]

1 Oct 1670 Court of Inverary

… the said John McRob pannell came to the saids lands of Carnmore in the moneth of May 1668 or therby and most theifteouslie stoll and away took furth thereof ane black mart kow of six yeirs old pertaining to the said Donald McAgeyll. Likeas the said pannell by himself or some other person in his name or be his direction secretlie transported the said kow to the isle of Giga … '[70]

---

[68] T.C. Smout, *A History of the Scottish People 1560 – 1830*. Waukegan Il. Fontana Press, 1969, td 208.

[69] J. Cameron (deas). 1949. *The Justiciary Records of Argyll and the Isles 1664- 1705*. Vol. 1. Stair Society 12. Chaidh John Ross a chrochadh airson seo agus mèirle eile.

[70] J. Cameron (deas). *1949. The Justiciary Records of Argyll and the Isles 1664-1705. vol. 1. Stair Society 12.*

A bharrachd air an sin dh'iarr an lagh air gabhaltaichean iomradh a thoirt air creachadh agus taic a thoirt seachad ann a bhith a' cur nam mèirleach an grèim, mar a chì sinn bho Achdan Cùirt a' Bharain a nochd sa bhliadhna 1691:

Regulations for Suppression of Cattle-Lifting – Actes of Barron Court off the Barony of Comar, holdin be John Grant of Corriemonie, 16 Ffeby 1691

> The whilk day it is inacted, statut, and ordained be the said Baillie deput, That in caise ony theives or robbers pass thorrow the said Barronie with ony stollin goodes (cattle) or be recepted or harboured be ony of the tennents within the samyn, or make any incursions, or depredationes within the said Barronie, or uthr wayes recept any off the goodes sua stollin, or be in accessorie to, or correspond with, the saides theives, or gae allongst with ym, yt the rest of the inhabitantes off the said Barronie immediately yrefter and without delay make intima'o'n yroff to the said John Chisholme, principall bailzie, or to his officer, to the end the countrey may be freed of such illegall and base acts ffor the future, … and fforder it is inacted, statut and ordained that in caise any theives, wagabondes, robbers, or oyr louse men come to the said Barronie to make any incursions or depredationes yrin, that the haill tennentes and inhabitantes yrin be instantlie reddie with yr best armes, and all the assistance oyr wayes they can have, to defend agst such persones, under the penaltie of Tuentie pundes toties quoties, without any defalcatione.[71]

Lean an Achd oirre le bhith a' cur an cèill dleastanas nan nàbaidhean a bhith a' falbh còmhla ri duine sam bith taobh a-staigh na h-òighreachd a chaill sprèidh ann an creach, airson an lorg. Mura dèanadh iad sin bha peanas deich notaichean a' dol orra. A bharrachd air an sin bha lagh neo-sgrìobhte ann a thug air uachdarain seالltainn càite an do dh'fhàg làraich cruidh am fearann aca aon uair 's gun robh làraich air an lorg a' dol *a-steach* don oighreachd aca, airson dearbhadh nach b' iadsan a ghoid na mairt.[72]

   Cha do sguir creachadh ge-tà, agus bha iomadh creach ann an Oighreachd Choire a' Mhonaidh aig deireadh na seachdamh agus toiseach na h-ochdamh linn deug, feadhainn aca a' lorg àite ann am beul-aithris na sgìre. Seo Uilleam MacAoidh a' bruidhinn mu dheidhinn Creach Innis Bhraoin a thachair ann an 1691 – 1692.

> Twenty years or so before the Raid, a vagrant woman from Lochaber arrived at Shewglie, and was provided with food and shelter for the night. Before morning she gave birth to

---

[71] Wm. MacKay 1893: td 548.

[72] W Munro. 1978. *Reivers or Cattle Thieves.*

a boy whom the goodwife of Shewglie offered to keep and rear. The mother consented and went her way. The boy grew up unbaptised, and as he tended Shewglie's cattle, he was known by the name of Gille Dubh nam Mart. ....His young companions taunted him with his origin and made his life miserable; at last he left Shewglie and made his way to Lochaber. The Lochaber men soon brought his knowledge of Glen Urquhart into requisition, and under his guidance a party proceeded to the Glen, in search of plunder. Crossing the mountains, they passed by Shewglie, and came suddenly to Inchbrine, while the people were absent in the distant peat moss. Hurriedly lifting a large number of cattle, they retraced their steps along the old path leading through Corribuy and across Glen Coilty. Summoned from the moss, the men of the Braes speedily gathered at the house of John Grant of Shewglie and requested that he should lead them against the invaders.

Shewglie... had not a drop of coward's blood in his veins, but he knew they were outnumbered and advised delay until more were got together.

"I will follow the Lochaber men," exclaimed his impulsive wife, Hannah Fraser, "and you may stay at home and ply the distaff." Smarting under the taunt, John Grant bade his men follow him. They overtook the raiders on a small rocky plateau, lying to the South of the Corribuy burn. On Shewglie's arrival, the spoil was at once given up and the men of Urquhart turned their faces towards the Glen. They had proceeded but a few paces when a hare started from among the heather and ran across the moor between the two parties. One of the Glen Urquhart men raised his gun and fired at it. The shot had no effect on the hare (believed to be a witch) but brought disaster. The Lochaber men thought it was intended for them and returned the fire. A desperate fight followed. Eight Glen Urquhart men, including Shewglie, were left dead. The Lochaber men took possession of the cattle again and returned to Shewglie and took every hoof belonging to that township. Cairns were raised to mark the 8 Glen Urquhart men killed. These still stand, one larger than the others marking the place where Shewglie fell. [73]

---

[73] Wm. MacKay 1893: td 220. Chuala MacAoidh mu dheidhinn tuireadh a rinneadh mun tachartas seo, ach cha b' urrainn dha ach a' chiad dà loidhne dheth a lorg: 'S ann maduinn Diardaoin, Thog iad Creach Innse-Bhraoin.' (Faicibh cuideachd <www.ambaile.org.uk> airson iomradh eile air an tachartas seo).

Le creachadh cho cumanta ann an Alba suas gu meadhan na h-ochdamh linn deug, feumaidh gun robh iomagain mhòr air luchd-seilbh agus buachaillean mhairt nuair a chaidh iad a-mach dhan bhuaile, gun dèidheadh an crodh prìseil a 'thogail' ann an dorchadas na h-oidhche a dh'aindeoin a h-uile oidhirp a rinn cùirtean agus freiceadanan airson an dìon. Rinn an t-Urramach Alasdair MacPhàrlain an t-òran 'Làmh slaodadh rium', 's e a' feuchainn ri cogais muinntir Àrair a dhùsgadh agus taic Dhè a shìreadh airson an cuideachadh gus na dòighean creachaidh àbhaisteach aca a sheachnadh.[74]

Chuir feadhainn, 's dòcha, barrachd earbsa ann an cobhair os-nàdarra. Chlàraich Coinneach MacLeòid eiseimpleir de dh'ubag aig toiseach na naoidheimh linn deug, a' sealltainn gun robh an rann agus an sgeulachd air a chùlaibh fhathast beò ann am beul-aithris mun àm sin.[75]

Coltach ri iomadh duilgheadas eile ann am beatha nan Gàidheal, ghabh iad ri creach gu stòthach, mar a sheallas an sean-fhacal 'Ciod as misde duin' a' chreach, mur lughaid a phòr e?'[76] Ach is cinnteach gun do dh'fhàs cùisean na bu duilghe do theaghlach a bha a' strì gus anam agus corp a chumail ri chèile nan deachaigh an crodh a ghoid air falbh. 'S mathaid gun d' fhuair iad faochadh ann a bhith a' seinn, gu h-àraidh a' seinn còmhla ri companaich, nuair a bha biadh gann agus an sprèidh luachmhor air an creachadh. Timcheall air a' bhòrd-luadhaidh bha luchd-èisteachd tuigseach, a dh'èisteadh ri an trioblaidean agus a dhèanadh an dìcheall air an spioradan a thogail a-rithist. Cluinnidh sinn fhathast an seòrsa còmhraidh a bhiodh eadar boireannaich aig an luadh às dèidh creach, ann an òran àlainn à Miughalaigh – ''N robh thu sa bheinn?'[77]

Is iomadh teaghlach a dh'fhuiling air sgàth call sprèidhe, gu h-àraidh nuair a chailleadh bò air leth math. Is dòcha nach robh ach aon rud na bu mhiosa – call luchd-gaoil. Ann am briathran an t-sean-fhacail, 'Is fheàrr a bhith gun mhart na bhith gun mhac.'[78]

Ann an iomadh tuireadh Gàidhlig tha coimeas ann eadar an dà sheòrsa call.[79] Tha eisimpleir de seo ann an 'Cumha do dh'Uilleam Siosal' a rinneadh le a bhanntrach às dèidh a bhàis aig Cùil Lodair ann an 1746:

> Cha chrodh is cha chaoraich
> tha mi caoidh ach mo chèile,
> On latha a dh'fhàg thu mi 'm aonar,
> gun sian san t-saoghal ach lèine,
> Mo rùn geal òg.[80]

---

[74] Òran 91: Làmh slaodadh rium.

[75] Òran 92: Obaidh buaile.

[76] Alexander Nicolson, *Gaelic Proverbs: Tha gu leòr cho math ri cuilim*. Edinburgh: Birlinn.1996.

[77] Òran 93: 'N robh thu sa bheinn?

[78] Alexander Nicolson, *Gaelic Proverbs: Tha gu leòr cho math ri cuilim*. Edinburgh: Birlinn.1996.

[79] Òran 94: I hiùraibh o-o chan eil mi slàn – òran luadhaidh à Alba Nuadh, a tha a' caoidh call iomadh neach ann an tubaist mara.

[80] Bho 'Cumha do dh'Uilleam Siosal' no 'Mo rùn geal òg'. Tha iomadh clàradh den tuireadh seo air Tobar an Dualchais.

Tha 'creach' air ainmeachadh anns an tuireadh 'Cumha Mhic 'ic Alasdair' le bàrd Mhic Alasdair – Ailean Dùghallach. Chan e call na sprèidhe san earrach a tha am bàrd a' caoidh, ach bàs duine gasta.[81] Lorgar an aon seòrsa *moitif* anns an tuireadh àlainn tiamhaidh do dh'Ailean Donn, a chailleadh ann an stoirm aig muir air a shlighe a-null a Scalpaigh airson rèiteach ri a leannan Anna Chaimbeul ann an 1786.[82] Ann an tuireadh eile, tha cràdh domhainn an t-seinneadair ri linn bàs Ailein agus fireannaich a teaghlaich fhèin, air a thomhas an coimeas ri creachan eile a dh'fhuiling i.[83]

Bha cùisean na bu duilghe agus buairte fhathast mas e an leannan fhèin a bha ciontach den chreach agus den mharbhadh, mar anns an òran Rosach 'Ailean Dubh à Lòchaidh'[84]. Chan e tubaist mara a dh'adhbhraich bàs teaghlach an t-seinneadair an turas seo, ach ionnsaigh gharbh air Clann Mhic Coinnich le Ailean Dubh mar phàirt de strì leantainneach.

Ann an òran a rinneadh do dh'Iain Òg Mac Mhic Nèill à Barraigh, tha a mhuime a' caoidh a 'creachadh' fhèin agus a' cur an cèill a miann Iain Òg a shaoradh bho na glacadairean aige –

> Nan gabht èirig as mo leanabh,
> Cha bhiodh an crodh sìos na gleannaibh.[85]

Chaidh Iain Òg a thoirt an grèim ann an 1610. Chaidh a thoirt gu Glaschu agus an uair sin gu Dùn Èideann, far an do chaochail e sa phrìosan.[86]

'S e èirig cuspair a nochas ann an grunn òrain, a' gabhail a-steach tuireadh gu math sean – 'Seathan Mac Rìgh Éireann' – 'roghainn nan òran luadhaidh' a rèir cuid.[87] Tha còrr is 200 loidhne anns an òran gu lèir, gach loidhne air a gabhail le sèist às a dèidh – fada gu leòr airson boireannaich a chumail ann an deagh ruitheam aig a' bhòrd luadhaidh airson ùine mhòir. A rèir beul-aithris chaidh an t-òran a chruthachadh anns a' chiad dol a-mach le bean Sheathain mac Rìgh Èirinn, caractar uirsgeulach seach eachdraidheil cho fada 's a tha fios againn,[88] a bha e fhèin ainmeil airson creach agus spùinneadaireachd.[89]

---

[81] Òran 95: Cumha Mhic 'ic Alasdair'.

[82] Òran 96: Ailein Duinn.

[83] Òran 97: Ailein Duinn, a nì 's a nàire agus 98 – Òran luaidh.

[84] Òran 99: Ailean Dubh à Lòchaidh.

[85] Òran 100: Iain Òg Mac Mhic Nèill.

[86] W.C. Mackenzie, *The Western Isles*. Paisley: Gardner, 1932, td 180. Tha tionndadh eile de sgeulachd Iain Òg air làrach-lin Camichael Watson <www.carmichaelwatson.lib.ed.ac.uk>.

[87] Sin na thuirt Janet NicLeòid à Eige ann an notaichean mu dheidhinn an òrain ann an *Carmina Gadelica*, vol. 5. Thuirt i cuideachd gum b' e Seathan 'mac Rìgh Éireann' agus creachadair ' … cha robh e idir cho math 's a tha an t-òran ga dhèanamh … an creachadh nach dèanadh e siar dhèanadh e siod 's a chòrr sear'.

[88] W McLeod agus Meg Bateman 2007: td 126.

[89] Òran 101: Seathan Mac Rìgh Éireann.

Ann an tuiridhean eile, 's e buachaille no banarach a' chruidh a thathar a' caoidh[90]. Chaidh 'Tha 'n crodh air na lòin', dreach den òran ainmeil 'Bràigh Ùige', a sgrìobhadh sìos le Frances Tolmie à Diùirnis san Eilean Sgitheanach, a dh'ionnsaich i aig glùin a màthar. Tha am buachaille na shìneadh air an talamh fhad 's a tha an crodh agus an cuid laoigh a-muigh air na lòin gun duine sam bith airson an saodachadh air ais chun na buaile.[91]

Cluinnidh sinn bròn agus aonaranachd a' bhàird gu soilleir ann an 'Cha d'fhuair mi 'n cadal'. Tha coltas math ann, bho ruitheam, facail agus fonn sèimh an òrain, gun deach a sheinn le banaraich a' bleoghan a' chruidh, no gan iomain air ais a-steach dhan bhuaile.[92] Ann an tuireadh eile tha athair a' caoidh a bhean ghaolaich, Mòr, 'bean thogail nan laogh'.[93] Nochdaidh iomadh tèama bho òrain eile mu dheidhinn call agus bròn anns na briathran cumhachdach, tiamhaidh seo, a' sealltainn pian agus cràdh a' bhanntraich.[94]

Ann an cuid de dh'òrain cluinnidh sinn seinneadair a' bruidhinn air a call fhad 's a tha i ri bleoghan, a' cur na bà gu feum mar chluas a dh'èisteadh ri a trioblaidean. Uaireannan tha coimeas air a tharraing eadar call an t-seinneadair agus call den aon sèorsa a dh'fhuiling an creutair socair a tha i a' bleoghan, mar anns an rann seo bho Carmina Gadelica:

> M' aghan dubh thu! M' aghan dubh,
> Is ionann galar dhomhsa us dhut,
> Nar caillear ort do luran laoigh,
> Mis' is m' aon mhac gaoil fon mhuir.[95]

'S e a' bhò mar shùil dhìleas, no *confidante*, fear de na tèamaichean a nochdas ann an 'Luinneag bhleoghain na banachaig'. Anns an òran chumhachdach seo, sa bheil an seinneadair a' bruidhinn dìreach ris a' bhoin, cluinnidh sinn tòrr mu dheidhinn crodh ann am beatha làitheil iomadh Gàidheal – moit an neach-seilbh anns a' bhò, an obair chruaidh a bha an sàs ann a bhith ga buachailleachd, luach a bainne agus cràdh na creiche. A bharrachd air an sin, tha ruitheam nam facal gu math freagarrach airson bleoghan, agus 's

---

[90] Òran 102: Tha 'n crodh an diu dol air imprig. Faicibh cuideachd òran 120: Tha sneachd air Druim Uachdair.

[91] Òran 103: Tha 'n crodh air na lòin.

[92] Òran 104: Cha d'fhuair mi 'n cadal.

[93] Mary Cameron MacKellar. 1889. *'The Shieling and its Songs.'* TGSI 15. td 160-161. *Sgrìobh* Mary seo mun òran anns an aithris aice: "There are other verses sung to this melody which have rather a tragic story. A man was suspected of having killed his wife, and the unfortunate woman's brothers came to charge him with the murder, and to avenge her death. As they came to the door late at night, they heard the man whose life they sought crooning this plaintive song to his little motherless child. As they listened to his words of sorrow, they sheathed their dirks, and returned home, convinced that he was not the slayer of the woman he mourned in such pathetic verses." Tha an t-òran agus an ceòl foillsichte ann an *Do Ghinealach Eile*, td 38.

[94] Òran 105: Cha till mo bhean chomainn.

[95] Òran 175 : Gabh ri d' laogh.

dòcha gun do shocraich an t-òran a' bhò, a bharrachd air a bhith a' toirt faothachadh don t-seinneadair 's i a' caoidh gu domhainn call a nighinn:

> Càite 'n cualas, *hò hò*
> Geum bu chruaidhe, *hò hò*,
> Na do gheum-sa, *ho ho, bha-ho*,
> An druim-fhionn uasal, *hò hò*.
>
> Chan iongnadh mise,
> Bhi fo ghruaman,
>
> Cha mhàthair mise,
> Gun mo leanabh ... [96]

***

---

[96] Òran 106: Luinneag bhleoghain na banachaig.

Caibideil 5

Buachailleachd

'Cha tig an crodh uile cho math don bhuaile.'[1]

'Thoir leat a' bhò don chaisteal, 's thèid i dhachaigh don bhàthaich'.[2]

Chuirinn mo ghiollan a dh'iomain nan caorach,
Chuirinn mo ghiollan a dh'iomain nan caorach,
Chuirinn mo ghiollan a dh'iomain nan caorach,
Chuirinn mo ghaol a dh'iomain nam bò.[3]

Cho fad 's a tha sprèidh air a bhith nam pàirt chudromach de bheatha agus eaconamaidh na h-Alba, tha obair air a bhith ann do bhuachaillean ga saodachadh, gan iomain gu deagh fheurach no chun na margaidh ionadail, airson an cumail a-mach à talamh àiteachais às aonais ghàrraidhean-crìche, agus airson an dìon bho chunnartan nàdarra agus bho mhuinntir na creiche.[4] Is beag an t-iongnadh a-rèist, gun do nochd am 'buachaille' tric ann an òrain nan Gàidheal.[5]

Ann am meadhan na seachdamh linn deug, rinn Tòmas Tucker luaidh air buachailleachd bho shealladh an aineoil. Tha an aithris a sgrìobh e a' sealltainn nach do thuig Tucker idir cho riatanach 's a bha e do na Gàidheil sùil gheur a chumail air an cuid mairt air neo cho doirbh 's a bha e teachd an tìr a dhèanamh ann am malairt eile aig an àm sin ann an sgìrean iomallach na Gàidhealtachd.

---

[1] Alexander Robert Forbes 1905: td 117.

[2] *Ibid., td* 120.

[3] Òran 107: Chuirinn mo ghiollan.

[4] Bha seo fìor ann an iomadh dùthaich eile cuideachd. Anns a' chòigeamh linn, às dèidh a ghlacadh bho Bhreatainn nan Ròmanach 's e buachailleachd a' chiad obair a bh' aig an Naomh Pàdruig ann an Èireann. Liam De Paor, *The Peoples of Ireland*. London: Hutchinson & Co. Ltd., 1986, td 54.

[5] Òran 108: A mhicein ghasda.

> Although Scotland is almost encompassed with the sea,
> (which hath very many inletts into the mayne land,) and hath
> a very greate number of islands adjoyneing therunto, both on
> the easterne and westerne parts thereof, and soe naturally
> comodious for commerce and traffique, yet the barrenesse
> of the country, poverty of the people, generally affected with
> slothe, and a lazy vagrancy of attending and following theyr
> heards up and downe in theyr pastorage, rather than any
> dextrous improvement of theyr time, hath quite banished all
> trade from the inland parts, and drove her downe to the very
> sea-side ... [6]

Mar sin, dè an obair a dhèanadh buachaille ann an da-rìribh? Gum bu fada
bho 'lazy vagrancy', dh'fheumadh am buachaille a bhith air leth dleastanach,
a-muigh tric a latha 's a dh'oidhche air fearann garbh, neo-bhàigheil.
Dh'fheumadh crodh a bhith gan iomain gu deagh fheurach, uaireannan air
eileanan beaga le feurach allail, agus air an dìon bho iomadh cunnart. Cha
b' e beathaichean sèimh a bh' anns a' chrodh fhèin an-còmhnaidh nas mò,
agus bha iad feumach air làimhseachadh cùramach. Ann an aithris bho
dheireadh na siathamh linn deug, rinneadh luaidh air crodh ag ionaltradh air
beanntan Earra-Ghàidheal agus Rois mar 'nocht tame, as in utheris partes,
bot lyke wylde hartes, wandiring out of ordour and quhilkes, through a
certane wyldnes of nature, flie the cumpanie or syght of men.'[7] Às aonais
cùram nam buachaillean, rùnaicheadh crodh a dhol air seachran air feadh
an àite, gun challaid no gàrradh a chuireadh stad orra, gu h-àraidh nan
robh fodar blasta, leithid eòrna no feamainn, faisg air làimh. Mar a sgrìobh
Màrtainn Mac 'Ille Mhàrtainn ann an 1695:

> The cows often feed upon the Alga marina, or sea-ware; and
> they can exactly distinguish the tide of ebb from the tide of
> flood, though at the same time they are not within view of the
> sea; and if one meet them running to the shore at the tide of
> ebb and offer to turn them again to the hills to graze they will
> not return. When the tide has ebbed about two hours, so as
> to uncover the sea-ware, then they steer their course directly
> to the nearest coast in their usual order – one after another –
> whatever their number be. There are as many instances of this
> as there are tides of ebb on the shore. I had occasion to make

---

[6] *Report by Thomas Tucker upon the Settlement of the Revenues of Excise and Customs of Scotland,'* ann an Peter Hume Brown 1978: td 162-163. Chuireadh Tucker a dh'Alba anns an Lùnastal 1655 mar Fhear-clàraidh Coimisean nan Cìsean ann an Sasainn *"to give his assistance in settling the excise and customs there."*

[7] Father E. G. Cody (deas.), *The Historie of Scotland* vol. 1 le Jhone Leslie, Bishop of Ross. Edinburgh & London: Wm. Blackwood & Sons., 1888, td 31. Sgrìobh Leslie cuideachd mu chrodh ann an Tor Wood a bha gu math fiadhaich – 'In this Wod war nocht kye bot oxne and Bules snawquhyte with a mane thick and syde ...,'td 29.

this observation thirteen times in one week; for though the
natives gave me repeated assurances of the truth of it, I did
not fully believe it till I saw many instances of it in my travels
along the coast.[8]

Chluinnear cunntas air aon turas a dh'fhalbh crodh sìos chun a' chladaich
airson feamainn ithe anns an òran 'Tha fonn gun bhith trom'[9] le Beathag
Mhòr às an Eilean Sgitheanach, a bha a' coimhead às dèidh crodh Mhàrtainn
Dhùn Tuilm ann an Tròndairnis aig deireadh na seachdamh agus toiseach na
h-ochdamh linn deug.[10] Aon oidhche, fhad 's a bha i fhèin agus na banaraich
eile nan cadal anns an àirigh, bhris an crodh a-mach às a' bhuaile agus rinn
iad an slighe sìos chun a' chladaich. Seo eisimpleir eile de sgil nan Gàidheal
ann a bhith a' cur suidheachadh doirbh an suarachas le bhith a' seinn òran
aotrom. 'S dòcha gum b' e crodh air allaban an trioblaid a bu lugha a bh' aig
Beathag![11]

> "Siud far an robh an ùpraid, siud far an robh an spòrs. Ann
> am meadhan na h-oidhche, iad uile nan ruith a' cuairteachadh
> a' chruidh, agus na laoigh òga nan cois, mus dèanadh iad call
> dhaibh fhèin agus do chuid chàich. Cha do stad an crodh gus
> an do ràinig iad an cladach, an Lag na Feamainn. Bha an latha
> geal ann, anns an òg-mhadainn shamhraidh, mun robh an
> crodh cruinn agus sàbhailte air ais air an àirigh."[12]

Thug crodh air seachran duilgheadasan do bhuachaillean agus luchd-seilbh
airson ùine mhòir às dèidh trioblaidean Beathag Mhòir. 'S e buachaille
a bh' anns a' bhàrd Alasdair Mac Mhaighstir Alasdair agus is mathaid gur
esan a rinn an dàn 'Ge beag orts' an Caimbeulach Dubh', foillsichte ann an
1751, airson taic a thoirt do bhuachaille eile, a fhuair càineadh bho athair
Alasdair airson leigeil le crodh a dhol air an fhearann aige.[13] Is cinnteach gum
feumadh buachaillean sprèidh a chumail air falbh bho shùilean geura nan
geamairean.[14]

---

[8] Martin Martin, *Description of the Western Islands of Scotland circa 1695*, Edinburgh: Birlinn
1999, td 101.

[9] Òran 109: Tha fonn gun bhith trom.

[10] Cairistìona Mhàrtainn, *Òrain an Eilean*, 2001 : td 130.

[11] Tha fiosrachadh mu dheidhinn Beathag Mhòr agus a gaol do Mhàrtainn Òg, mac Dhòmhnaill
Mhàrtainn à DunTuilm, dom buineadh an sprèidh fo a cùram, ann an òraid leis an Urr Dòmhnall
Budge ann an Transactions of The Gaelic Society of Inverness, 1973 Leabhar 48. td 371-373.

[12] *Ibid.*, td 373.

[13] Òran 88: An Caimbeulach Dubh. Tha sgeulachdan diofraichte air cùl an dàin seo ge-tà agus
tha barrachd man deidhinn ann an R Black, *Mac Mhaighstir Alasdair: The Ardnamurchan Years*,
Isle of Coll:The Society of West Highland and Island Historical Research, 1986.

[14] Òran 110: An cluinn thu mis' a nighean dubh?

Anns an naoidheamh linn deug rinn Seonaidh Caimbeul òran mìorbhaileach mu dheidhinn cuid de na duilgheadasan a dh'fhuiling e na bhuachaille. Nan robh ìomhaighean romansach de bhuachailleachd aig duine sam bith, rachadh an sgapadh gu luath le bhith ag èisteachd ri 'Òran na buachailleachd"[15].

> Gur h-olc a chiuird a' bhuachailleachd,
> Ged a tha i fhathast feumail –
> Cho math 's gum biodh an tuarasdal
> O, is suarach agam fhèin i.

Is cinnteach gum biodh iomadh buachaille agus banarach ag aontachadh ris. Anns a' phort-à-beul 'Mac a Phì', tha a' bhanarach cho trang ag iomain nan laogh agus nach urrainn dhi stad airson èisteachd ris an òran:

> Stad a Mhàiri Bhanarach gus an gabh mi 'n t-òran,
> Stad a Mhàiri Bhanarach gus an gabh mi 'n t-òran,
> Stad a Mhàiri Bhanarach gus an gabh mi 'n t-òran,
> Chan fhaod mi, chan fhaod mi, 's na laoigh a' dol don eòrna.

Chan e trioblaid nan Gàidheal a-mhàin a bh' ann. Rachadh crodh air seachran air feadh na dùthcha. Chaidh an rann seo den òran a chlàradh bho Lizzie Ann Higgins ann an Siorrachd Aonghais ann an 1986:

> Macaphee turn the cattle roon Loch a' Foram,
> Macaphee turn the cattle roon Loch a' Foram,
> Macaphee turn the cattle roon Loch a' Foram,
> Here and there and everywhere the cows are in the corn.[16]

Ghabh na mairt làmh an uachdair aig amannan, gu h-àraidh nam b' e buachaille òg, neo-chùramach a bha gan iomain. Sgrìobh am bàrd Tiristeach, Gilleasbaig MacPhàil, dàn aoireil mu dheidhinn a leithid de bhuachaille dom b' ainm Eòghan Mun, a chaidh fhastadh le croitearan Chòrnaig Mhòir airson an crodh a chumail air falbh bhon bhàrr aca.[17] A rèir coltais, bha na croitearan air a' chuthach nuair a chuala iad an dàn an toiseach, mus do mhothaich iad gur e aoir gheur a bh' ann agus chan e dàn-molaidh.[18]

Thar nan linntean dh'fheumadh deagh thuigse a bhith aig luchd-seilbh chruidh air dòighean agus feumalachdan nam beathaichean agus bha aca ri deagh stòras de dh'eòlas agus sgilean a chruthachadh airson an

---

[15] Òran 111: Òran na buachailleachd.

[16] Tasglann Sgoil Eòlais na h-Alba: Lizzie Ann Higgins à Aonghas (fear-clàraidh: John D Niles) SA1986.106.

[17] Òran 112: Eogha Mun.

[18] Hector Cameron, *Na Bàird Thirisdeach*, A' Chomunn Thirisdeach 1932, tdd 199-202.

cuideachadh ann an obair na sprèidhe. Sgrìobh Màrtainn Mac 'Ille Mhàrtainn mu dheidhinn aon phìos eòlais a dhìon bàrr bho chrodh, gu ìre co-dhiù:

> When any man is troubled with his neighbour's cows by breaking into his enclosures he brings all to the utmost boundary of his ground, and there drawing a quantity of blood from each cow he leaves them upon the spot, from whence they go away, without ever returning again to trouble him during all that season.[19]

Nan robh mart tinn, cha robh lighichean-sprèidhe ann airson an cuideachadh agus dh'fheumadh na buachaillean an eòlas agus an sgilean fhèin a chur gu feum. Rinn iad leigheasan bho luibhean na sgìre. Chruinnich Mairead Fay Sheathach cuid de na leigheasan seo ann an Uibhist a Deas, nam measg leigheasan airson 'bùrn dearg', galar tioram agus teannachaidh. Chleachd na daoine lusan leithid lus na Frainge, lus nan laogh agus raineach cho math ri feamainn, seilcheagan dubha, maorach agus bainne blàth.[20]

A bharrachd air coimhead às dèidh na sprèidhe a latha agus a dh'oidhche, chuidich buachaillean le bhith a' toirt an crodh do mhargaidhean agus fèilltean, uaireannan astar mòr air falbh. Bha buachaillean agus dròbhairean cleachdte ri beatha a-muigh ann an sìde nan seachd sian. Nuair a rinn Sir Iain Mac na Ceàrdaich sgrùdadh air an t-Seann Chunntais Àireimheil aig deireadh na h-ochdamh linn deug, seo na sgrìobh e mu dheidhinn a' bhuachaille:

> 'He has felt from his early youth all the privations to which he can be exposed in almost any circumstances of war. He has been accustomed to scanty fare, to rude and often wet clothing, to cold and damp houses, to sleep often in the open air or in the most uncomfortable beds, to cross dangerous rivers, to march a number of miles without stopping and with but little nourishment, and to be perpetually exposed to the attacks of a stormy atmosphere.'[21]

Ach eadhon ged a bha iad cleachdte ris, cha do chòrd a' bheatha gharbh seo ris a h-uile buachaille fad na h-ùine.[22] Airson feadhainn 's e obair gu math aonaranach a bh' ann – 'Hi-an, ho-an, cuach a' bhuachaill' – aonaranachd 's a sprèidh rin cuallach.'[23] Shaoil an duine a rinn an t-òran 'Ag iomain nan

---

[19] Martin Martin 1999. td 100.

[20] M. F. Shaw, *Folksongs and Folklore of South Uist*, Aberdeen, 1986, td 55.

[21] Sir John Sinclair, *Analysis of the Old Statistical Account*, vol. 1., London: Johnson, 1826, td 106-7.

[22] Òran 113: Air an Lurgain-Duibh.

[23] Bho 'Cuach an tàilleir' ann an Alma NicShimidh agus Alasdair Barr, *Muir is Tir*, Steòrnabhagh: A' Chomunn Ghaidhealach, Roinn nan Eilean Siar, 1989.

gamhna' anns a' chiad dol a-mach gur e obair sgìtheil, aonaranach a bh' ann, ged a tha am fonn fhèin aighearach agus beòthail gu leòr![24]

Shiubhail buachaillean astaran fada a' toirt a' chruidh a-mach gu feurach ùr anns a' mhadainn agus gan toirt air ais chun na buaile feasgar. Chan fhairicheadh iad an t-slighe buileach cho fada nam biodh iad a' seinn.[25]

A-muigh air mullach nam beanntan no shuas anns na bealaich bha e doirbh do bhuachaillean fasgadh fhaighinn bho dhroch shìde. Dh'fheumadh buachaillean a bhith a-muigh anns a h-uile seòrsa aimsir.[26] Anns an òran Sgitheanach 'Airigh Luachrach Ùige' mhol am bàrd Gleann Ùige chan ann dìreach airson a bhòidhchead ach cuideachd airson cho fàbharach 's a bha e do bheathaichean, eadhon ri linn droch aimsir:

> B' e siud an gleann bu bhòidhche sealladh,
> A-mach ri madainn reòthta,
> Le caoraich gheala, dhubha 's ghlasa,
> 'S cuid dhiubh tarraing brògach;
> Gach làir le searrach 'm bonn gach bealaich
> A-mach ri srath nan lòintean,
> 'S a dh'aindeoin gaillinn is fuachd earraich,
> Chan iarradh mart ann cròdhadh.[27]

Ach cha robh a h-uile àite cho bàidheil. Cho fad 's a ghabhadh, fhuair crodh fasgadh ann am bàthach tron gheamhradh, aig aon cheann taigh an teaghlaich mar bu trice. Ach cho luath 's a bha feur ùr gu leòr air fàs, bhathar gan cur a-mach an cuideachd a' bhuachaille.[28]

Airson iomadh Gàidheal òg cha robh beàrn mòr ann eadar buachaille agus creachadair agus ghluais feadhainn gu furasta eadar an dà shaothair. Nuair a chaidh a chur fo choill bha MacGriogair òg, mar eisimpleir, gu math cleachdte ri bhith a-muigh ag iomain nam mart, le cead no às aonais, ri uisge agus ri gaoith. Anns an tuireadh a rinn a bhanntrach às dèidh a chur gu bàs aig a' Bhealach ann an 1570, chuir i an cèill gum b' fheàrr leatha oidhche a-muigh air a' mhonadh còmhla ri Griogal còir na an cofhurtachd agus sòghalachd a gheibheadh i bho 'Bharan crion na Dallaich'.[29]

Is cinnteach ge-tà nach do shaoil a h-uile duine mòran de dh'oidhche stoirmeil, fhuar, fhliuch a-muigh air a' bheinn. Chaidh an t-òran 'Cha tèid mi Choir Odhar'[30] a chruinneachadh ann an Gleann Mhoireasdan le Alasdair

---

[24] Òran 114: Ag iomain nan gamhna.

[25] Òran 115: Bonn Beinn Eadarra.

[26] Àireamh 116: Oisean Mac Fhionn MacCumhail.

[27] Bho 'Àirigh Luachrach Ùige,' Cairistìona Mhàrtainn, *Òrain an Eilein*, Taigh na Teud, 2001, td 53.

[28] Òran 117: Thogainn fonn air an nighean duibh.

[29] Òran 118: Griogal cridhe.

[30] Òran 119: Cha tèid mi Choir Odhar.

MacDòmhnaill aig deireadh na naoidheimh linn deug agus tha e a' sealltainn cho miannach 's a bha a' bhana-bhuachaille air faighinn air ais gu cofhurtachd a' ghlinne, no co-dhiù gu fasgadh nan craobh, mus tigeadh an geamhradh. Mura robh an droch shìde fhèin dona gu leòr, tha iomagain oirre cuideachd gun tig gillean airson dragh a chur oirre. Bha iomadh cunnart ann do chaileag òg leatha fhèin shuas air a' mhòintich ach, a dh'aindeoin a briathran làidir, cha b' urrainn dhi an crodh fhàgail.

A bharrachd air fasgadh a lorg fo sgàil beinne no creig, chleachd cuid a dhaoine seuntan ann an oidhirp air an t-sìde a bu mhiosa a shocrachadh. Feumaidh gun robh cùisean air leth dona nan robh clachan-meallain ann. Seo seun a chleachdar airson am buachaille a dhìon bhuapa:

> Clach mhìn mheallain san tobar ud thall,
> Clach mhìn mheallain san tobar ud thall,
> Am buachaille bochd, fo sgàil nan cnoc,
> A bhata fo uchd, 's a dhealg na bhrot,
> 'S e 'g iarraidh air Dia turadh is grian a chur ann.
> Clach mhìn mheallain san tobar ud thall,
> Clach mhìn mheallain san tobar ud thall.[31]

Cha do chuidich seun sam bith aon bhuachaille Dòmhnallach, is e a' feuchainn ri crodh Mhic a' Phearsain fhaighinn cruinn còmhla nuair a chaidh iad iomrall feadh bheanntan Dhàil Chuinnidh tràth san earraich. Dh'atharraich an aimsir gun rabhadh agus gu h-obann bha cathadh dona ann, san do chaill am buachaille a bheatha.[32] Cluinnear barrachd mu dheidhinn bhuachaillean is shealgairean a-muigh ann an droch shìde shuas air talamh àrd Dhruim Uachdair anns an òran gaoil àlainn 'Tha sneachd air Druim Uachdair'. [33]

> 'S gann gu lèir dhomh nas fhaisg orm
> Na lorg a' bhat tha nam dhòrn.
> Tha sneachd air Druim Uachdair
> Far 'n robh mi cualach nam bò.

Chan eil an aimsir an-còmhnaidh dona ge-tà, agus choisinn cuid a dh'àiteachan moladh nam bàrd airson sìde àlainn agus cho math 's a bha iad airson àrach bhò, gu h-àraidh 's dòcha tro shùilean braoisgeach an eilthirich.[34]

---

[31] Tasglann Channaigh: Annie Johnston air a clàradh le Iain Latharna Caimbeul 1938.03 – Àireamh a' Chlàir: 43471. Tha tionndadh den fhonn agus na briathran foillsichte ann an Valerie Bryan, *Ceòl nam Fèis 2*, Portree: Fèisean nan Gàidheal, 2000, td 10.

[32] Àireamh 120: 'S ioma sùil a bha sileadh. Loidhnichean bho thuireadh a rinn a leannan do bhuachaille Dòmhnallach, a chaill a bheatha ann an droch shìde shuas air Druim Uachdair.

[33] Òran 121: Tha sneachd air Druim Uachdair.

[34] Òran 122: An Leathad-Feàrna, bàrdachd a' moladh Coir' Iararaidh ann an Gleann Mhoireasdan a rinn Eòghann MacDhòmhnall, às dèidh dha an gleann fhàgail. Faicibh cuideachd òran 196: 'Ceud fàilt air gach gleann.'

Is tric a thug buachaillean sprèidh suas gu àirighean no a-null gu eileanan feurach anns an earrach, far am faigheadh iad feurach na b' fheàrr agus far nach dèanadh ladhairean cron sam bith air arbhar prìseil a' bhaile. Eadhon tro mhiosan garbh a' gheamhraidh bha ionaltradh na b' fheàrr ri lorg air cuid a dh'eileanan.

Dh'fheumadh cuideigin sùil a chumail air an sprèidh, agus an cuideachadh nam fàsadh iad tinn, nan deigheadh an leòn, no nan cuireadh cuileagan dragh orra. Seo earrannan bhon aithris *Description of the Western Islands of Scotland c.1695* le Màrtainn Mac 'Ille Mhàrtainn:

> The most southerly of these islands, and the nearest to North Uist, is Hermetra, two miles in circumference. It is moorish soil, covered all over almost with heath, except here and there a few piles of grass and the plant milkwort. Yet, notwithstanding this disadvantage, it is certainly the best spot of its extent for pasturage among these isles, and affords great plenty of milk in January and February beyond what can be seen in the other islands.
>
> Pabbay (near Skye) excels in pasturage, the cows in it afford near double the milk that they yield in Skye. In the dog-days there is a big fly in this isle which infests the cows, makes them run up and down, discomposes them exceedingly, and hinders their feeding insomuch that they must be brought out of the isle to the isle of Skye.[35]

Eadhon anns a' ghleann as bòidhche air latha grianach, bha cunnartan gu leòr ann do sprèidh air ionaltradh. Gheibh sinn fiosrachadh mun t-seòrsa dìona a dh'fheumadh crodh anns an stòras mhòr de bheannachdan agus de sheuntan a chruinnich agus a ghlèidh Alasdair Mac 'Ille Mhìcheil ann an *Carmina Gadelica*. Ann an 'Gleidheadh treud'[36], mar eisimpleir, tha liosta de chuid de na cunnartan bho an do ghabh buachaillean eagal: 'on mhì-chù 's on mharbh-chù[37]; am boglach 's an crualach; bho reubain[38] 's bho mhearchall...[39]

Shir cuid a dhaoine taic bho naomhan, gu h-àraidh Colm Cille agus Brìghde, a fhuair urram mar naomhan-tèarmainn a' chruidh. Ann an aon bheannachadh buachailleachd bhathar ag iarraidh air Moire, Brìghde, Colm Cille, Carmaig, Odhran, an Spiorad Naomh agus Dia am measg feadhainn eile, an sprèidh – crodh agus caoraich – a dhìon. Anns an earrann seo bho bheannachadh buachailleachd eile, tha barrachd chunnartan air an ainmeachadh:

---

[35] Martin Martin, 1999, td 42 agus td 104.

[36] bàs.

[37] madadh-allaidh.

[38] mèirle / creach.

[39] Alexander Carmichael, *Carmina Gadelica*, vol. 1, Dùn Èideann, 1900, td 280.

Bho chreag, bho chathan, bho allt,
Bho chadha cam, bho mhille sluic,
Bho shaighde reang nam ban seanga sitli,
Bho chridhe mhi-ruin, bho shuil an uilc.

Mhoire Mhàthair, cuallaich an t-àl gu lèir,
Bhrìde nam basa mine, dìon domh mo sprèidh,
Chaluim chaoimh, a naoimh nan ioma buadh,
Comraig dhomh crodh an àil,
Bairig dhomh buar[40]

B' e àm gu math trang a bh' ann an toiseach a' Chèitein nuair a dh'iomain daoine an cuid sprèidh suas gu feurach àrd air falbh bhon a' bhaile. Dh'fhalbh cuid a bhuachaillean suas chun nan àirighean rud beag ro chàch airson dèanamh cinnteach gun robh bothain na h-àirigh deiseil agus gun robh feurach gu leòr ann don chrodh-laoigh mus d' ràinig iad. Bha cuid a dh'àirighean astar air falbh bho na bailtean, agus bheireadh e fad latha a' coiseachd thar fearann doirbh airson an ruighinn. Seo beannachadh eile a chruinnich Mac 'Ille Mhìcheil:

Siubhal beinne, siubhal baile,
Siubhal featha fada, farsuinn,
Buachailleachd Mhic De mu 'r casaibh,
Buan us reidh gun tèid sibh dachaidh.[41]

Sgrìobh Mac 'Ille Mhìcheil gun robh beannachdan mar seo air an seinn le daoine ag iomain an sprèidh do fheurach, no gam buachailleachd air a' mhonadh, anns na glinn no air a' mhòintich:

The customs vary in details in different districts, but everywhere is the simple belief that the King of shepherds watches over men and flocks now as of old … When a man has taken his herd to the pasture in the morning, and has got a knoll between himself and them, he bids them a tender adieu, waving his hand, perhaps both hands, towards them, saying:

Buachailleachd Brìde dhan tan,
Buan agus slàn gun till sibh;
Munachas Mhuire Mhathar dhuibh,
Luth 'us làn gun till sibh. [42]

---

[40] Alexander Carmichael, *Carmina Gadelica* vol. 1, td 274.

[41] *ibid.*, td 276.

[42] *ibid.*, td 272.

Aig àm nuair a bha rathaidean agus drochaidean gu math gann ann an sgìrean iomallach, bha crodh tric air an iomain thar talamh cruaidh, boglach agus tro uillt is aibhnichean. Dh'fheumadh buachaillean an cumail sàbhailte air an t-slighe, a' dèanamh na b' urrainn dhaibh gus an dìon bho thubaistean air creagan garbha, dìgean agus monadh. Tha e soilleir gun robh cunnartan den t-seòrsa seo a' cur dragh mòr air a' bhàrd gun ainm a rinn 'Crodh an tàilleir'. Is tric a chleachdadh crodh mar thochradh ann an sgìrean iomallach na Gàidhealtachd, ach cha robh iad idir cho furasta an gleidheadh 's a bha rudan mar siosar agus snàthadan! Eadhon nuair a fhuair an seinneadair cothrom beag teicheadh bhon obair, is e air a thàladh na chadal le ceilearadh nan eun, cha b' fhada gus an deach am fois aige a bhriseadh ... [43]

A bharrachd air a bhith feumail airson ionaltradh as t-samhradh, bha àirighean tric air an cleachdadh aig amannan eile den bhliadhna. Nuair a thilleadh an crodh-laoigh chun a' bhaile, dh'fhuiricheadh cuid de bhuachaillean shuas aig an àirigh le gamhainn, a' leigeil leis a' chrodh-laoigh phrìseil barrachd rùm fhaighinn anns a' bhàthaich agus a' dèanamh barrachd feum den ionaltradh shuas aig an àirigh.[44]

Air feadh sgìrean àrachail na h-Alba bheireadh buachaillean crodh a-mach gu ionaltradh anns a' mhadainn agus air ais feasgar. Seo earrann bho abaltan Sheorais Robasdan, a sgrìobh sa chiad àite mu dheidhinn Lodainn agus Siorrachd Àir:

> 'In these times (c.1765), though the cattle were under the tendency of a herd, from the time of the finishing of the bear-land in the spring, to the in-gathering of the crop in harvest, all the rest of the year was what was called Lang-Halter-Time'[45] when cattle of all descriptions were turned out to roam at large, not merely over the farms of their particular owners, but indiscriminately over the neighbouring country, the respective herds collecting their particular parcels homewards only in the evenings.

Seo loidhnichean bho òran luaidh leis a' bhana-bhàrd Màiri Nighean Alasdair Ruaidh (17mh linn) a sheallas pàirt chudromach eile de latha-obrach a' bhuachaille – a' toirt a' chruidh air ais gu sàbhailteachd a' chròtha aig deireadh an latha:

> Bheir mo shoiridh gu m' eòlas,
> Gu Fear òg Bhornis Uarach,

---

[43] Òran 123: Crodh an tàilleir.

[44] Alexander Fenton, *Country Life in Scotland: Our Rural Past*, Edinburgh: John Donald, 1987, td 135.

[45] 'lang-halter signifies no halter at all. The rest of the time, due to lack of roads and especially fences, the cattle were kept on a short halter' (J.G. Fyfe, *Scottish Diaries & Memoirs 1746 – 1843*, Stirling: Eneas MacKay, 1942, td 261.)

Aig am biodh an crodh seasg
Dol san fheasgar ron bhuachaill,
'S aig am biodh an crodh bainne,
Tighinn nan deannaibh dhan bhuailidh.[46]

'S e àm ceòlmhor a bh' ann eadar geumnaich a' chruidh, duanagan nam banarach agus ceòl nam buachaillean air feadh na dùthcha.[47] Chuimhnich iomadh eilthireach le aighear agus cianalas air fuaimean a' chruidh a' tilleadh feasgar gu baile.[48]

Fhathast ann an 1881, agus 's dòcha às dèidh sin, gheibheadh buachaille bainne aon bhò san treud dha fhèin, cleachdadh air cùl an t-sean-fhacail. B' e sin ainmeachadh bà air buachaille, 's a toirt uaithe feasgar.'[49]

Thòisich buachaillean aig aois òg agus ann an iomadh sgìre chaidh an àireamh de sgoilearan sìos gu mòr tron t-samhradh oir bha a' chlann a-muigh leis an sprèidh.[50]

Chaidh iomradh inntinneach air latha buachaille òg a chlàradh bho Dhòmhnaill Mac na Ceardaich ann an Tiriodh le Eric Cregeen bho Sgoil Eòlais na h-Alba ann an 1968:

> DM: 'The fangs were there and at sunset the cows were gathered into the fang and every woman was coming to milk their own cows. And the herd-boy was letting them out at sunrise, in the morning .... There was a different place for the morning milking ... the cows were let out of the fang in the morning and when the cows were thriving down on the fields – there was a milking place there – and the cows were making for the milking-place themselves, you know ... you couldn't milk them in the fang in the morning. The cows were let out too early for that ... The herd-boy was letting them out at sunrise so as to graze ...
>
> EC: Did you have a herd-boy for the whole of the township? (West Hynish)
>
> DM: Oh yes, yes. For the whole of the township ... he was paid so much for his work.
>
> EC: And it would always be a boy?
>
> DM: Always a boy and he was looking after the township cows from sunrise to sunset.
>
> EC: How much did he get for this?
>
> DM: Sometimes £3 of money in six months' time. That was his wages ... He was appointed in May. At the beginning of May

---

[46] K.C. Craig, *Òrain Luaidh Mairi Nighean Alasdair*, Glasgow, 1949, td 54-55.

[47] Àireamh 124 – The day estivall.

[48] Àireamh 125 – Co-dhiu thogainn fonn mo leannain.

[49] Alexander Nicolson, *Gaelic Proverbs: Tha gu leòr cho math ri cuilim.* Edinburgh: Birlinn.1996.

[50] NSA vol. 14, Uibhist a Deas, an t-Urr Roderich MacLean, td 196.

and from then on until the end of October. Hallowe'en night,
that was his term ... They were doing nothing after October,
but over and above his £3 wages he had a barrel of potatoes
from every crofter in the township. Bha e a' fantail 's a' bhaile
e fhèin ... Bha. [51]

Cluinnidh sinn tuairisgeul de bheatha buachaille òig air taobh eile na dùthcha
ann an Siorrachd Obar Dheathain ann an òran a sgrìobh Uilleam Scott à
Fothair Aonghais (r.1785), a bha na bhuachaille nuair a bha e gu math òg.[52]
     Mar a chì sinn ann an iomadh òran[53], chan e dìreach balaich a rinn obair
a' chruidh air fad. Nochdaidh nigheanan agus boireannaich ag iomain, a
bharrachd air bleoghan a' chruidh, ann an òrain Ghàidhlig. Rachadh iad suas
chun na h-àirighean agus a-mach chun na buaile leis na mairt. Seo earrann
bho 'Òran air Gleann Moireasduinn' le Alasdair Mac Iain Bhàin:

> Gheibhte gruagaichean laghach
> Bhiodh a' tadhal 's na gleanntaibh,
> Ag iomain sprèidh 'us dha 'm bleoghann,
> An tim an fhoghar 's an t-samhraidh.[54]

Aig an àirigh, bhiodh na banaraich ag iomain a' chruidh air ais dhan a' bhuaile
aig an eadradh, a bharrachd air a bhith an urra ri sprèidh eile. Dh'fhaodadh
buachaillean a bhith ag obair leotha fhèin no le companaich. 'S e dealbh de
dh'obair aighearach, chàirdeil a th' air a tharraing de bhuachailleachd ann
an iomadh òran, gu h-àraidh nan gabhadh a dhèanamh còmhla ri leannan.[55]
     Ged nach cuireadh droch aimsir buachaille suas no sìos fhad 's a bha a
leannan còmhla ris, dh'fhàsadh inntinn trom airsnealach nan robh e fada
bhuaipe.[56] Shiubhail buachaillean agus dròbhairean na b' fhaide na iomadh
duine eile ann an sgìrean iomallach na Gàidhealtachd agus thill iad tric, chan
ann le crodh a-mhàin, ach cuideachd le naidheachdan agus cabaireach bho
sgìrean eile.[57]

---

[51] Tasglann Sgoil Eòlais na h-Alba: SA 1968 / 239, Eric Cregeen a' bruidhinn ri Donald Sinclair Tiree, 1968.

[52] Òran 126: The hirdie.

[53] Faicibh, mar eisimpleir, an t-òran 'Tha mo bhreacan fliuch fon dìle' (Cairistìona Mhàrtainn, *Òrain an Eilein*, Taigh na Teud, 2001, td 49), anns a bheil an seinneadair bog fliuch a' cuimhneachadh le cianalas air àite a ghaoil, Gleann Lòchaidh, far am biodh 'gruagach bhòidheach 'g iomain bhò gu bealach àirigh', coltach ri Mòrag Bheag ann an òran 127: Mhòrag bheag a' chùl dualaich.

[54] William MacKay, *Urquhart and Glenmoriston – Olden Times in a Highland Parish*, Inverness, 1893, td 527.

[55] Òrain 128 – 130.

[56] Cluinnidh sinn dubhachas a' bhuachaille is e fada bho a leannan ann an òran 131: Duanag a' chìobair.

[57] Òrain 132 agus 133.

Thachair e gun do lorg daoine gaol, a bharrachd air a bhith ga ionndrainn, shuas air a' mhonadh.[58] Tha iomadh tionndadh ann de dh'òrain gu math sean anns a bheil fireannach a' siubhal na mòintich nuair a thachras e ri gruagach òg, a dh'iarras air a bhith na bhuachaille dhi. A rèir aon sgeulachd, 's ann do na sìthichean a bhuineadh a' ghruagach agus chaidh a cur a-mach leotha gus am buachaille a thàladh a-steach dhan t-saoghal aice fhèin, ag iarraidh rudan bhuaithe nach b' urrainn dha a thoirt dhi.[59] Chaidh an t-òran 'Chailin òig as stiùramaiche' a ghleidheadh an dà chuid mar òran luaidh agus mar thàladh. 'S e òran fada a th' ann le iomadh tèama a' nochdadh ann an diofar rannan – tinneas, teangan geura bhoireannach agus comasan an t-seinneadair ann an camanachd, a bharrachd air a' ghruagach neònach air a' mhonadh![60]

Ged a shaoil cailin òg na òrain seo gum b' fheàirrde banchaig buachaill' aice', cha do dh'aontaich a h-uile duine gur e suirghiche freagarrach a bh' ann am buachaille. Ann an co-dhiù aon òran luaidh làn sgeig, tha a' ghruagach ag innse nach pòs i buachaille air sgàth 's gum feum e falbh ro thràth sa mhadainn, ged a shaoileas i gu bheil iomadh dòigh-beatha eile a cheart cho dona![61] Eadhon nan robh an nighean fhèin deònach gu leòr buachaille a phòsadh, cha robh e an-còmhnaidh furasta toirt air a pàrantan aontachadh, mar a chì sinn ann an 'Ho-ro mo chuachag'.[62]

Aon uair 's gun d' fhuaireadh cead bho athair na h-ìghne, dh'fhaodadh iomadh suirghe, a thòisich air a' bhuaile no shuas air a' mhonadh, a dhol bho neart gu neart.[63]

Gu h-iomlan bha tòrr tairbheartas ann am beatha agus obair a' bhuachaille ri linn ar sinnsearan – tomhais de shaorsa, àile fhionnar agus eacarsaich gu leòr agus pailteas chothroman airson caidreamh agus gaol aig an àirigh no air a' mhonadh. 'S e beatha gu math doirbh a bh' ann cuideachd ann an iomadh dòigh, ach beatha nach atharraicheadh mòran, fiù 's nam faigheadh iad an cothrom. Chuir am bàrd Leòdhasach Murchadh MacLeòid na faireachdainnean seo sìos le ealantas ann an 'Eilean an Fhraoich'[64]:

> Nam faighinn mo dhùrachd
> 'S e lùdh'ginn 'bhith òg,
> 'S gun ghnothach aig aois rium

[58] Òran 134: Togaibh fonn an dràsda.

[59] Mary Cameron MacKellar, "The Sheiling: its Traditions and Songs," TGSI vol. 15,1889, td 156.

[60] Òran 135: Chailin òig as stiùramaiche. Chaidh òran fon ainm 'Chailin ó Chois t-Siúre', air neo 'Calen o custure me', fhoillseachadh cho tràth ri 1581, agus tha iomradh air anns an dealbh-chluich 'Henry V' le Shakespeare. Shaoil Iain Latharna Caimbeul gur dòcha gur ann à Èirinn a thàinig an t-òran anns a' chiad dol a-mach.

[61] Òran 136: Cha tèid mi do dh'fhear gun bhàta.

[62] Òran 137: Ho-ro mo chuachag.

[63] Òran 138: Tha m' eudail is m' aighear 's mo ghràdh.

[64] Òran 139: Eilean an Fhraoich.

Fhad 's dh'fhaodainn 'bhith beò,
Nam bhuachaill air àirigh,
Fo shàil nam beann mòr,
Far am faighinn a' chàis,
'S bainne blàth airson òl. [65]

***

____

[65] Air a sgrìobhadh le Murchadh MacLeòid bho Na Lochan, Leòdhas (1837 – 1914), *Bàrdachd Mhurchaidh a' Cheisdeir*, Edinburgh, Darien Press, 1962, td 22.

Caibideil 6

Bainne agus Bleoghan

'Measar am bò air a bainne.'[1]

Thoir am bainne, Dhealbhag, 's tusa bhios sealbhach,
Thoir am bainne, Dhealbhag, 's tusa bhios deònach!
Thoir am bainne, dhomhs' am bainne, 's tusa bhios mireagach,
Le do laogh bheag ri do thaobh, a' ruith feadh na mòintich.[2]

Bò dhonn, bò dhonn, bò dhonn bheidireach,
bò dhonn, a rùin, bhligheadh am bainne dhut;
hò ro rù ra rì roideachag,
cailin dubh ciar-dubh bò sa chrò,
na h-eòin air tighinn, cluinneam an ceòl.[3]

Gun teagamh 's e a' bhanarach neach cudromach eile ann an sgeulachd a' chruidh. Thar nan linntean tha crodh-laoigh air a bhith air leth cudromach ann an eaconamaidh na h-Alba. Fhathast aig toiseach na 21mh linn, an dèidh lùghdachadh mòr ann an tuathanas-bainne, thàinig £303 millean de thoradh àiteachais na h-Alba bho bhainne agus bathar-bainne.[4] Ann an iomadh sgìre de dh'Alba anns na linntean a dh'fhalbh, cha robh mòran fearainn freagarrach airson bàrr. Bha daoine ann an eisimeil sprèidh – caoraich, gobhair, mucan agus crodh – airson am biadh làitheil.[5] Bha dlùth-dhàimh eadar na Gàidheil

---

[1] Alexander Robert Forbes, *Gaelic Names of Beasts (Mammalia), Birds, Fishes, Insects, Reptiles, etc.*, td 120.

[2] Tasglann Sgoil Eòlais na h-Alba: SA1953.139 Peggy MacGillivray (FC: Calum Iain MacLean) Tha dreachan eile den òran seo rin lorg ann an Alexander Carmichael, *Carmina Gadelica* 4, Rev Thomas Stinton, *The Poetry of Badenoch*, td 16 agus ann an Marjory Kennedy Fraser, *Songs of the Hebrides* II, London: Boosey & Co., 1917.

[3] Bho 'Iorram Suirghe', òran à Hiort a chruinnich Alexander Carmichael bho Oighrig NicCruimein ann an 1865. Foillsichte ann an *Carmina Gadelica* 4. Tha clàradh den òran air Tobar an Dualchais agus air *An Long Hiortach* le Anna Latharna NicGilliosa, Brìgh 2004.

[4] Riaghaltas na h-Alba, aithris air Dairy Sunmit 2009 <www.scotland.gov.uk> (air a ruighinn 2010).

[5] Sgrìobh Caesar mu dheidhinn muinntir Ceilteach a linn-se: "The people inland sow no corn, but live on milk and flesh, and clothe themselves ewith skins." Commentarii de Bello Gallico 5.14.

agus an cuid chruidh, mar a chithear ann an òrain bleoghain a chaidh a shàbhaladh dhuinn. 'S e nì luachmhor a bh' ann am bainne, rud a bheireadh beathachadh agus toileachas do dhaoine. Theireadh daoine, 'Tha e mar am bainne blàth', mu dheidhinn cuideigin coibhneil.[6] Bha pàirt mhòr de bhiadh làitheil nan daoine stèidhichte air bainne, càise agus ìm. Sgrìobh Màrtainn Mac 'Ille Mhàrtainn iomradh air biadh làitheil nan eileanach ann an Tiriodh aig deireadh na seachdamh linn deug:

> ... the natives for the most part live on barley-bread, butter, milk, cheese, fish, and some eat the roots of the silverweed; there are but few that eat any flesh, and the servants use water-gruel often with their bread. In plentiful years the natives drink ale generally.[7]

Bha bò no dhà agus caoraich no gobhair aig cha mhòr a h-uile teaghlach air a' Ghàidhealtachd agus na h-Eileanan anns an ochdamh linn deug, ge b' e dè cho bochd 's a bha iad. Ged nach eil iad a' nochdadh ach ainneamh ann an cunntasan-màil,[8] tha ainmean-àite air feadh na Gàidhealtachd 's nan Eilean a' toirt fianais air cumantas nan gobhar, mar a tha an sgrìobhadh aig Johnson agus Boswell ag ràdh;

> In the penury of these malignant regions, nothing is left that can be converted to food. The goats and the sheep are milked like the cows ...[9]

Tha gobhair agus caoraich a' nochdadh ann an òrain cuideachd[10], ach anns an fharsaingeachd chan eil òrain mu dheidhinn caoraich no gobhair idir cho pailt ri òrain mu dheidhinn crodh. 'S e bainne nam bò a b' fheàrr.[11]

Cha robh bainne an-còmhnaidh pàilt ge-tà, gu h-àraidh airson daoine aig nach robh ach beagan fearainn. Mar a tha an sean-fhacal ag ràdh, 'Bidh fear na h-aon bhò uair gun bhainne'[12] Uaireannan dh'fheumadh eadhon an aon bhò a bhith air a toirt seachad airson màl a phàigheadh. Aig amannan bhiodh an crodh tinn no seasg, 's gun chomas aca bainne a leagail. Dh'fheumadh daoine a' chùis a dhèanamh às aonais, a' coimhead air adhart ri àm breith

---

[6] Mary Cameron MacKellar 1889: td 170.

[7] Martin Martin 1999: td 163.

[8] W Macfarlane, *Geographical collections relating to Scotland*, vol. 2, ann an A Mitchell and J T Clark, Edinburgh: Scottish History Society, 1906-1908, td 144-88.

[9] Pat Rogers, *Johnson & Boswell in Scotland – A Journey to the Hebrides*, 1993, td 171.

[10] Mar eisimpleir 'A chur nan gobhar às a' chreig', 'Nighean donn nan caorach' agus òran 140 'Nighean donn nan gobhar'.

[11] Òran 141: An gille dubh mo laochan.

[12] Alexander Robert Forbes 1905: td 115.

nan laogh ach am faigheadh iad fhèin bainne ri òl às ùr.[13] Nuair a bha bainne gann, dh'fhàs e na bu phrìseile ann an inntinn nan daoine na stuthan sòghail leithid fìon no mil.[14]

Bha bainne air a thairgsinn do dhaoine mar dheoch phrìseil, tòrr nas fheàrr na bùrn. 'S e seo cuspair a bhios ag èirigh gu math tric ann an òrain Ghàidhlig, gu h-àraidh ann an òrain a thòisich am beatha mar òrain bleoghain. Ann an aon òran ge-tà, tha an seinneadair a' gearain gu bheil cuideigin eile, a phiuthar bheag 's dòcha, a' faighinn bainne a' chruidh air fad.[15]

Choisinn muinntir na Gàidhealtachd agus nan Eilean ainm dhaibh fhèin airson aoigheachd agus fialaidheachd, eadhon nuair nach robh mòran aca, agus dheigheadh bainne a thairgsinn do dhaoine a thigeadh air chèilidh.[16]

> Clannacha a' tighinn don bhaile,
> Thoir do bhainne, bhò dhonn,
> Mac 'ic Leòid is Mac 'ic Ailein,
> Thoir do bhainne bhò dhonn.[17]

Aig an aon àm, nuair a bha bainne gann, cha robh an-còmhnaidh gu leòr ann airson a h-uile duine anns an teaghlach. Dh'èirich duilgheadasan ann a bhith a' faighinn bainne gu leòr am measg nan gearanan a thàinig bho chroitearan anns na 1880an, nuair a bha Comisean Napier a' sireadh bheachdan agus fiosrachaidh air cor nan croitearan. Bha trioblaidean aig croitearan air feadh na Gàidhealtachd agus nan Eilean, ann an àite sam bith far nach robh fearann gu leòr airson crodh a chumail a bheireadh bainne gu leòr seachad. Ann an Sealtainn, mar eisimpleir, bha an crodh-laoigh cho fann anns an earrach 's nach b' urrainn dhaibh seasamh leotha fhèin, agus dh'fheumadh teaghlaichean siorap a cheannach don chloinn air sgàth gainnead bainne.

Dh'fheumadh croitearan laoigh àrach agus an rèic gus am màl aca a phàigheadh agus, mar a tha an sean-fhacal ag ràdh, 'Chan fhaodar a' bhò a reic 's a bainne òl.'[18] Gheibheadh na laoigh am bainne air fad, agus bha iomagain air dotairean nach robh clann a' faighinn bainne gu leòr ri linn seo. Ann an Gleann Dail san Eilean Sgitheanach, bha trèicil air a thoirt seachad don chloinn. Ann an iomadh àite, 's e tì a fhuair iad. Seo Iain MacMhathain à Barbhas ann an Leòdhas, ag innse don Choimisean mu dheidhinn trioblaidean a bh' aige air sgàth dìth fearainn. Bha 24 croitean ann am Barbhas ann an 1880 seach na 12 a bh' ann anns na 1830an:

---

[13] Òran 142: Brochan bùirn.

[14] Òran 143: Trì lochan.

[15] Òrain 144 – 147.

[16] Faicibh an earrann bho aithris Sir Uilleam Burrell anns a' chaibideil 'Crodh ann am Beatha nan Daoine', td 5-6

[17] Marjory Kennedy Fraser, *Songs of the Hebrides volume 2*, 1917, td vi.

[18] Alexander Robert Forbes 1905. td 116.

'Milk and butter are scarce now and we give children tea now to make up for the loss of milk. I was the father of a family before I could distinguish between tea and coffee. Children now can tell the difference before they are four years of age.'[19]

Bha an aon seòrsa trioblaid air aithris le Donnchadh MacRath, aois 87, a bha a' fuireach ann an Saileachaidh air Loch Long, faisg air an Dòrnaidh:

'People are finer clothed but not so well fed. I was fed on milk and the produce of sheep, goats, cows, cattle and fish. Now they are fed on potatoes and herring, bread and tea, but they have no butter and no cheese. They also have more meal now, six times more.' [20]

Ann an 1888 sgrìobh Màiri NicEalair mu dheidhinn an àite a bh' aig bainne ann am beatha làitheil nan Gàidheal mus do dh'fhàs tì cho cumanta:

Instead of the morning cups of tea, now indulged in by all classes of the community, they began the day by taking drinks of milk. Among the better classes, the morning drink ("deoch-maidne") was what is known as "old man's milk," which was an egg switched into a glass of milk, with a little whisky added; and even the herd-boy got, if nothing better, a cup of whey to his piece of barley bread before turning out to tend the cows. [21]

Bha fios aig daoine nach robh tì cho math ri bainne airson slàinte, mar a tha soilleir anns an rann bheag seo:

Bainne tiugh is ìm is gruth -
An teatha dhubh chan fhiach i,
Ach bainne blàth o ùth na bà
Bheir dhutsa slàint' on t-siataig.[22]

Chuir e iomagan air Iain MacIlleathain à Tiriodh (1827 -1895) gun robh boireannaich, sean agus òg, agus gu h-àraidh na fiaclan aca, a' searg le bhith ag òl tì an àite bainne eadhon nuair a bha bainne ri fhaotainn. Tha e a' toirt comhairle dhaibh barrachd bainne òl anns an rann mu dheireadh den phìos bàrdachd ainmeil aige, Di-mòladh na tì.[23]

---

[19] A.D. Cameron, *Go Listen to the Crofters*, td 28, John Matheson, Barbhas, Leòdhas.

[20] ibid., td 55.

[21] Mary Cameron MacKellar 1888. td 147.

[22] Tormod Caimbeul, *Air do Bhonnagan a Ghaoil*, Steòrnabhagh: Acair, td 230.

[23] Òran 148: Di-mòladh na tì.

Siataig agus fiaclan grod ann no às, bha bainne deatamach airson fallaineachd agus beòshlaint agus b' e bleoghan pàirt chudromach de dh'obair làitheil nam boireannach. Tron gheamhradh, gheibheadh an crodh tric fasgadh fon aon mhullach ris an teaghlach. Nuair a thigeadh an t-earrach, bhiodh an crodh air am bleoghan a-muigh anns a' bhuaile no shuas air an àirigh, fhathast leis na boireannaich. Choisinn cuid a bhoireannaich cliù dhaibh fhèin airson an sgilean le bhith a' toirt air bò bainne a thoirt seachad agus bha na sgilean seo air am meas gu mòr.[24] 'S iomadh banarach a tha a' nochdadh ann an òrain gaoil à Alba agus à Èirinn[25], gu tric mar shamhla de dh'fhallaineachd agus de bhòidhchead, aocoltach ris na seann chailleachan a bha ag òl cus tì!

Cha do sheachnaich a h-uile banarach càineadh ge-tà. Ann an tionndadh den òran ainmeil 'Cairistiona Chaimbeul' tha a' bhanarach air a moladh agus air a càineadh le seinneadairean eadar-dhealaichte sreath mu seach, chan ann direach airson a nàdar agus a dìlseachd ach cuideachd airson a sgilean bleoghain.[26]

Gur i banarach na buaile, Cairistiona Chaimbeul,
Doirtidh i na ni i bhleoghann, Cairistiona Chaimbeul.

Bhiodh banaraich ag obair le an cuid chruidh fhèin, ach cuideachd le crodh an taighe mhòir.[27] Chan e obair do dhaoine uasal a bh' ann am bleoghan, ge b' e dè cho feumail 's a bha e. Shaoileadh cuid gur e obair shalach a bh' ann, mar a tha soilleir bho òrain leithid 'Cha do chuir mo bhean buarach' agus 'A Mhòrag 's na ho rò gheallaidh'. Ann an aon òran, a nochd ann an cruinneachadh de bhàrdachd à Baideanach ann an 1906, tha nighean a' beachdachadh air dòighean air taing a thoirt do Theàrlach Ruadh airson a saoradh bho obair a' chruidh. Tha ìomhaighean làidir anns an rann mu dheireadh de bhriseadh air falbh bho bheatha iriosal na banaraich.[28]

Ann an 'Òran sùgraidh', tha am bàrd ainmeil Donnchadh Bàn Mac an t-Saoir a' gealltainn don leannan aige nach fheum i bhith ag obair le sprèidh nam fear mhòra an ath-bhliadhna, oir tha esan airson a sàbhaladh bhon obair iriosal sin agus a toirt gu Dùn Eideann gus Beurla ionnsachadh!

Cha tèid thu don bhuaile, a bhleoghan cruidh ghuaill-fhionn;
Cha chuir thu ort cuaran, 's gur uallach do bhròg.

---

[24] Òran 149: Ò ho nighean, è ho nighean.

[25] Òran 150: Chruinneag na buaile agus òran 151: A bhanarach dhonn a' chruidh. Faicibh cuideachd òran 2: Molly na gcuach Ní Chuileanáin agus òran 152: Flùr nam bà.

[26] Òran 153: Cairistiona Chaimbeul.

[27] Òran 154: Banachaig na sprèidhe.

[28] Òrain 155 – 157. Ach, air an taobh eile, faicibh òran 158, anns a bheil am bàrd a' toirt comhairle do na daoine uasail a thaobh cò bu chòir dhaibh a phòsadh!

> Bheir mis thu Dhùn Èideann a dh'ionnsachadh Beurla,
> 'S chan fhàg mi thu 'd èiginn ri sprèidh an fhir mhòir. [29]

Ach airson iomadh fear òg, cha robh feum aig banarach air brògan spaideil no foghlam. Fhad 's a bha guth ciùin agus òrain gu leòr aice a bhrosnaicheadh an crodh-laoigh gus am bainne a thoirt seachad, bha e riaraichte le a bòidhchead. Nan coisinneadh e a gaol, dhèanadh i a dicheall bainne blàth milis a thoirt air ais às a' bhuaile dha![30]

Cha toireadh na bà an cuid bainne do dhuine sam bith ge-tà. Dh'fheumadh earbsa a bhith aca anns an fhear no an tè a bha gam bleoghan. Chuireadh banaraich buarach air casan-deiridh nam bò airson an cumail socair, ach 's e òrain nam banarach a bu chudromaiche ann a bhith a' toirt air a' chrodh am bainne a leigeil:

> Bha buaile an uair sin ann … agus bha 'n cuman ri bhith agaibh,
> 's bha sibh a' suidh' aig a' bhoin ga bleoghain 's bha sibh a'
> tòiseachadh air an òran, 's cho fiadhaich 's gum bitheadh i,
> dh'fhanadh a' bhò ribh nuair a bha i 'cluinntinn an òrain. Nuair
> a rachadh iad dhan bhuailidh bhiodh òran air choireigin aca
> dha na beathaichean 's na beathaichean gan imlich. Ach an-
> diugh chan fhaigh iad ach breab. Chan eil guth air oran.[31]

Ged nach eil òrain bleoghain rin cluinntinn cho tric a-nis 's a b' àbhaist dhaibh a bhith, tha tòrr air an sàbhaladh dhuinn ann an tobar luachmhor dualchas nan Gàidheal. Bha iomadh aon dhiubh gan cleachdadh agus gan gleidheadh nan tàlaidhean, le fuinn shèimh agus ruitheam luaisgeanach, socair.[32]

Dh'fhaodadh òran sam bith le ruitheam socair a bhith air a sheinn don chrodh, ach dh'fhàs an crodh cleachdte ri cuid a dh'òrain agus guth na banaraich aca fhèin, mar a dh'aithris Alasdair Mac 'Ille Mhìcheil:

> The milking songs of the people are numerous and varied.
> They are sung to pretty airs, to please the cows and to induce
> them to give their milk. The cows become accustomed to
> these lilts and will not give their milk without them, nor,
> occasionally, without their favourite airs being sung to them.
> This fondness of Highland cows for music induces owners of
> large herds to secure milkmaids possessed of good voices and
> some 'go' … [33]

---

[29] Òran 159: Òran sùgraidh.

[30] Òran 160: Cha tèid mise.

[31] Tasglann Sgoil Eòlais na h-Alba: Mrs Anne Morrison (FC: Dòmhnall Eàirdsidh Dòmhnallach) SA1964/92/A8.

[32] Òrain 161 – 163.

[33] Alexander Carmichael 1900. td 258.

Tha tòrr de na h-òrain a mhair thar nan linntean a' sealltainn an tlachd mhòr agus an spèis a bh' aig na banaraich do na mairt aca. Gu math tric 's e na bà, 's chan e a' bhanarach, a fhuair moladh ann an òrain bleòghain.[34]

Bhiodh ainmean air na beathaichean, gu h-àraidh air a' bhò a b' fheàrr leis a' bhanarach:

> " (we) called the name of the cow and our cow would come.
> Sometimes you'd have to put a tether on her legs and she'd
> stand there and let you milk her ... into a peile .... bucaid no
> peile ...[35]

Tha ainmean a' nochdadh ann an òrain a bheir dealbh air coltas na bà – Blàrag, Buidheag, Ciarag, Donnag, Druimfhionn Donn, Dubhach, Dubhbheag, Grisfhionn, Gruagan, Gualfhionn, Maol Donn, Odhrag, Riabhag, Ruadhan – agus air nàdur na bà – Sealbhach, Siùbhlach, Subhach. 'S tric a thug clann aig an àirigh ainmean do laoighean a chum iad fad am beatha.

> C'àite 'n cualas geum bu chruaidhe,
> Na geum Dhuibhein is geum Ghruagain,
> No do gheum-sa Shubhach ghuaillfhionn?
> Ag ionndrainn Iain dhonn na gruaige.[36]

Tha deagh thuairisgeul de bhleòghainn agus uidheam na banaraich air a thoirt seachad le Iain MacChoinnich, uncail an uachdarain ainmeil Osgood MacCoinnich, 's e a' toirt iomradh air beatha ann an Taobh Siar Rois ann am meadhan an naoidheamh linn deug:

> Having arrived at long last at the end of our three days'
> journey, we boys wanted but little rocking ere we were asleep
> in our hammocks. Next morning (Sunday) before six, all who
> were new to the place called out 'Goodness gracious, what's
> the matter, and what's all this awful noise about?' for sixty
> cows and calves were all bellowing their hardest after having
> been separated for the twelve hours of the night. They were
> within eighty yards of the château, and, assisted by some
> twenty herds and milkers screaming and howling, they made
> uproar enough to alarm any stranger just waking from sleep,
> who expected a quiet, solemn west-coast Sabbath morning.
> This was a twice a day arrangement ...

---

[34] Òran 164: Gaol a' chruidh.

[35] Mrs Victor Hope, a dh'fhàg Barraigh mu 1923, a' bruidhinn air bleoghainn a-muigh anns na h-achannan. Air a clàradh le Emily Lyle, SA1976/9/B6.

[36] Bho LS an Urr. Dhunnchaidh Leathainich ann an *Hebridean Folksongs* 2 le John Lorne Campbell. Faicibh cuideachd 'Gu dè nì mi nochd ri m' nàire?' anns an aon leabhar.

There was a dyke about one hundred yards long … which
kept the cows and calves separate, to the great indignation
of both parties, who bellowed out their minds pretty plainly.
Dòmhnall Donn, the head cowman, brought his wailing friends
the cows to the west side of the wall, and his subordinates
brought the calves from their woody bedrooms where they
had passed the night on the the east side. … Then the troupe
of milkmaids entered among the mob of bawling cows by one
of the small calf-gates in the wall. They carried their pails and
three-legged little stools and buarachs of strong hair rope,
with a loop at one end and a large button on the other. The
button was always made of rowan-tree wood, so that milk-
loving fairies might never dare to keep from the pail the milk
of a cow whose hind-legs were *buarach* bound!

All was soon ready to begin. A young helper stood at each
gate with a rowan switch to flick back the over-anxious calves
till old Domhnall sang out, looking at a cow a dairymaid was
ready to milk, named, perhaps, Busdubh, 'Let in Busdubh's
calf,' who was quite ready at the wicket. Though to our eyes
the sixty black calves were all alike, the helpers switched away
all but young Busdubh, who sprang through the wicket; after
a moment's dashing at the wrong cow by mistake, and being
quickly horned away, there was Busdubh Junior opposite to
its mother's milker sucking away like mad for its supply, while
the milkmaid milked like mad also, to get her share of it… .[37]

Mar a bu dual, bhiodh moladh air leth air a thoirt seachad do chrodh a
bheireadh seachad tòrr bainne agus gu h-àraidh do bheathaichean a bha
socair agus furasta an làimhseachadh.[38] Chaidh iomadh rud a ghealltainn do
bhò airson a cuid bainne ann an òrain agus bha làn dùil aig a' bhanaraich gun
toireadh a' bhò bainne agus laoigh air ais dhi airson a coibhneas, eadhon tro
dhuilgheadasan agus gainnead a' gheamhraidh.[39]

Dh'fheumadh laogh a bhith aig bò mus toireadh i bainne seachad, agus
bha e air leth cudromach gun gabhadh a' bhò ris an laogh, rud nach dèanadh
i an-còmhnaidh. Tha grunn luinneigean ann, anns a bheil a' bhanarach a'
toirt brosnachadh do bhò bainne a thoirt don laogh aice.[40] Ma chaill bò an
laogh aice, bha dòighean ann air a bhith a' toirt oirre bainne a thoirt seachad
do laogh eile, agus don bhanaraich. Uaireannan rinneadh 'laoircean' a-mach
à craiceann an laoigh mhairbh agus chuireadh seo air beulaibh na bà airson
toirt oirre smaoineachadh gun robh a laogh fhathast beò agus feumach

---

[37] Osgood Mackenzie, *A Hundred Years in the Highlands*, London: Edward Arnold, 1921, td 12.

[38] Òran 166: Ho hi ho leiginn.

[39] Òrain 167 – 173. Èistibh cuideachd ri 'Thugainn a Bhlàrag' air a sheinn le Peinidh Mhoireasdan
air làrach-lìn 'Bliadhna nan Oran'.

[40] Òrain 174: A Bhòlagan, a bhò chiùin agus òran 175: Gabh ri do laogh.

air deoch bhuaipe. 'S e crodh air leth a bh' ann an 'Crodh Chailein', oir
bheireadh iad seachad bainne gu leòr, eadhon nuair nach robh laoircean,
laogh no buarach faisg orra.[41]

Mura tigeadh bainne idir bhiodh daoine uaireannan a' sireadh
cuideachaidh bho naomh a' chruidh, Calum Cille. A rèir beul-aithris, rinn
Calum Cille an rann a leanas airson banntrach bhochd, a chaill a duine-cèile
agus a mac bu shìne aig muir. Bha i air a fàgail le triùir chloinne agus agh, ach
cha b' urrainn dhi toirt air an agh bainne sam bith a thoirt seachad. Dh'iarr
Calum Cille oirre an rann a sheinn don agh airson a brosnachadh. Tha na
facail a' sealltainn a-rithist cho cudromach 's a bha crodh-laoigh torrach. Cha
robh airgead gu leòr ann airson bò a chumail mura biodh laoigh is bainne
aice.

> Is cinnteach tha 'n seanfhacal caon,
> Bò nam beannachd, bò nan laogh,
> Bò nam mallachd, bò nan sliabh,
> Nach do chaisg ar pathadh riamh.[42]

Bhiodh rannan eile air an seinn no air an aithris, a' sireadh cuideachaidh
is beannachdan bho naomhan gus bò an-fhoiseil a shìochadh. Seo *orra* a
nochd ann am pàipear a sgrìobh Alasdair MacGilleBhàin ann an 1890:

> Deothal na bà air an laogh
> Deothal an laoigh air a bhainne
> Feadan caol troimh lorg eala,
> Air a tharruing le oigh chiallach, channach,
> Thoir-sa 'm bainne gu rianail, toileach,
> An ainm an Athar.[43]

Chan eil teagamh nach d' fhuair iomadh teaghlach cofhurtachd mhòr bhon
chreideamh làidir aca, is iad a' dèanamh an dìchill beòshlaint fhaighinn ann
an suidheachadh gu math doirbh.[44] Dhèanadh banarach ùrnaigh bheag is i
na suidhe sìos air sorchan deiseil airson bleoghan. Anns an ortha seo, tha i
ag iarraidh air na daoine naomh tighinn ga cuideachadh leis a' bhleoghan:

> Thig a Mhuire, thig a Bhrìde,
> Thig a Mhuire 's bligh a' bhò,
> Thig a Chalum Cille ghaolach,
> 'S cur do lamh nios fo na bà![45]

---

[41] Òran 169: Crodh Chailein.

[42] Òran 175: Gabh ri d' laogh.

[43] Alexander MacBain, 'Gaelic Incantations,' TGSI 17, 1890, td 260.

[44] Òran 176: 'S Dia mòr gar beannachadh.

[45] bho Lexy MacRae às na Hearadh. Foillsichte ann an *From the Hebrides* le Marjory Kennedy
Fraser & an t-Urr K MacLeòid, Glasgow: Paterson's Publications Ltd., 1925, td 2.

Tha iomadh ortha bleoghain ann an *Carmina Gadelica* ag iarraidh beannachadh, chan ann dìreach air an agh agus air a' bhleoghan, ach cuideachd air a' bhainne fhèin.[46]

Le bainne cho prìseil, is cinnteach gun deach a h-uile oidhirp a dhèanamh gus a chumail sàbhailte. Tha port-à-beul beag ann a dh'innseas ann an dòigh spòrsail cho dona 's a bha e nan deigheadh bainne air chall.[47]

Cha robh obair na banaraich deiseil nuair a bha a cuinneag air a lìonadh le bainne. Ged a bha bainne ùr air òl dìreach mar a thàinig e bhon bhoin, bha e doirbh a chumail ach airson ùine gu math goirid. Mhaireadh e na b' fhaide nan deigheadh a roinn agus a chrathadh gus uachdar, ìm, gruth, bainne-muidhe agus càise fhaighinn, an dà chuid aig an taigh agus a-muigh air a' bhuaile shuas air an àirigh.[48]

Ghabhadh toradh na bà a mhalairt airson annlan eile. Ann an 'Letters from the Mountains' sgrìobh Mrs Grant mu dheidhinn muinntir Ghleanna Garaidh anns na 1770an:

> Bread indeed is a foreign luxury for them, they raising little or no corn; a ship however comes once or twice a year, and brings them a supply of meal in exchange for butter and cheese.[49]

Airson càise a dhèanamh, chuir na boireannaich bainne agus salann ann an stamag laoigh fireann, no uaireannan chleachdadh iad lusan leithid cearban airson toirt air a' bhainne binndeachadh. Bhris iad an slaman cruaidh suas le an corragan. Uaireannan, chuir iad salann ris aig an ìre seo. Chaidh gruth a chrochadh shuas ann an clobhd airson tiormachadh. Ghabhadh gruth is ìm a mheasgachadh gus 'gruth-ime' a dhèanamh, a bha blasta air aran.[50] Bha càise eile air a phasgadh ann an clobhd agus air a chur ann am fiodhan, gus am miùg a bhruthadh às. 'S dòcha gun do ghabh banaraich rann bheag fhad 's a bha iad ag obair.[51]

Chleachdadh bainne chaorach agus bainne nan gobhar airson ìm, càise agus uachdar cuideachd. Tha luach toradh na bà agus nan caorach soilleir anns an rann bheag 'Bodach acrach Chinn t-Sàile':

> Siud mo dhòigh, mo shògh 's mo shuaimhneas:
> Cnuic Chinn t-Sàile bhith nan gruth,
> Loch Dubhthaich a bhith na uachdar,

---

[46] Àireamhan 177 agus 178.

[47] Òran 179: Siud a rud a rinn thu, Mhàiri.

[48] Òrain 180 – 183.

[49] Anne MacVicar Grant, *Letters from the Mountains* vol. 1 (1773), London: Longman, Hurst, Rees, and Orme, 1806, td 115.

[50] Mary Cameron MacKellar, "The Sheiling: its Traditions and Songs," TGSI 14, 1888, td 149.

[51] Òran 184: Mìre, mìre, miùg, miùg.

> Gach beinn is monadh nan càise,
> ’S an gleann seo làmh rium làn fuaraig![52]

B’ e ‘fuarag’ measgachadh de bhainne-scuimte agus min-coirce. A rèir Màiri NicEalair bha meas mhòr aig iomadh duine air ‘fuarag’ agus bha àite sònraichte aice ann an cultar nan Gàidheal:

> ‘Fuarag’ was made of the sour thick cream, churned into a froth, with a ‘lonaid’ made for the purpose, and some oatmeal stirred in it. The meal made on the quern was considered by far the best for making it. This is a most delicious luxury, and a favourite with all classes. It was the dish that was expected to be given in every house on Hallowe’en, and great was the excitement when all, old and young, sat around the cog, after the goodwife had dropped her ring in it, for whoever found the ring would be the first of the company to marry. [53]

Thug Màrtainn Mac ’Ille Mhàrtainn iomradh air biadh eile, a chleachdar san aon dòigh, a lorg e anns na h-Eileanan an Iar aig deireadh na seachdamh linn deug:

> Oon, which in English signifies froth, is a dish used by several of the islanders, and some on the opposite mainland, in time of scarcity, when they want bread. It is made in the following manner: A quantity of milk or whey is boiled in a pot, and then it is wrought up to the mouth of the pot with a long stick of wood, having a cross at the lower end. It is turned about like the stick for making chocolate; and being thus made, it is supped with spoons. It is made up five or six times in the same manner, and the last is always reckoned best and the first two or three frothings the worst. The milk or whey that is in the bottom of the pot is reckoned much better in all respects than simple milk. It may be thought that such as feed after this rate are not fit for action of any kind; but I have seen several that lived upon this sort of food, made of whey only, for some months together, and yet they were able to undergo the ordinary fatigue of their employments, whether by sea or land; and I have seen them travel to the tops of high mountains as briskly as any I ever saw.
>
> Some who live plentifully make these dishes abovesaid of goats’ milk, which is said to be nourishing. The milk is thickened, and tastes much better after so much working.

---

[52] Tormod Caimbeul, *Air do Bhonnagan a Ghaoil*, Steòrnabhagh: Acair, 2005, td 230.

[53] Mary Cameron MacKellar, “The Sheiling: its Traditions and Songs,” TGSI 14, 1888, td 148.

Some add a little butter and nutmeg to it. I was treated with
this dish in several places; and being asked whether this said
dish or chocolate was best, I told them that if we judged by
the effects this dish was preferable to chocolate; for such as
drink often of the former enjoy a better state of health than
those who use the latter.[54]

Dh'innis Dòmhnall Mac na Ceàrdaich à Tiriodh, a chaidh a chlàradh ann an
1968, gun do ghabh esan omhan a bha uaireannan cho tiugh 's gun gabhadh
a ghearradh. Airson a dhèanamh bhiodh daoine a' cur miùg ann am ballanan
beaga, mu throigh de dh'àird, agus ga chur mun cuairt le lodair le gaoisid
mun cuairt air.[55]

Rinneadh gruth[56] le bhith a' cur deasgainn ann am bainne blàth agus ga
fhàgail airson uair a thìde gu leth. Nuair a bha an gruth air fàs tiugh bhiodh
e air a bhruthadh tro chlò agus an uair sin chuireadh rud beag salann
agus ìm ris.[57] Tha rannan bho 'Òran do chaora' le Donnchadh Bàn Mac an
t-Saoir, anns na mhol am bàrd caora a fhuair e mar ghibht, a' sealltainn gun
chleachdar bainne chaorach airson gruth a bharrachd air bainne bhò.[58]

Bha ìm agus uachdar rin deasachadh cuideachd agus, a-rithist, cha robh
seinn fada air falbh. B' e obair ruitheamach a bh' ann am maistreadh, a
fhuair taic bho òrain ruitheamach nam banarach.[59]

Tha aon tionndadh de dh'òran maistridh a' nochdadh ann an aithris a
sgrìobh Màiri NicEalair mu dhèidhinn òrain nan àirighean. A bharrachd air
faclan an òrain, dh'fhàg i tuairisgeul dhuinn den mhaistreadh:

> Thig a' bhuidheag, thig,
> Thig a' bhuidheag, thig,
> Blàthach gu dorn, ìm gu h-uilinn,
> Thig a' bhuidheag, thig,
> Thigeadh na maoir, thigeadh na saoir;
> Thigeadh fear a' bhàta bhuidhe,
> Ach thig a' bhuidheag, thig,
> Thigeadh càch no dèanadh iad fuireach,
> Thig a' bhuidheag, thig a bhathag,
> Thig a' bhuidheag, thig.

---

[54] Martin Martin 1999. td 126.

[55] Tasglann Sgoil Eòlais na h-Alba: Dòmhnall Mac na Ceàrdaich a' bruidhinn ri Dr Iain
MacAonghais mu dheidhinn omhan ann an Tiriodh, SA1968 /25/A2-A6.

[56] Òran 185: Chan eil mo leannan ann an seo.

[57] Tasglann Sgoil Eòlais na h-Alba: Katie Darroch, Diùra, air a clàradh le Mòrag NicLeòid agus
Iain MacIlleathain, SA1971/19/B1-2.

[58] Òrain 186: Òran do chaora.

[59] Òrain 187 – 189.

> As this was repeated, if splashes of the cream came out
> through the hole in the lid of the churn as the 'lonaid' was
> worked, it was a sure sign that the evil influences were leaving
> the cream and that good butter would come. The more ancient
> vessel used for making butter in the Highlands was called
> 'imideal.' In ordinary cases two women sat on a bed shaking
> the vessel until butter was produced. It was a long, narrow,
> wooden keg, made of staves and covered with dressed skins,
> fastened on it by twelve strings of horse hair. Another keg of
> the same kind, and shaped narrower at the bottom than at
> the mouth, was made for the salting of the cheese, and was
> named 'an sailleir càise.' The new-made cheeses were laid in it
> with a sprinkling of salt between them, and they were, after a
> few days, laid out to dry.'[60]

Bhiodh sligean air an cleachdadh airson uachdar a thoirt far a' bhainne. Mar as trice 's e sligean creachainn a bh' air an cur gu feum, ach tha faclan co-dhiù aon òrain maistridh a' sealltainn gur dòcha gun deach sligean seilcheig an cur gu feum an-dràsta 's a-rithist.[61] Chleachdadh sligean creachainn cuideachd airson an ìme a ghearradh.[62]

Feumaidh gun robh na banaraich deiseil airson toradh an cuid obrach a ghabhail nuair a bha iad deiseil, ach is iomadh neach a dh'iarradh grèim fhaighinn air toradh-na-bà den a h-uile seòrsa nuair a thilleadh na banaraich bhon bhuaile.[63]

Nuair a bha toradh na bà deiseil, dh'fheumadh na soithichean falamh a bhith air an glanadh gu cùramach deiseil airson an ath bhleoghan. Rinn na banaraich seo le sguaban beaga air an dèanamh le fraoch. An uair sin nigh iad na soithichean le bhith gan lìonadh le uisge, a' teasachadh chlachan air teine agus gan cur a-steach dhan uisge.[64] Ach nan lasachadh bainne nam bò pathadh agus acras nan daoine, 's mòr a b' fhiach e an obair chruaidh. B' e adhbhar toileachais a bh' ann bainne agus bathar-bainne gu leòr fhaighinn bhon chrodh-laoigh airson beòshlàint an teaghlaich. Nuair a bhàsaich bò a bha air leth math, 's e call mòr a bh' ann gun teagamh, call a b' airidh air cumha ...

> An robh sgeul ann as cràite na tha an dràst air na dùthcha,
> Gun do chailleadh bò Dhòmhnaill 'm mart as bòidhche air a' chunntais,
> Tha mo bhròn is mo mhulaid gun tàinig cuireadh on uaigh ort,
> 'S iomadh feur agus fochann bha nad phocaid a' cunntais.[65]

---

[60] MacKellar 1888. td 139.

[61] Òran 190: Tha glug an siud.

[62] MacKellar 1888. td 151

[63] Òrain 191 agus 192: A Mhnathan na Buaile; Him Ham.

[64] Osgood Mackenzie, *A Hundred Years in the Highlands*, London: Edward Arnold, 1921, td 14.

[65] Òran 193: 'S iomadh neach a bha fo mhulad.

Dìreach mar a thachair le bainne, dh'atharraich cùisean nuair a thàinig stuthan ùra a-steach dhan dùthaich. Bho mheadhan na naoidheimh linn deug chuireadh innealan gu feum barrachd is barrachd airson bleoghan agus airson ìm a dhèanamh. An uair sin rinn ceimigear às an Fhraing, Mège-Mouries (1817‑1880) 'margarine' airson a' chiad turas ann an 1860. Chaidh factaraidh Creamine a thogail ann an Inbhir Nis ann an 1899 anns an do rinneadh 'ìm an dath bhàin' agus bàrr innealta. Choimhead cuid a dhaoine air stuthan ùra mar seo le amharas air neo àbhachdas, a' cruthachadh òrain leithid 'Di-moladh na tì' agus an t-òran seo, 'Sùgh a' chruidh neònaich' no 'Òran a' mhàrgarain', leis a' bhàird Leòdhasach Calum MacAoidh (1866 – 1940):

> O siud an t-ìm a shàraich mi
> Is cha b' e ìm nan àrd-bheannan;
> Cha d' rinneadh air an àirigh e, no 'n àit' a b' aithne dhòmhsa,
> *O 's mòr a tha mo dhiombadh ri sùgh a' chruidh neònaich.*[66]

Chan fheumadh banarach sam bith duanag a sheinn ann am factaraidh 'ìm an dath bhàin' agus chan fheumadh i inneal-bleoghain a shocrachadh le òran sèimh, ach gu fòrtanach tha tòrr de na h-òrain fhathast againn, agus tha àite ann fhathast do chrodh-laoigh, do bhainne agus do thoradh-na-bà.[67]

***

---

[66] Òran 194: Òran a' mhàrgarain/ Sùgh a' chruidh neònaich.

[67] Òran 195: An t-uachdar 's am bainne tiugh.

Caibideil 7

An Àirigh: Ùrachadh agus Gaol

Seo crùnadh mais' a' mhios
San tèid don dìthreabh treudan bhò,
Do ghlinn nan lagan uaigneach
Anns nach cuir 's nach buainear pòr.[1]

''S ann às an ceann a bhlighear a' bhò,' mar a tha an sean-fhacail ag ràdh.[2] Tro mhìosan a' gheamhraidh, bha e doirbh biadh gu leòr a lorg agus chan fhaigheadh banarach, no laoigh, bainne bho chrodh acrach. Nuair a bha eòrna air a bhith air leth gann tron gheamhradh, bha an crodh gus a dhol air thogail le acras. Eadhon ann am meadhon geamhraidh chruaidh ge-tà, bha fios aig muinntir an fhearainn nach maireadh am fuachd agus an dorchadas gu bràth agus gum fàsadh feur agus beathaichean nas fhèarr nuair a thigeadh an t-earrach. Dh'fheumadh na Gàidheil, coltach ri tuathanaich air feadh an t-saoghail agus thar nan linntean, bàrr agus ionaltradh ùr a dhìon bho sprèidh gus am biodh gu leòr ann airson a' chòrr den bhliadhna. Thug iad an cuid bheathaichean suas gu feurach anns na glinn, gu àirighean, airson cothrom fàs a thoirt do bhàrr agus feur faisg air a' chroit. Shuas aig an àirigh san earrach, bhiodh lusan gu leor a' fàs gus neart a thoirt do na mairt pailteas bainne fallain a thoirt seachad. [3]

Altanach, cìob is barrach -
Biadh a' chruidh-laoigh san earrach.[4]

---

[1] Bho 'Fios chun a' bhàird' (òran 39) le Uilleam MacDhunLèibhe. Foillsichte ann an *The Celtic Garland* le Henry Whyte, Glasgow:Alexander MacLaren & Sons, 1920, td 76.

[2] Rev John Macrury, "Mairnealachd agus Rud no Dhà eile," TGSI vol. 17, 1890, td 22.

[3] Uaireannan dh'fheumte an crodh a ghluasad suas chun na mòintich sa Ghiblean air sgàth dìth bìdh, agus thugadh croitearan feamainn dhaibh, oir cha robh gu leòr a' fàs air a' mhòintich cho tràth sa bhliadhna. Ann an cuid de sgìrean cha tugadh an crodh gu àirigh ron Ògmhios. Faic an aithris aig Murchadh 'An Dhòmhnaill à Tàbost air làrach-lin Comunn Eachdraidh Nis airson barrachd fiosrachaidh inntinneach mu àirighean ann an Leòdhas. Comunn Eachdraidh Nis <www.c-e-n.org/airigh3.htm>.

[4] John A. Smith, *Aithris is Oideas*, London: University of London Press Ltd., 1964, td 23.

Tha iomadh òran ann a sheallas an dòchas agus sunnd a thàinig san earrach, nuair a thill blàths na grèine, a thug air lusan fàs às ùr, agus nuair a chaidh daoine suas chun nan àirighean leis an sprèidh. Is cinnteach gun do chòrd e ris na beathaichean cuideachd a bhith a-muigh anns na glinn às dèidh mìosan a-staigh air cuibhreann gann.[5]

> Nuair thig a' Bhealltuinn 's an Samhradh lusanach,
> Bi'dh sinn air àirigh air àird nan uchdanan;
> Bi'dh cruit nan gleanntan gu cainntir cùirteasach
> Gu tric gar dùsgadh le sùrd gu moch-èirigh.[6]

'S e latha trang a bh' ann an latha na h-imrich – a' toirt nam beathaichean cruinn còmhla, a' trusadh shoithichean airson obair na h-àirigh agus a' fàgail beannachd aig daoine gaoil, mar a chuimhnich Murchadh 'an Dhòmhnaill à Tàbost le àbhachd:

> Thoisicheadh seo a h-uile bliadhna air Latha Buidhe Bealltainn
> – Latha na h-Imrich. Abair ùpraid, onaghail agus fuaim aig
> gach creutair aig sia uairean sa mhadainn air an latha seo.
> Bodaich Nis ag èirigh aig briseadh an latha – b' e siud sealladh
> dha-rìreabh. Bha iad a' cur seachad an còrr dhen bhliadhna
> a' gearain airson gun dhùisg feadag a' phuist iad aig deich
> uairean. Co-dhiù, bha an latha seo eadar-dhealaichte. [7]

Cha bhiodh a h-uile duine a' falbh aig an aon àm. Ann an iomadh sgìre, bhiodh buachaillean òga a' falbh ro chàch, le searraich agus beathaichean nach robh air an cur gu feum aig baile. Chuireadh iad seachdain no dhà seachad a' cruinneachadh connaidh agus a' càradh bothain na h-àirigh, gam faighinn deiseil airson Latha na h-Imriche Mòire, nuair a thigeadh na boireannaich agus an crodh-laoigh.[8] Pheant an t-Urr Tòmas Stinton dealbh aighearach den latha agus e a' toirt fiosrachadh seachad mu dheidhinn port-à-beul a chruinnich e ann am Bàideanach:[9]

> Every year, when Beltane came round, the crofters' township
> presented a scene of busy pre-preparation for the glens. Then

---

[5] Òran 196: Ceud fàilt' air gach gleann.

[6] Bho 'Moladh na h-oighe Gàidhlich' (sic) le Uilleam Ross, foillsichte ann an *Òrain Ghàidhealach le Uilleam Ross*, Iain Mac Choinnich agus G Calder (luchd-deasachaidh), Edinburgh: Oliver & Boyd, 1937, tdd 96-101.

[7] Bho "Àirigh ann an Leòdhas" le Murchadh 'an Dhòmhnaill, Comunn Eachdraidh Nis http://www.cenonline.org (air a ruighinn 2011).

[8] Alexander Fenton, *Country Life in Scotland*, Edinburgh: John Donald, 1987, tdd 134-135.

[9] Òran 197: Taobh Loch Eireachd. Tha cuid de na h-ainmean àite san òran sin, agus aighear latha na h-imrich, a' nochdadh ann an òran eile a dh'fhoillsich an t-Urr Stinton san aon chruinneachadh: òran 198: Fhir a shiubhlas.

happy groups would set out for their appointed sheilings,
driving their cattle, sheep and goats to the upland grazing, and
ever and anon joining in some such blithe chorus as the above;
wherein favourite pastoral resorts would be enumerated, in
so far as the rhythm of their names could be got to fall in with
the measures of the tune.[10]

Cha b' e turas furasta a bh' ann. Bha cuid de na h-àirighean fada air falbh
bho dhachaighean nan daoine, a' toirt orra stad airson anail a leigeil no fiù 's
airson na h-oidhche. A bharrachd air an sin, bha aca ri nithean troma a thoirt
leotha agus sùil a chumail air an sprèidh:

> When going to the hill grazing the women took the "imideal"
> on their backs with their store of cream in it, which, by the
> warmth of their bodies, was kept at due temperature, and by
> the time they got to the "airidh," it was turned into butter,
> and thus the beginning of a store for housekeeping was
> provided in butter and buttermilk. The "imideal" was also
> made to serve another purpose on the journey. The young
> calves were enticed to follow them by getting the outside
> of the vessel occasionally to lick, which made them eager to
> follow in hopes of getting the contents. This was known as
> "buille imlich, latha imrich, air imideal maol dubh."
> They all carried heavy burdens on their way to the sheiling.
> The men carried the heaviest things, but even the children
> had their loads, which they carried tightly, veritably wearing
> the yoke in their youth; and the women went on their way,
> spinning their distaffs or knitting their stockings, happy in
> being surrounded by their beloved ones.[11]

Dh'innis Murchadh 'an Dhòmhnaill à Tàbost mu dheidhinn turas chun na
h-àirigh ann an Leòdhas;

> 'Mu dheireadh thall, a h-uile fear agus tè le màilead mhath air
> an druim, ghluaiseadh sinn cho slaodach ri tiodhlacadh suas an
> rathad 's a-mach sràid a' chùil. Bha an crodh bochd uabhasach
> lag agus caol an dèidh a bhith fad a' gheamhraidh gun chàil a
> dhèanamh ach seasamh no laighe sìos air an todhar.'[12]

---

[10] Rev Thomas Stinton, *Poetry of Badenoch*, Inverness, 1906, td 11.

[11] MacKellar 1888. td 140.

[12] Murchadh 'an Dhòmhnaill "Àirigh ann an Leòdhas", Comunn Eachdraidh Nis, http://www.
cenonline.org (air a ruighinn 2011). Tha cunntasan mu dheidhinn àirighean ann an Leòdhas
cuideachd air làrach-lìn Comunn Eachdraidh an Taobh Siar <www.ceats.org.uk/shieling.htm>
(air a ruighinn 2012).

Air an turas chaidh iad seachad air àirighean bhailtean eile agus stad iad iomadh turas airson an anail a leigeil agus cothrom a thoirt don crodh feur ùr a chriomadh. Chaidh iad seachad air eaglais bheag aig Àirigh Bhiliscleitear, far am biodh tòrr de mhuinntir na h-àirigh ag adhradh Latha na Sàbaid tron t-samhradh. Mar a ghluais iad air adhart, bhiodh buidhnean beaga a' dealachadh riutha 's a' dol gu àirighean eile. Bha slighe dhoirbh air am beulaibh, tarsainn air talamh bog, mus d' ràinig iad an ceann-uidhe aig Diobadal, agus chunnaic iad le toileachas ceò ag èirigh à bothain nan daoine a chaidh ann rud beag na bu tràithe:

> 'Abair thusa aoibhneas an dèidh latha cruaidh fada. Bha na balaich òga a' ruith ann am buaileagan 's gun chàil a chuimhne aca air cho sgith 's a bha iad. "Tha ceò às an taigh againn. Tha sinne a' dol a dh'fhaighinn teatha agus buntat' is sgadan!" bhiodh iad a' sgreuchail. Cha robh duine na beathach nach robh toilicht' gun robh an latha duilich seo air ar cùl.
>
> Bha sinn an uair sin gar suidheachadh fhèin agus tòrr de rudan beaga againn ri dhèanamh, mar a bhith a feannadh sgrathan airson mullach an taighe – obair chruaidh. Airson solas a leigeil a-steach, bha troigh no dhà air fhàgail fosgailte shuas aig a' ghath-droma. Bhiodh sinn cuideachd a' fosgladh na cruaich, oir bha an doras na broinn, agus na soithichean 's na praisean 's mar sin. Nuair a bha sinn deiseil cha robh an àirigh math gu leòr airson banrigh Shasainn ach bha i math gu leòr do bhodaich agus do chailleachan Thàboist.
>
> Bha iad fada, blàth agus cofhurtail le teine mòr am meadhan an làir ... 'S e leapannan cloiche a bh' againn le fianach agus raineach 's mar sin innt'. Bha i gu math cruaidh, ach cò aige bha dragh nuair a bha thu cho sgìth ri asal a' cheàird a h-uile oidhche leis na bh' agad ri dhèanamh fad an latha.' [13]

Thaghadh daoine làrach airson àirigh faisg air lochan, sruth no abhainn gus am biodh bùrn ann dhaibh fhèin agus do na beathaichean. Bha leabaidh cloiche ris a' bhalla, leathan gu leòr airson triùir, no eadhon airson còignear. Rinneadh na leapannan cofhurtail le connlach, nan robh gu leòr dheth ann airson nam beathaichean a bhiathadh, agus le lusan na mòintich – fraoch, luachair, còinneach no canach.[14]

Air prògram a chaidh a chlàradh leis a' BhBC ann an 2009, dh'innis Peigi NicIllÌosa à Nis cò ris a bha an taigh-earraich coltach anns am biodh ise a' fuireach air an àirigh ann an laithean-saora an t-samhraidh. Tha an tuairisgeul aice a' sealltainn mar a dh'atharraich bothain na h-àirigh gu ìre thar nan linntean, ged a bha rudan ann nach do dh'atharraich gu mòr idir:

---

[13] Ibid., "Àirigh ann an Leòdhas".

[14] Òran 199: Seinn o ho rò seinn.

'... an ceann shuas na h-àirigh bha leabaidh. Nise bha an leabaidh sin air a clachaireachd nuair a chaidh an taigh a thogail. 'S e clachan a bh' innte, dìreach gu h-àrd an leap, as bith dè a bha na bhroinn. Tha mi creids' gur e clachan beaga is smùr is talamh. Chan eil fhios agamsa. Ach nuair a dheigheadh iad a-mach an toiseach, bha 'd a' buain an t-uabhas fraoch. Bha fraoch gu leòr ann. Agus bha ultaich de fhraoch a' dol air uachdar a' leabaidh sin. ... Nise, bha na fir, na fireannaich a' toirt a-mach, tha, pocannan mòra làn fodar, connlach. 'S bha sin a' dol air uachdar a' fhraoich sin. Glè thric bhiodh pocannan, eil fhios agad ... eadar a' fraoch agus sin, agus bha e cofhurtail gu leòr. ...

Nise, ann an ceann shìos an taighe, an àirigh, bha àite dhan a' bhò. Ach cha robh bòrd-isean no càil ann. Bha thu a' coimhead a' bhò ann a shiud agus thu as a' leabaidh. Agus i ga do choimhead 's i a' cnàmh a cìr. Bha seo snog. Agus bhiodh i a' gnùstaich leatha fhèin agus nuair a bha i seachd sgìth dhen a sin 's a bhiodh i a' dol a laighe ...

Agus 's e na rudan *important* a bha air na sgeilpichean seo, na miasan leis a' bhainne ... bha i a' cur nam miasan ann a shin. Agus bhon a bha an t-àite cho blàth, gu h-àraidh as t-Samhradh, cha robh e a' toirt fad sam bith, eil fhios agad, gu robh iad tiugh.'[15]

Bha sùil Peigi air a' bhò a latha agus a dh'oidhche, ach cha robh a h-uile duine buileach cho cùramach. Ann am pìos bàrdachd-baile èibhinn à Tiriodh, bha na buachaillean cho trang a' togail bothan àirigh cofhurtail dhaibh fhèin 's nach do chùm iad sùil cheart air na mairt, ged a tha an rann mu dheireadh a' sealltainn gur ann ri fealla-dhà a bha am bàrd, Iain MacAilein.[16]

Bha àirighean cudromach air feadh na Gàidhealtachd 's nan Eilean airson ceudan de bhliadhnachan, mar a tha soilleir bho ainmean-àite (Àirigh an Tuim, Àirigh a' Choire, Fionn-àirigh), bho òrain agus bho chunntasan. Ann an 1769 sgrìobh Tòmas Pennant mu dheidhinn 'arrie' a chunnaic e air turas tron Ghàidhealtachd:

...where the Highland shepherds, or graziers, live during summer with their herds and flocks, and during that season make butter and cheese. Their whole furniture consists of a few horn spoons, their milking utensils, a couch formed of sods to lie on, and a rug to cover them. Their food oatcakes, butter or cheese, and often the coagulated blood of their

---

[15] Peigi NicIllÌosa a' bruidhinn ri Iain MacIlleathain, <www.bbc.co.uk/radionangaidheal> (air a ruighinn 2010).

[16] Òran 200: Àirigh a' Chaolais.

cattle spread on their bannocks. Their drink milk, whey, and sometimes, by way of indulgence, whisky.[17]

Air turas eile tro na h-Eileanan ann an 1772 chunnaic e bothan-àirigh ann an Diùra, ach is beag a shaoil e dhiubh!

Land on a bank covered with sheelins, the habitants of some peasants who attend the herds of milk cows. These formed a grotesque group; some were oblong, many conic, and so low that entrance is forbidden, without creeping through the little opening, which has no other door than a faggot of birch twigs, placed there occasionally; they are constructed of branches of trees, covered with sods; the furniture a bed of heath, placed on a bank of sod; two blankets and a rug; some dairy vessels, and above, certain pendent shelves made of basket wor (*sic*), to hold the cheese, the produce of the summer. In one of the little conic huts, I spied a little infant asleep, under the protection of a faithful dog.[18]

Còrr agus ceud bliadhna às dèidh sin, chuala Coimisean Napier mu dheidhinn àirighean ann an Leòdhas aig deireadh na naoidheimh linn deug:

'People here still go to the shielings regularly. Probably there will be two heads of cattle on the average going to the summer pasture from each house, and a female always accompanies them. Sometimes two neighbours entrust the care of their cattle to one person. They send them about this time and keep them there about six weeks. The women stay all that time in the shielings.'[19]

'S e àm làn dòchais a bh' ann airson iomadh duine. Ghlac Donnchadh Bàn Mac-an t-Saoir beòthalachd is sunnd na h-àirigh anns an rann seo bho 'Òran an t-samhraidh':

Bidh gach creutair fàilinneach
A bha greis an càs na fuaralachd,

---

[17] Thomas Pennant 2000. td 78.

[18] Thomas Pennant, *A Tour in Scotland and Voyage to the Hebrides 1772*, Edinburgh: Birlinn, 1998, td 204.

[19] John Matheson, Barbhas, ann an *Go Listen to the Crofters* le A. D. Cameron, Stornoway: Acair, 1986, td 28.

A' togail an cinn gu h-àbhachdach,
On thàinig blàths le buaidh orra;[20]

Gu tric bha feurach math ri lorg air eileanan agus rachadh daoine is sprèidh gu àirighean orra airson miosan an t-samhraidh, mar a thachras chun an latha an-diugh.[21] Tha comharraidhean ann de sheann àirighean air feadh na Gàidhealtachd 's nan eilean – buidheann de sheann bhothain agus tomannan uaine far an do dh'fhàs am feur na b' fheàrr air dùnan-innearaich. Tha cuid de na h-eileanan air an robh daoine a' fuireach ri linn an t-seann Chunntais Àireimheil aig deireadh na h-ochdamh linn deug, leithid Easaigh, fhathast air an cleachdadh airson ionaltradh, ged nach eil daoine a' fuireach orra tuilleadh. Tha Easaigh eadhon a' nochdadh ann an sean-fhacal air sgàth mathas an ionaltraidh air – 'Chan e a' bhò mhaol a tha math ach Easaigh.'[22]

> Of the uninhabited islands belonging to the southern division, some are of considerable extent ... They are covered with heath and moss, and afford pretty good summer pasturage. ... The people of the four islands, already described, (Berneray, Pabaigh, Callisgray and Easaigh), repair to them with their families and cattle, in the season of kelp-manufacturing. Here most of them get peats for fuel.[23]

Cha robh mòran fois ann do bhoireannaich aig an àirigh. A bharrachd air bleoghan, buain feamainn agus mòine agus coimhead às dèidh sprèidhe is clann, bhiodh boireannaich trang le obair làimhe:

> The north side of Loch Tay is very populous; for in sixteen square miles are seventeen hundred and eighty-six souls: on the other side, about 1200. The country, within these thirty years, is grown very industrious, and manufactures a great deal of thread. They spin with rocks, which they do while they attend their cattle on the hills; and at three or four fairs in the

---

[20] Òran 201: Òran an t-samhraidh. Faicibh cuideachd òran 202: Fàilte na Mòr-thir' anns a bheil am bàrd Alasdair MacDhonuill a' sealltainn a ghàirdeachais mhòir a bhith ann an Gleann Ailleart aig Bealtainn, agus an gleann a' cur thairis le mathas is fallaineachd.

[21] Mar as trice 's ann air bàtaichean a bheir croitearan an cuid sprèidh a-null gu ionaltradh air eileanan, leithid na h-Eileanan Mòra faisg air Leòdhas agus Pabaigh na Hearadh, ach b' àbhaist dhan chrodh snàmh a-null gu eileanan mura robh an t-astar ro mhòr. Fhathast anns a' Ghearran 2011 thug croitear crodh a-null gu feurach air eilean air an t-snàmh. Airson 61 bliadhna ghluais Iain MacDhòmhnaill crodh a-null gu Eilean Steinnseal faisg air an Eilean Sgitheanach san dòigh sin, 's cha do chaill e aon bheathach san uisge fad na h-ùine sin. (|BBC News Highlands & Islands 11 an Gearran 2011).

[22] Iain MacIlleathain agus Maletta NicPhàil, *Seanfhacail is Seanchas*, Stornoway: Stornoway Gazette Ltd., 2005, td 98.

[23] OSA vol. 10, Parish of Harris, leis an Urr Iain MacLeòid, td 345.

year, held at Taymouth, about 1600 pounds' worth of yarn is sold out of Breadalbane only.[24]

Dh'innis Dòmhnall Harrison, à Geocrab sna Hearadh, do Choimisean Napier gun do chuir e fhèin 's a chuideachd ùine chàilear seachad air an àirigh, a' cadal air an talamh air leapannan fraoich agus ag èisteachd ris na mnathan a' seinn 's a' dannsa ri puirt.[25] Chuala an Coimisean cuideachd bho Mhurchadh MacDhòmhnaill à Tòpsann ann am Beàrnaraigh Mhòr, baile anns an robh còig air fhichead teaghlach ri croitearachd agus fichead coitear a' tàmh aig an àm. Dh'fhàg mu dheich air fhichead mnathan agus clann baile Thòpsann aig toiseach an Ògmhios gach bliadhna, agus dh'fhuirich iad air àirighean air tìr-mòr Leòdhais fad an t-samhraidh, a' coimhead às dèidh nam beathaichean agus a' dèanamh ime is càise. Bheireadh na fireannaich biadh a-null thuca, a' toirt bainne na h-àirigh air ais do Bheàrnaraigh leotha:

> They would spend each day 'knitting stockings, making shirts, caps and frocks, and such like work' he said, 'and looking after the cows', and the young people especially liked to keep up the custom of singing together in the evening, needing no instruments to accompany them. [26]

'S e aon òran a bha air a ghabhail, 's docha, le òigridh Bheàrnaraigh air an àirigh ''S e tìr mo rùin-sa Ghàidhealtachd', a tha a' toirt luaidh air pailteas bainne agus air obair chloinne is inbheach tron t-samhradh.[27]

Mar as trice bhiodh fireannaich trang le obair àiteachais eile tron t-sàmhradh – 'a cur is a' buain', mar a tha an t-òran ag ràdh, no 'air chuan' aig iasgach an sgadain – agus 's e boireannaich agus clann a bha an urra ri obair na h-àirigh. Bhiodh buachaillean a' cumail sùil air an sprèidh cuideachd ge-tà. Ann an Colbhasa, mar eisimpleir, far nach robh mòran àirighean, bhiodh buachaille a' fuireach shuas air a' mhonadh leis a' chrodh tron oidhche. Bhiodh na boireannaich a' dol suas gach latha gus an crodh a bhleoghan agus gus am bainne a thoirt dhachaigh. [28]

Bha ùine ann airson obair agus spòrs aig an àirigh. A' sgrìobhadh aig deireadh na naoidheimh linn deug, thug Màiri NicEalair tuairisgeul soilleir seachad de bheatha na cloinne ann:

> The township might almost be said to have a family life at the shieling, for each bore the others burdens; they rejoiced

---

[24] Thomas Pennant 2000. td 66.

[25] A.D. Cameron, *Go Listen to the Crofters*, Stornoway: Acair, 1986, td 89.

[26] *Ibid.* td 89.

[27] Òran 203: 'S e tìr mo rùin-sa Ghàidhealtachd.

[28] Tasglann Sgoil Eòlais na h-Alba: Bella MacNeil, Colbhasa (fear-clàraidh: Calum MacIlleathain) SA1953/120/B7.

in each other's joy, and when tears had to be shed, they mingled them in brotherly fashion. As far as the children were concerned, although the schoolmaster was abroad, their winter education at the "ceilidh" was carried on in a most effectual manner. They romped among the calves, the kids, and the lambs, laying in large stores of the health and strength to be required in the future. And as they lay on the hillside, at the feet of their sires, they learned the songs of their country, and listened to the tales of the chase and of love and war. The boys learned to make and repair the milking and dairy utensils, to tend the flocks, shear the sheep, make and mend their own shoes; and to thatch, and make the heather and hair ropes so largely used by them; and perhaps the most desired part of their education was the shooting of a blackcock, the stalking of a deer, and the spearing of a salmon.

The girls learned to emulate their mothers in skill of the dairy work, as well as in spinning wool for future webs on the distaff, and knitting stockings and hose of brilliant hues and rare patterns. They learned to know the herbs that were medicinal for man and beast, and the different plants used in dyeing the colours of their tartans. They learned to become useful wives, following in the footprints of their mothers, as helpmates in the struggle for existence, neither fearing the snows and storms of winter, nor ashamed of the tawning of the summer sun. They danced and flirted and sang their sweet lyrics, and forgot amidst their labour that sorrow had an existence, or that pain was awaiting them. The old manner of going to the sheilings belongs to the history of the past. Where such summer grazings are had still, as in some parts of the Hebrides, only some of the daughters of the families go with their cows, and in Lewis I have seen them carry the milk home twice a-week, all sour, of course. And I have seen the girls, on their return to the hill, carrying with them creels of seaware for their cows to eat.[29]

Bha ceòl agus seinn cudromach ann am beatha na h-àirigh – ceòl nan daoine agus ceòl nàdair, geumnaich a' chruidh agus ceilearadh nan eun.[30] 'S e àm agus àite a bh' ann air an do chuimhnich iomadh duine le toileachas, nam measg a' bhana-bhàrd Sgitheanach, Màiri Mhòr nan Òran. Ann an 'Laithean m' òige'[31], tha i fhèin agus seann charaid a' cuimhneachadh air làithean a chuir iad seachad le chèile shuas air a' mhòintich, agus ann am fear de na

---

[29] MacKellar 1888. td 152.

[30] Òrain 204 – 209. Èistibh cuideachd ri 'Aililiú na gamhna' air clàran le Dervish, Órla Fallon agus Solas.

[31] Òran 210: Laithean m' oige.

h-òrain as ainmeile aice, 'Eilean a' Cheò'[32], tha i a' cuimhneachadh air an àirigh mar àite làn pailteis, a chumadh an teaghlach a' dol fad a' gheamhraidh.

Tha na h-aon tèamaichean a' nochdadh gu tric ann an òrain gaoil, a' cruthachadh dealbh fhoirfe, romansach de bheatha air an àirigh – beatha a bha am bàrd Iain MacLeòid à Cùl-Chinn an Stòir ann an Asainte, airson a shàbhaladh, a' gealltainn taic do dhuine sam bith a chuideachadh e.[33]

Ann am facail Mhurchaidh 'an Dòmhnaill, bha àite sònraichte aig àirighean na Gàidhealtachd ann an inntinn agus cridhe nan Gàidheal mar àitichean far an robh "a h-uile latha sona 's gun ghin idir dona: cha robh guth air smùid uisge no plàigh mheanbh-chuileag."[34] Seo faireachdainnean a thuigeadh iomadh Gàidheal a bha air an dachaighean fhàgail airson cosnadh a lorg ann am bailtean mòra.[35]

A bharrachd air èadhar fhallain, eacarsaich agus deagh bhiadh do dhaoine agus ionaltradh gu leòr do bheathaichean, tha òrain a' sealltainn gun robh gaol ri fhaotainn air an àirigh.[36] Thug seachdainean shuas aig bothan àirigh cothrom do bhuachaillean agus do bhanaraich a bhith a' tighinn còmhla, le fireannaich òga tric a' dol suas chun na h-àirigh air chèilidh air an gràidhean, air neo dìreach airson beagan spòrs agus ceòl.

> Èiribh, rachamaid don ghleann,
> 'S gu faic sinn ann na caileagan;
> Èiribh, rachamaid don ghleann,
> 'S gu faic sinn ann na h-òighean.[37]

Tha aon òran mu dheidhinn oidhche air an àirigh gu math ainmeil am measg Ghall agus Ghàidheil. Chaidh 'Maighdeanan na h-àirigh'[38] a sheinn le iomadh seinneadair is neach-ciùil thar nam bliadhnaichean. Air oidhche àlainn, le obair an latha seachad agus a' mheanbh-chuileag aig fois, bha coltas 'tìr a' bhruadair' air an àirigh – 's dòcha gu h-àraidh do dhaoine a bha a' cuimhneachadh oirre ann an àite fada air falbh.

Bhiodh iomadh bàrd ainmeil a' moladh banaraich na h-àirigh. Coltach ri a cho-aimsirich Donnchadh Bàn Mac an t-Saoir agus Alasdair Mac Mhaighstir Alasdair, sgrìobh am bàrd Rob Donn (1714 – 1778) òran gaoil a

---

[32] Òran 211: Eilean a' Cheò.

[33] Òran 212: Àirigh a' Chùl-Chinn. Faicibh cuideachd òran 213: Tom an t-Searraich, anns a bheil am bàrd Ruaraidh Mac a' Ghobhainn a' dèanamh coimeas eadar an àirigh mar a b' abhaist dhi a bhith agus mar a lorg e i anns na 1930an.

[34] Bho "Àirigh ann an Leòdhas" le Murchadh 'an Dòmhnaill, Comunn Eachdraidh Nis http://www.cenonline.org (air a ruighinn 2011).

[35] Òran 214: Buain nan dearcan ris an spréidh.

[36] Òran 215: 'S toigh leam cruinneag dhonn nam bò.

[37] Òran 216: An samhradh. Faicibh cuideachd òran 217: Bothag na h-àirigh – òran aotrom a dh'innseas mu dheidhinn cuideigin a fhuair fàilte chridheil bho mhaighdean na h-àirigh, ach nach d' fhuair a h-uile rud a bha e ag iarraidh bhuaipe!

[38] Òran 218: Maighdeanan na h-àirigh.

th' air a ghleidheadh an dà chuid mar òran agus mar cheòl-mòr na pìoba chun an latha an-diugh – Iseabail NicAoidh.[39] Tharraing Rob Donn dealbh cumhachdach de dh'aonaranachd na h-àirigh anns a' bhàrdachd aige, leis an aon tèama a' nochdadh ann an ''S trom leam an àiridh', a sgrìobh e mu dheidhinn a' chiad ghràdh Anna Mhoireasdan, a chaill e do dh'fhear eile.[40]

Shuas air an àirigh bhiodh ùine aig daoine airson beachdachdadh air nithean a thachair dhaibh fhèin agus anns na coimhearsnachdan aca, agus a bhith ag ionndrainn dhaoine a chaidh air chall.[41]

Cha b' e aonaranachd an nì bu mhiosa a dh'fhaodadh tachairt air an àirigh, ge-tà, agus cha robh fàilte ron a h-uile fireannach a thigeadh air chèilidh, mar a tha soilleir ann an òrain leithid ''S mise 's daor a cheannaich'.[42] Ann an òran luaidh eile, 'Bha mis' a-raoir air an àirigh', dh'fheumadh an nighean fòirneart a chleachdadh airson faighinn cuidhteas duine a thàinig thuice ann am meadhan na h-oidhche an aghaidh a toil fhad 's a bha cuspair a gaoil air falbh.[43]

Mus tigeadh am foghar le làithean nas giorra agus sìde nas miosa, bhiodh daoine agus beathaichean a' fàgail nan àirighean agus a' tilleadh dhachaigh. Bha tòrr obair ri dhèanamh airson dèanamh cinnteach gum biodh na bothain tèarainte tron gheamhradh agus gum faigheadh a h-uile beathach agus inneal dhachaigh gu sàbhailte. Ann an cuid a sgìrean, mòr-thìr Earra-Ghàidheal nam measg, bha eadhon maidean-droma agus sparran mullach nam bothan air an toirt air ais don bhaile, agus iad cho prìseil.[44] Bha na leapannan air an toirt a-mach às na bothain airson an turas mu dheireadh agus air an losgadh air 'teine leathan'. Seo Murchadh 'an Dhòmhnaill ag innse dè thachair nuair a bha na seachdainean air an àirigh seachad airson bliadhna eile, ann an taigh-earraich mar a bh' aca ann an Nis:

> Bho thigeadh dorch anns an oidhche bha a' mhòinteach a'
> fàs car uamhalta; 's bha an crodh a' dol dhachaigh air a' chiad
> Diardaoin den Lùnasdal. 'S e latha mòr a bha ann an latha na
> h-imrich. Bha sùil ghèir ri chumail air na beathaichean, oir bha
> iad a' dèanamh as dhachaigh cho luath 's a chitheadh iad leitir
> na leapannan ga losgadh 's fadachd orra gus am faigheadh
> iad gu feur na machrach. Chan fhaodadh duine teine chur
> ris an fhraoch ro làimh. Bha gach soitheach is eile a thàinig
> a-mach an toiseach an t-samhraidh ri thoirt air ais dhachaigh.
> Bhon 's e sgrathan a bha air gach taigh, chan fhaodte doras
> fhàgail dùinte tron gheamhradh air eagal 's gun tuiteadh

---

[39] Òran 219: Iseabail NicAoidh.

[40] Òran 220: 'S trom leam an àiridh.

[41] Òran 221: Gum bu slàn do na gillean.

[42] Òran 222: 'S mise 's daor a cheannaich.

[43] Òran 223: Bha mis' a raoir air an àirigh.

[44] Alexander Fenton, *Country Life in Scotland*, Edinburgh: John Donald, 1987, td 137.

caora a-steach tron mhullach. Bha a' chòmhla air a thoirt bho na lùdagan 's air a càradh ri cùl na leapa no fo na sgrathan ri bun-bac … Bha na taighean fosgailte aig na caoraich fad a' gheamhraidh, 's dh'fheumte an glanadh 's an cur air dòigh mus deidheadh an crodh a-mach a-rithist an ath shamhradh.[45]

Fhad 's a bha an crodh agus beathaichean eile air falbh, fhuair bàrr agus feur cothrom fàs aig baile. Ann am bliadhnaichean matha, bha eòrna agus coirce rim buain agus bha fodar gu leòr ann don sprèidh airson an cumail a' dol tro mhìosan fada a' gheamhraidh. Ach mar bu trice bha e doirbh fodar gu leòr a lorg, gu h-àraidh mus robh snèapan air am fàs le croitearan mar fhodar geamhradhail, agus mhair an crodh-laoigh beò air a' chuid bu lugha de chonnlach. Chaidh beathaichean a mharbhadh as t-fhoghar gus nach biodh an uimhir ann ri bhiathadh agus gus am biodh feòil shaillte ann do dh'uachdarain agus fir-baile. Eadhon anns na bliadhnaichean a bu thabhartaiche, dh'fhàs an crodh caol agus lag tron gheamhradh. Bha iad air an cumail a-staigh, sàbhailte bho dhroch aimsir, ach ro lag airson ach glè bheag de bhainne a thoirt seachad. Aig deireadh na seachdamh linn deug chunnaic Màrtainn Mac 'Ille Mhàrtainn crodh anns an Eilean Sgitheanach as t-earrach, agus sgrìobh e nach robh annta ach "mere skeletons … many of them not being able to rise from the ground without help." Dà cheud bliadhna às dèidh sin cha robh cùisean mòran na b' fheàrr, mar a dh'innis Iain Mac a' Phearsain à Gleann Dàil do Choimisean Napier anns na 1880an:

> With more families sharing the hill pasture and cutting peats on it, hill grazings are scarce and people suffer badly. Instead of the milk they had formerly, now they have only treacle and tea to wash down the food. Our staple food is meal, potatoes, fish when it is got, our only drink being tea …. A single Aberdeenshire cow would outweigh three of ours. When I was asked in the south country and said I kept three cows on the croft, they thought I was well off and that I was a gentleman. The amount of milk they give is very meagre, and all our feeding would not do justice to more than one cow. The food with which we winter our stirks we have to buy in Glasgow.[46]

Bha beatha doirbh do dhaoine agus beathaichean agus iad tric beò air glè bheag a bharrachd air dòchas. Dòchas gun tigeadh àm fàis agus àm buain a-rithist, gum falbhadh an sneachd agus an reothadh 's gum fàsadh na gleanntan gorm a-rithist, deiseil airson imrich chun nan àirighean an ath bhliadhna. Seo rann eile bho bhàrdachd Roib Dhuinn, anns a bheil Iseabail

---

[45] Bho "Àirigh ann an Leòdhas" le Murchadh 'An Dhòmhnaill, Comunn Eachdraidh Nis, <www.cenonline.org> (air a ruighinn 2011).

[46] Cameron 1986. td 14.

NicEachainn, nighean an fhir-baile, a' sealltainn gu bheil fios is cinnt aice gun till beatha chun an t-Straith Mhòir ghràdhaichte aice san earrach, ged a tha e a-nis ann an cadal a' gheamhraidh:

> Gleidhidh 'n talamh chun an t-samhraidh;
> Sin a' chrann e 'n dràst;
> Beith is calltainn Latha Bealltainn
> Gealltanach air fàs.
> Bidh gruth is crathadh air na srathaibh
> 'S teirgidh 'n cathadh-làir –
> Nach binn an sealladh, glinn a' stealladh
> Laoigh is bainne 's bàrr.[47]

***

---

[47] an t-Urr Adhamh Guinne agus Calum MacPhàrlain, *Òrain agus Dàin le Rob Donn Mac-Aoidh*, Glaschu: Iain MacAoidh, 1899, td 74.

Caibideil 8

Dròbhaireachd agus Fèilltean

Gheibhte sgeulachdan ro bhrèagha
Aig bodaich liatha cheanna-ghlas -
B' e siud na seòid nuair bha iad òg
Ag iomain bhò tro gharbhlach;
Bhiodh iad tric san Eaglais Bhric
Ag iomain cruidh is meanbh-sprèidh,
'S cha deigheadh bròg a chur mun spòig
Gu ruigt' an Ceò on dh'fhalbh iad.[1]

Air feadh na dùthcha dh'fheumadh crodh a bhith tric gan iomain air slighean fada gu feurach ùr no gu margaidhean. Cho tràth ri Rìgh Seumas V (1513 – 1542), tha fianais ann gun deach crodh an teaghlaich rìoghail iomain bho Chinn Tìre gu feurach ùr aig Caisteal Shruighlea.[2] Thar nan linntean tha crodh à iomadh ceàrn de dh'Alba air a bhith gan reic ann an Sasainn, agus aig margaidhean beaga ionadail, no fèilltean-chruidh mhòra air feadh Alba, bhon Bhlàr Dhubh agus Inbhir Theòrsa ann an ceann a tuath na dùthcha gu Dùn Phris anns a' cheann a deas.[3] Mus gabhadh sprèidh a bhith air an giùlain air rathaidean-iarainn, bàtaichean-smùide agus làraidhean, bha dròbhaireachd gu math cudromach ann an eaconamaidh dùthchail na h-Alba.[4]

Ann am meadhan na naoidheimh linn deug bha iomadh croit agus tuath fhathast fada air falbh bhon bhaile-margaidh a b' fhaisge. Bhiodh margaidhean beaga ionadail air an cumail ceithir tursan gach bliadhna ann an coimhearsnachdan dùthchail, aig an gabhadh mart no dhà no sprèidh eile an reic ri nàbaidhean no dròbhairean, agus clò, stocainnean clòimhe

---

[1] Bho Àirigh Luachrach Ùige' le Iain Mac Dhòmhnaill Mhic Alasdair (c.1797-1875) à Gleann Uige. Tha an t-òran air fad agus an ceòl foillsichte ann an Orain an Eilein le Cairistìona Mhàrtainn, td 53 . Chluinnear Seumas Caimbeul ga ghabhail air làrach-lìn Bliadhna nan Òran <www.bbc.co.uk/alba/oran> (air a ruighinn 2013).

[2] J Mitchell, *The Sheilings and Drove Ways of Loch Lomondside*, td 16.

[3] Tha cunntas dealbhach de fhèill-chruidh a' Bhlàir Dhuibh aig deireadh na naoidheimh linn deug ri chluinntinn air <www.ambaile.org.uk>, bhon leabhar 'MacTalla nan Gleann' le Cailean MacDhòmhnaill (1936) agus air a leughadh le nighean an sgrìobhadair.

[4] Faicibh *The Drove Roads of Scotland* le A.R.B. Haldane airson aithrisean mionaideach air dròbhaireachd agus a h-àite chudromach ann am beatha agus eaconamaidh na h-Alba.

no toradh na bà am malairt airson lòn no stuth eile air an robh feum. Anns na h-Eileanan bha fèilltean mòra air an cumail turas no dhà gach bliadhna.[5]

Ann an iomadh ceàrn den Ghàidhealtachd agus de na h-Eileanan far an robh àireamhan mòra de sprèidh air an àrachadh, cha robh biadh gu leòr ann airson an cumail beò tron gheamhradh. Aig deireadh an t-samhraidh, chùm daoine crodh gu leòr airson feumalachdan an teaghlaich agus thug iad crodh sam bith a bharrachd gu margaidhean ionadail, a bha uaireannan astar mòr air falbh. Aig na margaidhean seo ghabhadh crodh à iomadh baile an toirt còmhla deiseil airson an iomain gu margaidhean ann am meadhan no ceann a deas na dùthcha, far an deach an reic airson bathar eile, mar a dh'aithris Tòmas Morer aig deireadh na seachdamh linn deug:

> The Highlanders are not without considerable quantities of corn, yet have not enough to satisfie their numbers, and therefore yearly come down with their cattle, of which they have greater plenty, and so traffick with the Low-landers for such proportions of oats and barley as their families or necessities call for.[6]

Thugadh crodh gu Sasainn cho tràth ris a' cheathramh linn deug[7] ach cha robh a' mhalairt seo ach beag ron t-seachdamh linn deug air sgàth iomadh bacadh – cogadh, cìsean àrda agus creach nam measg. 'S tric a rinneadh ionnsaigh air dròbhairean a' toirt sprèidh bhon a' Ghàidhealtachd agus na h-Eileanan gu margaidhean Gallta, mar a tha soilleir bho rabhadh a chuir a' Chomhairle Dhìomhair a-mach ann an 1566, agus i a' feuchainn ri an dìon:

> Forsamekill as throw the troublis occuring the last yeir, the inhabitantis of the cuntre of Ergile, Lorne, Braialbane, Kintyre, and the Ilis, wer afferit to cum in the Lawland for feir of invasioun, and sic uther impedimentis as than occurrit; quhilk troubill, thankis to God, is quietit to the honour of oure Soveranis and welth of their subjectis. And sen it is nocht onelie neidfull that gude nychtbourheid and abstinence fra all displesour and invasioun be observit amangis the haill liegis …, swa that necessarlie marcattis mon be keppit, and all men indifferentilie without exceptioun mon repair thairto for selling of thair gudis and bying agane of sic secessar as ar unto thame neidfull and requisite. Thairfore ordanis lettres

---

[5] Chaidh tòrr fiosrachaidh mun fhèill mu dheireadh ann an Loch nam Madadh a chlàradh bho Aonghas MacChoinnich le Dòmhnall Eàirdsidh Dòmhnallach. Tha seo ri chluinntinn air làrach-lìn Tobar an Dualchais SA1980.073.

[6] Rev. Thomas Morer, *A Short Account of Scotland etc.* London, 1702, td 268.

[7] Note of safe passage 1359: tha e clàraichte gun d' fhuair dithis dhròbhair Albannach litrichean airson siubhal sàbhailte tro Shasainn le 3 marcaichean, eich, daimh, mairt agus stuthan-malairt eile Rymer, Foedera III, Record Comm, Edinburgh, 1825,III, part 1, 415. (air a thoirt mar fhianais ann an A.R.B. Haldane, *The Drove Roads of Scotland*, td 11.).

to be direct to officiaris of armes, chargeing thame to pas to the marcat croces of Perth, Striviling, Dunbartane, Renfrew, Glasgow, Irrwin, Air, and all utheris places neidfull, and thair, be oppin proclamatioun, command an' charge all and sindry our Soveranis Lord and Ladiis liegis, that nane of thame tak upoun hand to invaid or persew utheris, quhethirbhai be Heland men or Lawland, or to offer or mak provocatioun of troubill and tuilye to utheris, ... undir the pane of deid; dischargeing all Shereffis, Stewartis, Baillies, and thair deputtis and officiaris, and all Provestis and Baillies of Burrowis, of all staying arreisting stop troubill or impediment making to the saidis Hieland men in bodiis or gudis, in thair cuming to the saidis marcattis, remaning thairin, or departing thairfra, for ony cryme, actioun, caus, or occasioun committit during the tyme of the saidis troublis or proceding thairon, and of thair offices in that part, bot that all men persew justice be the ordinar civile maner as appertenis.[8]

Ceithir bliadhna às dèidh Aonadh nan Crùn ann an 1603, chaidh saor-mhalairt eadar Alba agus Sasainn a chur air bhonn, ged a chuir cìsean agus creach fhathast bacadh air toradh na malairt seo airson bliadhnaichean. Chuireadh iomairtean air chois gus stad a chur air creachadairean sprèidhe agus ann an 1663 shiubhail barrachd air 18,000 mart tro Charlisle air an slighe gu margaidhean ann an ceann a deas Shasainn. [9] Fhuair an dà dhùthaich buannachd às a' mhalairt seo; fhuair Alba margadh airson crodh a bharrachd agus fhuair Sasainn pailteas chruidh a chaidh àrach air monaidhean agus glinn a nàbaidh san taobh tuath. Dh'fhàs dròbhan fada na bu cudromaiche fhathast às dèidh Aonadh nam Pàrlamaidean ann an 1707, a fhuair cuidhteas tuilleadh bhacaidhean air malairt eadar Alba agus Sasainn, a' gabhail a-steach chìsean air crodh agus air seicheannan. Cha do chuir an t-Aonadh stad air ionnsaighean ge-tà. Nuair a bha armachd air a chasg ann an 1747 às dèidh Chùil Lodair, fhuair dròbhairean cead armachd a ghiùlain fhathast airson iad fhèin agus an dròbhan a dhìon bho chreachadairean agus mhèirlich.

Anns an t-seachdamh agus an t-ochdamh linn deug, b' iad na fèilltean-sprèidhe ann an Craoibh agus anns an Eaglais Bhric an fheadhainn a bu mhotha ann an Alba. Nuair a chunnaic an sgrìobhadair Mackie dròbhairean Gàidhealach a' tighinn gu fèill chruidh ann an Craoibh, rinn an sealladh drùidheadh mòr air, mar a chì sinn bhon earrann seo bho 'Journey through Scotland, 1723':

There were at least 30 000 cattle sold there, most of them to English drovers, who paid down above 30 000 guineas in ready money to the Highlanders – a sum they had never before seen.

---

[8] Register of the Privy Council of Scotland Vol 1 1546 – 1569.

[9] Bhon làrach-lìn <www.cne-siar.gov.uk/gaelic> (air a ruighinn 2012).

> The Highland gentlemen were mighty civil, dressed in their
> slashed short Waistcoats, a Trousing (which is Breeches and
> Stockings of one piece of striped stuff) with a Plaid for a Cloak
> and a blue Bonnet. They had a Ponyard, Knife and Fork in one
> Sheath, hanging at one side of their Belt, their Pistol at the
> other, and their Snuff Mill (mull) before, with a great broad
> Sword by their side. Their Attendants were very numerous,
> all in belted Plaids, girt like a Woman's Petticoats down to the
> Knees, their Thighs and half of the Leg all bare ... they spoke
> the Irish, an unintelligible Language to the English.[10]

Cha robh beachd cho fàbharach aig Daniel Defoe air dròbhairean Gàidhealach
anns a' Ghalltachd. Ann an 1736 sgrìobh e:

> ... the absurdity is ridiculous, to see a man in his mountain
> habit, armed with a broadsword, targe, pistols at his girdle,
> a dagger and staff, walking down High Street as upright and
> haughty as if he were a lord, and withal driving a cow.[11]

Dh'ionnsaich dròbhairean an sgilean aig aois òg. Ann an 1837 sgrìobh
ministear a' Mhoigh agus Dhail Fhearghais gun robh muinntir na sgìre
'generally of a hardy constitution ... not being broken by hard labour
when young – as they then generally occupy their time in herding cattle,
or in driving them to the southern markets.'[12] Cha b' e obair fhurasta idir a
bh' ann treudan mòra sprèidhe a dh'iomain bhon a' Ghàidhealtachd agus
na h-Eileanan gu margaidhean mòra anns a' Bhlàr Dhubh, ann an Craoibh
no san Eaglais Bhric, agus tric nas fhaide fhathast gu fèilltean shìos ann an
Sasainn. Bha beatha gharbh aig na dròbhairean anns an robh cruadalachd
agus deagh thuigse deatamach. Dh'fheumadh iad earbsa nan tuathanach a
chosnadh, a' sealltainn gun gabhadh iad deagh chùram de na beathaichean
prìseil aca. Dh'fheumadh fios a bhith aig na dròbhairean càite am faigheadh
an crodh fois, uisge agus feurach gu leòr air an t-slighe airson an cumail
ann an deagh ghleus. Mar a thuirt dròbhair à Earra-Ghàidheal: "There was
a knack to doing it properly to give man and beast a chance. It was a great
mistake to drive them too fast or to sweat them. Driving them too fast
spoiled them."[13]

Chaidil na dròbhairean a-muigh còmhla ris an sprèidh airson an dìon tron
oidhche agus cha do chùm iad anam agus corp ri chèile ach air beagan a
bharrachd na aran-coirce, bùrn agus uisge-beatha. Bha cunnart ann gun

---

[10] John MacKay, *Journey through the Highlands*, tdd 194-6, ri leughadh ann an J. B. Craven, *Journals of the Episcopal Visitations of the Right Rev. Robert Forbes etc.*, td 235.

[11] Litir bho Defoe gu Harley, 1736, foillsichte ann an I. F. Grant, *Highland Folk Ways*, td 321.

[12] NSA United Parishes of Moy and Dalarrossie, Presbytery of Inverness, 1837 td.107.

[13] Tasglann Sgoil Eòlais na h-Alba: Dugald MacDougall, air a chlàradh le Eric R. Cregeen, SA1958/194/A1.

dèanadh mèirlich ionnsaigh air beathaichean agus dròbhairean fhad 's a bha iad nan cadal.[14] A rèir beul-aithris, 's ann bho dhròbhair a chaidh a mharbhadh san àite faisg air Dubhras air bruachan Loch Nis, a fhuair Fuaran-an-Dròbhair ainm.

Bha fios aig dròbhairean air na slighean a b' fheàrr agus thar nam bliadhnaichean thàinig 'slighean dròibhe' gu bith eadar fearann àrach a' chruidh agus margaidhean.[15] Air a thuras tro Alba ann an 1769, chunnaic Tòmas Pennant coltas na Gàidhealtachd mus deach rathaidean an t-Seanalair Wade a chruthachadh. Tha an aithris aige a' sealltainn gu soilleir an seòrsa fearainn tro am biodh dròbhairean ag iomain treudan prìseil chruidh:

> (The Highlands) formerly afforded no other road to the natives than the paths of sheep or goats, where even the Highlander crawled with difficulty, and kept himself from tumbling into the far subjacent water by clinging to the the plants and bushes of the rock.[16]

Uaireannan bha crodh air an crudhachadh airson an ladhran a dhìon air an t-slighe fhada thar talamh creagach. Dh'fhàs cuid a dhaoine, leithid an teaghlach Ceanadach à Lianachan ann an Loch Abar, gu math sgileil agus ainmeil airson crudhachadh chruidh.[17]

Gu math tric dh'fheumadh crodh a bhith air an aiseag thar uisge air an slighe gu margadh. Ann an cuid a dh'àitichean shnàmh iad tarsainn air na caoil, air an ceangal ri bàta le ròpa.[18] Ann an Earra-Ghàidheal, cheannaich dròbhairean crodh ann an Ìle anns a' Chèitean no san Ògmhios, dh'iomain iad tarsainn air a' chaol Ìleach iad gu Diùra, an uair sin tarsainn air Diùra gu An Lag air taobh an ear an eilein, far an deach an cur air bàta. Nuair a ràinig iad tìr-mòr bha slighe fhada fhathast romhpa. Aig deireadh na naoidheimh linn deug, chuireadh an dròbhair Dùbhghlas MacDhùghaill an t-earrach agus an samhradh seachad ann an eileanan Earra-Ghàidheal, a' ceannach chruidh òga agus gan toirt a-null gu tìr-mòr ann am bàta air a lìnigeadh le barraich beithe airson an crodh agus am bàta a dhìon.[19] Ann an cunntas a sgrìobh e mu dheidhinn Turas do na h-Eileanan an Iar ann an 1773, dh'innis Boswell mu dheidhinn Tighearna Locha Buidhe a' toirt crodh à Muile a-nall chun na h-Eaglaise Brice:

---

[14] Bha mèirlich fhathast trang aig toiseach na 20mh linn, a rèir iomraidh air dròbhaireachd bho Thiriodh chun na h-Eaglaise Brice ann an Tocher 41, SA1976/115A.

[15] faicibh A.R.B. Haldane, *The Drove Roads of Scotland* airson cunntasan mionaideach de shlighean-dròbha agus dhròbhairean.

[16] Pennant, *A Tour in Scotland 1769*, td 142.

[17] Tasglann Sgoil Eòlais na h-Alba: RL2195/B5.

[18] Tha fiosrachadh mu dheidhinn crodh a bha fhathast a' snàmh gu feurach air eilean aig toiseach na 21mh linn anns a' chaibideil 'An Àirigh: Ùrachadh agus Gaol'.

[19] Eric R. Cregeen: "The Last of the Argyllshire Drovers: Dugald MacDougall," *Scottish Studies*, vol. 3.

> We then set out for the ferry, by which we were to cross to the
> mainland of Argyleshire. Lochbuy and Sir Allan accompanied
> us. We were told much of a war-saddle, on which this reputed
> Don Quixote (the laird of Lochbuy) used to be mounted, but
> we did not see it, for the young laird had applied it to a less
> noble purpose, having taken it to Falkirk fair with a drove of
> black cattle.[20]

A dh'aindeoin facail Bhoswell, shaoil mòran gur e obair uasal a bh' ann
an dròbhaireachd, gu math freagarrach airson tighearna òg leithid Locha
Buidhe. Dh'fheumadh dròbhair iomadh feart a bu dual do fhireannaich
uasal: – cruadal, fearalas, eòlas agus sgil, mar a chì sinn ann am facail a
th' air an gleidheadh anns an òran luaidh 'Alasdair Òig, Mhic 'ic Neacail'.[21]

A bharrachd air a bhith air am measadh mar dhaoin' uasail, fhuair
dròbhairean fàilte airson an companas nuair a ràinig iad coimhearsnachdan
sgapte, 's iad a' feuchainn ri deagh phrìs fhaighinn airson mairt aig
tuathanasan agus fèilltean air feadh na dùthcha. A' tòiseachadh anns a'
Chèitean, chomharraich teachd nan dròbhairean aimsir nas fheàrr, mar a
chithear ann an rannan Murdo Dearg nam Bò, a bha e fhèin ainmeil airson a
sgilean ann an àrach chruidh.[22]

Choisinn cuid a dhròbhairean deagh ainm dhaibh fhèin airson am
fialaidheachd, airson an ealantais le sprèidh, agus gu h-àraidh airson an
sgil ann a bhith gan reic airson deagh phrìs aig fèilltean fada air falbh. Tha
pàipearan oighreachd Chnoc Bhuidhe a' sealltainn gun deach 1,981 mairt
iomain bho Earra-Ghàidheal gu margaidh ann an Craoibh ann an 1739, agus
nach robh ach deich mairt nach gabhadh reic aig deireadh an turais fhada
aca. Chaidh tòrr de sprèidh Chnoc Bhuidhe àrach ann an Ìle agus Diùra,
mus deach an tional le dròbhairean, a thug gu feurach faisg air Mionaird
air oighreachd Chnoc Bhuidhe iad, gus an robh an t-àm ann an iomain gu
fèilltean sa Ghalltachd. Thàinig soirbheas sprèidh Chnoc Bhuidhe ann am
pàirt bhon ùidh a bh' aig an tighearna fhèin ann an àrach chruidh, ach bha
e a' crochadh cuideachd air an deagh chùram a fhuair na beathaichean air
an dròbh.[23]

Is cinnteach gun robh iomadh dròbhair gu math fiosrach. Bha cothroman
aca coinneachadh ri dròbhairean bho air feadh Alba agus à Sasainn, a
thigeadh chun nam fèilltean mòra anns an Eaglais Bhric agus ann an Craoibh
gus sprèidh a cheannach. Chluinneadh iad sgeulachdan agus naidheachdan
bho chàch a chèile aig na fèilltean-sprèidhe agus air an rathad. Le

---

[20] Pat Rogers, *Johnson & Boswell in Scotland: A Journey to the Hebrides*, td 274."„

[21] Òran 224: Alasdair Òig, Mhic 'ic Neacail. Faicibh cuideachd òran 225: Moladh do Iain Mac-an-
Abba.

[22] Òran 226: Òran nan dròbhairean.

[23] Eric R. Cregeen: "The Last of the Argyllshire Drovers: Dugald MacDougall," *Scottish Studies*,
vol. 3, td 143.

sgeulachdan ùra gu leòr aca, gheibheadh dròbhairean fàilte anns an taigh-cèilidh ann an sgìrean iomallach, mar a leughas sinn ann an artaigil a nochd anns a' chiad iris den *Celtic Magazine* ann an 1876:

> Shortly before this Fear a' Gharbha, an extensive drover from the neighbourhood of the Grampians, dropped in among the worthies, almost unobserved. He regularly attended the local cattle markets and was indeed the principal buyer of cattle in the district, but for a few years back, through some cause or another, he did not put in an appearance, and the people were hard pressed to provide the wherewithal for paying their small yearly rental; for they had no resources other than their small Highland cattle and the local fishing to depend upon. The fishing had been bad for some years, and the absence of Fear a' Gharbha and his drover friends for such a time had brought matters to an unenviable position among the small tenants of the district. It is unnecessary, in these circumstances, to say that the long lost friend was heartily welcomed by the circle.[24]

Nuair a ràinig na dròbhairean, bhiodh daoine a' tighinn còmhla airson an sgeulachdan a chluinntinn. Dh'innis bàrd an taigh-chèilidh do Fhear a' Gharbha gun robh muinntir na coimhearsnachd ag ionndrainn a chuid sgeulachdan cho math ri a sgilean aig a' mhargaidh agus rinn e rannan a' moladh nan dròbhairean … agus an uisge-beatha!

> Horo bidh stòp againn,
> An urra ris dròbhairean,
> B' iad fhein na daoine còire,
> Bheireadh oirnn gum bi'dh sinn faoilteach.[25]

Beag air bheag thrusadh dròbhairean treud mòr gu leòr airson an iomain gu margaidhean na Galldachd, uaireannan le mìltean de bheathaichean ann ach uaireannan gun ach beagan. Gu math tric thigeadh dròbhan ri chèile air an rathad gu deas. Pheant an sgrìobhadair R. B. Cunninghame Graham dealbh de dhròbhan tràth anns a' mhadainn, a' gabhail fois air an slighe chun na fèille mòire anns an Eaglais Bhric:

> Sometimes, however, early in the morning if we were going out to fish, at one of those broad, grassy spaces, which in those days existed at the crossing of four roads, one used to come upon men lying round a fire. Wrapped in their plaids on which the frost showed white, or the dew shone just as it does upon a spider's web, their sticks laid near their hands, they

---

[24] *The Celtic Magazine*, vol. 1, àireamh 11, an t-Sultain 1876.

[25] Òran 227: Bidh stòp againn.

slumbered peacefully. Around them grazed West Highland cattle, black, dun, or chestnut, their peaceful disposition belied by their long, curving horns and shaggy foreheads, and as you passed, one of the men was sure to rise upon his elbow, pull his plaid off his head, and after looking around to see the cattle had not strayed, throw wood upon the fire, and then lie down to sleep again, after muttering a salutation either in Gaelic or in the sing-song English which in those days men of his kind spoke.

Great flocks of blackfaced sheep were also to be met with coming southwards to the Tryst, driven by men who daundered on behind them with that peculiar trailing step that only those who passed their lives upon the road were able to acquire. Generally two or three accompanied the herd, dressed usually in homespun tweeds, which smelt of wool and peat smoke, and were so thick that those who wore them looked like bears, as they lounged heavily along.

All of them had a collie, which if he was not trained, they led tied by a cord, without a collar round his neck, and fastened to a button on their coats. The dogs looked lean and wolfish, for it was long before the times when they were fashionable as pets, and at a sign, or in response to some deep guttural Gaelic order, they turned back straying sheep so dexterously, one used to wonder where the line that separated their instinct from their master's reason, ended or began.

As the droves slowly took their passage through the land, the drovers often would sell a pony-beast, or a stot that had got footsore, to farmers on the way. These sales were not concluded without expenditure of time and whisky and an infinity of talk. [26]

Chuireadh iomadh tuathanach air an slighe fàilte mhòr air teachd nan dròbhan. Mar ìocadh airson àite-tàmh na h-oidhche agus feurach, gheibheadh am fearann aca buannachd innear a' chruidh. Bha feadhainn ann a bha na b' adhartaiche fhathast. Chuimhnich Dùbhghlas MacDhùghaill mar a fhuair cìobair, a bha fuireach faisg air ionad-margaidh bheag aig Carman faisg air Dùn Bhreatainn, cead deoch-làidir a reic ri dròbhairean agus luchd-malairt air latha na fèille.[27] [28]

Fhuair bailtean teachd-a-steach luachmhor bho dhròbhan chruidh cuideachd, an dà chuid bho chìsean agus bho mhàl feuraich, mar a chì sinn

---

[26] R.B. Cunninghame Graham, A *Hatchment*, td 214.

[27] Eric R. Cregeen: "The Last of the Argyllshire Drovers: Dugald MacDougall," Scottish Studies, vol. 3.

[28] Òran 228: An dròbhair bha 'n so an dè. Seo na h-aon fhacail a th' air fhàgail de phort-à-beul mu dheidhinn a leithid de fhèill, an turas seo ann an sgìre Bhaile Chaolais.

bhon earrann seo à Seann Chunntas Àireamhail na h-Alba 1794 airson sgìre Inbhir Aora ann an Earra-Ghàidheal:

> The only revenues belonging to it, as a burgh, arise from the petty customs, (among which is included a small toll on cattle passing through the burgh, to the lowland or English markets, the number of which, may amount, at an average, to about 4000) and the rent of a common ... both these articles may amount to about L.30 Sterling annually.[29]

Thigeadh treudan còmhla gu math tric aig Dail Chuinnidh, far an tàinig slighean-dròbha bhon taobh a tuath agus an taobh an iar gu chèile mus do lean iad orra gu deas gu Craoibh agus chun na h-Eaglaise Brice. Rinn na chunnaic e aig Dail Chuinnidh drùidheadh mòr air an Easbaig Foirbeis anns an Lùnastal 1762:

> In the Chaise by 5 o'clock, and came to Dalwhinning ten minutes after eight, qre we breakfasted, near to which ..... we counted eight Droves of black Cattle moving to Crief (sic) Fair. There would have been about 1200 of them.
>
> After Breakfast, I stepp'd out, and seeing a handsome, comely Youth coming along with the Cattle and dress'd better than ordinary in a Scarlet Vest and Philibeg, I asked, "From where the Cattle?" "From Sky (sic)," said he.[30]

Chuir an t-Easbaig stad air an òigear le bhith a' tairgsinn deoch dha agus a' faighneachd às dèidh luchd-eòlais thall anns an Eilean, oir bha e airson barrachd fhaighinn a-mach mu dheidhinn dròbhaireachd:

> He told me they had four or five horses with Provisions for themselves by the Way, particularly Blankets to wrap themselves in when sleeping in the open Air, as they rest on the bleak Mountains, the heathy Moors, or the verdant Glens, just as it happens towards Evening; that they tend their flocks by night and never move till about eight in the Morning, and then march the Cattle at Leisure, that they may feed a little as they go along. They rest a while at Midday to take some Dinner, and so let the Cattle feed or rest as they please. The proprietor does not travel with the Cattle, but has One for his Deputy to command ye whole; he comes to the place appointed against ye Day fixed for the Fair. When the Flock

---

[29] OSA vol. 5, àireamh 18, Inverary, leis an Urr Paul Fraser, td 295. Uaireannan shaoil dròbhairean agus ceannaichean gun robh tuathanaich ag iarraidh cus airgid airson feurach. Cluinnear aithris air an seo bho Eàirdsidh Dòmhnallach, Uibhist a Deas, air Tobar an Dualchais (SA1953.035).

[30] J.B. Craven, *Journals of the Episcopal Visits of the Right Rev. Robert Forbes 1762 agus 1770*, tdd 235-237.

is very large, as the present, they divide it, though belonging
to the One, into several Droves, that they may not hurt one
another in narrow Passes, particularly on Bridges, many of
which they go along. Each drove has a particular number of
men with some Boys to look after the Cattle. I called upon
four of the Fellows, who could talk nothing but Galic (*sic*), and
gave ym a Dram ....

On the dusky muir of Drumochtir we had a full view of all
the Cattle, from Rear to Front, which would take up about a
Mile in length, and were greatly entertained in driving along
through the midst of them, some of them skipping it away
before us, like so many Deer. They were sleek, and in good
Order and fit for the present Use ... We had now a fine view
of Lochgarry, at the mouth of qch we saw another Drove of
Cattle, about 300, resting, on their way to Crief Fair, some of
them, through the Heat of the Day, wading into the Loch.[31]

Cha robh a h-uile dròbhair cho spaideil ri fear-eòlais òg an Easbaig. B' e
Iain Camshron, fear de na dròbhairean as ainmeile anns an naoidheamh
linn deug, fear-taca Choire Chuinnlidh faisg air Drochaid an Aonachain.
Cha do ghabh esan, a rèir coltais, ach beagan sùim don earradh aige. Thug
sgrìobhadair an iomradh-bàis aige anns an *Inverness Advertiser* dealbh air
mar 'one who, for more than half a century, held a chief place among the
"notabilities" of the north'. Tha an t-iomradh làn fiosrachaidh mu dheidhinn
obair agus sgilean gnìomhachais a' charactair dhrùidhtich seo agus mu
dheidhinn dròbhaireachd san fharsaingeachd anns an naoidheamh linn
deug:

Inverness Advertiser – February 26 1856

The second son of a respectable though poor man, who
rented part of the Corriechoillie farm, Mr Cameron began life
without fortune. By dint of his own dear judgment and untiring
perseverance, he became known as the largest holder of live
stock in Scotland. When very young, he commenced dealings
in the cattle trade, and from the outset on for many years had
a remarkable run of success, rising from the profits of a few
small transactions, which were eked out by well-judged cases
of barter, to manage a most extensive and thriving business.
All was done under his personal superintendence, and the
amount of fatigue and exposure which he underwent is almost
incredible. Great part of his time was spent on horseback,
which always remained his favourite form of transport.

---

[31] J.B. Craven, *Journals of the Episcopal Visits of the Right Rev. Robert Forbes 1762 and 1770*, tdd
235-237.

He would often be for three nights on end without sleep, and for as many days his sole nourishment would be a dram, a piece of oat cake and a drink from some roadside well. Wealth wrought no change in his habits. His personal expenditure was regulated to the last by the strictest economy. A stranger who saw him at Falkirk or Muir of Ord would have been very apt to despise his appearance; still he was in the habit of doing generous things, and in his own home his hospitality was sumptous and unbounded. Innumerable are the good anecdotes told in regard of him ... On (one) occasion some person in London, imagining, doubtless, that he had done a clever thing, posted a letter addressed to "the King of the Drovers, Scotland." The epistle was stuck up among the unclaimed letters at the General Post Ofice in Edinburgh. Some one wrote upon it, "try John Cameron, Corriechoillie." The advice was taken, and the letter forwarded. He was not at home when it arrived, and on its being subsequently handed to him, some doubt was expressed as to the propriety of his opening it. "Tut," quoth he, "who should open it if I didn't?"

Our local contemporary has revived an instance of his anecdotes. "He was seated one evening with a large party of his brother hillfarmers and talking largely of his immense stock and his doings at Falkirk Tryst, when one of the party broke out,"Why Corriechoillie, you are making yourself as great as the Duke of Wellington." "The Duke of Wellington!" replied the old man with a smile, "it was easy for the duke to put down his men at Waterloo – a regiment here and a regiment there, but let him try to put down 10000 sheep; forbye black cattle, at Falkirk Tryst, and it's my opinion he will make a very confused business of it ... " By all, especially the poor, he was esteemed as a kind-hearted and obliging man. To the small crofters with whom he came in contact he was ever very lenient and friendly and many of the small dealers who attend a market with perhaps only one "hand-beast," thought themselves exceedingly fortunate if they could attract his notice, for it was well known that he could often be importuned into making a purchase from them, at a price above what they could obtain from anybody else.

He was in his 75th year, when, according to the report of one of his most intimate and trusted friends, he latterly boasted that he had "stood" the three yearly Falkirk Trysts, and the two Doune fairs, for the last fifty-five years without missing a single market

He was married twice, and has left a numerous family.[32]

---

[32] Inverness Advertiser,26 Feb 1856.

Shiubhail Coire Chuinnlidh fada is farsaing air feadh taobh an iar na h-Alba le dròbhan chruidh. Cheannaich e crodh bho thuathanaich eile anns an sgìre aige fhèin agus chaidh e gu margaidhean agus fèilltean ionadail, cho math ri margaidhean mòra a chinn a deas. 'S e fear gnìomhachais air leth soirbheachail a bh' ann, le 50,000 beathach (crodh agus caoraich) air an fhearann aige ann an 1849.[33] Choisinn e urram mar dhròbhair cothromach, soirbheachail agus chaidh a choibhneas agus fhialaidheachd a chuimhneachadh ann an òrain. Rinn Màiri Mhòr nan Òran (1821 – 1898) 'Còmhradh eadar Iain Bàn 's Coire Chuinnlidh'[34] às dèidh dha Coire Chuinnlidh a h-athair, Iain Bàn, a chuideachadh a-mach à trioblaidean ionmhasail le bhith a' ceannach a chuid mhairt aig fèill Phort Rìgh. Ged a rinn Màiri na rannan seo 's dòcha ùine mhòr às dèidh bàs Choire Chuinnlidh, tha deagh chuimhne aice air fhialaidheachd … agus air a chòta luideach! Thug Màiri taic do chroitearan ri linn strì an fhearainn aig deireadh na naoidheimh linn deug agus tha tòrr de na h-òrain aice a' sealltainn fhaireachdainnean an-fhoiseil an ama agus an iomairt a bha a' dol gus leasachaidhean poilitigeach a chur air dòigh airson tèarainteachd do chroitearan. Thàinig an gluasad seo gu bàrr anns na 1870an, ach bha fo-shruthan diombach ann mu-thràth nuair a choinnich Coire Chuinnlidh agus athair Màiri.

Fhuair dròbhair eile moladh bho Mhàiri Mhòr airson a choibhneis agus a thuigse. Ann an 'Òran Aonghais Dhuibh an Dròbhair' chì sinn a-rithist cho fada is farsaing a shiubhail dròbhairean, an deagh chùram a thug iad do bheathaichean air an t-slighe, agus an comasan ann a bhith a' faighinn làmh-an-uachdar aig an fhèill![35]

Nuair a ràinig iad na margaidhean Gallta às dèidh turas fada, cha robh obair nan dròbhairean faisg air seachad. Dh'fheumadh iad feurach a lorg airson am beathaichean agus deagh shùil a chumail orra, agus dh'fheumadh iad an crodh a reic ri dròbhairean à Sasainn mus tilleadh iad dhachaigh le toradh an saothrach. Bhiodh e furasta do dhròbhairean ealanta an crodh as fheàrr a thaghadh aig fèilltean agus am prìs a dhèanamh nas àirde no nas ìsle, a rèir an ann a' reic no a' ceannach a bha iad. Bha fèilltean cudromach, mar a tha iad chun an latha an-diugh, ann a bhith a' toirt cothom do luchd-seilbh duaisean a bhuannachadh airson an cuid bheathaichean agus inbhe an treudan a thaisbeanadh agus a mheudachadh. Ged a bha slighe gu math fada eadar Colbhasa agus na fèilltean, choisinn uachdaran an eilein iomadh duais aig Fèill na h-Eaglaise Brice agus Fèill Dhùn Bhreatainn.[36]

---

[33] Thomas Gisborne, "Falkirk Tryst in 1849," ann an *Essays on Agriculture*, London: John Murray, 1854, td 16.

[34] Òran 229: Còmhradh eadar Iain Bàn 's Coire Chuinnlidh. 'S e fialaidheachd feart a roinn Coire Chuinnlidh le Dòmhnall Mac Bheathain, cuspair de dh'òrain le Aonghas Mac Aoidh, buidealair Talla a' Mhoigh. Faicibh òran 230 - Do Dhòmhnall Mac Bheathain, an dròbhair.

[35] Òran 231: Oran Aonghais Dhuibh an Dròbhair.

[36] Tasglann Sgoil Eòlais na h-Alba: Bella NicNèill air a clàradh le Calum Iain MacIlleathain SA1953.08.03 agus ri cluinntinn air Tobar an Dualchais.

> Thèid mi ann aig àm na fèille,
> 'S chì mi fèin na b' àill leam ann.[37]

Chluich fèilltean agus margaidhean pàirt chudromach ann am beatha iomadh duine agus 's e ceann-latha sònraichte a th' ann an latha na fèille ann an iomadh coimhearsnachd chun an latha an-diugh.[38] Is iomadh boireannach a rachadh chun na fèille, a' reic ime, càise, stocainnean no aodach eile. Rinn am fear-ealain Hassell gràbhaladh ann an 1822 le bean-mhargaidh agus a cuid chloinne a' coiseachd tro bhealach le basgaidean agus poit mhòr meatailt, 's dòcha làn bainne no bàrr.[39]

Aig margaidhean beaga agus mòra fhuair daoine bho choimhearsnachdan iomallach cothrom coinneachadh ri caraidean agus luchd-gaoil. Mar a sgrìobh tighearna-fearainn Gallta Uachdar Tìre, Seumas Ramsay, mu dheidhinn fèilltean anns an ochdamh linn deug:

> Fairs may be classed among Highland diversions, being formerly attended by people of every rank. Though business was transacted at them, and every article bought which the country did not afford, yet pleasure and the hopes of meeting their friends and acquaintances were the true errands of most of the company. [40]

'S e sealladh air leth a bh' anns an fhèill, làn dhathan, gluasad, èigheach, plocaireachd agus poitearachd, le measgachadh de dhaoine agus sprèidh às a h-uile ceàrn. Seo aithris cho-aimsireil air Fèill na h-Eaglaise Bhrice ann an 1849:

> Many kindle fires at the end of their tents, over which cooking is briskly carried on. Broth is made in considerable quantities, and meets a ready sale. As most of the purchasers are paid in these tents, they are constantly filled and surrounded with a mixed multitude of cattle dealers, fishers, drovers, auctioneers, pedlars, jugglers, gamblers, itinerant fruit merchants, ballad singers and beggars. What an indescribable clamour prevails in most of these party-coloured abodes![41]

---

[37] Òran 203: 'S e tìr mo rùin-sa Ghàidhealtachd.

[38] Òran 232: An nigh'n dubh ghuanach.

[39] Tha lethbhreac den ghràbhaladh seo bhon Highland Folk Museum ri fhaicinn air làrach-lìn 'Am Baile' <www.ambaile.org.uk > (air a ruighinn 2013).

[40] J Ramsay, *Scotland & Scotsmen in the 18th Century*, Dùn Èideann 1888, II, td 405.

[41] 'Falkirk Tryst' bho Johnstone's Edinburgh Magazine; foillsichte ann an *The Museum of Foreign Literature, science and Art*, vol. 4, January – April 1838, Philadelphia: E. Litell & Co., td 287.

Sgrìobh R. B. Cunninghame Greumach tuairisgeul mothachail eile, a tha caran claon-bhreitheach ann an àitichean, air Fèill na h-Eaglaise Brice faisg air deireadh na naoidheimh linn deug, 's e a' beachdachadh air seann traidisean nam fèilltean agus dròbhaireachd a' dol à bith:

> The "parks" by Larbert where the Tryst was held presented on the fateful day the aspect of a fair, with the tents and the crowd of country people. Sheep bleated and cows lowed, and, as it generally was raining, a smell of tar and wool hung in the air. Knots of men wrapped in plaids, their clothes showing the signs of having camped by the roadside, their faces tanned or reddened by the sun, their beards as shaggy as the coats of the rough kyloes that they passed their lives with, chatted with Lowland shepherds from the Cheviots.
>
> Beefy-faced cattle-dealers from the Midlands roared at Highlanders whose English was defective, thinking to make them understand by noise; and Highlanders, who themselves understood English almost as well as they did and spoke it far more purely, pretended to mistake their meaning to get more time to think what they should say.[42]

Bha seallaidhean mar seo gu math eadar-dhealaichte bho bheatha àbhaisteach dùthchail iomadh Gàidheal òg. Aig an fhèill bha cothroman ann airson tighinn còmhla, airson àbhachd agus spòrs, airson prothaid agus call, airson luchd-malairt onarach agus mèirlich sheòlta, airson toileachas agus briseadh-cridhe.[43]

Am measg iomadach dròbhair eile aig an fhèill mhòr ann an Craoibh, is dòcha gum faiceadh am bàrd òg Rob Donn, a' tighinn faisg air deireadh slighe fhada le dròbh chruidh à Cataibh. Bha Rob Donn (r. 1714) na bhuachaille don fhir-taca Iain MacEachainn on a bha e na bhalach beag, agus lean e air ag obair dha mar dhròbhair. Anns an duan aige 'Ged is socrach mo leabaidh', tha inntinn a' bhàird a' falbh bhon bhaile-margaidh thrang Ghallta chun na dachaigh aige ann an Cataibh agus an nighean a dh'fhàg e shuas an sin.

> Ged is socrach mo leabaidh,
> Chan e' n cadal bh' air m' ùidh;
> 'S tric mo smuaintean a' gluasad
> Don taobh tuath leis a' ghaoith;
> 'S mòr a b' annsa bhith mar riut
> Ann an gleannan nan laogh,
> Na bhith cunntadh nan Sàileach
> Ann am pàirceachan Chraoibh.[44]

---

[42] R.B. Cunninghame Graham, *A Hatchment*, td 219.

[43] Òran 233: Mi air m'aineoil fad o m' chàirdean, a dh'innseas mun chor thruagh a th'aig maighdean às dèidh oidhche a chur seachad le a leannan dròbhair, agus a bròn a bhith fada air falbh bho a càirdean.

[44] Òran 234: Ged is socrach mo leabaidh.

A bharrachd air a bhith air a sgaradh bho luchd-gaoil, cha robh latha na fèille às aonais iomagain, gu h-àraidh airson tuathanach no croitear aig nach biodh ach mart no dhà ri reic. Dh'fhuiling feadhainn aca fo luchd-malairt ghleusta. Ged a bha dròbhairean mar as trice sgileil ann am malairt, is cinnteach gun robh luchd-malairt a cheart cho math air barganachadh. Chleachd daoine carach foill uaireannan airson crodh fhaighinn aig prìs a fhreagair dhaibh fhèin. A rèir Roib Dhuinn, bha a mhaighstirean fhèin – Fear Taigh Bhìogais ann an Cataibh, Ùisdean Mac Aoidh agus Iain Mac Eachainn am fear-taca – ciontach dhe seo, am measg dhaoine eile. Cha do sheachain Rob Donn a-riamh na faireachdainnean aige a chur an cèill na chuid bàrdachd – fiù 's airson gnìomhan a mhaighstirean a chronachadh is iad a' dèiligeadh le luchd-ceannach sprèidhe às a' Ghalldachd.[45]

Eadhon nuair a fhuair an dròbhair airgead gu leòr na dhòrn, bha iomadh dòigh ann dealachadh ris mus ruigeadh e am fear-creideis, no an dachaigh aige fhèin. Anns an òran ''S gun dèan mi rann,' tha e soilleir nach eil mòran earbsa aig a' bhoireannach gun till an duine aice leis an airgead a choisinn e, an àite a bhith a' cosg a h-uile fàirdean dheth ann an taighean-seinnse na h-Eaglaise Brice no Chraoibh, mura cùm ise deagh shùil air!

> 'S nuair thèid e mach a dhròbhaireachd,
> Gu faigh mi fhèin dhol còmhla ris,
> Is bi sporan nam mo phocaid-sa,
> Is chan fhaigh e mheòir air fàirdean.[46]

Ach bha an-còmhnaidh cothrom ann prothaid a dhèanamh, a thug air daoine coimhead air adhart ri latha a' mhargaidh, gu h-àraidh nan robh cothrom aca malairt a dhèanamh le fear de na dròbhairean a choisinn meas mòr airson fialaidheachd. 'S e an comasan air deagh chùmhnantan a dhèanamh, a dhèanadh tuathanach 'cho beartach ri rìgh', a choisinn moladh do dhròbhairean ann am bàrdachd agus òrain, coltach ri duain-molaidh a rinneadh do chinn-cinnidh. B' e Iain MacPhàil aon dròbhair a choisinn a leithid de chliù.[47]

Sheall Alasdair MacMharais an tlachd a thàinig bho mhalairt shoirbheachail anns a' bhàrdachd aige.[48] Dh'ionnsaich dròbhairean ealanta iomadach dòigh air làmh-an-uachdair fhaighinn ann am malairt, mar a bhith a' cur mairt laga, neo-tharraingeach am falach ann am meadhan an trèid agus a' cur nam beathaichean a b' fheàrr air an taobh a-muigh far am faiceadh luchd-ceannach gu furasta iad.[49]

---

[45] Àireamh 235: Fear Taigh Bhìogais.

[46] Òran 3: 'S gun dèan mi rann.

[47] Òran 236: Iain MacPhàil an Dròbhair.

[48] Àireamh 237: An dròbhaireachd.

[49] Tasglann Sgoil Eòlais na h-Alba: Dugald MacDougall, air a chlàradh le Eric R. Cregeen, SA1958/194.

Bha soirbheas aig na fèilltean a' crochadh chan ann dìreach air staid nam beathaichean, ach cuideachd air an àireamh sprèidh. Mura robh ach beagan sprèidhe gan reic, ghabhadh prìsean na b' àirde fhaighinn air an son, ach mar bu trice bha iomadh neach a' feuchainn ri an cuid bheathaichean a reic, a' cumail phrìsean ìseal.

Nuair a thàinig an dròbhair agus fear-ceannach gu aonta, chrathadh iad làmhan a chèile agus bheireadh am fear-seilbh ùr a-mach baraille tearra airson a chomharra fhèin a chur air an sprèidh ùr. Cluinnidh sinn tuairisgeul soilleir air na thachair às dèidh cùmhnant-ceannaich àite a ghabhail ann am 'Bliadhnach Ailein', anns a bheil Màiri Flòraidh NicDhòmhnaill ag innse cho dòchasach 's a tha Ailean gum faigh e prìs mhath airson a' bhliadhnaich luachmhor aige aig a' mhargaidh ionadail.[50]

Ann am facail Dhùbhghlais MhicDhùghaill "... that was the bargain sealed, and it was as good as suppose it was in a lawyer's book when they struck hands."[51]

A rèir coltais, 's e obair phàiteach a bh' ann airson mòran:

> When, after an infinity of haggling, a price was reached, to which the seller gave assent, both parties would adjourn to one or other of the tents, to wet the bargain, and sit down at a white, deal table, placed upon the grass, and swallow whisky in a way that no one not connected with the cattle trade could possibly achieve. On them it had no more effect than milk, unless to make the fiery faces of the Yorkshire dealers a thought redder, and set the Highlanders a-talking still more fluently than when they had gone in.
>
> Quarrels were rare, and drunkenness not common with such seasoned vessels; but on the rare occasions when the whisky had proved stronger than the head, they lay down peacefully to sleep it off, beside their animals, with their heads buried in their plaids.[52]

Mhair na fèilltean-sprèidhe mòra anns an Eaglais Bhric agus ann an Craoibh dhà no trì làithean agus chaidh mìltean de chrodh Gàidhealach a cheannach agus a reic, a bharrachd air caoraich, searraich, cearcan, toradh na bà, biadh agus deoch. Nuair a bha cùmhnantan-ceannaich seachad agus airgead ann am pocaidean ùra, thog daoine orra air an rathad dhachaigh le toradh na fèille, sprèidh ùr 's dòcha, no sgeulachdan agus òrain, no cuimhneachain sona de dheagh chompanas no dàil le leannan. Dh'fhalbh feadhainn eile dhachaigh le pòcaidean falamh agus cinn ghoirt.[53]

---

[50] Àireamh 238: Bliadhnach Ailein.

[51] Eric R. Cregeen, "The Last of the Argyllshire Drovers: Dugald MacDougall," *Scottish Studies*, vol. 3.

[52] R.B. Cunninghame Graham, *A Hatchment*, td 220.

[53] Òran 239: Chan eil a' chùis a' còrdadh rium.

Tha aighear agus beothalachd latha na fèille air a ghlacadh anns an òran 'An Fhaighir Mhuileach'[54]. Ged nach bu chòir dhuinn gabhail ri facail puirt-à-beul mar an dearbh fhìrinn, leis an ruitheam nas cudromaiche na a' chiall, is dòcha gun tàinig dùsgadh-inntinn airson a' phuirt seo bho aon àm a ghabh an t-uisge beatha làmh an uachdair!

Uaireannan thàinig e am follais às dèidh làimhe nach robh mart cho math 's a bha am fear-ceannach an dùil nuair a cheannaich e aig an fhèill i. Rinneadh aoireadh air crodh ann am bàrdachd, mar a rinneadh air daoine. Seo eisimpleir bhon a' Bhàrd Sgallach, Aonghas Caimbeul, a rugadh san dara leth den t-seachdamh linn deug:

> O! b' e spriolag a chuir na mo lion thu,
> Chuireadh tu eagal air seisear nam fiannuis,
> Diuidh na tàine gu faca mi riamh thu,
> Sgrogag gun eireachdas, goireal na blianaich.[55]

Às dèidh na fèille bhiodh cuid a dhròbhairean air am fastadh airson crodh a thoirt nas fhaide gu deas gu ionaltraidhean luachmhor ann an Sasainn – tachartas a ghlac Sir Walter Scott anns an sgeulachd ghoirid *The Two Drovers*. An sin dh'fhàsadh an crodh na bu reamhra fhathast air deagh fheurach taobh an ear Shasainn:

> In this vast tract of meadows are fed a prodigious number of black cattle, which are said to be fed up for the fattest beef, tho' not the largest in England; and the quantity is so great, as that they not only supply the city of Norwich, the town of Yarmouth, and county adjacent, but send great quantiies of them weekly in all the winter season, to London.
>
> And this in particular is worthy remark, That the gross of all the Scots cattle which come yearly into England, are brought hither, being brought to a small village lying north of the city of Norwich, call'd St. Faiths, where the Norfolk grasiers go and buy them. These Scots runts, so they call them, coming out of the cold and barren mountains of the Highlands in Scotland, feed so eagerly on the rich pasture in these marshes, that they thrive in an unusual manner, and grow monstrously fat; and the beef is so delicious for taste, that the inhabitants prefer 'em to the English cattle, which are much larger and fairer to look at, and they may very well do so: Some have told me, and I believe with good judgment, that there are above 40,000 of these Scots cattle fed in this country every year, and most

---

[54] Òran 240: An Fhaighir Mhuileach.

[55] Òran 241: Òran na bà.

of them in the said marshes between Norwich, Beccles, and Yarmouth.[56]

Choisinn dròbhairean eile beagan airgid a bharrachd air tuathanasan Gallta, a' buain an arbhair no a' smeuradh nan caorach.[57]

Thàinig dochann à iomadh ceàrn do dhròbhairean agus luchd-seilbh sprèidhe san fharsaingeachd – ràithe neo-fhàbharach, prìsean ìseal aig a' mhargaidh, tinneas, aois no rud sam bith a chuir bacadh air an dròbhair beatha a dhèanamh dha fhèin ann an obair chruaidh dhùbhlanach. Ged a bha a' chuid as motha de dhròbhairean onarach nuair a bha iad a' dèiligeadh le luchd-seilbh chruidh, is ainneamh a bha airgead gu leòr aca airson a thoirt dhaibh mus do reiceadh an sprèidh. Mar as trice cha do phàigh iad ach sùim beag, no cha do phàigh iad sgillinn sam bith, ach thug iad nota creideis don tuathanach, a ghabhadh pàigheadh nuair a thilleadh na dròbhairean bho mhargaidhean na Galltachd. Uaireannan ge-tà, cha b' urrainn do dròbhairean na mairt a reic airson na chaidh aontachadh le tuathanach air an nota creideis. Dh'fheumadh dròbhairean beagan prothaid a dhèanamh dhaibh fhèin, a' gabhail a-steach chosgaisean a tharraing iad air an slighe, leithid crodh a thoirt a-nall air bàtaichean agus cosgaisean ionaltraidh.[58] Cha b' ainneamh a thill iad gun airgead gu leòr – is dòcha air sàilleabh ionnsaighean bho mhèirlich air neo margadh air leth farpaiseil – agus cha deach notaichean creideis a phàigheadh airson ùine mhòir. Dh'fhàg seo cuid de thuathanaich ann an suidheachadh ionmhasail èiginneach, mar a chì sinn bhon aithris seo bho sgìre Dhòrnach anns na 1790an:

> Betwixt 400 and 500 black cattle are exported yearly from the parish, being sold to drovers for the south of Scotland, and for England. This trade, however, is not yet well understood or carried on under proper regulations, several dealers having of late found means, after getting possession of the cattle, to evade payment of the greatest part of the price. This has been the source of incredible confusion and distress for a number of years past, and the inhabitants of this parish have suffered deeply their own share of the calamity. The dependence of the Highland part of the parish for paying their rent, and supporting their families, is upon the produce of their flocks and herds.[59]

Le deagh thuigse de bheathaichean agus den fhearann, sgilean làidir ann an ceannas agus sabaid, agus cruadalachd agus curantachd gu leòr, bha Rob

---

[56] Daniel Defoe, *A Tour Thro' the Whole Island of Great Britain, Letter 1* (1724 – 27) London: J & M Dent & Sons., 1928, td 64.

[57] A.R.B. Haldane, *The Drove Roads of Scotland*, td 22.

[58] A.R.B. Haldane, *The Drove Roads of Scotland*, caibideil air 'The Economics of Droving.'

[59] OSA Volume 10: Parish of Clyne, leis an Urr Mgr Walter Ross td 298-299.

Ruadh Mac Griogair (r. 1671) gu math comasach mar dhròbhair. Bha deagh eòlas aige air dòighean nan creachadairean agus cruth na tire. Chuidich an t-eòlas seo e anns an obair 'faire' a rinn e, a' dìon crodh nan Gall bho chreachadairean Gàidhealach airson pàigheadh. Dh'fhàs cùisean doirbh dha mar dhròbhair ann an 1712, nuair a thug Diùc Mhontròis airgead dha airson crodh a cheannaich. Airson adhbhar air choreigin cha do cheannach Rob Ruadh fhèin na mairt, ga chur air cùram fear eile a dhèanamh. Chan e dròbhair onarach a bh' anns an fhear eile ge-tà. Theich e le airgead an Diùic agus chan fhacas a-riamh tuilleadh e. Air sgàth 's nach tug Rob Ruadh an t-airgead air ais don Diùc, chaidh an taigh aige a losgadh agus bha a bhean agus a chuid chloinne air am fuadach. Chuireadh Rob fhèin fon choill, a' tighinn beò airson iomadach bliadhna air mèirle, seòltachd agus taic a charaidean. Cha b' esan a' chiad dhròbhair a thionndaidh gu eucoir airson a bhith-beò, no am fear mu dheireadh.

Bha dròbhairean gu h-àraidh buailteach droch chron fhulang ann an ionnsaighean bho mhèirlich air an rathad dhachaigh às a' mhargaidh, le airgead a' gliongadaich nam pòcaidean. Dh'fhàs cuid a dh'àiteachan air an slighe gu margaidhean air leth cunnartach. Ann an leabhran a rinn Urras Taigh-tasgaidh Inbhir Pheofharain, tha Bealach Coire Ghearraig, Coilltean Chonainn, Tairbhidh agus Monadh Chalrosaidh uile air an ainmeachadh mar àiteachan a bha cunnartach do dhròbhairean, 's dòcha air an slighe dhachaigh bho Dhail Mhòr a' Bhlàir Dhuibh, no fèill na b' fhaide air falbh. B' e aon dhròbhair a dh'fhuiling aig làmhan mèirlich na sgìre sin, Eachann mac Sheòrais Rosach, à Baile Beag, croit bheag faisg air bun Abhainn Alanais. Choisinn Eachann cliù dha fhèin mar dhròbhair onarach. Aon bhliadhna thug e treud mòr chruidh sìos gu margaidh Ghallta as t-fhoghar. 'S ann leis fhèin a bha tòrr de na mairt, ach bha crodh tuathanaich Rosach eile fo chùram cuideachd. Chaidh a' mhargadh gu math leis agus fhuair e deagh phrìs airson nam beathaichean, ach thug mèirlich ionnsaigh air nuair a bha e a' siubhal dhachaigh tro Bhealach Coire Ghearraig agus chaidh an t-airgead gu lèir a ghoid bhuaithe. Seo mar a dh'innis W. Rothach an còrr den sgeul:

> Hector returned to his croft a ruined man; he became a thief … living near the drove road he was often able to pick up stray cattle. He also had great skill in treating sick and injured catttle. He was eventually caught stealing cheese in Ardross c.1820 and sentenced to hang, later changed to transportation. At the end of his trial he said "It would have paid to have been honest, but in the times we have now it would have been a bare living." [60]

Tha iomadh sgeul ann am beul-aithris mu dheidhinn dhròbhairean a thachair ri duilgheadasan den aon seòrsa air an rathad dhachaigh às an fhèill.[61] Anns

---

[60] W. Munro, *Reivers or Cattle Thieves*, Dingwall, 1978.

[61] Tha clàraidhean de fheadhainn eile air làrach-lìn Tobar an Dualchais cuideachd, mar eisimpleir, Bella NicNèill ag innse do Chalum Iain MacIlleathain mu robairean à Colbhasa SA1953.08.03 (air a ruighinn 2013).

an òran 'Bodach an t-saidhbhir' às an Eilean Sgitheanach, cluinnidh sinn mar
a sheachain duine seann bhodach grànda a leum air gun fhiosta air a rathad
dhachaigh à Fèill Phort Rìgh. Thuit am bodach fo bhuaidh na dibhe agus
ràinig an duine a dhachaigh gu sàbhailte, ged a thug an turas na b' fhaide na
bha e an dùil.[62]

    'S e 'An Dròbhair Grinn' sgeulachd eile mu dheidhinn ladran às an Eilean
Sgitheanach, a chuala Tormod MacLeòid à Sgalpaigh bho a sheanmhair
nuair a bha e glè òg. [63] Air a shlighe dhachaigh bhon fhèill-sprèidhe ann an
Sligeachan, thachair dròbhair ri duine spaideil a dh'fhaighnich an rathad
gu Port Rìgh dheth. Dh'fhalbh an dithis còmhla ach nuair a ràinig iad
coille, thòisich cù an dròbhair air dranndan. Shlaod an coigreach a-mach
a chlaidheamh, mharbh e an cù agus mhaoidh e air an dròbhair – "Bheir
thu neise dhòmhsa chuile sgilinn airgid a th' agad." Anns an sgeulachd seo,
smaoinich an dròbhair tapaidh air dòigh a-mach às an staing agus theich
e le a bheatha agus a chuid airgid iomlan. Cha robh a h-uile dròbhair cho
fortanach.

    Rinn Iain Ruadh à Ràineach òran a sheallas gu soilleir mar a dh'atharraich
fortan aon dròbhair agus am buaidh a bh' aig an seo air an urram a thug
daoine eile dha.[64] Às dèidh dha caoidh mar a dh'atharraich cùisean dha, tha
e a' faighinn sòlas ann an dòigh fheallsanachail le bhith a' beachdachadh air
facail anns a' Bhìoball mu dheidhinn dhuilgheadasan a thig le stòras. Tha
an iomradh air Bonapart anns an rann mu dheireadh a' toirt dhuinn deit
thuairmseach airson an òrain. Tha e coltach gun robh an dròbhair à Raineach
fiosrach mu na bha a' tachairt anns an Ar-a-Mach Fhrangach agus gun robh
buaidh aig an seo air a' bhàrdachd. Coltach ri luchd-siubhail eile, chluich
dròbhairean pàirt chudromach ann a bhith a' toirt naidheachdan air ais bho
mhargaidhean agus bhailtean mòra gu coimhearsnachdan iomallach.

    Tron ochdamh linn deug agus airson tòrr den naoidheamh linn deug
bha iarrtas mòr ann airson crodh Albannach agus bha e furasta gu leòr
do dhròbhair math fastadh fhaighinn. Bha cruaidh-fheum aig saighdearan
cabhlach Bhreatainn air mart-fheòil shaillte fhad 's a bha iad an sàs ann an
cogaidhean an aghaidh na h-Ostaire agus na Spàinn, Cogadh na Saoirse ann
an Ameireaga agus Cogaidhean Napoleon eadar 1789 agus 1815. Ann an
1794 fhèin, thàinig 108,000 mart gu margaidh Smithfield ann an Lunnainn,
a' chuid as motha dhiubh air an àrach ann an Alba. Air feadh Bhreatainn bha
barrachd dhaoine a' fuireach ann am bailtean mòra às aonais crodh a bhith
aca fhèin. Le iarrtas ann airson mart-fheòil agus toradh na bà am measg
muinntir nam bailtean, bha margaidhean agus dròbhaireachd fhathast
gu math cudromach ann an eaconamaidh na dùthcha. Gu ruige deireadh
na naoidheimh linn deug ge-tà, dh'fhàs e na b' fhasa treudan de sprèidh
a ghiùlain air rathaidean-iarainn no bàtaichean-smùid, dòighean siubhail

<hr>

[62] Òran 242: Bodach an t-saidhbhir.

[63] Tasglann Sgoil Eòlais na h-Alba: Norman MacLeod, air a chlàradh le Mòrag NicLeòid,
SA1972.065, (air a ruighinn air làrach-lìn Tobar an Dualchais 2012).

[64] Òran 243: Òran le Iain Ruadh, drobhair a bha 'n Raineach. Faicibh cuideachd Òran 244 -
Gillean an dròbhair.

ùra a chuir stad rè ùine air dròbhan chruidh fada. Chaill iomadh croitear pàirt chudromach den teachd-a-steach aige nuair a thàinig dròbhaireachd gu crìch, mar a chì sinn anns an earrann seo bho aithris Choimisean Napier ann an 1883, anns an do dh'innis MacMharais eile, Dòmhnall à Àrd Nis, gum feumadh e a-nis faochagan a thrusadh airson teachd-a-steach gu math ìseal a leasachadh:

> We used to drive herds of sheep and cattle to Falkirk and other markets and we sometimes made £14 to £15 by that in the season. That source of income is lost to us now since the railways are opened. I know the nearest station is far from here and the sheep have still to be driven there. A shepherd with perhaps one or two attendants can drive the stock to Banavie, and then they ship them from there (along the Caledonian Canal) and sometimes they drive them to Tyndrum and put them on the Oban railway, or Kingussie on the Highland line.[65]

Ged a chunnacas dròbhan beaga chruidh fhathast a' siubhal gu fèilltean ionadail air feadh na Gàidhealtachd agus nan Eilean Siar aig toiseach na ficheadamh linn, 's e 'an t-each iarainn' a chleachdar barrachd is barrachd airson sprèidh a ghiùlain bho àite gu àite, 's gun fheum aige air feurach no àite-tàimh na h-oidhche air a shlighe chun na margaidh:

> 'S e mo laochan an t-each odhar,
> Thàinig à Glaschu fodham!
> 'S e nach gabhadh cur air theadhair,
> Air Achadh nan Gamhna.[66]

Ged a tha àite cudromach fhathast aig fèilltean agus margaidhean ann an eaconamaidh dùthchail na h-Alba, ghabh an fhèill-chruidh mhòr mu dheireadh àite anns an Eaglais Bhric ann an 1901 agus bha làithean an dròbhair cha mhòr seachad, a' fàgail às an dèidh dìleab luachmhor de charactaran, sgeulachdan agus òrain.

***

---

[65] A.D. Cameron, *Go Listen to the Crofters*, td 57-58.

[66] Bho 'An t-each odhar' (gun ainm) foillsichte ann an D.E. Meek, *Caran an t-Saoghail*, Dùn Èideann, 2003, td 134.

Caibideil 9

Creideamh, Os-chràbhadh agus Dìomhaireachd

Ho leiba chall o
Oidhche bha mi 'fhaire bhuaile,
Ho leiba chall o,
Dh'fhairich mi crith nach bu chrith fuachd i.
Ho leiba hi ri ho ro, Ho leiba chall o.[1]

Bidh na laoigh bheaga nan crodh-eadraidh,
Man tig mise, man till mis' à Uamh an Oir, Uamh an Oir...[2]

Le crodh cho prìseil ann am beatha agus beòshlaint nan Gàidheal, bha daoine airson an cumail sàbhailte bho chron sam bith. Cha b' e obair fhurasta a bh' ann crodh àrach air bheagan fearainn 's gun chothrom air cuideachadh fhaighinn bho lighiche bheathaichean no sàr-eòlaichean eile. Ged a bha eòlas farsaing agus sgilean àrachaidh dearbhte aig buachaillean, banaraich agus daoine eile, cha robh an uimhir de dh'eòlas aca air tinneasan chruidh 's a tha a-nis. Cha robh gainnead is bàs a-riamh fada air falbh, agus bha ar sinnsearan tric a' strì an aghaidh dhuilgheadasan nach gabhadh leasachadh gu furasta, agus a' feuchainn ri ciall a dhèanamh de thachartasan neo-àbhaisteach.

Uaireannan, chaidh creutairean os-nàdarra – crodh-sìthe, bana-bhuidsich agus sìthichean – air neo droch-shùil nàbaidhean mì-ghnèitheil – a chronachadh airson tinneas agus laigse a' chruidh agus droch thachartasan eile anns a' choimhearsnachd. Cha robh mòran a ghabhadh a dhèanamh an aghaidh ionnsaighean os-nàdarra den t-seòrsa seo, ach bha creideamh nan daoine ann airson an cuideachadh, an dà chuid an creideamh Crìosdaidh agus seann ghnàthaichean pàganach. Dh'iarr daoine taic bho Dhia agus bho naomhan. Dh'fheuch feadhainn air deagh mhèin nam buidseach a

---

[1] Òran 255: Ho leiba chall o.

[2] Bhon òran traideiseanta 'Uamh an Òir,' air a chlàradh le Martyn Bennett agus Margaret Bennett air Glen Lyon, le Talitha Makenzie air Stòras agus le Margaret Stewart agus Allan MacDonald air *Fhuair mi Pòg*.

cheannach le bhith a' toirt ìobairt dhaibh de bhainne, de dh'ìm no de chàise.

B' e an loireag aon chreutair a dhèanadh cron air crodh, gobhair agus caoraich a' bhaile, a' goid an cuid bainne air falbh agus a' cur casg-gluasaid orra, mura faigheadh i deoch-ìobairt.[3] Chruinnich Mac 'Ille Mhìcheil sgeulachd ann am Beinn nam Fadhla mu dheidhinn loireag a bha a' sùgadh bainne air falbh bho bhoin. 'S ann le bodach beag suarach a bha a' bhò seo. Shad am bodach clach mhòr air an loireig airson a cur air falbh, ach bhuail e a' bhò agus theab e a marbhadh. Nuair a chuala an loireag am bodach a' sireadh cuideachaidh bho Chaluim Cille, theich i suas a' bheinn, a' magadh air a' bhodach le òran.[4]

Cha b' e bodach beag bun a' Bhealaich an aon duine a dh'iarr taic bho Chaluim Cille no Dia, gu h-àraidh aig amannan sònraichte den bhliadhna, leithid Bealltainn, Lùnastal agus Samhain:

> At Beltane the flocks and herds went out to their summer pastures; at Hallowmas, they returned to the fold … Beltane may be regarded as a Day of Supplication, when a blessing was invoked on hunter and herdsman, on cattle and crops, and Hallowmas as a Day of Thanksgiving for the safe return of the wanderers and the renewal of the food supply.[5]

Bhiodh daoine a' creidsinn gun robh chiad Diluain den ràithe na latha sonraichte eifeachdach airson geasan – math agus dona – agus gum bu chòir do dhaoine cùram air leth a thoirt do sprèidh air na lathaichean sin. Bha seo gu h-àraidh fìor air a' chiad Diluain den ràith earraich, mar a dh'aithris Mac 'Ille Mhìcheil:

> 'Ceud Luan an ràith earraich, na fàg do chrodh air faontradh.' Some men observed this advice so closely that they kept their cattle indoors all day, letting them out for water only at nightfall, lest an evil eye should see them. No eye but the eye of the owner was allowed to see them … eagal gun laigheadh sùil orra. [6]

Gu fortanach, b' e a' chiad latha den Ghearran cuideachd latha Fhèill Bhrìghde, naomh a bha air a measadh airson sprèidh a dhìon!

Tha fèilltean pàganach agus Crìosdaidh air an toirt còmhla anns an t-sean-fhacal: 'Oidhche shamhna, anns a' gheamhradh, theirear gamhna ris na laoigh; latha Fhèill Eòin as t-samhradh, theirear aighean ris na gamhna.' Airson ceudan de bhliadhnaichean bha àite làidir aig gnàthaichean os-chràbhach cuideachd ann an obair nam buachaillean, mar a dh'aithris

---

[3] Alexander Carmichael, *Carmina Gadelica*, vol. 2, nòtaichean td 320.

[4] Òran 245: Laoigh bhreaca bhoirionn.

[5] F. Marian McNeill, *The Silver Bough*, vol. 2, td 55.

[6] Alexander Carmichael, *Carmina Gadelica*, vol. 4 td 150.

Lachlann Seathach, 's e a' beachdachadh air gnàthachaidhean a b' àbhaist a bhith aig na draoidhean, agus a bha fhathast aig na buachaillean ann am Moireibh aig deireadh na h-ochdamh linn deug:

> Upon Maunday Thursday the several herds cut staves of service wood about three feet long, and put two cross sticks into clefts in one end of the staff. These staves they laid up till the first of May. On that day several herds met together; every one had two eggs, and a bannock or thick cake of oat meal crusted over with the yolks of eggs. They raised a pile of dry wood or sticks on a hillock, and striking fire with a flint they kindled the pile; then they made the Deas-Soil thrice round the fire; after which they roasted their eggs, and ate them with a part of the bread. The rest of the bread they brought home, to be eaten by the family; and having adorned the heads of their staves with wild herbs, they fixed them on the tops, or above the doors of their several cots; and this they fancied would preserve the cattle from disease till next May.[7]

Sgrìobh F Marian NicNèill mu dheidhinn gnàthas den aon seòrsa ann an Siorrachd Pheairt ann an 1885, far an deach buachaille a' bhaile timcheall nan taighean air latha Bealltainn, a' cruinneachadh uighean agus min. An uair sin chaidh e fhèin agus buachaillean eile suas gu mullach beinne, far an do chladhaich iad toll.

> Lots were cast, and the lad on whom the lot fell was obliged to leap seven times over the fire, whilst the others danced round in a circle. Then they cooked their eggs and cakes, and all sat down and made a feast.[8]

Bha teine air leth cudromach airson spioradan olc a chumail air falbh bho bheathaichean. Bhiodh iomadh duine a' creidsinn gun robh buidsich is droch spioradan a' dol mun cuairt aig Bealltainn. Mura deigheadh stad a chur orra, rachadh iad a-steach don bhuaile no don bhàthaich, ma dh'fhaodte ann an riochd geàrr, airson bainne a ghoid bhon chrodh, no airson beathaichean nan daoine a thoirt air falbh. Ach bha an t-eagal air spioradan olc ro theine. Las daoine teintean air Latha Buidhe Bealltainn agus dh'iomain iad an cuid crodh timcheall air an teine, no eadhon tron teine, airson an seunadh bho bhuidsichean.[9]

Lorg Màrtainn Mac 'Ille Mhàrtainn teintean air an cleachdadh anns na h-Eileanan Siar nuair a shiubhail e tromhpa ann an 1695:

---

[7] Lachlan Shaw, *History of the Province of Moray*, Glaschu, 1882, td 145.

[8] F. Marian McNeill, *The Silver Bough*, vol. 2, td 60.

[9] Fiosrachadh bho bhoireannach ann an Arainn ann an 1895. Faicibh McNeill 1959: td 61.

The inhabitants here did also make use of a fire called tin-
eigin, i.e. 'a forced fire', or fire of necessity, which they
used as an antidote against the plague or murrain in cattle;
and it was performed thus: all the fires in the parish were
extinguished, and then eighty-one married men, being
thought the necessary number for effecting this design, took
two great planks of wood, and nine of them were employed
by turns, who by their repeated efforts rubbed one of the
planks against the other until the heat thereof produced fire;
which is no sooner kindled than a pot full of water is quickly
set on it, and afterwards sprinkled upon the people infected
with the plague, or upon the cattle that have the murrain.
And this they all say they find successful by experience. It
was practised in the mainland, opposite to the south of Skye,
within these thirty years.

... There was an ancient custom in the island of Lewis
to make a fiery circle about the horses, corn, cattle, etc.,
belonging to each particular family; a man carried fire in his
right hand, and went round, and it was called dessil, from
the right hand ... This superstitious custom is quite abolished
now, for there has not been above this one instance of it in
forty years past.[10]

A bharrachd air teine, bha caorann air a mheas gu mòr mar bhacadh air droch spioradan agus tinneasan. Is tric a bha craobh caorainn a' fàs faisg air doras thogalaichean airson daoine agus beathaichean a dhìon bho olc agus chleachd banaraich maidean caorainn airson crodh iomain don bhuaile no chun na h-àirigh:

In Breadalbane it was customary for the dairymaid to drive
the cattle to the sheilings on Beltane morning with a wand of
the (rowan) tree cut on the day of their removal. The wand
was afterwards placed above the door, where it remained
until the cattle returned to the winter-town at Hallowmas. In
some districts sprigs of rowan were tied with red thread to
the cows' tails before they were driven out to the pastures.[11]

Ann an cuid de sgìrean bha na maidean caorainn air an gearradh agus air an sgeadachadh ann an dòigh àraid:

In some parts of the country is a Beltein, different from the
before-mentioned. A cross is cut on some sticks, which is

---

[10] Martin Martin, *A Description of the Western Islands of Scotland Circa 1695: A Voyage to St Kilda*, td 78.

[11] F. Marian McNeill,*The Silver Bough*, vol. 2, td 63.

> dipped in pottage, and the Thursday before Easter one of
> each placed over the sheep-cot, the stable, or the cow-house.
> On the 1st of May they are carried to the hill where the Beltein
> is celebrated, all decked with wild flowers, and after the feast
> is over, replaced over the spots they were taken from. [12]

Ged a bha caorann air a chrochadh os cionn dorais airson buidsichean agus sìthichean a chumail air falbh, bha e air a chleachdadh ann an dòigh eile cuideachd. Chreid feadhainn gun gabhadh a chleachdadh mar an droch shùil, 's nam buaileadh cuideigin bò le slat chaorainn, gum falbhadh am bainne aice.[13]

B' e aiteann (*Juniperus communis*) agus lus an torranain (*Scrophularia nodosa*) lusan eile a bh' air an cur gu feum an aghaidh tinneas agus spioradan olc. Fhuair Tòmas Pennant a-mach gun do loisgeadh aiteann air beulaibh a' chruidh air Latha na Bliadhna Ùire ann an sgìre Chonainn. Chrochadh daoine geugan aitinn air neo lus an torranain os cionn doras na bàthcha ann an cuid a sgìrean.[14] Chuireadh daoine eile torranan fon a' mhuidhe, oir chreid iad gun cuidicheadh an lus sin bainne a dhèanamh pailt agus crodh-laoigh a chumail slàn agus torrach. A rèir beul-aithris, thàinig Naomh Torrainn (Torranan) gu tìr aig Cailigeo ann am Beinn nam Fadhla às dèidh turas fada bho Èirinn anns a' chòigeamh linn. Dh'iarr e deoch uisge air Dia, oir bha am pathadh mòr air. Nuair a thàinig fuaran a-mach à creig airson a phathadh a chasg, 'ghuidh Torranan air Dia mòr nan dùl nach d'reathadh a' Ghamhnach[15] gu bràth an diosg'[16] Dh'innis aon fhiosraiche do Mhac 'Ille Mhìcheil gum b' fheàrr leis an torranan a bhith aige na 'Saxon pound', oir chumadh an lus ann am bainne e fad na bliadhna.[17]

Is cinnteach gun robh cuid de lusan uabhasach fhèin cudromach ann an obair na banaraich. Mar a shaoilear bho na h-ainmean Gàidhlig eile air a shon – 'badan measgain' agus 'lus an ime' – agus bhon ainm Beurla 'butterwort', bha mòthan (*Pinguicula vulgaris*) cudromach ann a bhith a' dèanamh ìm. Bha na duilleagan air an gearradh suas agus air am fàgail ann am bainne gus an t-uachdar a chur air leth. Chanadh cuid a dhaoine na facail a leanas, airson am bainne a dhìon bho bhuidseachd, nan robh iad a' buain mhòthan Didòmhnaich:

---

[12] Thomas Pennant, *A Tour in Scotland 1769*, td 122.

[13] Tobar an Dualchais: Neil Shaw, Diùra, air a chlàradh le Iain MacIlleathain, SA1972.053/A2.

[14] Thomas Pennant, *A Tour in Scotland 1769*, td 122. Airson barrachd fiosrachaidh air mar a bha lusan leithid caorann agus aiteann air an cur gu feum, thoiribh sùil air Milliken agus Bridgewater, *Flora Celtica*.

[15] An t-ainm a ghairm Torranan air an fhuaran. Faicibh àireamh 246: Eòlas an Torranain.

[16] Alexander Carmichael, *Carmina Gadelica*, vol. 2, td 81.

[17] *Ibid.*, td 79.

Buainidh mise a' mhòthan, an luibh a bheannaich an Dòmhnach;
Fhad 's a ghlèidheas mi a' mhòthan, chan eil beò air thalamh
gin a bheir bainne mo bhò bhuam.[18]

Ma dh'itheas crodh tòrr den mhòthan, thathar a' smaointinn nach eil blas cho math air a' bhainne aca.[19]Air an làimh eile, bhiodh lus na bhainne fhèin (*Polygala vulgaris*) a' toirt air crodh pailteas bainne a leagail 's le deagh bhlas air. Choisinn lusan eile cliù airson a bhith math do chrodh, cliù a mhaireas ann an ainmean mar 'meacan a' chruidh' (*Heracleum sphondylium*), 'cluaran cruidh' (*Sonchus oleraceus*) agus 'bo-choinneal' (*Verbascum thapsus*), lusan a bha èifeachdach an aghaidh thinneasan sgamhain ann an crodh.

Chuireadh lusan eile gu feum an aghaidh buidseachd, leithid duileasg na h-aibhne (*Potamogeton natans*). Chruinnicheadh daoine an lus seo tron bhliadhna agus bheireadh iad masgadh dheth don chrodh-laoigh air Latha na Bliadhn' Ùire airson an dìon bhon droch-shùil agus bho bhuidseachd fad na bliadhna. Dh'innis Màrtainn Mac 'Ille Mhàrtainn gun do chuir cuid a bhoireannaich freumhan a' bhualain (*Senecio vulgaris*) a-steach dhan uachdar airson an aon adhbhair.[20] A rèir Camshron anns an leabhar aige *The Gaelic Names of Plants* (1900), lorgadh cailleach aig fuaran a' gearradh bhiolair le siosar air madainn Chèitein. Bha i ag ainmeachadh dhaoine aig an robh crodh agus a' cantainn "'S leamsa leth do chuid-sa," mar gun robh i a' dèanamh seun airson bainne fhaighinn bho chrodh dhaoine eile.

Airson tinneasan an dà chuid àbhaisteach agus os-nàdarra bha mùn uaireannan air a chrathadh air na beathaichean air a' chiad Diluain de gach ràith[21] agus chreid cuid a dhaoine gun robh cumhachdan sònraichte aig clachan seunta, gu h-àraidh aig àm Bealltainn. Bhog iad na clachan ann an uisge, agus chrath iad an t-uisge thar nam beathaichean.[22] Bha clachan às an allt crìche air an cleachdadh cuideachd mar leigheas airson ruaidhe. Shuathadh a' bhanarach a' clach ri sine na bà, a' gabhail an rann:

A Chriosda, leigheis am mart.
Leigheis fhein i, 'Mhoire –
'S tu rug am Mac.
Gum a slàn an t-ùgh;
'S gum a crìon an t-at;
'S a Ruaidhe mhòr atar iotar,
Fàg an t-àite so 's tàir as!![23]

---

[18] John Cameron, *The Gaelic Names of Plants*, Glaschu: J. MacKay, 1900, td 79.

[19] Ile William Milliken agus Sam Bridgewater, *Flora Celtica*, Edinburgh: Birlinn, 2004, td 65-66.

[20] John Cameron, *The Gaelic Names of Plants*, td 8.

[21] John Gregorson Campbell, *Witchcraft and Second Sight in the Highlands and the Islands of Scotland* (2nd edition), Glasgow: John MacLehose & Sons, 1902, td 11.

[22] F. Marian McNeill, *The Silver Bough*, vol. 2, td 64.

[23] Mgr Uilleam MacCoinnich, "Gaelic Incantations and Charms of the Hebrides, " TGSI 18, am Màrt 1892, td 150.

Nochd eolas an aghaidh ruaidhe ann an Ortha nan Gàidheal,[24] mar ri rann an aghaidh 'gach galar a dh'fhaodadh a bhi an aorabh bà, no an sgath gamhna' – leithid an tinneas buidhe, an galar searg, an galar tholl, an galar lom agus an galar bhonn[25].

Chumadh cuid a dhaoine an luibh achlasan-Chaluim-Chille (*Hypericum perforatum*) faisg orra mar sheun an aghaidh uilc. B' e Calum Cille naomh nam beathaichean ann an creideamh nan Gàidheal. Sgrìobh Adamnan gun do bheannaich Calum Cille beathaichean agus gun do dh'fhàs iad na bu lìonmhora air sgàth sin[26]. B' e Diardaoin an latha sònraichte aige agus chaidh an Diardaoin san dàrna seachdain den Ògmhios a ghleidheadh mar Latha Chaluim Chille. Ann am beul-aithris, b' e Diardaoin (Daorn) an latha a b' fheàrr airson turas a ghabhail, an dà chuid do dhaoine agus do bheathaichean.[27]

Dh'iarradh buachaillean taic bho Chalum Cille agus bho naomhan eile nuair a bha iad ag iomain bheathaichean chun nan àirighean agus gu fèilltean.[28]

B' e Latha Lùnastail, a' chiad latha den Lùnastal, àm cudromach eile ann am bliadhna a' chruidh. Bhiodh biadh sònraichte ann an latha sin cuideachd, le slaman agus ìm air a' chlàr-bìdh[29] agus càise a rinneadh le bainne an latha sin agus a thugadh le dùrachd do chloinn agus don a h-uile duine a bha air a bhith shuas aig an àirigh.

> As at Beltane, saining rites were performed on the eve of Lammas. Old women gave special care to cattle, putting tar on their tails and ears, tying red or blue threads on their tails and saying incantations at their udders. In order that the cattle and milk might retain their virtue and substance, a ball of cow's hair, callad a *ronag*, was put into the milk pail on Lammas day or the following Thursday, and it is recorded that a man called MacSymon, a native of Tiree, used to give to all who came to him, a little bag of plants, sewn up, to be kept in the cream jug during the ensuing year. Another practice was to put fire about the *crogain*, the earthern-ware vessels in which milk or butter was to be put.[30]

Cha do shaoil an eaglais mòran de na gnàthaichean seo. Nochd iomadh duine air beulaibh Seisean na h-Eaglaise, gu h-àraidh ann am meadhan na

---

[24] Òran 247: A ru eugail, aogail, atail.

[25] Alexander Carmichael, *Carmina Gadelica, vol.* 2, td 12.

[26] William Reeves, deas., *Life of Saint Columba, Founder of Hy.* Written by Adaman, Nith Abbot of that Monastry, Edinburgh, 1874, td 51.

[27] Àireamh 248 : Diardaoin, Là 'Ille Chaluim chaoimh.

[28] Àireamh 249: Buachailleachd Chaluim Chille.

[29] F. Marian McNeill, *The Silver Bough,* vol. 2, td 98.

[30] *Ibid.*td 97.

seachdamh linn deug, airson gnàthaichean le snàithlean dathte, orthachan agus seunan.[31] Bha gnàthaichean Criosdaidh air an cur gu feum cuideachd ge-tà. Chanadh buachaillean beannachadh mus cunntadh iad cia mheud beathach a bh' ann an treud[32] agus ghabhadh iad orthachan do Dhia, do Bhrìghde agus naomhan eile a bharrachd air Calum Cille. Rinneadh sanas na croise air crodh agus air uachdar-bà airson olc a chumail air falbh agus nuair a bha na banaraich a' sailleadh ime airson a ghleidheadh, chuireadh iad croisean, air an dèanamh le luachair, timcheall air na soithichean.[33] Nochd figearan às a' Bhìoball agus figearan naomh ann an orthachan, mar an ortha seo airson àm breith laoigh:

> "Mart a sid air breith," arsa Peadar.
> "Tha mi 'faicinn gum bheil," arsa Pòl.
> "Mar a thuiteas an duilleach on chraoibh
> Gun tuiteadh a sile gu làr."[34]

Chreid daoine gun robh comas aig droch spioradan, beum-sùla agus buidseachd cron a dhèanamh air a' chrodh aca ann an diofar dhòighean – gam fàgail neo-thorrach, tilgeil an laoigh a thoirt orra, mathas a thoirt à bainne no bainne prìseil an cuid chruidh a thoirt air falbh gu tur. Fhathast anns na 1970an bhiodh daoine, ann an cuid a dh'àiteachan, a' gearradh bàrr earbaill an cuid mairt gus nach b' urrainn do na sìthichean an earball a dhìreadh[35]. Dh'aithris Màrtainn Mac 'Ille Mhàrtainn ann an 1695:

> It is a received opinion in these islands, as well as in the neighbouring part of the mainland, that women by a charm, or some other secret way, are able to convey the increase of their neighbour's cow's milk to their own use; and that the milk so churned doth not produce the ordinary quantity of butter; and the curds made of that milk are so tough that it cannot be made so firm as other cheese, and is also much lighter in weight. The butter so taken away and joined to the charmer's butter is evidently discernible by a mark of separation, viz, the diversity of colours; that which is charmed by being still paler than that part of the butter which hath not been charmed; and if butter having these marks be found with a suspected woman, she is presently said to be guilty. The usual way of

---

[31] John E. Donaldson, Caithness in the C18th, Edinburgh, 1938, td 84.

[32] MacKellar, "The Sheiling: its Traditions and Songs," TGSI 14, 1888, td 138.

[33] ibid., td 151.

[34] Uilleam MacCoinneach, "Gaelic Incantations and Charms of the Hebrides," TGSI vol. 18 (1891 -1892) td 116; Alexander Forbes, Gaelic Names of Beasts (Mammalia), Birds, Fishes, Insects, Reptiles etc., Edinburgh, 1905, td 108.

[35] Tasglann Sgoil Eòlais na h-Alba: Sandy agus Nan Buie, Diùra, air an clàradh le Mòrag NicLeòid agus Iain MacIlleathain, SA1971/19.

> recovering this loss, is to take a little of the rennet from all the
> suspected persons, and to put it in an eggshell full of milk; and
> when that from the charmer is mingled with it, it presently
> curdles, and not before.[36]

Nan robh barrachd bainne aig cuideigin anns an sgìre na bhiodh dùil, cha b' e an-còmhnaidh deagh fhodar no deagh sgilean banaraich an t-adhbhar ann an sùilean a nàbaidhean. Shaoil cuid a dhaoine gun robh buidseachd an sàs ann. Cha robh daoine ro dheònach muidhe a thoirt air iasad do dhuine sam bith eile, gu h-àraidh air Latha Bealltainn air neo Latha Lùnastail, air eagal 's gun robh cumhdachdan os-nàdarra aca, a chleachdadh iad gus an toradh a thoirt a-mach às an ìm fad na ràithe.[37] Tha leithid de bhuidseachd a' nochdadh ann am bàrdachd a sgrìobh Donnchadh MacChoinnich à Ceann Loch Iùbh mu dheidhinn 'Cailleach Uilleim Mhòir' a bha, na bheachd-sa, a' cur gheasan gus bainne agus toradh na bà fhaighinn bho chrodh a nàbaidhean ann an riochd geàrr:

> 'S i mathair Ceit Uilleim bha làmhach
> Nuair chaidh i 'n riochd geàrr feadh na dùthch';
> Bha ìm aic' a thoradh a' Bhràighe
> 'S bha 'n càise bho mhnaibh Leitir-iùgh,
> Bha 'm bainn' cho tiugh ris a' bhàrr aic'
> (A' s muighe dubh làn ann an cuil)
> Ga 'bhleoghan à dubhan na slabhruidh,
> 'S i 'g aithris nan rann a bh'aig Fionn.[38]

'S dòcha gum biodh màthair Ceit air leth trang air latha Bealltainn, mura rachadh i ro fhaisg air teine-dìon nam buachaillean:

> Sometimes a superstitious ceremony was performed by
> 'giseagach' (envious or greedy) women who were not content
> with their own milk supply. Early on Beltane morning, one or
> two persons, as the case might be, would draw a hair rope
> along the dewy grass, saying "Bainne an té so shios, bainne an
> té so shuas, 'nam ghogan mór fhéin." If their neighbours had

---

[36] Martin Martin, *A Description of the Western Islands of Scotland Circa 1695*, tdd 81-82. Sgrìobh Mac 'Ille Mhàrtainn cuideachd gun robh na h-Eileanaich agus na Gàidheil air tìr-mòr na h-Alba a' creidsinn gun robh bainne air a thoirt air falbh le bric nan deigheadh cuinneagan a' bhainne a ghlanadh ann an sruth san robh bric a' snàmh agus gum b' e an aon dòigh air a' bhainne fhaighinn air ais, breac beò a ghlacadh agus bainne a dhòrtadh a-steach dhan bheul aige. Tha fiosrachadh mu dheidhinn cleachdaidhean eile airson crodh agus bainne a shaoradh bho gheasan os-nàdarra air an toirt seachad le Màiri NicEalair ann an *TGSI vol. 14* td 138-139.

[37] MacKellar, TGSI 14, 1888, td 139.

[38] MacCoinneach, "Gaelic Incantations and Charms of the Hebrides," TGSI 18, 1891-92, td 99.

> only one cow each, 'bó' or 'boin' could be substituted for 'té'.
> At other times the incantation ran thus: "Toradh a' mhuidhe so
> shios, toradh a' mhuidhe so shuas nam mhuidhe mór fhéin."
> That work was called gathering dew or 'trusadh an dealta'. ...
> It was recently told me by one who has frequently seen such
> ropes that they were made of the long hair which grew on the
> tails of the Highland cattle, and were generally used as cart
> ropes.[39]

Chaidh sgeulachdan mu dheidhinn boireannaich eile le cumhachdan os-nàdarra a ghleidheadh ann am beul-aithris, le fiosrachadh air cuid de na dòighean a chleachd daoine airson stad a chur air an geasan. Shaoil daoine gum feumadh iad stad a chur air buidseachd gu h-àraidh aig àm breith chruidh, nuair a bha am bainne air leth miath agus beathachail. Uaireannan chrath iad salann no mùn thairis air a' bhò cho luath 's a lìbhrigeadh i a laogh, no bhleoghain iad i tro fhainne òir no thairis air bonn airgid.[40]

Bhiodh daoine eile a' dèanamh cron air crodh, ann am beachdan an nàbaidhean co-dhiù, le bhith a' toirt droch-shùil orra. Ged a chreid mòran nach robh dòigh às do dhaoine leis a' chumhachd seo, a bh' aca ge b' oil leotha, shaoil daoine eile gun gabhadh a chleachdadh le cuid airson làmh an uachdair fhaighinn.[41] A' bruidhinn mu dheidhinn dròbhaireachd ann an Earra-Ghàidheal, dh'innis Eddie MacCaluim à Achadh an Droighinn sgeulachd mu dheidhinn dròbhair a bha airson gamhainn a cheannach bho chroitear. Cha reiceadh an croitear an gamhainn dha, 's chuir e an droch-shùil ann. Beagan ùine às dèidh sin bhàsaich an gamhainn agus thuirt an dròbhair, "When I put my eye on a beast he never does any good to anyone else."[42]

Sgrìobh Tòmas Pennant mu dheidhinn na droch-shùil ann an Ìle ann an 1772:

> ... here the power of the evil eye affects more the milk cow
> than lambs. If the good housewife perceives the effect of the
> malicious on any of her kind, she takes as much milk as she
> can drain from the enchanted herd, for the witch commonly
> leaves very little. She then boils it with certain herbs, and adds

---

[39] James MacDiarmid, "Fragments of Breadalbane Folklore," TGSI 25, 1902, td 131. Tha iomradh air boireannaich eile a chaidh fhaighinn ciontach de bhuidseachd ann an *The Silver Bough* vol. 1, le F. Marian McNeill, td 145. Sgrìobh i gum faca daoine buidseach ann an Cars Gobharaidh a' slaodadh sìoman agus a' gabhail rann gus bainne fhaighinn bho chrodh a nàbaidhean. Tha sgeulachdan eile mu dheidhinn boireannaich a bha a' goid toradh na bà bho an nàbaidhean air Tobar an Dualchais (SA 1960.089 Kate Gillies, Màiri Chaimbeul is eile, Bhatarsaigh - air an ruighinn 2012).

[40] F. Marian McNeill, *The Silver Bough*, vol. 1, td 146.

[41] Dh'fhaodadh cron bhon droch-shùil a bhith air a sheachnadh anns a' chiad dol a-mach le bhith ag aithris 'Eòlas a' Chronachaidh' (àireamh 250).

[42] Tasglann Sgoil Eòlais na h-Alba: Eddie MacCallum, Achadh an Droighinn, air a chlàradh le Eric Cregeen, SA 1968 / 308/6b.

to them flints and untempered steel: after that she secures the door, and invokes the three sacred persons. This puts the witch into such an agony that she comes nilling-willing to the house, begs to be admitted, to obtain relief by touching the powerful pot: the good woman then makes her terms; the witch restores the milk to the cattle, and in return is freed from her pains. But sometimes to save the trouble of those charms (for it may happen that the disorder may arise from other causes than an evil eye), the trial is made by immersing in milk a certain herb, and if the cows are supernaturally affected, it instantly distils blood.[43]

Airson geasadh na droch-shùla a bhriseadh, dh'fheumadh neach-seilbh a' bheathaich snàithlean fhaiginn bho bhoireannach àraidh anns a' choimhearsnachd aig an robh cumhachdan sònraichte. Ghabhadh am boireannach rann fhad 's a bha an snàithlean air a cheangal ri earball na bà agus bheireadh neach-seilbh na bà bonn dhi. Chuireadh daoine lusan agus uisge à tobraichean àraidh gu feum airson buaidh na droch-shùla a bhriseadh cuideachd.[44] Ann an Diùra chanadh duine gu cumanta 'fliuch do shùil' ri duine sam bith a dh'fheuch ris an droch-shùil a chur air na beathaichean aca. Chumadh iad bò sàbhailte cuideachd le bhith ga moladh na bu mhotha na mhol an duine leis an droch-shùil i.[45]

A bharrachd air nàbaidhean miannasach agus an droch-shùil, choisinn mnathan-sìthe ainm dhaibh fhèin airson bainne a ghoid, uaireannan airson adhbharan gu math reusanta. Bha dàimh inntinneach eadar Gàidheil agus sìthichean anns na linntean a dh'fhalbh – measgachadh de dh'eagal, urram, iongnadh agus diomhaltas. Nuair a chaill bainne a mhathas, shaoil daoine gur e spioradan olc a bu chiontaiche, ach nuair a dh'fhalbh am bainne air fad, chuir iad an choire air na sìthichean a' tighinn san oidhche a dh'iarraidh a' chruidh, 's gan toirt air ais ro àm èirigh na grèine:

A strong-minded headstrong woman in Kianish, Tiree, had a cow, the milk of which strangely failed. Suspecting that the cow had been milked by someone during the night, she sat up and watched. She saw a woman dressed in green coming noiselessly and milking the cow. She came behind and caught her. In explanation the fairy woman said she had a child lying in the smallpox, and as a favour asked to be allowed to milk the cow for one month till the child got better. This

---

[43] Thomas Pennant, *A Tour in Scotland 1772*, Edinburgh, 1998, td 219. Tha clàraidhean eile mu dheidhinn na droch shùla agus crodh air làrach-lin Tobar an Dualchais (air an ruighinn 2012).

[44] Tasglann Sgoil Eòlais na h-Alba: Ruairidh Fearghasdan à Uibhist a Tuath, air a chlàradh le Dòmhnall Eairdsidh Dòmhnallach, SA1968.141.

[45] Tasglann Sgoil Eòlais na h-Alba: Neil Shaw, Diùra, air a chlàradh le Iain MacIlleathain, SA1972.053.

was allowed, and when the month was out, the cow's milk became as plentiful as ever. [46]

A-rèir cuid, ghlac na sìthichean crodh le bhith a' losgadh chlachan-spor orra, agus b' e sin an t-adhbhar gun robh tòrr chlachan-spor rin lorg air a' mhonadh faisg air àirighean.

Elf-shots, i.e. the stone arrow heads of the old inhabitants of this island, are supposed to be weapons shot by fairies at cattle, to which are attributed any disorders they have: in order to effect a cure, the cow is to be touched by an elf-shot, or made to drink the water in which one has been dipped. [47]

Mura faigheadh mnathan-sìthe grèim air crodh, gheibheadh iad bainne bho fhèidh nan àrd-bheann. Coltach ri banaraich daonna, sheinneadh na sìthichean fhad 's a bha iad a' bleoghan. Canaidh cuid gur e fonn-sìthe airson bleoghan nam fiadh a th' anns an òran 'Crodh Chailein'[48] agus gur e sìthiche a bh' ann an Cailean fhèin, ged a tha sgeulachdan eile ann mu dheidhinn an òrain ainmeil seo[49]. Tha òran eile ann nach eil idir cho aithnichte a-nis, anns a bheil crodh Chailein agus caoraich shuas ann an gleannan an fhèidh, ma dh'fhaodte air an toirt suas leis na sìthichean.[50]

Tha sgeulachdan ann am beul-aithris nan Gàidheal mu dheidhinn crodh a dh'atharraich gu h-obann air sgàth obair nan sìthichean, mar a thachair don Ghobha Mhòr ann am Polla Mhàilidh faisg air Druim na Drochaid, a bha ainmeil airson a threud de chrodh riochdail. Nuair a choimhead e orra aon mhadainn bha iad air fàs caol agus lag leis an acras. Bha leannan-sìthe aige, a dh'innis dha gun do ghoid na sìthichean eile a chrodh àlainn agus gun do chuir iad crodh-sìthe nan àite. Nuair a chuala e seo, ruith an Gobha dhachaigh air a' chuthach agus e air a chur roimhe an treud air fad a mharbhadh, ach theich an crodh mus d' fhuair e cothrom. Ghlac e earball na bà aig an deireadh agus ruith e còmhla riutha gu Càrn an Rath faisg air Ach na Bà Bàine. Cho luath 's a thàinig an treud faisg air a' chàrn, sgàin cliathaich a' chàirn agus ruith an crodh agus an Gobha Mòr a-steach. Am broinn a' chàirn bha seòmar mòr gleansach, far an do thionndaidh an crodh nan sìthichean àbhaisteach agus dh'iarr iad air a' Ghobha rudeigin a thaghadh dha fhèin. Chunnaic an Gobha loth pheallagach ann an oisean an t-seòmair is bha a leannan-sìthe air innse dha cho cumhdachach 's a bha i. Thug na sìthichean mallachd air a leannan-

---

⁴⁶ John Gregorson Campbell, *Superstitions of the Highlands and Islands of Scotland*, td 134.

⁴⁷ Thomas Pennant, *A Tour in Scotland 1769*, td 71.

⁴⁸ Òran 169: Crodh Chailein.

⁴⁹ Faicibh mar eisimpleir, an sgeulachd anns a' chaibideil 'Creach' san leabhar seo agus sgeulachd is dreach eile den òran ann an *Poetry of Badenoch* leis an Urr Tòmas Stinton, td 17. San dreach sin, 's ann a' sealg nam fiadh 's chan ann gam bleoghan a tha leannan an t-seinneadair.

⁵⁰ Òran 251: Tha crodh Chailein an gleannan an fhèidh.

sìthe, ach leig iad leis an loth a ghabhail cho fada 's nach cleachdadh e ach sa chrann i. Bha leannan a' Ghobha ceart. Airson iomadach bliadhna cha robh loth cho math air treabhadh ri fhaicinn sa ghleann. Ach aon latha chleachd an Gobha i gus cairt làn todhair a shlaodadh, 's bhon latha sin air adhart cha robh i idir cho cumhachdach.[51]

Ann an cuid a sgìrean bhiodh daoine a' faireachdainn gu math fortanach nan robh crodh-sìthe aca, oir chreid iad nach gabhadh cron sam bith a dhèanamh orrasan le droch-shùil no geasagan. Aocoltach ris a' chrodh ann an sgeulachd a' Ghobha Mhòir, thug daoine dealbh ghrinn orra, ag innse gun robh iad cruthail, gleansach is dubh agus math air bainne a thoirt seachad. Chreid iad gur ann às a' mhuir ri solas na gealaich a thàinig iad, agus gun deachadh an glacadh le bhith a' sadail ùir orra.[52]

Chaidh cunntasan air crodh-sìthe is crodh-mara a chruinneachadh bho iomadach àite leis an Urr Iain Gregorson Caimbeul à Tiriodh aig deireadh na h-ochdamh linn deug. Chuala e mu dheidhinn duine à Tiriodh fhèin, a bha a' cumail sùil air a' chrodh ann am Baile Phuill nuair a thàinig bò bheag ruadh a-steach dhan treud. Thòisich an crodh eile ri ionnsaigh a thoirt oirre agus dh'fhalbh i aig astar, leis an treud agus am buachaille ga leantainn. Às dèidh greis, theich a' bhò bheag ruadh agus aon bhò eile tro sgàineadh ann an creag agus chan fhaca duine gu bràth tuilleadh iad. Anns an Eilean Sgitheanach chaidh bò a thoirt air falbh bho dhuine bochd, ach an ath latha bha bò eile aige agus 's e deagh bhò fhallain a bh' innte. Bha aon rud annasach mu a deidhinn, ge-tà. Nuair a chunnaic an duine an toiseach i, bha lusan-uisge an sàs anns na ròineagan aice.[53]

Dìreach mar a mhìnich daoine tinneas agus laigse an cuid chruidh le bhith a' smaointinn gun robh buidsich no sìthichean gan adhbhrachadh, shaoil cuid gur ann bho chrodh-sìthe a thàinig crodh a bha air leth math. Coltach ri 'gwartheg y llyn' anns a' Chuimrigh[54], tha àite aig crodh-mara ann am beul-aithris nan Gàidheal. Nuair a chunnaic croitearan Losgaintìr crodh a' tighinn a-mach às a' mhuir air tràigh Nisibost anns na Hearadh, thilg iad dòrlaich de ghainmhich eadar an crodh agus an cladach gus nach fhaigheadh na beathaichean air ais dhan mhuir agus chùm iad an crodh san treud aca. Chuala an t-Urr Caimbeul an aon seòrsa sgeulachd ann am Beàrnaraigh ann an Uibhist agus anns an Eilean Sgitheanach.

> (At Scorrybreck in Skye) they were kept from returning by tossing earth between them and the sea. Earth from a burying-ground was thought to be the most effective in such cases.

---

[51] William MacKay, *Urquhart & Glenmoriston - Olden Times in a Highland Parish*, Inverness, 1893, tdd 99-101.

[52] Mary Cameron MacKellar, "The Sheiling: its Traditions and Songs - part 2," *TGSI* 15, 1889, td 168. Tha clàraidhean de dhaoine a' bruidhinn mu dheidhinn crodh-mara air làrach-linn Tobar an Dualchais (air an ruighinn 2013).

[53] John Gregorson Campbell, *Superstitions of the Highlands and Islands of Scotland*, td 135.

[54] Tha 'gwartheg y llyn' a' ciallachadh 'crodh an loch' - treud de chrodh-sìthe a nochd faisg air loch ann an sgìre Obar Dobhaidh. A rèir beul-aithris 's ann bhuapa a thàinig crodh dubh Cuimreach.

> On the evening of the day on which the cows came ashore a
> voice was heard from the sea calling them by name …
>
> > Sisgein, Brisgein, Meangan, Meodhran,
> > Bò dhubh, bò dhonn, bò chrom riabhach,
> > Sliochd na h-aona bhà maoile ruaidhe
> > Nach d'fhàg buaile riamh na h-aonar;
> > Bò chionnan Thonn[55], è bhlàrag. [56]

Tha an ceangal eadar crodh-mara agus mnathan-sìthe air a ghleidheadh ann an clàraidhean ann an Sgoil Eòlais na h-Alba.[57] Dh'innis Ceit Dix à Beàrnaraigh mu dheidhinn rudeigin a dh'innis a h-athair dhi a thachair air oidhche gu math ceòthach anns an eilean:

> Bha am fasan ann an sin a bhith a' cur a' chruidh dhan bhuaile fad na h-oidhche, no mar a their iad …. air a' chuidhe … agus bha iad ann an uair sin agus, on uair a chaidh iad sìos dhan a' bhuaile, och, bha a h-uile mart an sin a' falbh air am broinn 's i 'g èigheachd 's a' dèanamh uabh a *stir*. Cha robh fhios aca dè bha ceàrr. 'S ann a chuala iad a-nis an guth a bha seo a' tighinn a-nuas rathad a' Chreig:
>
> > 'Bò à Ìle, bò à Canaidh,
> > Bò à Cinntire nan Cailleach,
> > Cailleach agus Cailleach dhonn.'
>
> Thòisich an crodh-sìthe a' leum a-mach às a' bhuaile, gus nach robh aonan … cho luath 's a dh'fhalbh an tè mu dheireadh a-mach às a' bhuaile, bha sìth am measg a' chruidh cuideachd agus cha do tharraing iad an acfhainn a-riamh tuilleadh ach mar a b' àbhaist dhaibh a bhith agus cha chuala mi gun deachaidh … gun do chuir an crodh-sìthe an còrr dragh orra cuideachd … [58]

A rèir Alasdair Mhic 'Ille Mhìcheil, thàinig crodh-mara gu tìr aig ceann a deas

---

[55] Mìneachadh mi-chinnteach – 's dòcha 'bò chionn nan tonn' no 'bò chionnan fhionn'; Alexander Robert Forbes, *Gaelic Names of Beasts (Mammalia), Birds, Fishes, Insects, Reptiles etc.*, td 98.

[56] John Gregorson Campbell, *Superstitions of the Highlands and Islands of Scotland*, td 135. Tha clàradh de sgeulachd mu dheidhinn crodh-mara agus bean-sìthe a' gabhail rann gu math coltach ri seo agus a' falbh chun a' chladaich leis a' chrodh air làrach-lìn Tobar an Dualchais SA1958.06.03, (air a ruighinn 2013).

[57] Àireamh 252: Slàn gun dìth Sìtheag.
[58] Tasglann Sgoil Eòlais na h-Alba: Ceit Dix (Ceit an Tàilleir) à Beàrnaraigh a' bruidhinn ri Iain MacPhàdraig, SA1968/183/A14.

na Hearadh còmhla ri gruagach-mara. Ghabh a' ghruagach an òran is i ag
iomain a' chruidh air ais don mhuir agus a-null tarsainn Caolas na Hearadh.[59]

Saoil an do thabhann 'crodh-mara' soilleireachadh airson crodh a chaidh
air chall ann am meadhan na h-oidhche, no ann an droch shìde, no a chaidh
a sguabadh a-mach gu muir ann an stoirm? 'S cinnteach gun do mhìnich iad
comharra sònraichte a bh' aig cuid de chrodh. Shaoileadh gur e crodh-mara,
no àl tairbh-uisge[60], a bh' ann an crodh le cluasan eagach, comharraidhean
ginteil a tha cumanta ann an crodh Gàidhealach:

> There are several calves that have a slit in the top of their ears;
> and these the natives fancy to be the issue of a wild bull that
> comes from the sea or fresh lakes; and this calf is by them
> called *corky-fyre*.[61]

Bha an dàimh eadar crodh agus daoine cho làidir 's gun do chreid daoine
gun robh comas aig crodh a bhith a' fàisneachd bàs an luchd-seilbh:

> The natives have a remark, that when the cows belonging to
> one person do of a sudden become very irregular, and run
> up and down the fields, and make a loud noise without any
> visible cause, that it is a pressage of the master's or mistress's
> death, of which there were several late instances given me.[62]

Tha sgeulachdan ann mu dheidhinn sìthichean fhèin ag obair le bainne agus
a' fàisneachd bàis. Ann an aon sgeulachd, chuala treabhaiche fuaimean
maistridh a' tighinn a-mach à toman. Gu h-obann, nochd boireannach ann
am froga uaine. Bha an treabhaiche amharasach mu a deidhinn, agus dhiùlt
e am bainne-maistridh a thabhann i dha, ged a bha am pathadh air. Thuirt
i, 's i a' falbh, nach biodh feum aige air deoch an ath bhliadhna. Thàinig
a fàisneachd gu teachd, oir chaochail an treabhaiche ro dheireadh na
bliadhna.[63]

Ann an sgeulachd eile, bha boireannach a' tilleadh dhachaigh on bhuaile
feasgar, le cuinneagan làn bainne. Gu grad ruith cù a' bhoireannaich suas
gu toman uaine agus chuir e a chluas ris an talamh. Lean am boireannach e
agus chuala i cuideigin a' maistreadh taobh a-staigh an tomain agus a' seinn.
Gu mì-fhortanach, chan eil facail an òrain air an glèidheadh.

Bha eagal air daoine gun goideadh na sìthichean daoine air falbh, cho

---

[59] Òran 253: Chualas null an Cuan Canach.

[60] Airson sgeulachd mu dheidhinn tarbh-uisge agus na laoigh aige, theirigibh gu *Litir do Luchd-Ionnsachaidh* (litrichean 403 agus 404) le Ruairidh MacIlleathain, <www.bbc.co.uk/alba/ foghlam/learngaelic/litir> (air a ruighinn 2012).

[61] Martin Martin, *A Description of the Western Islands of Scotland Circa 1695*, td 102.

[62] *Ibid.*, td 101.

[63] John Gregorson Campbell, *Superstitions of the Highlands and Islands of Scotland*, td 137.

math ri beathaichean. Uaireannan chaidh daoine air chall, no dh'atharraich iad ann an dòigh air choreigin nach gabhadh mìneachadh gu furasta mura b' e obair nan sìthichean a bh' ann. Shuas air a' bheinn, bha buachaillean, banaraich agus leanabain òga gu h-àraidh ann an cunnart nan robh sìthichean mun cuairt.[64]

Anns an òran 'Phiuthrag 's a phiuthar' à Barraigh tha crodh a' sgaoileadh air feadh an àite fhad 's a tha banarach a' coimhead airson a peathar a th' air a glasadh ann an sìthean. Coltach ri òrain luaidh eile, tha tèamaichean fleòdraidh a' nochdadh anns an òran – bothan na h-àirigh agus moladh a' chruidh, mar eisimpleir. Tha geum a' chruidh agus uaigneachd a' bhothain a' cur gu mòr ri èislean an t-seinneadair is i ag ionndrainn a peathar.[65]

Cha robh maighdeanan na h-àirigh sàbhailte bho dhaoine neònach, leithid fear beag na feusaig ruaidhe, no creutairean annasach eile, a' tighinn às an dèidh.[66] Ann an 'A ghaoil, lig dhachaigh gu m' mhàthair mi'[67] tha an seinneadair a' guidhe air a leannan-sìthe a leigeil air falbh, agus iomagain oirre mu na chanas a teaghlach. Ann an aon tionndadh den òran seo, 's e còmhradh a th' ann eadar banarach agus each-uisge. Cha toir an t-each-uisge cead dhi falbh dhachaigh idir, ge b' e dè a thachras.

> Ged mharbhadh t' athair 's do mhàthair thu,
> Ged mharbhadh do phiuthar 's do bhràthair thu,
> Ged bhiodh diùmba cinnidh is càirdean riut,
> Cha tèid thu dhachaigh mar thàinig thu.[68]

Cha robh a h-uile leannan-sithe cho mì-thruachanta! Sgrìobh Màiri Nic Ealair facail 'fonn-sìth' air an robh i eòlach aig deireadh na naoidheimh linn deug. Anns an òran, thionndaidh banarach na h-àirigh a cùl ri a leanabh beag shuas air a' mhonadh faisg air sìthean agus dh'fhalbh i a choimhead às dèidh a' chruidh. Tha a leannan-sìthe a' guidhe oirre tilleadh gu a mac airson coimhead às a dhèidh, a' gealltainn tòrr rudan matha dhi ma thilleas i.[69]

A rèir beul-aithris, bha leanabain tric air am fàgail shuas air a' mhonadh, fo chùram nan sìthichean, is aire am màthraichean air cuallach nam bò.[70]

Chreid na Ceiltich nach ann ri mì-mhodh a bha sìthichean is màilleachain mar bu trice, aocoltach ri buidsichean agus droch mhuimean, agus gun robh adhbharan gu math reusanta ann airson na rinn iad. A dh'aindeoin sin, cha bhiodh daoine glic a' cur dragh orra. Ann an sgeulachd às a' Chuimrigh, bha

---

[64] Òran 254:Thig dhachaigh leam dhan t-sìdhean - òran a chluinneadh, a rèir beul-aithris, ann an sìthean ann am Miughalaidh.

[65] Òran 74: Phiuthrag 's a phiuthar.

[66] Òran 255: Ho leiba chall o.

[67] Òran 256: A ghaoil, lig dhachaigh gu m' mhàthair mi.

[68] Alexander Carmichael, *Carmina Gadelica* 5, Dùn Èideann 1987, td 163, (fon ainm 'Marbhaidh m' athair 's mo mhàthair mi').

[69] Òran 257: A Mhòr, a Mhòr, taobh ri d' mhacan.

[70] Òran 258: Maol-Ruanaidh Ghlinneachain. Faicibh cuideachd òran 259: A nighean nan geug.

tuathanach ann agus bha an crodh aige tinn. Aon oidhche, nuair a bha e na sheasamh taobh a-muigh an taighe aige a' meòmhrachadh carson nach robh a bheathaichean a' fàs nas fheàrr, nochd bodach beag bìodach. Dh'innis am bodach gun robh an tuathanach agus a theaghlach an-còmhnaidh a' cur dragh air le bhith a' sadail sgudal sìos similear an taighe aige. Cha do chreid an tuathanach e an toiseach, oir cha robh taigh sam bith faisg air an taigh aigesan. Chuir am bodachan geasan agus gu h-obann chunnaic an tuathanach gur e an fhìrinn a bh' aige. Dh'iarr e mathanas air a' bhodachan agus gheall e gun cuireadh e an sgudal a-mach air taobh eile an taighe, gus nach rachadh e sìos similear an t-sìthein. Cho luath 's a rinn e sin, dh'fhàs an crodh aige na b' fheàrr agus cha robh treud na bu shoirbheachaile air feadh na sgìre na an treud aige fhèin.[71]

Air feadh Alba, tha màilleachain a' nochdadh ann am beul-aithris, mar chreutairean beaga, cuideachail, os-nàdarra:

> It is not long since every family of any considerable substance in those islands, was haunted by a spirit they called Browny, which did several sorts of work; and this was the reason why they gave him offerings of the various products of the place; thus some when they churned their milk, or brewed, poured some milk and wort through the hole of a stone, called Browny's stone.[72]

Airson ceudan de bhliadhnachan lean daoine orra le gnàthasan airson an cuid sprèidh a dhìon bho chron – gnàthasan pàganach agus Crìosdaidh. Is cinnteach gun robh cunnartan gu leòr ann do bheathaichean agus do na daoine a bha gan àrach agus a' coimhead às an dèidh shuas air a' mhonadh. Ged a ghabhadh rudan a dhèanamh airson cuid de na cunnartan seo a lùghdachadh, cha robh an-còmhnaidh dòigh às ann eadhon do na sìthichean fhèin! A rèir beul-aithris, bha an t-òran 'Sealgair agus Sìfeag' air a sheinn le bean-sìthe nach fhaigheadh air ais a-steach dhan t-sìthean aice no chun an leanaibh aice a bha na broinn. Lorg sealgair a' bhean-sìthe bhrònach agus thug e dhachaigh i airson a chuid mairt a bhuachailleachd, ach chluinneadh e a h-òran cianalais tiamhaidh fhad 's a bha i ris a' chrodh.[73] Gu mì-fhortanach, chan eil fios an do leig e riamh dhachaigh i.

***

[71] David MacRitchie, "Stories of the Mound Dwellers," *Celtic Review* 4, 1908, td 319.

[72] Martin Martin, *A Description of the Western Islands of Scotland Circa 1695*, td 230.

[73] Òran 260: Sealgair agus Sìfeag.

Caibideil 10

Tairbh … agus Tàlaidhean

Gu robh neart na cruinne leis agus neart na grèine,
Neart an tairbh dhuibh 's àirde leumas.[1]

Chan eil òrain mu dheidhinn tairbh idir cho pàilt ann an dualchas nan Gàidheal ri òrain mu dheidhinn chrodh-laoigh is ghaimhna. Is neònach sin, gu ìre. Tha fianais àrsaidheachd, leithid clachan-snaighte agus tairbh na Bruaich ann am Moireibh, a' sealltainn gun robh àite air leth cudromach aig tairbh ann an coimhearsnachdan Cruithneach bho Linn an Iarainn, 's dòcha mar shamhla de neart agus torrachas.[2] Tha e annasach gu bheil tairbh a-mhàin a' nochdadh aig a' Bhruaich, ged a bha mairt air an snaigheadh air clachan faisg air dùin Chruithneach ann an sgìrean eile de dh'Alba, leithid Inbhir Nis agus Laomainn an Ear. Chaidh tòrr chlachan le tairbh air an snaigheadh orra a lorg anns a' mhuir aig a' Bhruaich. Tha eòlaichean den bheachd gun deach an tilgeil a-steach a dh'aona ghnothaich, 's dòcha mar thabhartas do dhiadhachd air choreigin airson dèanamh cinnteach gum biodh crodh na sgìre fallain agus torrach.[3] 'S mathaid gur ann airson torrachas a mheudachadh a chluich muinntir Linn an Umha ceòl cuideachd, a' cleachdadh cùirn ann an cumadh adharcan tairbh no bà. 'S e còrn umha mar seo, a rinneadh san ochdamh linn RCh, an t-inneal-ciùil saothraichte as aosta a lorgadh a-riamh ann an Alba.[4] Is cinnteach gun robh adharcan chruidh air an sèideadh le daoine bhon àm as tràithe, ach gu mì-fhortanach cha do mhair na h-òrain aca! Saoil an do sheinn na Cruithnich òrain a' moladh neart an tairbh fhad 's a bha iad ag obair air an clachan-snaighte?[5]

Coltach ri daoine ann an iomadh dùthaich air feadh an t-saoghail, rinn daoine ann an Alba ìobairtean de thairbh agus de chrodh airson ionnlaideachd agus buaidh. Tha eisimpleir ri fhaicinn air clach a chaidh a lorg aig Drochaid Nis (Bridgeness) aig ceann an ear Balla Antonine. Airson

---

[1] Òran 273: 'Tàladh Dhòmhnaill Ghuirm'. Faicibh cuideachd òran 261: An tarbh Gàidhealach.

[2] Elizabeth Sutherland, *The Pictish Guide*, Dùn Èideann, 1977, tdd 101-102.

[3] Anthony Jackson, *The Pictish Trail*, Arcaibh, 1989, td 14.

[4] John Purser, *Scotland's Music*, Dùn Èideann, 1992, td 21.

[5] Òran 262: 'N cuala sibh gairm an tairbh riabhaich?

ceudan de bhliadhnaichean bha ìobairt tairbh na phairt de Fhèill Lughnasa aig deireadh an Lùnastail. Fhathast anns an t-seachdamh linn deug bha muinntir na Comraich ag ìobairt tairbh do Naomh Maol Rubha.[6]

Nochdaidh tairbh tric ann an seann sgeulachdan Ceilteach, leithid 'Táin Bó Cuailgne'.[7] Tha an uirsgeul ainmeil seo a' sealltainn cho cudromach 's a bha deagh tharbh mar shamhla de neart agus ùghdarras. Anns an sgeulachd bha Medbh, banrigh ghaisgeil Chonnacht agus am fear-pòsta aice Ailill, ag argamaid mu dheidhinn cumhachd. Shaoil Ailill gun robh barrachd stòrais aigesan oir 's ann leis-san a bha an tarbh làidir Finnbennach. Bha Medbh airson tarbh na bu luachmhora na Finnbennach fhaighinn – Tarbh Donn Cuailgne. Nuair nach do ghabh neach-seilbh Donn Cuailgne ri a tairgsean, chuir i roimhpe an tarbh fhaighinn le làmhachas làidir agus chuir i arm gu Ulaidh airson grèim fhaighinn air. Chaochail iomadh duine anns an t-strì, ach thill Medbh dhachaigh leis an tarbh. Rinn Donn Cuailgne agus Finnbennach sabaid a mhair tron latha agus tron oidhche, gus am facas Donn Cuailgne a' ruith air ais gu Ulaidh a' giùlain Fhinnbennach air adharcan. Ged a fhuair e buaidh air Finnbennach, bhàsaich Donn Cuailgne cho luath 's a ràinig e Ulaidh.

'S e neart an tairbh tèama a nochdas ann an sgeulachdan Gàidhlig ann an Alba cuideachd, leithid 'Clach nan Tarbh', a tha a' mìneachadh cò às a thàinig 'Clach nan Tarbh' air taobh siar Loch Laomainn, agus a' sealltainn gun robh na seann Ghàidheil a' cur mòran sùim ann an neart agus cruadalachd. Mar ann an 'Táin Bó Cuailgne', tha na tairbh a' riochdachdadh ghaisgich – agus 's e na Gàidheil a ghabh làmh-an-uachdair an turas seo.[8]

Choisinn tairbh àite ann am beul-aithris airson an neart agus airson na rinn iad, leithid tarbh Heillsgeir a fhuair bainne seachd mairt nuair a bha e na laogh agus a dh'fhàs cho treun 's gun do shabaid e an aghaidh beathach mòr annasach air choireigin. Ann an cuid de sgeulachdan 's ann an aghaidh each-uisge a shabaid an tarbh, agus ghlèidh muinntir an eilein e airson boireannaich an eilein a dhìon bhon dearbh bheathach sin. Dh'fhàs adharcan an tairbh cho mòr agus cho làidir 's gun deach an cur gu feum mar mhaide cachaileith às dèidh bàs an tairbh.[9]

Dh'innis Nan NicFhionghain à Bhatarsaigh sgeulachd a tha air cùl òran pìobaireachd leis an ainm 'An Tarbh Breac Dearg' le Ràghnall MacAilein Òig

---

[6] Reports of the Inverness and Dingwall Presbytery 1643-1688, *The Scottish Historical Society Publications (Edinburgh 1896)*.

[7] James MacKillop, *Oxford Dictionary of Celtic Mythology*, Oxford, 1998, td 396.

[8] Òran 263: Clach nan Tarbh.

[9] Tasglann Sgoil Eòlais na h-Alba: Seumas MacDhonnchaidh, air a chlàradh le Dòmhnall Eairdsidh Dòmhnallach, SA1963.007; Donald MacDougall, Uibhist a Tuath, air a chlàradh le Dòmhnall Eairdsidh Dòmhnallach, SA1956.159.

à Mòrair (1662-1741)[10]. A bharrachd air a bhith na dheagh chlàrsair, fhìdhleir
agus phìobair, bha Raghnall ainmichte airson a neart. A rèir beul-aithris, bha
Camshronaich Ath Tharracaill airson crìoch a chur air Raghnall air sgàth 's
gun robh e na bu làidire na 'n còrr a bha sa bhaile. Chuir iad tarbh mosach
bho thaobh Loch Airceig na aghaidh. Cha do chuir seo dragh sam bith air a'
ghaisgeach. 'S dòcha gur ann bhon ghnìomh seo aig Raghnall a thàinig facail
a' phuirt aotrom 'Hò gun do mharbh mi'.[11] Ann am facail Nan NicFhionghain:

> "Ghabh esan an coinneimh an tairbh agus rug e air dhà adhairc
> air an tarbh 's thug e as na h-adhaircean 's mharbh e 'n tarbh 's
> nochd e sìos ris a bhaile 's adhaircean an tairbh aige, adharc as
> gach làimh aige agus 's e seo am port a bha e a' gabhail:
>
> 'S e 'n tarbh buidhe buidhe buidhe,
> 'S e 'n tarbh buidhe buidhe mharbh mi;
> 'S e 'n tarbh breac dearg,
> 'S e 'n tarbh mharbh mi;
> 'S e 'n tarbh breac dearg,
> 'S e 'n tarbh mharbh mi."[12]

Ged a bha Raghnall làidir gu leòr airson làmh an uachdair fhaighinn air tarbh,
chaidh daoine eile a chàineadh airson a bhith lag agus siogaideach. Rinn
Rob Donn dìmeas air fear de na sgalagan aige ann an 'Òran Fhaolain' leis
na facail:

> Chan aithne dhomh nighean,
> No bean air an fhòd,
> A bheireadh d' an deòin an gaol dà,
> On tha e gu siogaideachd, rugaideach, marbh
> Cha bhoc 's cha tarbh ach laos-boc.[13]

---

[10] Air a chlàradh air *Dastirum* le Allan MacDonald (*Siubhal 2 2007*) le na facail:
> An tarbh breac dearg
> An tarbh a mharbh mi,
> Tarbh buidhe, buidhe, buidhe,
> Tarbh buidhe, buidhe a mharbh mi

[11] Òran 264: Hò gun do mharbh mi.

[12] Tasglann Sgoil Eòlais na h-Alba: Nan MacKinnon, air a clàradh le Elizabeth Sinclair,
SA1965.018. Tha tionndadh rud beag eadar-dhealaichte den òran ann an *Òrain a' Mhòid* Tha an
sgeulachd air Tobar an Dualchais fon ainm 'Raghnall agus an tarbh' agus ' Mar a rinn Raghnall
macAilein Òig am port mòr 'An Tarbh Breac Dearg". Tha an t-òran foillsichte cuideachd ann an
Songs Remembered in Exile air a dheasachadh le J.L. Caimbeul. Tha clàraidhean dheth aig Allan
MacDonald air *Dastirum* (Siubhal 2 2007), Sgoil Eòlais na h-Alba: Nan MacKinnon, SA1958/136
agus air làrach-lìn Tobar an Dualchais: PM Capt. John A. MacLelan MBE (air a ruighinn 2012).

[13] an t-Urr Adhamh Guinne agus Calum MacPhàrlain, *Òrain agus Dàin le Rob Donn MacAoidh*,
Glaschu, 1899, td 29.

Ged a tha tairbh Ghàidhealach solt a' chuid as motha den ùine, chan fheum daoine a bhith lag no gealtach airson a bhith co-dhiù rud beag faiceallach faisg orra. Is cinnteach gun robh na h-aon fhaireachdainnean aig iomadh buachaille òg thar nan linntean 's a bha aig balach ann am Beàrnaraigh. Chaidh Ailean òg ("'S e Ailean 'icLeòid a theireadh iad ris"[14]) a chur a-null a bhuachailleachd gu fear a bhaile, far an robh tarbh uabhasach crosta agus rinn e ceathramh òrain dhan tarbh.[15]

'S ann san t-seachdamh linn deug a bha Màiri nighean Alasdair Ruaidh na banaltram aig Clann Choinnich na Comraich. Is ise a rinn an t-iorram (no òran luaidh) 'Clò nan Gillean',[16] le ìomhaigheachd làidir de neart nan cinnidhean[17]. Tha facail an òrain a' sealltainn gur ann le ceannardan a bha na tairbh. Ged a bha bò no dhà aig cha mhòr a h-uile teaghlach, cha robh ionaltradh no fodar gu leòr aig muinntir na tuatha tarbh a chumail fad na bliadhna. Gheibheadh iad iasad de tharbh bho chinn-feadhna no fhir-taic nuair a bha an dàir air a' chrodh.

Gabhaidh treud a leasachadh gu mòr le deagh tharbh. Air an làimh eile, dhèanadh droch tharbh milleadh mòr. Chleachd Rob Donn an samhlachas de bhuailtean air am milleadh le droch tharbh san stoidhle fhosgarra aige fhèin, ann am breithneachadh air a' Bhaintighearna Reay às dèidh dhi toirt air fireannach òg tè de na searbhantan aice a phòsadh, is dùil aice ri leanabh.

> 'N t-ainm uasal thug iomadh
> Do na buannachdan gionach an sealbh,
> Thug air gruagaichean cionalt'
> Dhol le duairceachan fireann air falbh
> Ach gun luaidh air am pilleadh –
> H-uile buaidh a tha sinne an earbs',
> Tha e dualach gun gin iad,
> Mar na buailtibh a mhilleas droch tharbh.[18]

Ghlac suilean geura agus peann trang Roib Dhuinn iomadh tachartas agus pearsachan. Seo ceathramh a sgrìobh e nuair a chunnaic e tarbh a' ruith às dèidh bò Uilleim an ceàrd ann an achadh làn arbhair. Nuair a dh'fheuch Uilleam ri an sgiùrsadh a-mach às an achadh, thàinig am Morair MacAoidh ga chuideachadh:

---

[14] Tasglann Sgoil Eòlais na h-Alba: Katherine Dix, air a clàradh le Iain Peatarsan, SA1968,184. A17 .

[15] Òran 265: Chunna mi 'n tarbh. Èistibh cuideachd ri 'Tarbh Pheighinn nam Fìdhleir' le Seonaidh MacIllEathain air làrach-lìn Tobar an Dualchais.

[16] Òran 266: Clò nan gillean.

[17] Tha samhla de thairbh làidir air a cleachdadh a-nis le Sabhal Mòr Ostaig san Eilean Sgitheanach, mar dheagh ìomhaigh de neart na Gàidhlig ann.

[18] Bho 'Ged a thuit mi 'n car iomraill' ann an Guinne agus MacPhàrlain 1899. td 59.

Beag no mòr a tha mi bhliadhnach'
Chan fhaca mi riamh gus an diugh,
Ceàrd a' ruith feadh an arbhair,
Morair, is tarbh, 's bò dhubh.[19]

Cha b' e a h-uile fear-uasal a chuidicheadh searbhant leis a' chrodh, gu h-àraidh nuair a bhris an dlùth-cheangal eadar uachdaran fearainn agus croitearan sìos anns an ochdamh agus an naoidheamh linn deug. An dèidh sin bha e na bu doirbhe cuideachd tarbh an taighe mhòir a chleachdadh airson crodh-dàir.

Ann an 1897 chuir Bòrd an Fhearainn sgeama air chois gus taic a thoirt do chroitearan tairbh shlàn fhallain fhaighinn nuair a bha an crodh deiseil airson sìolach, às aonais nan cosgaisean a bhiodh an lùib tarbh a chumail fad na bliadhna. Nochd 'tarbh a' congestic' no 'tarbh a' Bhùird' ann an coimhearsnachdan air feadh na Gàidhealtachd 's nan Eilean Siar airson a' chiad uair. Cluinnidh sinn toileachas a' chroiteir deagh tharbh fhaighinn aig fìor thoiseach an sgeama ann an òran le Seonaidh Caimbeul (1859 -1947) à Taobh a Deas Loch Baghasdail ann an Uibhist a Deas. [20] Bhon àm sin tha tairbh de dheagh stoc air a bhith gan cumail le Roinn na h-Àrainneachd airson an toirt seachad air iasad do chroitearan. Nì lighichean-sprèidhe cinnteach gu bheil na tairbh fallainn agus saor bho thinneasan sam bith mus tèid mu 120 tarbh a-mach do gach sgìre den Ghàidhealtachd 's de na h-Eileanan gach bliadhna. Chuidicheadh croitearan na sgìre le beathachadh an tairbh le bhith a' cur seachad làthaichean obrach – latha foghair agus latha buain-mhònadh.[21] Chaidh an sgeama ùrachadh ann an 2005 mar 'Sgeama Leasachaidh Crodh Croitearachd' agus ann an 2008 a-mhàin bha mu 4000 beathach cruidh air am frithealadh le 'tarbh a' Bhùird', beathach a choisinn àite dha fhèin ann an cridhe agus cuimhne iomadh neach:

'Thig an smeorach as t-earrach, thig a' chuthag 'sa cheitein...' tha an seann òran ag ràdha mas math mo chuimhne. Ach nuair a bha mise òg bha creutair eile a' nochdadh as t-earrach cuideachd air an robh croitearan a' bhaile a' cur a cheart uiread de dh'fhàilte 's a bha iad a' cur air na h-eòin ged nach robh a ghuth neo a cheòl idir cho binn – tarbh a' bhùird! Às aonais a chuid euchdan fad an t-samhraidh bhiodh ar crodh gun laoigh is bhiomaide gun bhainne air an ath earrach.[22]

Ann an 1972 nochd 'tarbh a' Bhùird' air a' sgrion mhòr anns a' chomadaidh *'The Duna Bull'* leis an stiùiriche Laurence Henson. Ged a bha duilgheadasan

---

[19] Hew Morrison, deas., *Òrain le Rob Donn*, Dùn Èideann, 1899, td 444.

[20] Òran 267: A' chiad tarbh a fhuaireadh riamh san àite.

[21] Aonghas MacIllFhialain à Balranald, air a chlàradh le D.A. MacDòmhnaill, foillsichte ann an *Tocher* 57, 2003.

[22] Màrtainn Dòmhnullach, *Aberdeen Press & Journal* (UK), 31mh den Chèitein 2004.

aig eileanaich ficseanail Duna tarbh fhaighinn chun an eilein, ràinig e mu
dheireadh thall. Uaireannan thug tarbh a' Bhùird duilgheadasan gu leòr do
na croitearan, duilgheadasan a chaidh innse ann an òrain ionadail, leithid
'Òran Tarbh Ruisgearraidh' le Iain Eòghann MacAsgaill às na Hearadh, a tha
a' toirt iomradh air mar a thachair do tharbh ann am bàta air a shlighe gu
Loch nam Madadh às dèidh fèill-rèic.[23]

Rinneadh òrain ionadail èibhinn eile air cuspair tarbh an àite, leithid 'Òran
Tarbh a' Cheathramh Mheadhanaich'[24] ann an Uibhist a Tuath, anns an do
tharraing am bàrd dealbh de mhuinntir na sgìre aig coinneamh. Chuala
iad an sin 'gun robh an tarbh an droch òrdugh' agus dh'fheumadh iad
tighinn gu co-dhùnadh air dè bu chòir dhaibh a dhèanamh mu a dheidhinn.
Dh'èirich duine mu seach airson am beachdan a thoirt seachad, cuid dhiubh
a' bruidhinn cho fada 's nach d' fhuair daoine eile cothrom idir! 'S e deagh
chothrom a bh' ann a bhith a' gearain mu chaochladh chuspairean, 's chan
ann dìreach mu dheidhinn trioblaidean an tairbh. Mar a dh'innis an t-Urr
Uilleam MacMhathain, a thug facail an òrain sìos sa chiad dol a-mach, cha
robh muinntir na sgìre ro thoilichte aig an àm mun òran, 's e a' dèanamh
abhcaid orra mar a rinneadh tric ann an òrain ionadail den leithid.[25]

Bha trioblaidean aig na Barraich le tarbh cuideachd. Nuair a dh'fheumadh
iad an seann tarbh a thoirt air falbh agus fear ùr fhaighinn na àite, cha robh
duine sam bith ag iarraidh an obair sin a ghabhail os làimh. A-rithist, b' e seo
deagh chuspair airson òran èibhinn – cò ghabhadh an tarbh agus càit' an
cuireadh iad e? – an turas seo air fonn òran luaidh Dhonnchaidh Bhàin 'Ho rò
gun togainn air hùgan fhathast'. Aig a' cheann thall dh'fheumadh Flòraidh[26]
fhèin agus a caraid na h-òrdain a thoirt seachad.[27]

'S e duilgheadasan eadar-dhealaichte a bha a' feitheamh ri croitearan
bho mheadhan an fhicheadamh linn, nuair a thugadh sìolachadh fuadain
a-steach. Abair deagh chuspair airson òran èibhinn agus cò a b' fheàrr
a leithid de dh'òran a chur ri chèile na 'Red' – Coinneach MacLeòid às an
Rubha ann an Leòdhas:

> An cuala sibh naidheachd, an cuala sibh naidheachd,
> An cuala sibh naidheachd tha an-diugh feadh an àit'?
> Na leugh sibh na *forms* a thàinig bhon Bhòrd
> Ag innse mar 's còir dhan a' bhò dhol a dhàir?[28]

---

[23] Òran 268: Òran tarbh Ruisgearraidh.

[24] Òran 269: Òran tarbh a' Cheathramh Mheadhanaich. Faicibh cuideachd òran 270: 'S
muladach mi 'n diugh 's mi 'g èirigh - 'pastiche' dè dh'òrain eile às an Eilean Sgitheanach a
rinneadh le croitear ri linn strì nan croitearan ann an 1886.

[25] Ged a dh'aithnich an t-Urr MacMhathain cò rinn an t-òran, cha do dh'aidich duine a-riamh
gur iadsan a rinn e!

[26] 'S e Flòraidh Iain Dhòmhnaill Phàdraig à Earsaraidh ann am Barraigh, a rinn an t-òran seo.

[27] Òran 271: Òran an tairbh.

[28] Òran 272: Òran an A. I..

Tha àite aig tairbh ann an tàlaidhean Ghàidhlig cuideachd, leithid an tàladh àlainn 'Tàladh Dhòmhnaill Ghuirm', bhon t-seachdamh linn deug, anns a bheil banaltram a' guidhe gum bi iomadh feart aig tighearna òg Shlèite, 'neart an tairbh dhuibh' nam measg, airson e fhèin agus clann Dòmhnaill air fad a dhìon ri linn cogaidh.[29]

'S ann mar thàlaidhean a mhair iomadh òran mu dheidhinn crodh chun an latha an-diugh, ged nach b' e sin an-còmhnaidh bun am beatha.[30] Is cinnteach gun robh feadhainn aca air an seinn anns a' chiad dol a-mach air a' bhuaile no air an àirigh. Bhiodh facail agus ceòl sèimh nam banarach a cheart cho feumail ann a bhith a' cur leanabh beag a chadal 's a bhiodh iad ann a bhith a' socrachadh bà agus a' toirt oirre a bainne a leagail. Obraichidh tòrr de na h-òrain ann an caibideilean eile den leabhair seo mar thàlaidhean, òrain leithid 'Cagaran gaolach', 'Crodh-laoigh nam bodach', 'Crodh an tàilleir' agus 'Maol Donn' airson dìreach grunn beag dhiubh ainmeachadh. San aon dòigh, tha iomadh tèama bho chaibideilean eile a' nochdadh a-rithist ann an tàlaidhean – buachailleachd, bleoghan, creachadh, call agus cumhachdan òs-nàdarra. Uaireannan tha sgeulachd shoilleir ann air cùl an òrain, ach airson iomadh dhiubh is iad na facail fhèin a pheantas an dealbh agus a dh'innseas an sgeulachd.[31] Ann an 'Gheibh thu caoraich', mar eisimpleir, cluinnidh sinn màthair a' gealltainn beartais do a leanabh, a' cur a h-inntinn fhèin aig fois aig an aon àm gum bi rudan ceart gu leòr san àm ri teachd.[32]

'S e 'Tha bò dhubh agam'[33] deagh eisimpleir eile de dh'òrain bleoghain a tha ag obair a cheart cho math mar thàladh, le sèist shimplidh a dh'innseas a-rithist agus a-rithist càite a bheil an crodh – ma tha iad idir ann. 'S mathaid gu bheil iad aig fois shuas air leacain na h-àirigh, no 's dòcha gun deach an iomain fada air falbh le muinntir na creiche ....[34] Ann an 'Tha 'n crodh san fhraoch aig Màiri'[35] cluinnidh sinn gu bheil cuid de na mairt sàbhailte gu leòr fo dheagh chùram Màiri, ach gu bheil crodh eile air teicheadh a-null gu Eilean an Fhèidh no 's dòcha air an iomain a-null chun an eilein airson feurach nas fheàrr.

Tha iomadh tàladh a' dèiligeadh le call.[36] Chaidh an crònan 'Fà-ill ile na ho rù'[37] a chruinneachadh tràth san naoidheamh linn deug bho Mhairearad

---

[29] Òran 273: Tàladh Dhòmhnaill Ghuirm.

[30] Òran 274: Chaidil iad uil' ann am Muile chrodh-laoigh.

[31] Òran 275: Tha bò 's agh agam.

[32] Òran 276: Gheibh thu caoraich.

[33] Òran 277: Tha bò dhubh agam.

[34] Am measg iomadh sean-fhacal a tha a' nochdadh ann am Foirbeis tha an rann beag seo: 'Thug mi mo chrodh-laoigh do 'n airidh, Agam an diugh, 's bhuam am maireach', a tha a' toirt luaidh air 'the "lifting" times' a rèir Fhoirbeis. (Alexander Robert Forbes, *Gaelic Names of Beasts (Mammalia, Birds, Fishes, Insects, Reptiles etc.* Edinburgh, 1905, td 121.).

[35] Òran 278: Tha 'n crodh-laoigh san fhraoch aig Màiri.

[36] Faicibh, mar eisimpleir òrain 77, 96, 103 – 105 agus 118.

[37] Òran 279: Fà-ill ile na ho rù.

Ghobha, bean tuathanaich Achan-ruidhe faisg air Blàr Athall. Tha na facail a' sealltainn dòigh fheallsanachail air a bhith a' gabhail ri call agus gainnead, rudan a thachair tric do mhuinntir na Gàidhealtachd aig an àm sin. Is tric a chaillear crodh air sgàth gainnead fodair agus droch aimsir. 'S e sin tèama a nochdas anns an tàladh 'Thug an geamhradh leis an crodh' à Nis ann an Leòdhas.[38]

Eadar ruitheam nam facal agus sèimheachd nam fonn, ghabhadh iomadh crònan bleoghain a chleachdadh mar thàlaidhean. 'S e 'Tàladh na banachaig' deagh eisimpleir den dreuchd dhùbailte seo. A-rithist anns an òran seo, cluinnidh sinn boireannach a' sireadh faothachadh bho thrioblaidean a beatha, agus an duine aice air chall.[39]

Seallaidh facail 'Dheoghail an crodh-laoigh 's na beannaibh' dhuinn gur e tàladh a th' ann. A bharrachd air a bhith a' socrachadh leanabh, 's dòcha gu bheil an seinneadair a' cur an òrain gu feum airson faothachadh fhaighinn bho iomagainean leantainneach a beatha, mar ciamar a chumadh i a pàiste fallainn agus biadh cho gann.[40]

Chan eil dealbh cho èiginneach air a pheantadh anns a h-uile tàladh ge-tà, agus cluinnidh sinn mar a fhuair crodh-laoigh cothrom fois a ghabhail air deagh fheurach grianach shuas air na monaidhean, fo chùram na banaraich ann an tàlaidhean leithid ''S tràth chuir a' ghrian fàilt' air Strotha' agus 'Cò leis an crodh druimfhionn ud thall?'.[41]

Seallaidh 'geantraighean' cuideachd luach na sprèidhe agus toradh na bà. Sheinneadh na rannan beaga beòthail seo ri leanabain fhad 's a bha iad air am bocadaich suas agus sìos air glùin an t-seinneadair.[42] 'S e 'Banaltram shunndach' deagh eisimpleir de gheantraigh anns a bheil an seinneadair ag innse don phàiste cuid de na rudan a chuidicheas e gu bhith a' fàs fallain – banaltram shunndach, bainne na bà agus nan cìoch, brochan bainne agus aoibhneas![43] Sgrìobh an t-Urr Iain MacRuairidh à Sniothasort cunntas de sgeulachd air cùlaibh an òrain seo:

> Beagan ùine an dèigh do leanabh a bhith air a bhreith, dh'fhàs
> a mhàthair tinn, agus mun do dh'eug i thug i sparradh teann d'
> a fear e thoirt an aire mhath air an leanabh. Rinn an duine na b'
> urrainn da. Fhuair e banaltrum a bha, a rèir coltais, anabarrach
> freagarrach. Ach ged a bha i 'g radh gu robh bainne-cioch aice
> don leanabh cha robh deur aice. Na nithean matha bu chòir
> dhi a thoirt don leanabh, ghabhadh i fhèin iad, agus bheireadh

---

38 Òran 280: Thug an geamhradh leis an crodh.

39 Òran 285: Tàladh na banachaig.

40 Òran 281: Dheoghail an crodh-laoigh 's na beannaibh.

41 Òrain 282 agus 283. Faicibh cuideachd òran 284: Cò leis an crodh druimfhionn ud thall?

42 Òran 286: Cò nì bhuirich? Faicibh cuideachd òran 287, òran beag à Uibhist a Deas a ghabhadh a chleachdadh mar gheantraigh, air neo mar òran bualaidh aig deireadh luaidh.

43 Òran 288: Banaltrum shunndach.

i am bùrn fuar don leanabh. Innsidh am beagan cheathrannan
a th'air chuimhne nach robh a' bhanaltrum a' dèanamh a
dleastanais. Bha 'n leanabh a' cnàmh 's a' dol as, agus bha
bhanaltrum ag ràdh gur ann mar so a bha. Air oidhche àraidh
thàinig màthair an leinibh don taigh an dèigh dhaibh gabhail
mu thàmh, agus sheinn i 'n tàladh a leanas. Ghabh athair
an leinibh amhrus nach robh a' bhanaltrum a' dèanamh a
dleasdanais, agus chuir e air falbh i. An uair a fhuair an leanabh
aire cheart dh'fhàs e gu math.[44]

Anns an òran 'Mi-fhìn 's tu-fhèin a Dhòmhnullain', tha a' mhàthair an dùil gun
toir MacDhòmhnaill fearann dhi fhèin 's don leanabh aice, 's dòcha nuair a
ghlacas am balach cridhe nighean MhicDhòmhnaill – òran beag dòchasach
dha-rìribh![45]

'S e Dòmhnall beag eile cuspair an tàlaidh 'Hòro làdaidh beag'.[46] Tha an
seinneadair a' moladh feartan Dhòmhnaill agus ag innse gum bi fear sgileil
dha-rìribh aig an tè a phòsas e. A bharrachd air sealg agus iasgach, bidh
Dòmhnall beag fìor mhath air dròbhaireachd agus obair chruidh.

Nochdaidh crodh, a bharrachd air iomadh beathach eile, anns an tàladh
ainmeil 'Mo chùrachan,' anns a bheil màthair a' coimhead airson a leanabh,
a chaidh à sealladh fhad 's a bha i trang a' buain dhearcan. Tha iomadh
tionndadh diofraichte den òran seo ann, ach tha aon tionndadh a' sealltainn
doilgheas na banaraich air leth math.[47] Chluinnear tric an rann mu dheireadh,
anns a bheil i a' dèanamh coimeas eadar a suidheachadh truagh agus bò
bhochd a' coimhead thall 's a-bhos airson laogh air chall, air a sheinn leis
fhèin. Tha e a' nochdadh ann an *Carmina Gadelica* mar òran sìthe. A rèir beul-
aithris chaidh dithis nighean a-mach airson crodh an athar a bhiathadh anns
an Ìochdar ann an Uibhist a Deas, nuair a chuala iad ceòl a' tighinn a-mach
à tolman. Stad iad airson èisteachd agus chuala iad cuideigin am broinn an
t-sìthein a' seinn an tàlaidh as binne a chuala iad a-riamh.[48] Uaireannan 's e
a' bhò fhèin a tha a' fàs sgìth a' sireadh a laoigh, mar anns an òran 'Mo bhò
dhubh mhòr' a chaidh a chlàradh le iomadach seinneadair o chionn ghoirid.[49]

Tha an dlùth-dhàimh eadar na banaraich, an cuid chloinne agus na mairt
soilleir ann an tàladh à Gleann Nibheis, a bhuineadh do theaghlach dom
b' ainm 'Sliochd a' Ghamhna'.[50] A rèir beul-aithris, b' e sionnsar an teaghlaich

---

[44] Bho aithris leis an t-Urr John Macrury Snizort air 'Old Gaelic Songs' ann an TGSI, vol. 16, an
Gearran 1890. td 107.

[45] Òran 289: Mi-fhìn 's tu-fhèin a Dhòmhnullain.

[46] Òran 290: Hòro làdaidh beag.

[47] Òran 291: Mo chùrachan.

[48] Òran 292: A Mhòrag Bheag.

[49] Tha dreach den òran seo, bhon t-seinn aig Ciorstaidh NicFhionghain, foillsichte ann an
Kennedy Fraser, *Songs of the Hebrides, vol. 2*, td vi.

[50] Òran 293: Pru dhè Mhic a' Ghamhna.

mac na banaraich, a fhuair am far-ainm 'an gamhain maol donn' air sàilleabh na h-ùine a chuir e seachad aig buaile an teaghlaich nuair a bha e na bhalach òg. Bhiodh muinntir a' chruidh a' gairm air na beathaichean aca air ainm, no le glaodhan leithid 'Pruidh', Pru-dhè' air neo 'Pruigein'.[51] Ann an 'Iseabail na h-Àirigh,' dràma liriceach a sgrìobh Calum MacAonghais anns na 1930an, cluinnear banarach a' cleachdadh glaodh den aon seòrsa airson toirt air a' bhò tighinn a-nuas ga h-ionnsaigh.[52]

'S e rud prìseil a th' ann an laogh, agus ann an iomadh òran chleachdar am facal 'laogh' airson pàiste no luran. Tha eisimpleir gu math sean de seo ann an Laoidh Osgair, anns a bheil seanair Osgair a' caoidh a bhàs:

> Mo laogh fhein thu – 'laoigh mo laoigh,
> A leinibh mo leinibh ghil chaoimh
> Mo chridhe 'leumraich mar lon;
> Gu lath bhràch chan èirich Osgar! [53]

Tha eisimpleir eile ann an tàladh a sheinn sìthiche do leanabh MhicLeòid a rèir beul-aithris, às dèidh dhi a ghoid a-mach às a chreathail ann an Caisteal Dhùn Bheagain.[54]

Rachamaid air ais gu 'Cinn t-Sàile nam bodach 's nam bò' airson an leabhar seo a thoirt gu crìch. B' e seo sgìre a bha gu math ainmeil airson àrach chruidh agus, mar sin, na phrìomh thargaid aig creachadairean Loch Abair.[55] Le beanntan ga chuairteachadh agus Abhainn Chrò a' ruith tron a' ghleann, b' e crò Chinn t-Sàile deagh àite airson crodh a chumail sàbhailte, ged a dhèanadh 'fir caola Loch Abair' an dìcheall an creachadh. Tha aon sgeulachd air cùl an òrain 'Crò Chinn t-Sàile', no 'Thèid mi dhachaigh' mar is trice is aithnichte e, ag innse gun deach a dhèanamh le saighdear a' tilleadh dhachaigh às dèidh Blàr Sliabh an t-Siorraim ann an 1715 agus e a' coimhead air adhart gu mòr ri bhith air ais ann an Ceann t-Sàile, ach 's dòcha gu bheil e nas sine na sin. A-rithist tha iomadh dreach diofraichte ann den òran seo. Ged a tha cuid de na facail a' toirt oirnn smaoineachadh gur e cadal maireannach a tha a' feitheamh ris an t-saighdear, tha rannan eile ag innse cho aighearach 's a tha e a' tilleadh gu buaile Mhic a' Phearsain, 's dòcha air ais don obair buachailleachd a bh' aige mus do dh'fhalbh e don arm. A rèir sgeulachd eile, rinn banaltram òg an t-òran fhad 's a bha i ag altram leanabh de Chlann Choinnich ann an Leòdhas, is i ag ionndrainn a dachaigh

---

[51] Edward Dwelly, *The Illustrated Gaelic-English Dictionary*, Glasgow: Gairm, 1977.

[52] Òran 294: Pu'n Dealbhach Bheag!

[53] J.F. Campbell, *Popular Tales of the West Highlands*, vol. 3, Paisley, 1890, td 341.

[54] Òran 295: Tàladh Mhic Leòid. Tha iomadh dreach eile den tàladh seo a' nochdadh ann an *Carmina Gadelica*, tòrr dhiubh le crodh annta. Faicibh cuideachd 'Tàladh na Mnà-sìdh' ann an Carmichael, *Carmina Gadelica* 5, td 218.

[55] an t-Urr Alexander MacRae, *History of the Clan MacRae with Genealogies*, Dingwall 1910, td 199.

ann an Geàrrloch[56]. Is mathaid gu bheil susbaint anns an dà sgeul agus gun do thòisich diofar rannan am beatha ann an òrain gu tur eadar-dhealaichte. Ge b' e cò às a thàinig e, tha an t-òran seo le fonn àlainn sìochail air leth freagarrach airson tuireadh no tàladh. Is iomadh oidhche a thuit co-dhiù aon leanabh beag na cadal sìtheil le bhith ag èisteachd ri 'Crò Chinn t-Sàile'.[57]

> Thèid mi dhachaigh, ho ro dhachaigh,
> Thèid mi dhachaigh chrò Chinn t-Sàile.
> Thèid mi dhachaigh, ho ro dhachaigh,
> 'S gabhaidh mi rathad mòr Chinn t-Sàile.

***

---

[56] 'S e 'The MacKenzie Lullaby' tiotal eile airson an òrain.

[57] Òran 296: Crò Chinn t-Sàile.

Na h-Òrain agus Dàin

Chaidh iomadh òran anns a' chruinneachadh seo a sgrìobhadh sìos o chionn fhada a' cleachdadh seann dhòighean litreachaidh. Airson mi-chòrdaidhean a sheachnadh eadar seann theacsaichean agus teacsaichean ùra, tha mi air stràcan geura atharrachadh gu stràcan leathann, ach a-mhàin anns na h-òrain agus earrannan a th'ann an Gàidhlig na h-Èireann. Tha mi cuideachd air stiùireadh Gnàthachas Litreachaidh na Gàidhlig (Gaelic Orthographic Conventions) a leantainn a thaobh asgairean. Mar eiseimpleir, tha *don* air a chleachadh san leabhar seo, an àite *do 'n* agus *mun* an àite *mu 'n*. Ma tha teagamh sam bith ann, chomhairlichinn don leughadair choimhead air an teacs às an d' fhuaireadh an t-òran.

CAIBIDEIL 1: CRODH ANN AM BEATHA NAN DAOINE

1. M' iteagan is m' eòin is m' uighean

M' iteagan is m' eòin is m' uighean,
Mo chrodh-laoigh ri taobh mo thaigh',
Le m' iubh air, le m' arachair,
Le m' bharragha dubh ciarach,
Gu siubhlainn an oidhche,
Fo bhrìgh nam beann àrda,
Le màilleagan cùmhraidh.
Ho rò, m' ulaidh, hè m' ulaidh,
Cead torrach troighlich,
A Ruairi, bu chorrach thu,
A liùbhan, a leòbhan,
Bha uair a ghabhainn òran,
A liùbhain, a leòbhan,
Cha gabh mi nochd ach gnòmhan.[1]

---

[1] Tasglann Channaigh: Mrs John Currie, air a clàradh le Iain Latharna Caimbeul, SA1950.11.09. Èistibh cuideachd ri Kate MacDonald a' gabhail 'Hill Iù-an Hill Eò-an' air Tobar an Dualchais.

2. Molly na gcuach Ní Chuilleanáin

Ar meisce cha dtéim níos mó,
Braon leanna go deo ní bhlaisfidh mé,
Ó chaill mé mo chailín beag óg,
A chuireadh i mo phócaí an t-airgead.

Curfá:
Is fada liom uaim í, uaim í,
Is fada liom uaim í ó d'imigh sí,
Is fada liom thíos agus thuas í,
Molly na gcuach Ní Chuilleanáin.

Dhéanfaidh mé tigh ar an ard,
Is beidh ceithre ba bainne breaca agam,
Ní ligfidh mé 'n duine dá gcomhair,
Go dtiocfadh Moll óg Ní Chuilleanáin.

Bhí mise lá ar an choill,
Is tharla dom soilse bhrádóige,
Dhéanfadh sí marbhán beo,
Nó buachaill deas óg den tseanduine.[2]

---

[2] Danú, *Up in the Air,* Shanachie, 2004.

Cha bhi mi air mhisg a-rithist,
Cha gabh mi braon leanna rim bheò,
On a chaill mi mo chailin beag òg,
A chuir nam phocaid an t-airgead.

Sèist:
Is fada leam uam i, uam i,
Is fada leam uam i on a dh'fhalbh i,
Is fada leam shìos agus shuas i,
Molly nan cuach NiChuilionain.

Nì mi taigh air a' chnoc,
Agus bidh ceithir bà bana bhreac agam,
Is cha leig mise duine nan cois,
Ach Molly dheas bhàn NiChuilionain.

Bha mise sa choille aon latha,
Is thachair mi ri gruagach sgiamhach,
Dhèanadh i am marbhan beò,
No gille deas òg den t-seann duine.[3]

---

[3] Eadar-theangachadh gu Gàidhlig na h-Alba le JG.

3. 'S gun dèan mi rann

'S gun dèan mi rann a sgrìobhadh dhuibh
'S a' Ghàidhlig ma bhios tìd' agam,
Is nì mi beagan innse dhuibh
A-rithist air cor an àite.

'S ged 's toilicht' mi gu cinnteach ann,
Gum b' fheàrr leam a bhith 'n Dìrecleit,
Àite tàimh mo shinnsearachd
Na frìth 's nam beanntan àrda.

'S gur tric a bhitheas mi smuaineachadh,
Nuair bha mi òg neo-luaisgeanach,
Gum b' shòlasach an uair sin mi,
Gun uallach sgoil nach tàrr dhomh.

'S their cuid rium gura h-uallach e,
A bhith nam bhean aig tuathanach,
An-còmhnaidh gum bi gruaim orra,
Mur fhaic iad cruachan àrda.

Bidh crodh agam ri thional dha,
'S caoraich bhàn' air iomaire,
Cearcan agus iseanan,
Gu mionaideach toirt gràin dhaibh.

'S nuair thèid e mach a dhròbhaireachd,
Gu faigh mi fhèin dhol còmhla ris,
Is bi sporan nam phocaid-sa,
Is chan fhaigh e mheòir air fàirdean.[4]

---

[4] Tasglann Sgoil Eòlais na h-Alba: Duncan MacLeod, Beàrnaraigh, air a chlàradh le Dr Iain MacAonghais, SA1963/49.

4. Crònan cruidh

Mo thè dhubh bheag *hò hi ri!*
Mo thè dhubh bheag *a hò seò!*
Mo thè dhubh bheag *hò hi ri!*
Mo thè dhubh bheag *a hò seò!*

Cha toir mi luchd nan gaban thu,
Cha toir mi luchd nan garlach,
Cha toir mi luchd nam praban thu
'S ann bhios tu aig a' Ghàidheal!

Cha toirinn thu dhan bhleideire
A bhios am freastal nàire,
Cha toirinn thu dhan sgeigire
'S ann bheirinn thu dhan àireach.

Cha toirinn thu dhan bhuachaille,
Seach sluagh a bhith gam chàineadh,
'S ann bhios tu aig an tuathcheathairn
Shuas air buail' na h-àirigh!

Cha toirinn thu dhan fhìdhlear,
Na idir dh'ìnghnean tàilleir,
'S ann bhios tu aig na h-uaislean
Dha d' bhleoghan shuas air àrdaibh![5]

---

[5] Air a chruinneachadh bho Mhàiri NicRath, Taobh Tuath na Hearadh. Foillsichte ann an Carmichael, *Carmina Gadelica*, vol. 4, td 72.

5. An Droimeann donn dílis

A Dhroimeann donn dílis, a shíoda na mbó,
Cá ngabhann tú san oíche 's cá mbíonn tú sa ló?
Bionn mise ar na coillte 's mo bhuachaill i m' chomhair
Agus d'fhág sé siúd mise ag sileadh na ndeor.

Agus hò-ro druimfhionn donn, hò-ro ha
'S hò-ro druimfhionn donn, nìl tu gu math,
'S hò-ro druimfhionn donn, ochón 's brón mé,
Fóir mé mo dhruimfhionn donn
Thriall tú 's ni fillfidh tú slán,
'S hò-ro druimfhionn donn, hò-ro ha. [6]

6. Drimindown

Oh Drimindown lived before she was dead,
She gave me fresh butter to spread on my bread,
Likewise good milk to stiffen my crown,
But now it's black water since Drimindoon's gone.

Ah ha Drimindoon ar a drew,
Ah ha Drimindoon addle you draw,
Ah ha Drimindoon hook a sook,
Oh my Drimindoon deary oh,
Where have you gone?

Drimindown, Drimindown, which and for why?
Drimindown, Drimindown, what made you die?
So white was your milk, and so slim was your tail,
I thought my poor Drimindown never would fail.[7]

---

[6] Seán Óg Ó Baoill, & Mánus Ó Baoill, Ceolta Gael, Mercier Press, 1975; sèist bho Creighton & MacLeod, *Gaelic Songs in Nova Scotia* (© Government of Canada. Reproduced with the permission of the Minister of Public Works and Government Services Canada 2012). Source: Library and Archives Canada/Gaelic Songs in Nova Scotia/AMICUS 416985 – The Chieftains: *The Chieftains* 1, Claddagh 1963; Emma Kate Tobia: *Aisling nan Gael*, Tara Music Company Ltd. 1999-2010.

[7] An tionndadh seo air a ghabhail leis a' Chaiptean Charles Cales, ann an Halifax, Alba Nuadh, 1956, Creighton agus MacLeod, *Gaelic Songs in Nova Scotia*, td 280. © Government of Canada. Reproduced with the permission of the Minister of Public Works and Government Services Canada (2012). Source: Library and Archives Canada/Gaelic Songs in Nova Scotia/AMICUS 416985.

7. Hugaibh air fear donn a' bhealaich

Hugaibh air fear donn a' bhealaich,
Òigear sunndach lùthmhor fearail,
Hugaibh air fear donn a' bhealaich.

Latha dhomh air Càrn a' Bhuaraich,
Bu mhath air mo ghillean-buailidh,
Bò dhubh gun adhairc gun chluasan,
B' e mun cuairt dhi bhiodh na fearaibh.

Thug mi nìos à Àird Mhic Shimidh
Bò mhaol dhubh air aon sine;
Is iomadh fear a thig le sgillinn
Dh'iarraidh dileag de cuid bainne.

Is tric a' bhean ag innse dhòmhsa
Gum b' fheàrr dhomh tè dhiubh na mòran;
Is ann a dh'fheumainn dhul an toiseach
Dh'iarraidh an t-seòrsa bha aig Mac Ailein.

Is ann aice a bha bhò dhubh ghamhnaich,
B' fheàrr i na bò laoigh as t-samhradh;
Na saoilinn nan dèanainn call dheth
Rachainn nam dheann na ceannach.

Is ann a dh'fhiosraich mo bhean fhèin riù,
"Cait' an d' fhuair thu bhò bha feumail?"
Thuirt mi rith' gun tug à Èirinn,
Is gun robh tè 'ile agam an Arainn.

Dh'at an t-ùth aice le ruaidhe,
Cha tugadh an laogh boinne bhuaith' i;
Chuir sinn teine ri' da chruachan,
Is shìn i air cur bhuaith' i bainne.

Is ann an siud bha bhò bha neònach,
Bhiodh luchd minich innte an-còmhnaidh;
Is tric a thug mi dhi a leòr
Den eòrna as fheàrr a tha anns an talamh.

Is nuair a bhios a' bhò dhubh is a laogh aic'
Bidh sinn fo imcheist an-còmhnaidh,
Is eagal oirnn gun tig nan (sic) seòid,
A dh'fhàgadh sinn gun bhò gun bhainne.

Is e MacGill-Fhinnein an duin-uasal,
Is e bha ceangal is a' fuasgladh na buaraich,
Is e dh' òladh den a' bhainne-bhuailidh,
Is cha bhiodh a bhuachaillean falamh.[8]

8. Ged tha crodh chàich a-muigh

Ged tha crodh chàich a-muigh,
chan eil m' agh donn ann.
Dh'fhuiricheadh m' agh, dh'fhanadh m' agh,
dh'fhuiricheadh m' agh riumsa,
Dh'fhuiricheadh m' agh, dh'fhanadh m' agh
air mullach gach glinn rium,
Ged tha crodh chàich a-muigh,
chan eil m' agh donn ann.[9]

[8] Bhon t-seinn aig Seumas Caimbeul air *Scottish Tradition 8: James Campbell of Kintail Gaelic Songs*, School of Scottish Studies, Greentrax Recordings Ltd., 2010. Ri fonn 'Hugaibh air Nighean Donn nam Meall-Shùil,' *Gesto Collection*, td 10.

[9] Tasglann Channaigh: Kate McMillan, Beinn nam Fadhla, air a clàradh le Dr Iain Latharna Caimbeul, track ID 40709 1949:11:21 . Tobar an Dualchais: iomadh clàradh (fon tiotal 'Gaol a' chruidh, gràdh a' chruidh'); Maggie MacInnes, *A Fàgail Mhiughalaigh*, Marram, 2009.

9. Òran bò Alasdair 'ic Dhubhghaill

an latha a dh'ith i ad 's an lèine ghorm orm
le Seonaidh Caimbeul à Uibhist (1859 -1947)

Gum faca mi bò Alasdair
Is nach b' e nighean na galladh i!
Nuair a dh'ith i cheana orm
An ad 's an lèine ghorm.

Ged chuirinn ann 'm falach i
'S mi ann an dùil nach fhaic i i,
Bidh sùil aice air na clachan
Is gum faigh i i mun falbh i.

Chan urrainn mi bhith coibhneil rith
Bhon thàmaig i ri foill orm;
Gun dh'ich, chuile troite dhith
Is cha robh groim ann dhith mun d'fhalbh i.

Gu dearbh cha robh mi smaointeachadh
Gun dianadh i na dh'fhaodadh i i,
Gur h-iomadh fiar is fraoch aice
An taobh so Chaolas Chalbhaidh.[10]

---

[10] Seonaidh Caimbeul, *Òrain Ghàidhlig le Seonaidh Caimbeul*, air an toirt sìos le Iain MacAonghais, Dùn Phàrlainn, 1936, td 17. Bha Seonaidh Caimbeul grèis na bhuachaille.

10. Brochan bùirn

Brochan bùirn, brochan bùirn, brochan bùirn dha mo leanabh, (x3)
'S ma gheibh càch brochan bùirn, gheibh mo ghaol brochan bainne.

Brochan mine, brochan mine, brochan mine dha mo leanabh, (x3)
'S nuair a bheireas an crodh-laoigh, gheibh mo ghaol brochan bainne.[11]

11. Thoir am bainne, bhò dhonn

Thoir am bainne, bhò dhonn,
Thoir am bainne, bhò dhonn,
Thoir am bainne, bhò dhonn,
Gu trom agus gu torrach.

Thoir am bainne, bhò dhonn,
Thoir am bainne, bhò dhonn,
Thoir am bainne, bhò dhonn,
Uaislean a' tighinn dhan bhaile!

Thoir am bainne, bhò dhonn!
Thoir am bainne, bhò dhonn,
Thoir am bainne, bhò dhonn,
MacNèill! MacLeòid! MacCailein!

---

[11] Tasglann Sgoil Eòlais na h-Alba: Kate MacDonald, air a clàradh le Dr Alasdair MacIllLeathain, SA1955.178.

Thoir am bainne, bhò dhonn!
Thoir am bainne, bhò dhonn!
Thoir am bainne, bhò dhonn!
Agus na sonn air pathadh![12]

12. Am mart a bh' aca 'n Ionar-gharradh

Air fonn 'Jenny Dang the Weaver'

Am mart a bh' aca 'n Ionar-gharradh
Sgarradh oirre, dh'fhalbh i,
Am mart a bh' aca 'n Ionar-gharradh
Sgarradh oirre, dh'fhalbh i,
Ach cha d' fhàg an t-Earrach dhi
Ach ladhar agus earball,
'S bha cuideachd ann a thàinig tràth,
Is dh'ith iad làn am balg dhi.[13]

[12] Carmichael, *Carmina Gadelica* 4, 1941, td 70. Tha tionndaidhean eile den òran seo ann an Stinton, *The Poetry of Badenoch*, td 16 agus ann an Kennedy Fraser, *Songs of the Hebrides* 2, td vi.

[13] Alexander MacDonald, "Fragments of Gaelic Song and Lilt," TGSI 29, td 107.

13. Far am bi na fìdhleirean

Air fonn 'Fear nan Casan Caola' no 'The Rejected Suitor'

Far am bi na fìdhlearan 's ann a bhios na caileagan
Far am bi na fìdhlearan 's ann a bhios na caileagan
Far am bi na fìdhleran 's ann a bhios na caileagan
'S far am bi na luban dubha 's ann a bhios na maragan.

Làn tighe dh'fhìdhlearan, làn tighe chaileagan,
Làn tighe dh'fhìdhlearan, làn tighe chaileagan,
Làn tighe dh'fhìdhlearan, làn tighe chaileagan,
Làn tighe luban dubha, 's làn tighe mharagan.

Dhannsadh na fìdhlearan, 's dhannsadh na caileagan,
Dhannsadh na fìdhlearan, 's dhannsadh na caileagan,
Dhannsadh na fìdhlearan, 's dhannsadh na caileagan,
Dhannsadh na luban dubha, 's dhannsadh na maragan.[14]

14. Bidh 'n dròbhair

Bidh 'n dròbhair, bidh 'n dròbhair, bidh 'n dròbhair aig nighean Chaluim,
Seumas aig Seònaid, fear-pòsta aig Mairearad,
Bidh 'n dròbhair, bidh 'n dròbhair, bidh 'n dròbhair aig nighean Chaluim,
Buachaill' aig a' bhanaraich,'s an sgalag aig an t-searbhant.

Fear an taigh' aig bean an taigh, 's am buachaill' aig a' bhanaraich,
Fear an taigh' aig bean an taigh, 's am buachaill' aig a' bhanaraich,
Fear an taigh' aig bean an taigh, 's am buachaill' aig a' bhanaraich,
Fear-pòsta aig Mairearad 's mo sheanair aig mo sheanmhair.[15]

---

[14] Andrew Mackintosh, "Gaelic and English Words for Old Highland Marches, Strathspeys and Reels," TGSI 29, 1916, td 90. Clàraichte le Teine air *Làn tighe chaileagan*, townsend records, 2006.

[15] Tasglann Sgoil Eòlais na h-Alba: an t-Urr Uilleam MacMhathain, air a chlàradh le James Ross, SA 1954.055.

15. 'S e m' eudail mhòr Mac 'ic Ailein

'S e m' eudail mhòr Mac 'ic Ailein
Hao hì ri rì ri e bhò
Pòiteir an fhìon air gach cala,
Hiù na haorainn ò
Och hao rin rì o ho rò ho.

Pòiteir an fhìon air gach cala,
Hao hì ri rì ri e bhò
Ma dh' òladh càch, phaigheadh Ailean,
Hiu na haorainn ò
Och hao ri rì o ho rò ho.

Dhomhsa b' aithne beus do bhaile:
Martfheòil ga bruich, crodh ga feannadh,
Bacastair a' bruich an arain,
'S mnathan grinn a' fuaigheal anairt;
Fiamh an duin' òig air an t-sean-duin'.

'S fiamh na maighdinn air a' chaillich.
Taigh mòr farsaing, ùrlar còmhnard,
Teine mòr air bheagan mònadh,
Teine guail is èibheall bhòidhich.[16]

---

[16] Tha an aon tèama a' nochdadh ann an òran luaidh eile a' comharrachadh banais uasail ann an Ratharsaigh: 'Ciad soraidh bhuam fhìn gu m' eòlas'. Tha facail an òrain sin air an làraich-lìn <www.smo.uhi.ac.uk/1999-vs/Rathairsair/>. (air a ruighinn 2012). Tha clàradh de Nan MacKinnon ga ghabhail ann an Tasglann Sgoil Eòlais na h-Alba, air a clàradh le Anne Ross, SA1964.078.

16. Ho m' aghan

Oidhche sin bha 'm Buachaill a-muigh
Cha deacha buarach air boin,
Cha deacha geum à beul laoigh,
Caoineadh Buachaill a' chruidh,
Caoineadh Buachaill a' chruidh.

Hò m' aghan! Hò m' aghan!
Hò m' aghan! M' aghan gaoil!
Chridheag chridh, chòir, ghràdhaich,
Air sgàth an Àrd Righ gabh ri d' laogh.[17]

---

[17] Alexander Carmichael, *Carmina Gadelica* 1, 1900, td 266; Tha dreach eile den òran seo air a sheinn le Anne Morrison air Tobar an Dualchais (air a ruighinn 2013). Faicibh cuideachd òran 175: Gabh ri d' laogh.

17. Seice Ruairidh

Seice Ruairidh bheir i fuaim,
Seice Ruairidh bheir i srann,
Seice Ruairidh bheir i fuaim,
Nuair a bhuailear i gu teann.

Nuair bhuailear i bheir i fuaim aisd'
'S gluaisidh gach duin' bhios ann,
An fhuaim a bheir seice Ruairidh
Bheir i nuas an taigh mun ceann.[18]

---

[18] Capercaillie, *Secret People*, Survival Records, 1993.

18. Hòro bhodachan hòrò

'S ann agam-sa bha 'm bodach brògach,
Hòro bhodachan hòrò,
Ra' dh seice 'n tairbh mhòir na bhrògan,
Ubh, ubh, ubh, ubhan, h-ubhi,
Hao-ri, ri ri, ri ri, ri-ibh-ag,
Hao ri ho ri,
Horo bhodachan hòrò.

Ra' dh seice 'n tairbh mhòir na bhrògan,
Hòro bhodachan hòrò,
Ra 'dh peice na bhonnach eòrna,
Ubh, ubh, ubh, ubhan, h-ubhi,
Hao-ri, ri ri, ri ri, ri-ibh-ag,
Hao ri ho ri,
Horo bhodachan hòrò,
Hòro bhodachan hòrò.

Nuair thig mo bhodach-sa dhachaidh,
Bheir e huricium, haraicium, harid,
Ciod e lag ud anns an luathaidh?
C'àit 'eil ubh na circe maoile?
'S an rud beag ime bh'air an truinnseir?
'S ann agam-sa bha 'm bodach miothar,
Dh'itheadh e fuighleach a naoidhein,
'S na thigeadh à ùgh na bà maoile.

'S truagh nach robh bodaich an domhain,
Air an tràigh 's an làn gan togail,
'S truagh nach robh bodaich an t-saoghail,
'N taobh a muigh de shruth na Maoile,
Gun choite, gun ràmh, gun taoman,
'S mo bhodach-sa 'bhi na aonar.[19]

---

[19] an t-Urr A. MacDonald, *MacDonald Collection of Gaelic Poetry*, Inbhirnis, 1911, td 286. Clàraichte leis na MacDonald Sisters (45 clàr - Emerald 1969).

19. Dh'èirich mi 's cha robh mi sunndach

Hao i o challa, hùg èile
Haoi ri rì a bhò
Hò hi rì ri iùrabh o ro.

Dh'èirich mi 's cha robh mi sunndach,
     Hao i o…
Ghabh mi sìos mu shrath na dùthchadh,
     Hao i o …
M' eudail a thàinig o m' chùlaibh,
Marcraich' na fàlaire crùidhich,
Chumadh strian is stiorap dlùth ris;
M' eudail an t-uachdaran cliùteach,
Nach deanadh an tuath a spùilleadh,
A thilleadh an crodh on chùnntais,
A bheireadh air an caoirich cùmhnadh,
Tha mis' an seo air mo ghlùinean
Ag iarraidh achanaidh, nam b'fhiù mi,
Saoghal fad' thoirt dhut, is ùine,
Mun déid thu 'n làthair na cùnntais.

Ochòin, a chiall, mo chiad thruaighe,
Nach robh mise far bu dual dhomh
Eadar Ciorcabost is Ruadal'
Cha b' e mo bhiadh breacag shuarach,
Cha b'e mo dheoch bùrn an fhuarain,
Bainne crodh-laoigh, 's e gun truailleadh,
Fìon 'ga ligeadh, beòir a cuachan,
Uisge-beatha nan Gall gruamach.

Ged tha mise 'n seo air t' àrainn,
'S e mo dhùthaich fhèin as àille,
O bhonn a lagain gu a bràighe,
Gu Cille Moire nan àrmunn.

Hao o challa, hùg eile
Hao rì ri a bhò
Hò hi rì ri iùrabh o ro
Haoi rì ri a bhò
Hò hi rì ri iùrabh o ro.[20]

---

[20] J.L. Campbell et al., *Hebridean Folksongs 2*, Oxford, 1977, td 76. Le cead Oxford University Press. Ri chluinntinn air a sheinn le Calum Johnston air Tobar an Dualchais, (air a ruighinn 2013).

20. Smeòrach Chlann Dòmhnaill

le Iain MacFhearchair 'ic Ìomhair (1693 -1779)

'N tìr nach caol ri cois na mara,
An tìr ghaolach, chaomhach, channach,
An tìr laoghach, uanach, mheannach;
Tìr an arain, bhainneach, mhealach.[21]

21. Smeòrach Chloinn Raonaill

le Alasdair Mac Mhaighstir Alasdair (c.1698 -1770)

Holaibh o iriog hòroll ò,
Holaibh o iriog hòro ì,
Holaibh o iriog hòroll ò,
Smeòrach le Clann Raonaill mi.

Gur h-e mis' an smeòrach chreagach
An dèis leum bharr chuaich mo nidein,
Sholar bidh dom ianaibh beaga,
Sheinneam ceòl air bhàrr gach bidein.

Smeòrach mise do Chlann Dòmhnaill,
Dream a dhìthicheadh, 's a leònadh,
'S chuireadh mis' an riochd na smeòraich
Gu bhi seinn, 'sa cuir ri ceòl daibh.

Sa chreig ghuirm a thogadh mise,
An sgìreachd Chaisteil duibh nan cliar,
Tìr tha daonnan a' cur thairis
Le tuil bainne, meal', a's fìon.[22]

---

[21] Anne Lorne Gillies, *Songs of Gaelic Scotland*, Dùn Èideann: Birlinn, 2005, td 244; Clàraichte le Rachel Walker air *Bràighe Loch Iall*, 2004 agus le Bodega air *Bodega*, 2006.

[22] John MacKenzie agus James Logan, deas., *Sàr Obair nam Bàrd Gaelach*, Glaschu, 1841, td 122. Tha clàradh den òran air Tobar an Dualchais leis a' Chaiptean Dòmhnall Eòsaph MacFhionghain, (air a ruighinn 2013).

22. Soraidh le Eilean a' Cheò

le Màiri Nic a' Phearsain (c.1821 – 1898)

"Fhlodaigearraidh sgiamhach!
C'ait bheil d' fhiach de grunnd?
B' ainmeil an crodh dàra
Dh'araicheadh air d' fhonn."[23]

23. Òran Chlann Dò'nuill nan Eilean

B' i siud an dùthaich fhialaidh
Air an èireadh grian gu moch-thrathach
Tìr lùbach, shrathach, thiorail,
Gu mònach, sliabhach, glacagach;
Tìr chruachach, sguabach, lìontach,
Tìr mheasail, mhiadhail, thrusganach;
Tìr mhòr tha còir gu biadhtachd;
Tìr bhòidheach, lianach, lusanach.

Tìr bhuadhach, bhlàth, gun chruas, gun chàs,
A' tighinn fo bhlàth gu ruiteagach.
An grunnd a b' fheàrr o shliabh gu tràigh,

[23] Alasdair MacBheathain, deas., *Dàin agus Òrain Ghàidhlig le Màiri Nic a' Phearsain*, Inbhirnis, 1891, td 20-21. Clàraichte le Màiri MacInnes, Causeway, 1989; Catherine-Ann MacPhee, Sings Màiri Mhòr,Greentrax 1994 agus iomadh clàradh air BBC Bliadhna nan Òran.

Gu fàsach, lanach, sultmhora.
Crodh-laoigh ’s gach àite a’ sìor-bhreith àil,
Gu bliochdach, darach, sruth-bhainneach;
Is grinn a’ ghàir aig fuaim nam bà
Dol suas ri àird nan uchdanan.[24]

24. Òran òil, no buideil

Gur beag m’ uith dhol chun na h-àiridh
Shealltuinn air mo chuid chruidh àluinn,
’S nach fhaic mi dhiubh ach na cnàmhan,
’S iad gun bhliochd, gun stà, gun laoigh.

O cuir a-nall am bodach,
I cuir a-nall am bodach:
Nuair a thogadh e oirn[25] sogan
’S e ’m botul a b’ annsa leinn.

Biomaid criodhail, biomaid ceòlmhor,
Gabhamaid gach ni mar ’s còir dhuinn;
As a’ bheagan thig am mòran.
Tuille ’s a dh’fhoghnas a chaoidh.

Ciod e ’m fath mum biodh oirnn dorran?
Foghnaidh ’n saoghal duinn ge b’oil leinn.
’S lionmhor fear a chuir e dholuidh,
Mheud ’s a thug e thoil d’ a chinn.

Fheara, na biodh oirbhse gruaman
Mu na thug an t-earrach uainne.
Gheibh sinn creideas feadh na tuatha,
A ni suas na thug e dhinn.

Lìon am botul, lìon a dhà dhiubh,
Na biodh cùram ort a pàidh.
Muna tachair e san làimh dhuit,
Nì seiche bò chaidh an t-suim.

---

[24] Gun ainm, *Filidh nam Beann*, Glaschu, ro 1889, td 21.

[25] oirnn.

'S lionmhor sineag a tha beirteach,
'S caonag air an duine thapaidh;
'S b' fhearr a bhuileachadh le tlachd
Na esan ge do 's pailt a ni.

Biomaid sùghach[26], biomaid geanail,
Cuireamaid air chùl an gearan,
Cinnidh rud aig math-an-airidh.
Sud mar tha mo bharail dhuibh.[27]

CAIBIDEIL 2: EILTHIREACHD AGUS ATHARRACHADH

25. Dèan cadalan sàmhach

Dèan cadalan sàmhach a chuilean mo rùin,
Dèan fuireach mar tha thu 's tu 'n dràsd an àit' ùr.
Bidh òigearan againn làn beartais is cliù,
'S ma bhios tu nad airidh 's leat feareigin dhiubh.

Thoir mo shoraidh le fàilte Chinn t-Sàile nam bò,
Far an d' fhuair mi grèis m' àrach 's mi 'm phàisde beag òg;
Bhiodh òigearean sgoinneal air bhonnaibh ri ceòl,
'Us nighneagan dualach 's an gruaidh mar an ròs.

An toiseach an fhoghair bu chridheil ar sunnd,
gheibht' fiadh as an fhireach is bradan à grunnd,
bhiodh luingeas an sgadain a' tighinn fo shiùil
le 'n iasgairean tapaidh nach faicte fo mhùig.[28]

---

[26] subhach.

[27] John Gillies, deas., *Dàin agus Òrain Ghàidhealach / Collection of Ancient and Modern Gaelic Poems and Songs*, Peairt, 1886, td 58. Faicibh cuideachd 'Òrain botuil' no 'A bhean an taighe, ghaoil an fhortain' ann am *Brìgh an Òrain* le Lauchie Maclellan, td 290. Tha clàradh den òran seo ann an Tasglann Sgoil Eòlais na h-Alba: Eddie Macrae air a chlàradh le Donald Archie MacDonald agus Ian Fraser, SA1972.008.

[28] Capercaillie, *Get Out*, Survival Records,1992; Capercaillie,*The Blood is Strong*, Grampian TV, 1995; *James Campbell of Kintail: Gaelic Songs*, Greentrax, 2010 ; Tha iomadh clàradh cuideachd air Tobar an Dualchais agus BBC Bliadhna nan Òran (air an ruighinn 2014.).

26. Och nan och, tha mi fo mhulad

le Màiri Dhall, Eilean Phabaigh

Och nan och, tha mi fo mhulad,
Dhòmhsa tha mo chòmhradh duilich,
'S cruaidh an càs, ach 's fheudar fhulang
Nach fhaod mi fuireach ann ad chòir.

Cuimhneachadh nam beanntan rìomhach
Far as moich' a dh'èireadh grian orr':
'S iomadh madainn 's oidhche bhrèagha
A bha mi annt' a' riaghladh bhò'[29]

27. Cinntàil' a' chrodh chean-fhionn

Air fonn 'Crodh Chailein'

Cinntàil' a' chrodh chean-fhionn, Cinntàil' a' chrodh mhòir,
Cinntàil' a' chrodh chean-fhionn, Cinntàile nam bò.
Gur fada leam tha thu, Chinntàile nam bò,
Gur fada leam tha thu, Chinntàil' a' chrodh mhòir.[30]

---

[29] Comunn Gaidhealach Leòdhais, *Eilean Fraoich*. Air a chleachdadh le cead bho Acair Ltd. Tha iomadh clàradh den òran air BBC Bliadhna nan Òran agus chluinnear Dolina NicIllfhinnein ga ghabhail air Tobar an Dualchais.

[30] Rev Thomas Stinton, "Stray Verses of Gaelic Poetry," TGSI 19, 1893-4, td 81.

28. Tuireadh

le Màiri Nighean Alasdair Ruaidh (1615 – 1706)

Hòireann ò ho bhì ò,
Hòireann ò ho bhì ò,

Hòireann ò ho bhì ò,
Ri hòireann ò o hao o.

Is muladach mi, *hì ò,*
Hòireann ò ho bhì ò,

O cheann seachdain, *hì ò,*
Ro hòireann ò o hao o.

Is mi an eilean , *hì ò …*
Gun fhiar gun fhasgadh, *hì ò …*

Ma dh'fhaodas mi, *hì ò …*
Thèid mi dhachaidh, *hì ò …*

Nì mi an t-iomradh, *hì ò …*
Mar as fhasa, *hì ò …*

Do Uilbhinnis, *hì ò …*
A' chruidh chaisfhinn, *hì ò …*

Far an d' fhuair mi, *hì ò …*
Gu h-òg m' altrum, *hì ò …*

Air bainne-chìoch, *hì ò*...
Nam ban bas-gheal, *hì ò* ...

Thall aig Fionnghail, *hì ò*
Dhuinn nighean Lachainn, *hì ò* ...

Is i na banchaig, *hì ò*
Ris na martaibh, *hì ò* ... .[31]

29. Nuair bha mi òg

le Màiri Nic a' Phearsain (c.1821 – 1898)

Moch 's mi 'g èirigh air bheagan èislein,
Air madainn Chèitein 's mi ann an Òs,
Bha sprèidh a' geumnaich an ceann a chèile,
'S a' ghrian ag èirigh air Leac an Stòrr;
Bha gath a' boillsgeadh air slios nam beanntan,
Cur tuar na h-oidhche na dheann fo sgòd,
Is os mo chionn sheinn an uiseag ghreannmhor,
Toirt na mo chuimhne nuair bha mi òg.

Nuair chuir mi cuairt air gach gleann is cruachan,
Far 'n robh mi suaimhneach a' cuallach bhò,
Le òigridh ghuanach tha nis air fuadach,
De shliochd na tuath bha gun uaill gun ghò,
Na raoin 's na cluaintean fo fhraoch is luachair,
Far 'n tric na bhuaineadh leam sguab is dlò,
'S nam faicinn sluagh agus taighean suas annt'
Gum fàsainn suaimhneach mar bha mi òg.[32]

---

[31] J. Carmichael Watson, deas., *Gaelic Songs of Mary MacLeod*, Glaschu, 1934, td 32.

[32] Alasdair MacBheathain, deas., *Dàin agus Òrain Ghàidhlig le Màiri Nic a' Phearsain*, Inbhirnis, 1891, td 28. Clàraichte le Arthur Cormack, *Nuair bha mi Òg*, Temple Records, 1992; Catherine-AnnMacPhee, *Sings Màiri Mhòr*, Greentrax, 1994 agus John Kennedy, Tobar an Dualchais (air a ruighinn 2012).

30. An gleann 's an robh mi òg

le Màiri Nic a' Phearsain (c.1821 – 1898)

Nuair a dhùisgeadh mi sa mhaduinn,
Le clag a' bhaile mhòir,
Air mo thacadh leis an stùr,
'S ga mo mhùcadh leis a' cheò;
Bidh mo chridhe call a lùth's,
'S bho mo shùil gun sruth na deòir,
Nuair a chuimhnicheas mi chlann,
a bha 's a' ghleann 's an robh mi òg.

Anns a' ghleann 's an robh mi òg,
Siubhal bheann ri sneachd is ceò,
Falbh a dh' iarraidh cruidh is ghamhna,
'S cha b' e 'n ganntar a bhiodh òirnn;
'S cha b' e 'n ganntar a bhiodh òirnn,
Bainne, bradan, min, is feòil,
Cha robh easbhuidh bidh no annlain,
Anns a' ghleann 's an robh mi òg.

Nuair thig àm a dhol an bhuaile,
Cha bhi buarach na mo dhòrn,
Cha bhi sprèidh ri laoigh a' nuallan,
'S cha bhi buachaille na 'n còir ;
Ach fear le clagan beag na làimh,
Muigh air sràid – 's cha bhinn a cheòl !
'G eigheach bainne-goirt cho lòm,
Is b' fhearr am mèug na bhith ga òl.

B' fhearr am meug a bhiodh fo chròic,
Leis an loinid na mo dhòrn,
B' fhearr leam deoch de bhùrn an uillt,
Tha ruith 's a' gleann 's an robh mi òg.[33]

---

[33] MacBheathain 1891: td 88. Rinn Màiri Mhòr seo às dèidh dhi òran leis an aon tiotal a
chluinntinn a rinn am bàrd Sgitheanach co-aimsireil Niall MacLeòid. Mar a mhìnich i anns a'
chiad rann den òran aicese, "'S nuair a sheinneadh leam an duan, rinn an t-uasal Niall MacLeòid,
bha mi cuimhneachadh san àm sin, air a' Ghleann san robh mi òg." Ged a tha clàraidhean air
Tobar an Dualchais den òrain aig Niall MacLeòid, cha deach òran Mhàiri Mhòr a chlàradh gu
ruige seo.

31. Guma slàn do na fearaibh

le Dòmhnall Phàil (c.1838)

Guma slàn do na fearaibh
Thèid thairis a' chuan,
Gu talamh a' gheallaidh,
Far nach fairich iad fuachd.
Guma slàn do na fearaibh
Thèid thairis a' chuan.

Gheibh sinn aran 'us ìm ann,
Gheibh sinn siucar 'us *tea* ann;
'S cha bhi gainne oirnn-fhìn,
'S an tìr 's am bheil buaidh.

Nuair dh'fhàgas sinn 'n t-àit' so,
Cha chuir iad mòr-màl oirnn;
'S cha bhi an Fhèill Màrtainn
'Cur nàire nar gruaidh.

Gum fàg sinn an tìr so,
Cha chinnich aon nì ann;
Tha 'm buntàt' air dol 'dhith ann,
'S cha chinn iad le fuachd.

Gheibh sinn crodh agus caoraich;
Gheibh sinn cruithneachd air raointean,
'S cha bhi e cho daor dhuinn,
Ri fraoch an Taoibh-Tuath.[34]

---

[34] Stinton 1906: td 36. Clàraichte le Paul McCallum, *Taigh a' bhaird*, Beracah Music, 2005 agus le Alasdair Gillies, *Island Heritage*, Scottish Heritage Records, 2007.

32. Tha tighinn fotham èirigh

le Iain MacMhurchaidh

Nise bho na thachair sinn
Fo 's cionn an stoip 's na creachaige,
Gun òl sinn air na faicinn e
'S na cairtealan san tèid sinn.

Mhnathan togaidh an turus oirbh
'Us sguiribh dheth na h-iomadan,
Cha bharail leam gun tillear mi
Bhon sguir mi dh'iomain sprèidhe.

Mhnathan sguiribh chubarsnaich
Bhon char sibh fo na siuil a stigh,
Cha bharail leam gun lùbar sinn
Ri dùthaich bhochd na h-èiginn.

H-uile cùis dha theannachadh,
An t' àrdachdainn 's e ghreannaich sinn,
Lìn-mhòra bhi gan tarruing,
'S iad a' sailleadh na cuid èisg oirnn.

Gur iomadh latha sàraicht'
Bha mi dèanamh dìge 's gàrraidhean,
An crodh a faighinn bàis oirnn
'Us mi paidheadh màil gu h-èigneach.

'S iomadh latha dosgainneach
A bha mi giùlan cosguis dhuibh,
Nuair reidheadh a' chuis gu osburnaich
Bhi 'g osannaich ma deighinn.

'S beag mo spèis d' an uachdaran
A chuir cho fad air cuan sinn,
Airson beagan do mhàl suarach
'S cha robh buanachd aige fhèin dheth.

Tha tighinn fotham, fotham, fotham,
Tha tighinn fotham, fotham, fotham,
Tha tighinn fotham, fotham, fotham,
Tha tighinn fotham èirigh.[35]

33. Bho na sguir mi phàidheadh màil

le Iain MacMhurchaidh

Ho, chan eil mulad oirnn,
Carson a bhiodh mulad oirnn?
Mulad chan eil oirnn no gruaim,
Gur fada bhuainn a ghabhadh e.

Bho na sguir mi phàidheadh màil
'S gun ruith mo chuid às mo làimh,
'S ann a bhitheas mi nam thràill
Fo nàbaidh bh'agam roimhe seo.

Nuair a dh'èireas esan moch,
Feumaidh mise dhol a-mach;
Saoil sibh fhèin nach cruaidh an t-achd,
A bhi fo smachd an atharraich.

Teirgidh chuid dhan duine chrionn'
Nach d' rinn bonn do dh'fhialachd riamh,
Their fear eile sin nach fhiach,
A chaith e trian dheth làthaichean.

Mairidh chuid dhan duine chòir,
Gheibh càch dheth furan gu leòir,
Bith pailteas aige 's an ri bheò
Gè neònach le fear glèidhidh e.

Bhon reic sinn ar cuid nì,
'S gun d'fhuair sinn orr' an dìol phrìs,
'S duilich leam mur tig an t-sìth,
Nach leig an Rìgh an rathad leinn.

---

[35] an t-Urr Alexander MacRae, *History of the Clan MacRae*, Inbhir Pheofharain, 1910, Appendix J, td 404. Foillsichte cuideachd ann an *The Emigrant Experience - songs of Highland emigrants in North America* le Margaret MacDonell, University of Toronto Press, 1982. Chluinnear an t-òran air a bheil seo stèidhichte air Tobar an Dualchais air a ghabhail le Nan MacKinnon, Donnchadh Dòmhnallach agus Ealasaid Sinclair.

Togaidh sinn misneachd le fonn,
Bho nach deàn a chaochladh bonn;
Gheibh sinn na phàidheas an long
'S na chuireas fonn fo mhnàthan dhuinn.

Tha sinn gun fhearainn gun sprèidh,
Cha d' toir an t-uachdaran dhuinn spèis,
Their e gur duine gun chèill
A rachadh ceum an rathad ud.

Ged a dh'fhanainn às gu bràth,
Mura deàn mi mar their càch,
Thig fear eile nì nas fheàrr
Am bonn is àirde gabhar e.[36]

34. O 's àlainn an t-àite

le Mìcheal Mòr MacDhòmhnaill

O 's àlainn an t-àite
Th' agam 'n cois na tràghad
Nuair thig e gu bhith 'g àiteach ann
Leis a' chrann, leis a' chrann, O.
Ni mi 'n t-aran leis na gearrain
'S an crodh-bainne chuir mun bhaile;
'S cha bhi annas oirnn 's an earrach,
Chuirinn geall, chuirinn geall.

O, 's cùbhraidh na smùidean
A bhitheas dhe na taighean siùcair,
Craobhan troma dlùth dhaibh
'S iad gun mheang, 's iad gun mheang, O.
'N àm an fhoghair b' e mo roghainn
A bhi tadhal gus an taghadh
'S gum b' e 'm baothair nach tug oidheirp
Air bhi ann, air bhi ann.[37]

---

[36] Sister Margaret MacDonell, *The Emigrant Experience*, University of Toronto Press, 1982, td 36. Tha cuid de na rannan air an seinn le Seumas Caimbeul air *Scottish Tradition 8*, Greentrax Recordings, 2010. Tha clàradh cuideachd den Urr Uilleam MacMhathain ga ghabhail, air a chlàradh le Iain Peatarsan, ann an Tasglann Sgoil Eòlais na h-Alba, SA1976.101.

[37] MacDonell 1982: td 58. Tha 2 rann eile agus am fonn foillsichte anns an leabhar sin cuideachd.

35. A' choille ghruamach

le Iain Mac Ailein (1787 – 1848)

An uair thèid na dròbhairean sin gur n-iarraidh,
Is ann leis na breugan a nì iad feum,
Gun fhacal fhirinne bhith ga innse,
Is an cridhe a' dìteadh na their am beul.
Ri cur am fiachaibh gu bheil san tìr seo,
Gach nì as prìseile tha fon ghrèin;
An uair thig sibh innte gur beag a chì sibh
Ach coille dhìreach toirt dhibh an speur.

Gur h-iomadh caochladh tighinn air an t-saoghal,
Is ro-bheag a shaoil mi an uair bha mi thall;
Bu bheachd dhomh 'n uair sin mu d' rinn mi gluasad,
Gum fàsainn uasal nuair thighinn ann.
An car a fhuair mi cha b' ann gu m' bhuannachd',
Tighinn thar a' chuain air a' chuairt bha meallt',
Gu tìr nan craobh anns nach eil an t-saorsann,
Gun mhart, gun chaora is mi dh'aodach gann.

Chan fhaic mi margadh no latha fèille,
No iomain feudalach ann an dròbh,
No nì nì feum dhuinn a-measg a chèile –
Tha 'n sluagh nan èiginn air iomadh dòigh;
Cha chulaidh fharmaid iad leis an ainbhfhiach,
A' reic na shealbhaicheas iad an còir;
Bidh fear nam fiachan is cromadh cinn air,
Ga chur don phrìosan mur dìol e 'n stòr.[38]

---

[38] W. J. Watson, deas., *Bàrdachd Ghàidhlig*, Inbhirnis, 1915, td 14, fon tiotal ' Am Bard an Canada.'
Cluinnidh sinn na h-aon fhaireachdainnean ann an 'Teisteanas Dhòmhnaill air Manitoba,' foillsichte
ann an Margaret MacDonell, *The Emigrant Experience*, td 150:

B' fheàrr leam na a' bhò-laoigh a bh'fheàrr,
Bha riamh aig bodaich Inbhir-Air,
Nach do chreid mi bhreug bho 'n ghràisg
Mu fhàsach Mhanitòba.

Chaidh a chlàradh le Arthur Cormack air *Ruith na Gaoithe*, Temple Records,1989; Tha iomadh
clàradh dheth cuideachd air BBC Bliadhna nan Òran agus Tobar an Dualchais (air an ruighinn 2014).

36. Fuadach nan Gàidheal

le Eanraig Mac 'IlleBhàin (1852 – 1913)

Far an robh mòran dhaoine le 'm mnathan 'us le 'n
teaghlaich,
Chan eil ach caoraich-mhaola ri fhaotainn nan àit':
Chan fhaicear air a' bhuaile, a' bhanarach le 'buaraich,
No idir an crodh guaill-fhionn 's am buachaille bàn.
Tha 'n uiseag anns na speuran, a' seinn a luinneig gleusda,
'S gun neach ann 'g a h-èisdeachd nuair dh'èireas i àrd;
Cha till, cha till na daoine bha cridheil agus aoibheil -
Mar mholl air latha gaoithe chaidh 'n sgaoileadh gu bràth.[39]

37. Òran Manitoba

le Iain MacIlleathain (1827 – 95), Bàrd Bhaile Màrtainn, a
dh'fhàg Tiriodh ann an 1878.

Chan fhaic mi san àm seo ach caoraich air bheanntan;
Chan eil anns gach gleann ach fear Gallda no dhà;
'S am beagan a dh'fhan dhiubh air rudhachan mara
Gan iomain gu cladach 's gam feannadh le màl.

Tha 'n òigridh ghrinn uallach an-diugh air am fuadach;
Tha deas agus tuath taighean fuar agus fàs;
Chan fhaic mi a' ghruagach dol feasgar don bhuaile,
'S cha chluinn mi a duanag 's i cuallach an àil.[40]

---

[39] Malcolm C. MacLeod, deas., *Modern Gaelic Bards*, Sruighlea, 1908, td 229. Clàradh air BBC Bliadhna nan Oran le Ceòlraidh Ghàidhlig Ghlaschu (air a ruighinn 2012). Tha fonn airson an òrain seo foillsichte ann an *Gaelic Songs in Nova Scotia* le Helen Creighton agus Calum MacLeod, td 58.

[40] Dòmhnall E. Meek, *Tuath is Tighearna*, Dùn Èideann 1995, td 80. Clàraidhean air BBC Bliadhna nan Oran le Dòmhnall MacCuaig;Tobar an Dualchais le Donald Sinclair; *Mary Ann Kennedy agus na Seòid*, Watercolour Music Ltd., 2008.

38. Thoir mo shoraidh thar an t-sàile

Thoir mo shoraidh thar an t-Sàile
Null gu tìr nam beanntan àrda,
Far an d'fhuair mi greis de m' àrach,
Air an àirigh anns na glinn.

Far am biodh an ceòl 's am mànran,
Aig an òigridh chridheil, chàirdeil,
Far am biodh na h-òrain Ghàidhlig,
Nuair a bhiodh na h-àrmuinn cruinn.

Far am biodh na h-òighean guanach
Far an cluinnte fuaim an duanaig,
Falbh le 'n cumain 's le 'm buaraich,
Mach gu buailtean a' chrodh-laoigh.

Far am faighte crodh is daoine,
Tha e nisd air fàs fo chaoraich,
'S tha na Gàidheil air an sgaoileadh,
Air gach taobh air bheagan sùim. [41]

---

[41] Chaidh an t-òran seo a chlàradh bho Hughie wilson, Glace Bay, Ceap Breatainn agus tha e foillsichte ann an *Gaelic Songs in Nova Scotia* le Helen Creighton agus Calum MacLeod, Ottawa, 1964, td 102. © Government of Canada. Reproduced with the permission of the Minister of Public Works and Govern ment Services Canada 2012 Source: Library and Archives Canada/ Gaelic Songs in Nova Scotia/4169852.

39. Oran Bean Dhonnachaidh / Fios chun a' bhàird

le Uilleam Mac Dhunlèibhe (1808 -1870)
Air fonn 'When the Kye comes hame'

Tha a' mhadainn soilleir grianach,
'S a' ghaoth 'n iar a' ruith gu rèidh;
Tha an linne sleamhainn sìochail
On a chiùinich strì nan speur;
Tha an long na h-èideadh sgiamhach,
'S cha chuir sgìos i dh'iarraidh tàmh
Mar a fhuair 's a chunnaic mise,
A' toirt am fios seo chun a' Bhàird.

Tha mìltean sprèidh air faichean,
'S caoraich gheal' air creachain fhraoich,
'S na fèidh air stùcan fàsail,
Far nach truaillear làr na gaoith;
An sìolach fiadhaich neartmhor
Fliuch le dealt na h-oiteig thlàith;
Mar a fhuair 's a chunnaic mise,
Thoir am fios seo chun a' Bhàird.

Ged a roinneas gathan grèine
Tlus nan speur ri blàth nan lòn,
'S ged a chìthear sprèidh air àirigh,
Is buailtean làn de dh'àlach bhò,
Tha Ile 'n-diugh gun daoine,
Chuir a chaor' a bailtean fàs;
Mar a fhuair 's a chunnaic mise,
Thoir am fios seo chun a' Bhàird.

Cha chluinnear luinneag òighean,
Sèisd nan òran air a' chlèith,
'S chan fhaicear seòid mar b' àbhaist
A' cur bàir air faiche rèidh;
Thug ainneart fògraidh uainn iad;
'S leis na coimhich buaidh mar 's àill;
Leis na fhuair 's a chunnaic mise,
Biodh am fios seo aig a' Bhàrd.[42]

---

[42] Henry Whyte, *The Celtic Garland*, Glaschu, 1920, td 76. Clàraichte le Anna Nic na Ceardaich agus Anna Latharna NicGilliosa air BBC Bliadhna nan Oran, (air a ruighinn 2013).

40. Òran do na cìobairean Gallda

le Ailein Dughalach

Cha chluinnear geum ann am buailidh,
Chaidh an crodh guailfhionn à suim;
Chan èisdear luinneag no duanag,
Bleoghain mairt aig gruagaich dhuinn;
Bhon chaidh ar cuallach an tainead,
’S tric a tha pathadh gar claoidh;
’N àite gach càirdean a bh’againn,
Luinnseach ghlas am bun gach tuim.

…

Suidhidh sinn mu bhòrd gu h-èibhinn,
Gu ceòlach, teudach, gun smalan,
Coibhneil, carthantach ri chèile,
’S na biodh aon den treud nar caraibh;
Olaibh deoch-slàinte MhicCoinnich,
’S Chòirneil loinneil Ghlinne Garaidh[43],
Chionn gur beag orra na caoraich
Is luchd-daorachaidh an fhearainn.[44]

---

[43] B’ e MacDhùghaill bàrd Ghlinne Garaidh agus ged a mhol e an Còirneal airson fhuath do chaoraich, ghabh an Còirneal (1773-1828) tòrr fearainn air màl do thuathanaich chaorach, mar a rinn a phàrantan roimhe, a’ toirt air muinntir a’ ghlinne falbh.

[44] Ailein Dùghalach, *Orain, Marbhrannan agus Duanagan Gaidhealach*, Inbhirnis, 1829, td 29.

41. Luinneag

le Dòmhnall MacEacharna
air fonn 'Flowers of the Forest'

Chunnaic mi na gruagaichean
Len cumain 's lem buaraichean,
A' bleoghann a' chruidh ghuailfhinn,
Air uabhar an t-slèibh;
Len ceileirean 's len òrain,
A' tional a' chruidh còmhla,
Bu bhinne leam a' chòisir,
Na smeòrach air ghèig.
Ach 'nis chan fhaic mi gruagaich
A' bleoghann cruidh air buaile,
No idir na buachaillean
A' cuallach an treud.
Chan fhaicear crodh air àiridh,
Chan fhaicear sprèidh le 'n àl ann,
'S ann tha na glinn as àille,
Nam fàsaich fo fhèidh.

Na srathan a bu bhòidhche,
'S an robh na daoine chòmhnaidh,
'Us anns am faighte an òigridh,
Bu mhòdhaire beus.
An diugh gu fuaraidh, fàsail,
Gun aon chuid buar no bàrr annt',
'Us dachaigh nam fear àbalt,
Nan làraichean rèidh.
Chan fhaicear tigh' fo smùid ann,
Cha chluinnear ceòl no mùirn ann,
'Us far am biodh na diùlaich
Don dùthchas bhi treun,
Tha 'm fiadh a' dol sa bhùireadh,
Tha 'n coileach dubh san dùrdail,
Is comunn gaoil mo rùin-se,
An dùthchanna cèin.

Is ged nach fhaic an t-àl so,
Na h-uile nì mar bhà e,
Cho cinnt' 's a tha mi 'g ràdh, chì
An t-àl a thig nar dèidh.
Gach oilean agus fòghlum,
A' togail suas na h-òigridh,
Is Gàidheil mar bu chòir dhaibh,

Nan còraichean fèin.
Na gleanntan bidh fo àiteach,
Na beanntan bidh fo àlach,
Is pailteas anns gach fàrdaich,
Mar b' àbhaist o chèin.
'S an àite bròn 'us tùrsa,
Bidh aighear agus sùgradh,
Ma gheibh am *Blackie*[45] cùirteil,
Na cùisean ga rèir.[46]

42. Òran air Bile nan Croitearan

le Iain MacRath

Ach thèid an crann a thoirt dhen fharadh
'S thèid na gearrain chur an sàs,
Is treabhar sìos leo talamh an arain,
'S gheibh na h-ainnisich an sàth;
'S gum bi crodh air sliabh gu bainne
Anns gach baile mar bu ghnàth,
'S cha tèid sinn sìos gu iasgach Ghallaibh -
Gheibh sinn aig a' bhaile màl.

'S cha bhi (sinn) strìochdte don a' Bhile
Thug an *government* an àird;
Chan eil stiall ann airson criomaig
Anns an cuireadh duine bàrr;
'S e tha sinne 'g iarraidh ionad
Sam biodh ionaltradh nam bà,
'S an talamh ìosal airson mine
Don a' ghinealaich tha fàs.[47]

---

45 An t-Ollamh Blackie, ball den Highland Land Law Reform Association, buidheann poilitigeach a chaidh a chur air bonn ann an 1883 airson guth a thoirt do croitearan.

46 MacLeod, *Modern Gaelic Bards*, 1908, td 186, fon tiotal 'Chunnaic mi na Gruagaichean.'

47 *The Oban Times*, 20 March 1896.

43. Cumha nan croitearan.

le Iain MacGriogair
Air fonn 'O m' anam, rannsaich am bheil thu clith'

Gun chuir iad gruaimean air luchd mo ghaoil,
Mar chrodh gun bhuachail gan cuir fo sgaoil,
Bho thìr an dùthcha gu dlùth gam fuadach,
Gun iochd, gun truas, thar gach cuan 'us caol.

Tha 'n tìr a b' àbhaist bhi làn de shluagh,
Air fàs na fàsach gun mheas, gun bhuaidh,
'S am beagan dhaoine tha nis ri fhaotainn,
Air call an aogaisg 's air caochladh snuadh.

Tha fèidh ri fàs air feadh àrd nam beann,
Tha cearcan-fraoich air gach raoin us gleann,
Ach trusgan fèilidh gur tearc is lèir dhomh,
Oir dh'fhàs na Gaidheil gu lèir ro ghann.

Na lochan lìonta le bradain mhòr,
Na bric ri sìolachadh pailt gu leòr,
Ach ged tha 'n iasg agus fèidh cho lìonmhor,
Tha 'n sluagh ri crìonadh le pian us deòir.

Tha tìr ar sinnsear fo chìs do Ghoill,
Air fàs ro dhìblidh le lochd 'us foill,
Na coigrich ghrànnda ri sgrios gach àite,
'S gach gleann 'us àiridh dol fàs fo choill.

'S e 's àite-tàmh dhuinn gach croit 'us cùil,
Sinn-fhèin mar thràillean a chaidh air chùl,
Gun teachd-an-tir ann an tìr ar sinnsear,
Mar dhream a dhìteadh le Righ nan dùl.

O Dhè, nach seall thu air cor do shluaigh,
Nach gabh thu truas do na deòraidh thruagh,
Nach toir thu tòrachd air luchd an fhòirneart,
'S air d-ainm ro ghlòrmhor bheir mòran luaidh.

Ach seasaibh làidir mar ghaisgich threun,
'S na gabhaibh tàmh gus a fàs sibh fèin
Nur daoine saor air gach cluain 'us aonach,
Gun chead ri fhaotainn bho h-aon fon ghrèin![48]

---

[48] Iain MacGriogair, *Luinneagan Luaineach*, Lunnainn, 1897, td 84.

44. Bodach Isgein

leis an Urramach Dòmhnall MacCaluim (1849 – 1929)

"Tha mise rìoghachadh cho fad' 's a chì mi,"
Thuirt Bodach Isgein, "thar mòna 's cruach."
'S gun duirt e 'n fhìrinn 's e bhris mo chrìdh'-sa,
'S a dh'fhàg an tìr seo air chrith le fuachd.

"Na fir gun nàire, gu ladarn', dàna,
A thug am bàs do na gràidhean ruadh,
Cha chuir buntàta 's na coirean sàmhach,
Is crodh chan àraich 's na lagain uain".

"Tha mise rìoghachadh cho fad' 's a chì mi,"
Thuirt Bodach Isgein, "thar mòna 's cruach.
'S airson na nìthear le sluagh na tìr seo
Gu leagail fhrìthean a dh'fhàg iad truagh."[49]

45. Crodh air a' bhruaich

le Goiridh Mac Alastair Dhùghaill

Tha crodh air a' bhruaich air a bhail' againn fhìn,
A bh' ann ri linn mo sheanair, dubh, donn, agus ribhinn.
Toradh na talmhainn agus saothair chlann daoin',
Ag àiteach an fhearainn, obair gaisgich nach staoin.

Tha na pàircean air an lìonadh, le gach luibh agus buis,
Far an robh coirce 's arbhar gheobhar drisean 's spruis.
Mar a thriallas na daoine thig a' choille nan dèigh,
Ach fhathast air a' bhaile seo gheobhar eich agus sprèidh.

'S iomadh fear thug a West air, shireadh cliù agus maoin,
Nach d' fhuair e làn dùil ged a dh'fhàg e chuid daoin,'
A bhios fuireach am feasd' ann le a chridhe goirt, tinn,
Ach tha crodh air a' bhruaich air a bhail' againn fhìn.[50]

---

[49]Dòmhnall E. Meek, *Tuath is Tighearna*, Dùn Èideann, 1995, td 180.

[50]facail le Jeff MacDonald, air an cleachdadh le cead bhuaithe; fonn le Mary Jane Lamont, air a chlàradh air *Làn Dùil*, Turtlemusik, 1999.

CAIBIDEIL 3: TOCHRAIDHEAN AGUS BEAIRTEAS

46. Coisich a rùin

Mo chruit-chiùil thu, *hù il o ro*
Mo cheòl fidhle, *both ho rin o*
Mo chlàrsaichean, *hù il o ro*
Nan teud binn thu, *ho il e o*
Mo bhuaile mhòr, *hù il o ro*
Na chrodh-laoigh thu, *both ho rin o*
'S mòr an fhoirmse, *hù il o ro*
Thu bhith shuas dhinn, *ho il e o.*[51]

Mo bhuaile bhò, *hù il o ro;*
Mo chrodh-laoigh thu, *o hi ibh o*
Mo sheisreach, *na hù il o ro*
Dol an cruinn thu, *both ho rin ò.*[52]

---

[51] Tasglann Sgoil Eòlais na h-Alba: Nan MacKinnon (Fear-clàraidh: Seumas Ross) SA1956.088.

[52] Campbell et al. 1977: td 150, (le cead Oxford University Press). Clàraichte le Capercaillie air *Delirium*, Survival Records, 1991. Tha iomadh clàradh cuideachd air Tobar an Dualchais.

47. Sìol Cholla

le Tadhg Dall Ó Huiginn (1550 – 1591)

An crodh théid ó dhuine dhíobh
Ó thig sé ar sluagh an airdríogh
Bidh d'eacht ar flaithbhile Fáil
A shechd n-aithghine d' fhagháil.

Bó ar fhicid do gach aoinfhear
Ó rígh fhosaidh fhionnGhaoidheal
Ón tsluaighsin ag triall dá dtoigh
Riar do uaisligh ó hEachoigh.[53]

An 'eudail' a chailleas duine dhiubh
On a thig e gu sluagh an àrd-rìgh,
Bidh dleastanas air sonn flathail Fáil
A luach seachd-fillte fhàgail.

Bò air fhichead do gach fear
O righ seasmhach nan Gàidheal fionn,
'S iad a' tilleadh dhachaigh bhon t-sluagh sin;
Duais a dh'uaislich slioch Eachaidh.[54]

---

[53] Bhon dàn 'Mág Uidhir' le Tadhg Dall Ó Huiginn (1550 -1591),MSS: Book of O'Conor Don. Foillsichte ann an Knott, E. *A bhfuil aguinn dár chum Tadhg Dall Ó Huiginn (1550-1591)* le *Eleanaor Knott*, Lunnainn, 1920. Tha dreachd eile den dàn a' nochdadh fon ainm 'Siol Cholla' ann an *The MacDonald Collection of Gaelic Poetry* leis an Urr Alexander MacDonald, ach tha e làn mhearachdan.

[54] Eleanaor Knott, *A Bhfuil aguinn dár chum Tadhg Dall Ó Huiginn (1550 -1591)*. Eadar-theanagachadh gu Gàidhlig na h-Alba le JG bhon eadar-theangachadh gu Beurla le Eleanaor Knott.

48. Mairg thréigeas inn, a Amhlaoibh

le Muireadhach Albanac Ó Dálaigh (13mh linn)

Mo thruaighe air an duine a nì dearmad orm, Amhlaoibh,
Meas-ghort craobhan nan ubhal,
Ged is mòr do thlachd agus do ghràin,
Cha mhòr gu leòr ur dìolaidh.

Fichead crodh-laoigh bu dligheach dhomh,
Searraich luath à Alba,
Roghainn gach fòid chaoimh fo
chraobhan-challtainn,
O do shùil uasal òg, Amhlaoibh.

Mur' eil thu den bheachd gur àraidh mo rann
air crodh is fearann, Amhlaoibh,
Cùm d' fhearann agus reic an crodh,
Chan e mo dhlighe do dhomhan.

Cuir fichead crodh-laoigh à lethtaobh,
Gus am fàg mi t' fhearann,
Lorgaidh mi ionad eile, fhir nan dual,
Oir bu toil leam riamh a bhith siubhal.

Bha mi airson t' fhàgail buileach,
Fhir cneas-gheal an fhuilt bhuidhe,
Airson falbh a-nall gu Èirinn nan eala,
Gu clann mearaibh sheang Muireadhaich.

Fichead bò-laoigh àlainn dhomh
Bho do ghnùis mar smàl,
Baile saor ann an Srath Lìobhann,
'Rath' ri taobh an tighearna.

O mhac Arbhlatha fhuair mi
Buar is bàrr is braich,
Math an duine on a fhuair mi
Bàrr is braich is sprèidh.

Is math an suidheachadh agam an seo,
Tha dà bhuachaille agam,
A Dhè, a mhisnich na truagha,
Tha dà sheisreach agam.

Cha robh bò àlainn riamh gun laogh,
Cha robh gamhnach gun ghamhain,
Tha laoidh aig duan-molaidh leam,
A Amhlaoibh chorcra, fhionn.

A Amhlaoibh, a' chùil bhachlaich, rìoghail,
A charaid agus a chomhalta,
Is binn laoidh do bhàird ionnsaichte,
Mo thruaighe air an duine a nì dearmad orm, Amhlaoibh.[55]

49. Òran do MhacLeòid Dhùn Bheagain

le Ruaidhri MacMhuirich (An Clàrsair Dall – c.1656 -1714)

Thèid luach mairt no nas mò
'm paidhear stocainn den t-seòrsa 's feàrr,
Is cha chunntar an corr,
ducatùn air dà bhròig bhuinn àrd;
Clachan criostail 's math snuadh
Ann am bucaill mun cuairt gun smàl;
Siod na gartain a suas
Air dà thastan 's an luach nam barr.

Thig e mach as a' bhùth
Leis an fhasan as ùr bhon Fhraing,
'S an t-aodach gasda bha 'n dè
M' a phearsa le spèis nach gann
Thèid a shadadh an cùil –
"Is dona 'm fasan, chan fhiù e plang.
Air màl baile no dhà
Glac am peana 's cuir làmh ri bann."

Cha bhi 'm pèids' ann am meas
Mur bi eudach am fasan chàich;
Ged chosd e ginidh an t-slat –
Gheibhear siod airson mart 's a' mhàl;

<hr>

[55] Eadar-theangachadh Gàidhlig le JG, stèidhichte air an eadar-theangachadh gu Beurla le Meg Bateman ann an *Duanaire na Sracaire – Anthology of Medieval Gaelic Poetry* le Wilson McLeod agus Meg Bateman, Dùn Èideann, 2007, td 68.

Urad eile ri chois, gun tèid siod ann an casg dhà,
’S briogais bheilibheid mhìn
Gu bhith gabhail mu ghaoith a mhàis. [56]

50. Fada dhomh an laighe-se

le Barún Eóghan MacComhaigh (15mh/ 16mh linn)

Fada dhomh an laighe-se,
Allmhurach liom mo shláint;
Bheirinn do luach leaghais bhuaim
Dá mbudh liom na táinte.

Táin bó Cuailgne, ceathra throm,
Táin bó Darta is bó Fliodhais
Do-bheirinn is an tarbh trom,
Dá mbudh liom, i luach leighis.[57]

---

[56] William Matheson, deas., *An Clàrsair Dall*, Dùn Èideann, 1970, tdd 58-65. Air a ghabhail le Calum Johnson air 1951 *Edinburgh People's Festival Ceilidh* le Alan Lomax, Rounder CD1786 agus le Ùisdean MacRath agus Tormod MacFhionghain air BBC Bliadhna nan Òran, (air a ruighinn 2013).

[57] W. J. Watson, *Scottish Verse from the Book of the Dean of Lismore*, Dùn Èideann, 1937, td 194.

51. Mór an feidhm freagairt na bhfaighdheach

le Giolla Coluim mac an Ollaimh (15mh linn)

Is mòr an feum freagairt
Iarrtasan nam fear-faighde a thig fa seach;
dhaibhsan don tig iad gu lionmhor às gach ceàrn.

Fàsaidh iad mi-gheanach, speachanta is crosd',
Cromaidh iad is cnuasachaidh iad am malaichean;
"Gu bràth cha bhi sinn càirdeil ruibh ann àm èiginn."

An uair sin bidh mi 'g èirigh air sgàth nàire –
's e bruid gnàthaichte a th'ann –
's bheir mi dhaibh làn dùirn mo chuid.

Thug iad ar crodh agus ar n-eich as ar taigh,
'S e am plana as ciallaich dhuinn
a bhith a' triall cuideachd airson dearbhadh
cò aig a tha an acfhuinn as fheàrr airson ar turas.[58]

52. Mairead nan cuireid

le Màiri Nighean Alasdair Ruadh (c.1615-1705)

Ach, a Mhairead nan cuireid
Cuime a chuir thu orm breug
Hi ri ri o hiri o hi o.

Gun robh leanabh gun bhaisteadh
Fo aisne mo chlèibh?

Gur a dìombach mi 'n chaile
Thog sgannal nam breug.

---

[58] Eadar-theangachadh le JG, stèidhichte air eadar-theangachadh gu Beurla le Watson, W. J. *Scottish Verse from the Book of the Dean of Lismore,* td 66.

Dubh iomall na tuatha
Buinneag shuarach gun sprèidh.

Le farmad 's le mìorun
Chuir mìchliu orm fhèin. [59]

53. Òran a' mharaiche

Ochòin, cha taobh tuillidh,
Cha taobh, cha taobh tuillidh,
Ochòin, cha taobh tuillidh,
Na cruinneagan mi.

Na tagh tè le stòras,
Gheobh thu tric air do bhòrd e,
Tagh tè nach bi spòrsail,
'S thèid sibh còmhla le sìth.

Ged tha mi gun stòras,
Gun chrodh air mo lòintean,
Naile! Chumainn-sa lòn riut,
Ged is seòladair mi.

Ged tha mise gun earras
Gun sprèidh a's gun fhearann,
Naile! Chumainn riut aran,
Ged is maraiche mi.

---

[59] J. Carmichael Watson, *Gaelic Songs of Mary MacLeod*, Glaschu, 1934, td 12. Clàraichte le Anna Mhoireach, *Into Indigo*; Sileas, *Delighted with Harps*; Tannas, *Rù-Rà* agus Whistlebinkies, *Timber Timbre*. Tha iomadh clàradh a bharrachd den òran seo air BBC Bliadhna nan Òran agus Tobar an Dualchais (air an ruighinn 2013).

’S gur e mise tha tùrsach
’S mi aig cuibheal na stiùrach,
Tha mo leannan toirt cùl rium,
’S fear ùr air a tì.

’Ill’ òig tha gam èisteachd,
Mun deanar do theumadh,
Thoir an àire mun leum thu,
Nach tèid thu san dìg.

’S ioma oidhche le aighear,
Thug mi ’n cuideachd nan cailean,
’S bhon a tha mi nis falamh,
Chan fharraid iad mi.

Cha tèid mise rim mhaireann,
Do dh’Ile no dh’Arainn,
Gheibh mi tè aig a’ bhaile,
Ged bu bhanarach i.

Cha tèid mise gu banais,
Gu fèill no gu faighir,
’S ann a bhios mi aig baile,
Bho nach fharraid iad mi.[60]

---

[60] Gilleasbuig Mac na Ceàrdadh, *An t-Òranaiche*, Glaschu, 1879, td 387, fon tiotal ‘Ochòin, cha taobh tuilleadh.’ Ann an ‘Òran a’ mharaiche’ eile, ge-tà, tha nighean a’ seinn nach eil i ag iarraidh sprèidh, ach dìreach a bhith còmhla ri a leannan. Tha seo air a’ chlàr *Spiorad Beatha* le Magaidh NicAonghais: ‘Chan iarrainn airgead no sprèidh no nì eile tha fon ghrèin, Ach mi dh’fhaighinn mo thoil fhèin Shiùbhlainn rèidh le m’ chèile-falaich.’

54. Mo nighean donn an t-sùgraidh

Mo nighean donn an t-sùgraidh
’S mo chaileag bhòidheach shunndach;
Mo nighean donn an t-sùgraidh
’S do chùram h-uile lath’ orm.

’S marbhphaisg air an t-saoghal
A Rì gur beag a shaoilinn;
Mo thaigh gun bhiadh, gun aodach
’S a’ ghaoth a’ toirt nan sgrathan dheth.
…

’S iomadh caileag ghuanach
Bha roimhe strì mo bhuanndachd,
A chuireadh crodh air buailidh
’S an uair seo nach toir gamhainn dhomh.[61]

55. Shibeag

I ù bhil! Shibeag! Shibeag!
Shibeag, Shibeag, Shibeag, Shibeag,
Ù bhìl Shibeag, Shibeag,
Shibeag a bhean uasal.

Nì mi danns’ aig do bhanais,
Nì mi danns’ aig do bhanais,
Nì mi danns’ aig do bhanais,
Sean a bhios mi ’n uair sin.

’S ioma fear a bhios ad dheidh,
Eadar so is Baile Dhùn-Èidionn;
Cha tugainn do fhear gun sprèidh thu,
Euchdag a chùil dualaich.[62]

---

[61] L auchie Maclellan agus John Shaw, *Brìgh an Òrain*, Dùn Èideann, 2002, tdd 129-131; Clàraichte le Maeve MacKinnon, *Don’t Sing Love Songs*, Footstompin’ Records, 2007.

[62] Port beag a bh’ air a sheinn do leanaban Thighearna Cholla leis a’ bhanaltram aice, ann am meadhan na h-ochdamh linn deug. F.Tolmie, *One Hundred and Five Songs of Occupation from the Western Isles of Scotland* (1840), Llanerach Publishers, 1997, td 100.

56. Òran Mhic Uilleim Bhàin

le Rob Donn (1714 – 1778)

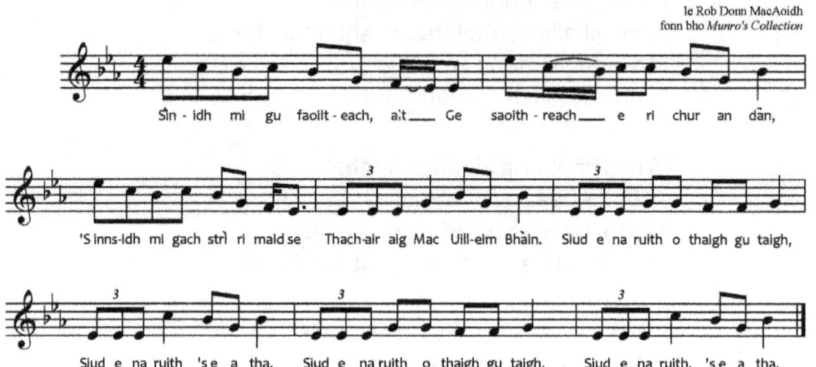

Dh'fhaighnich e 'm faigheadh e caileag,
'M faigheadh e raghainn à dhà;
'S coma liom tana no tiugh i,
'S coma liom dubh i no bàn.
Siud e na ruith o thaigh gu taigh,
Siud e na ruith, 's e a tha,
Siud e na ruith o thaigh gu taigh,
Siud e na ruith, 's e a tha.

Feumaidh tu fearann gu aran,
Feumaidh tu baile no dhà;
Airgiod bhi le toirm nad sporan,
Feitheamh ri ceannachd o chàch.
Feumaidh tu taigh, feumaidh tu daimh,
Feumaidh tu crodh thèid a dhàir;
Feumaidh tu taigh, feumaidh tu daimh,
Feumaidh tu crodh thèid a dhàir.

Nuair a dh'ionnsuich e nach ceannsaicht' Biogas
Leis na bh'aige-se air blàr;
Chaidh e 'n sin a suas gun athadh
Shealltainn air Srathaidh gun dàil.
Siud e na ruith o thaigh gu taigh,
Siud e na ruith, 's e a tha,
Siud e na ruith o thaigh gu taigh,
Siud e na ruith, 's e a tha.[63]

---

[63] an t-Urr Adhamh Guinne agus Calum MacPhàrlain, deas., *Òrain agus Dàin le Rob Donn MacAoidh*, Glaschu, 1899, td 91.

57. Buachaill ón Éirne

Buachaill ón Éirne mé 's bhréagfainn cailín deas óg,
Ní iarrfainn bó spré léi, tá mé fhéin saibhir go leor,
'S liom Corcaigh da mhéid é,
Dhá thaobh a' ghleanna 's Tír Eoghain,
'S mura n-athraí mé béasaí
's mé 'n t-oidhr' ar Chontae Mhaigh Eo.[64]

58. Thàinig an gille dubh

le Ealasaid Ros à Ratharsaigh (1789 – 1875)

Thàinig an gille dubh 'n raoir don bhaile so,
'S trom mo cheum on thrèig mo leannan mi,
Thàinig an gille dubh 'n raoir don bhaile so.

'S mise tha gu tinn, le goirteas mo chinn,
'S ged rachainn don chill, cha till mo leannan rium.

'S iomadh bean òg, le sìod' agus sròl,
A chunntadh le deòin mu chrò crodh bainne dhuit.[65]

---

[64] Òran traidiseanta Èireannach; The Corrs – *Home* (Atlantic 2005); Clannad – *Macalla* (Power Play Studio 1985).

[65] Gun ainm, *A' Choisir-chiùil:the St. Columba Collection of Gaelic Songs, arranged for part- singing, Paislig*, 1890. Air a sheinn le Mairead NicAoidh agus Nan MacKinnon air Tobar an Dualchais agus le Sineag Nic an t-Saoir agus Coisir Ghàidhlig Phort Rìgh air BBC Bliadhna nan Òran (air an ruighinn 2013).

59. Mur b' e an crodh

Mur b' e an crodh cha ghabhainn thu,
Mur b' e an crodh chan fhiù thu;
Mur b' e an crodh 's na laoigh nan cois
Cha luighinn air do chulthaobh.[66]

***

Mur bitheadh na bha chrodh agad,
'S na bh' agad dha na crùintean,
O is mise tè nach gabhadh tu
'S nach laigheadh air do chùlaibh.[67]

60. Bàrdachd le Rob Donn

'S ann a bhuail an iorghail
Air an t-suirgheach tha 'n seo shìos:
Chuir e ùidh air cèile,
'S gun do rèitich iad nan dìth's.
Shaoil mi fèin nuair thòisich iad
Gun còrdadh iad gun sgìths,
Ach chum àsraidh beag de ghamhainn iad
Gun cheangal còrr is mìos.[68]

---

[66] A rèir aithris le A. Mackintosh air ' Old Highland Marches, Strathspeys and Reels' ann an TGSI, vol. 29, b' iad seo na facail ri fonn Strath-spè leis an tiotal 'Neil Gow'.

[67] Bhon t-seinn aig Seasaidh NicChoinnich air *Clò Dubh Clò Donn*, *Scottish Tradition* 18, Greentrax, 1998.

[68] Guinne agus MacPhàrlain 1899: td 44.

61. An nighinn donn a bha 'n Cat-thaobh

Latha dhomhsa siubhal bheann,
Falbh gu teann eadar chreagan;[69]
Thachair orm a chruinneag dhonn,
'M bun nan tom, buain nan dearcag.

Thogainn fonn, gun bhi trom,
Air nighinn duinn a bha 'n Cat-thaobh[70];
Nighean òg a' chuil chruinn,
Dh'èireadh sunnd orm re t' fhaicinn.

Nuair thèid mise chun na fèill'
'S e do bhrèid gun tig dhachaigh,
'S ribein ùr air a chùl
Bu lèir-sùl a bhith 'g fhaicinn.

Thèid mi sios, thèid mi suas,
Bheir mi ruaig do Lochabar,
'S ged' robh Rodhaich air a chàl
Bheir sinn pairt d'an chrodh bhreac uadh.

B' fheàrr leam fhèin na mìle bò,
'S na tha dh'òr aig Righ Sagsonn,
Gum bithinn fhèin 's a' chruinneog dhonn
'M bun nan tom, buain nan dearcag.

'S tu mac-samhail na gil-ghrèin,
Moch ag èirigh sa mhadainn;
Nam biodh tu eadar mo dhà lamh,
Laighinn teann ort san leabaidh.[71]

---

[69] No 'Falbh gu traing togail creachan' ann an dreach èile den òran ann an Keith Norman MacDonald, *MacDonald Bards from Medieval Times*, Dùn Èideann, 1900, td 95.

[70] A rèir cuid 's ann le nighean Tighearna Ghrannd Shrath-Spè a thuit Dòmhnall Donn ann an gaol, 's chan ann le nighean à Cataibh. Dh'fheuch Dòmhnall Donn ri teicheadh leatha an aghaidh toil a h-athar. Chaidh e fhèin a ghlacadh agus a chur gu bàs airson seo ann an 1691. Saoilidh cuid gur e bàrd-creachadair eile, Alasdair Sgoilear à Rois an Iar, a rinn an t-òran seo.

[71] gun ainm, *Co-chruinneachadh de dh'oranan taghte*, Glaschu 1836, td 18. Tha deagh chlàraidhean den òran seo, ach le rannan eadar-dhealaichte, air làrach-lìn Tobar an Dualchais.

62. Òran le gille òg, 's e an dèidh seann tè a phòsadh

O hù o ro hù o hì hù o-rò èile,
O hù o ro hù o.

Righ, gur mise th' air mo sgaradh,
Bho gheamhradh na gaillinn,
'S o thoiseach an earraich;
'S cha dèan aithreachas feum dhomh.

Righ, gur mise th' air mo bhuaireadh,
Dhol a phòsadh nighean tuath'naich,
'S ged bha crodh air a buaile,
Chan fhuaigh i mo lèine. [72]

'S iomadh cailleach dhubh, ghrànda,
Bhitheas greis aig a màthair
Bhitheas a' ceiltinn a fàilinn
'S a droch nàdar na dhèidh sin.

Ach bheirinn comhairle air òigear,
Bhi gu foinnidh deas bòidheach,
Gun e thrèigsinn na tè òige
Airson stòr na tè leithe.

'S bheirinn comhairle air caraid,
Gun e thrèigsinn a leannan,
Ged a bhiodh i cho falamh,
'S nach gealladh i sprèidh dha.

Nuair a thiginnsa dhachaigh,
'S mo ghunna am achlais,
Bhiodh ise na laighe,
'S mo thràth-maidne gun ghrèidheadh.

Labhair mise gu ciallach,
"Righ, beannaich thu, chiallain,
Ma nì thu mo bhiadh dhomh,
Chan iarr mi bonn feum dhiot."

---

[72] Ao-coltach ri mnathan eile ann an òran 75 – 'Gun chrodh gun aighean'!

Ach labhair ise gu crosda,
’S i cur oirre droch coslais,
“Thug mi dhut mo chuid *tochair*
’S cum socair na dhèidh mi!”

Ach an cluinn thu mi, Shìne,
Na biodh ortsa bonn mì-thlachd,
Mun tig an Fhèill-Brìghde,
Bithidh crìoch air an tè seo.[73]

63. A bhean an taighe, ghaoil an fhortain

Gad a dh’fhalbhainn-sa le m’ bhràthair
Dol a dh’iarraidh bean am màireach,
Thaghainn i, ’s i bean deagh mhàthair
Gad bhiodh stoc a’ bhlàir dha dìth.

Caileag leadanach a’ chuailein
Thèid gu luinneagach dhan bhuailidh;
’S mòr gum b’ annsa bhith ri d' ghualainn
Na bean uasal ’g am biodh maoin.

Am fear as motha crodh air buailidh
Bidh e strì ri tuilleadh bhuannachd;
Nuair a shaoileas e bhith ’n uachdar
Bidh e ’n grunnd a’ chuain fon tuinn.[74]

64. Mo bhean chomain

Fiorthoiseach an t-samhraidh ghabh mi geall ort is miagh,
B’ fheàrr dhomh-sa san àm sin, nach do theann mi ris riamh.
Aig a’ mheud ’s thug mi ghaol dhut gun do chaochail mo neul,
’S b’ fheàrr a-nochd bhith riut sìnte na mìle bò chiar.[75]

---

[73] Mac na Ceàrdadh 1879: td 57. Tha clàradh den òrain air a sheinn le Wilma Dixon air Tobar an Dualchais, (air a ruighinn 2012).

[74] Maclellan agus Shaw 2002: td 290. Tha dreach eile den òran ann an *The MacDonald Collection of Gaelic Poetry* le Keith Norman MacDonald, td 363 agus tha clàradh dheth air Tobar an Dualchais air a sheinn le Peggy MacRae.

[75] Julie Fowlis, *Mar a tha mo Chridhe*, Macmeanmna, 2005: Capercaillie, *Get Out*, Survival Records, 1992; Tobar an Dualchais, iomadh clàradh.

65. Thig an smeòrach as t-earrach

Tha mo chion air fhleasgach dhonn leadanach bhòidheach
Dhen a chinneadh nach strìochdadh 's e de dh'fhior fhuil Chlann
　　　Dòmhnaill,
'S mòr gum b' fheàrr dhomh bhith agad le beagan de stòras,
Na le buaile chrodh ballach agus balach nach b' eòlach.[76]

66. Tha sneachd air na beannaibh Diùrach

Nighean chruinn donn, na bi 'n gruaim rium,
Chan iarram bò dhubh no ruadh leat,
No bò bhreac an iomall buaile,
Tha do thochradh leam nad ghruaidhean.[77]

67. An gille dubh cha trèig mi

An gille dubh cha trèig mi,
'S le fear a' chruidh cha tèid mi,
An gille dubh cha trèig mi,
Bhon thug mi fhèin mo ghealladh dha.

Tha mo chàirdean deònach,
'S iad toileach mise phòsadh
Ri fear airson a stòrais,
Nach gòrach leibh nam barail iad![78]

---

[76] Ishbel MacAskill, *Sìoda*, Macmeanmna, 1994: Maggie MacInnes, *Peaceful Ground*, Marram, 2004.

[77] John Lorne Campbell, *Songs remembered in Exile*, Dùn Èideann, 1999, td 149.

[78] Mac na Ceàrdadh 1879: td 168. Air a ghabhail le Catriona A NicDhòmhnaill agus Màiri Mhoireasdan air Bliadhna nan Òran agus le Morag MacAskill air Tobar an Dualchais (air an ruighinn 2013).

68. Cadal chan fhaigh mi

Cadal chan fhaigh mi,
Cadal chan fhaigh mise,
Cadal chan fhaigh mi,
'cuimhneachadh air d' fhuaran.

Tàmh cha d' fhuair mi raoir,
Chan fhaigh mi nochd na h-urad,
Cuimhneachadh mar bha sinn
an taigh bàn nan uinneag.

Bha mi air an fhèill,
Bha na ceudan mar rium,
Bha mo leannan ann,
'S gann gun d' rinn e m' fharraid.

Thuirt an duine 'n dè:
"Nan trèigeadh tu do ghealladh,
Ghleidhinn dhuit fear-maoin,
Le crodh-laoigh air gleannaibh."

Ged gheabhainn-se fear-maoin,
Le 'chrodh-laoigh air gleannaibh,
B' annsa leam an t-òigear,
As a chòta-cheannaich.

Cadal chan fhaigh mi,
Ciamar gheabhainn cadal?
Ghoid thu bhuam mo chiall,
'Ghiomanaich a' ghunna.[79]

---

[79] Mac na Ceàrdadh 1879: td 380. Air a ghabhail le Anna Murray, *Out of the Blue*, Klub Records, 2000, le Fiona Cheanadach agus Chrisanna Cheanadach air Bliadhna nan Òran agus le Kenneth Gillies agus Dòmhnall MacAoidh air Tobar an Dualchais (air an ruighinn 2013).

69. Màiri Nighean Dhòmhnaill

Ho-rò 's toigh leam fhèin thu,
A rìbhinn as bòidhche,
'S an gaol a thug mi-fhèin dhuit
Cha dìobrainn air òr e.
Ho-rò 's toigh leam fhèin thu.

Thug mi cion is gràdh dhuit,
A Mhàiri nighean Dhòmhnaill,
'S nam faighinn toil do chàirdean
Gun dàil dheanainn pòsadh.

'S nam faighinn cead na clèire
Leat fhèin bhithinn deònach,
'S gun cluinnte gar n-èigheach,
'S an teampull Di-Dòmhnaich.

'S chuireamaid an cruaidh shnaoim,
Nach fhuasgladh na meòirean,
'S chan fhaigheadh Eòghann Ruadh thu.
Ged 's cruaidh air do thòir e.

Ged bhiodh a chrodh ghuaillfhionn
Air bhuailidh nan dròbhan,
O, ciamar bheirinn fuath dhuit,
'S tu luaidh nam ban òga.

O thug mi cion is gràdh dhuit,
A Mhàiri nighean Dhòmhnaill,
'S mur dean mi do bhuannachd,
'S i 'n uaigh m' àite-còmhnaidh.[80]

---

[80] Creighton agus MacLeod, *Gaelic Songs in Nova Scotia*, 1964, td 220, fon tiotal 'Màiri Nighean Dòmhnaill', ach aithnichte mar as trice mar 'Màiri Nighean Dhòmhnaill'. (© Government of Canada. Reproduced with the permission of the Minister of Public Works and Government Services Canada 2012 Source: Library and Archives Canada/Gaelic Songs in Nova Scotia/4169852). Clàraichte le Mackenzie, *Camhanach*, Macmeanmna, 1997 agus le Mary Jane Lamond, *Bho Thìr nan Craobh*, B. & R. Heritage Enterprises, 1997.

70. Dhirich mi mach a Bheinn Ghruamaich

Hil-in hill-ò horo-èile,
Hill-in hill-ò hill-in ra bhò,
Hil-in hill-ò horo-èile.

'S aithne dhomh fhin na chuir uam thu,
Meud mo ghaoil is lughad m' fhuath ort.

'S gun mo chrodh laoigh bhi air buaile,
'S gun mo ghearrain òg' air chruadhlach.

O mile mollachd air na chuir uam thu,
'S a chuir thu an luib tè fhuadaich!

Chaidil thu raoir air a cluasaig,
'S gun d'fhàg sid mo chadal-s' luaineach.

Ach ged is ise 's motha buaile,
Gur a mise 's pailte dh'uaisle. [81]

---

[81]"Òran Luathadh," *Celtic Review* 5, 1908-9, td 91. Faicibh cuideachd 'Fhir a Chinn Duibh' ann an *Hebridean Folksongs* 2 le John Lorne Campbell, td 178 agus 'Moch 'sa Mhadainn Rinn mi Gluasad' ann am *Brìgh an Òrain* le Lauchie Maclellan agus John Shaw, td 214. Tha iomadh clàradh den òran seo air Tobar an Dualchais.

71. Chatriona a dh'fhalbhas gu banail

E ho ràithill leò ho bhì,
Hi rì a bhò i ò hao,
E ho ràithill leò ho bhì,
Chatriana a dh'fhalbhas gu banail

E ho ràithill …
Tha do mheòirean air an gearradh,
Le togail gàraidh mun mhainnir,
Le glèidheadh fiarach a' bhainne.
…

Is aithne dhomh far bheil thu fantail,
Chan eil e 'n Ile no 'm Manainn,
Chan eil e 'm Mùideart no 'n Cnòideart,
Chan eil e 'm Muile nam mòr-bheann,
Ach sìos is suas mu abhainn Lochaidh,
'S muinntearas bliadhna aig MacLeòid ort.

Tut! A ghiullain, tha thu gòrach,
'S mòr gum b' fheàrr dhut mise phòsadh,
Na tè eile 's buaile bhò leath',
Chuntainn dusan dha 'n chrodh mhòr dhut,
No crodh druimfhionn, bhiorach, bhòidheach,
'S dhianainn plaide chaol is clò dhut,
'S anartan caola fo m' mheòirean.[82]

---

[82] Campbell et al. 1977: td 96 (le cead Oxford University Press). Tha clàradh de Nan NicFhionghain a' gabhail an òrain air Tobar an Dualchais.

72. Òran gaoil a rinneadh le banaraich

Ce fhad a bha brìgh san tochar
Gum faighinn-s' do mhochairigh ghrinn,
Ach a-nise on thàinig am brochan
Bidh mise san osnaich leam fhìn.

Ag iomain nan gamhna ta mulad orm,
Ag iomain nan gamhna leam fhìn,
Ag iomain nan gamhna ta mulad orm,
'S dh' fhàg siud uireasach mì.

Nuair bhithinn-se sgìth am leabaidh,
An diaidh teachd dhachaigh o'n nì, [83]
Tha fios aig clachan a' bhallaidh
Do ghealla(dh) 's tu 'm chniatacha(dh) fhìn.

A fhleasgaich, ged rinn thu mo mhealladh,
Cha robh mi fhèin falamh do nì,
'S cha d'fhuair mi do stìom no t' anart,
Ge b' airidh mi orra nan dìthist. [84]

---

[83] nì = spréidh.

[84] Derick Thomson, deas., *The MacDiarmid Anthology*, Dùn Èideann, 1992, td 33. Anns an òran seo tha gruagach a' caoidh mar a chaidh a mealladh le fleasgach, a dh'aindeoin an tochraidh a bh' aice ach a tha a-nis gun bhrìgh. 'S e òran gu math sean a th' ann, a chaidh fhoillseachadh cho tràth ri 1770. Tha dlùth-cheangal eadar sèist an òrain agus am fonn pìobaireachd 'Ag iomain nan gamhna', òran 114.

73. Fhir a dhireas am bealach!

Thig tri nithean gun iarraidh, an t-eagal, an t-eudach 's an gaol;
'S gur beag a chùis mhaslaidh ged ghlacadh leo mis' air a h-aon,
'S a liughad bean uasal a fhuaradh 'sa chiont an robh mi,
A thug an gaol fuadainn air ro bheagan duaise ga chionn.

Air failirinn, illirinn, uillirinn, othoro laoidh!
'S cruaidh fortan gun fhios, a chuir mise fo chuing do ghaoil.

Cha b' ann airson beartais, no idir ro phailteas na sprèigh;
Cha b' fhear do shiol bhodach bha m' osnaich cho trom à dhèidh.
Ach mhac an duin' uasail, fhuair buaidh air an duthaich gu lèir;
Ge do bhitheamaid falamh, tha caraid a chitheadh oirnn feum.

Mur d' thig thu fèin tuilleadh gur aithne dhomh mhalairt a th'ann,
Nach eil mi cho beartach ri cailin an achaidh ud thall.
Cha d' thugainn mo mhisneachd, mo ghliocas, 'us grinneas mo làimh,
Air buaile chrodh ballach 'us cailin gun iuil nan ceann.

Bu laoghaid mo thamailt, nam b' airidh ni b' fheàrr a bhiodh ann;
Ach dubh chail' a' bhuachair, nuair ghlacas i buarach na làimh.
Nuair thig an droch earrach, 's a chaillear an ni ann sa ghleann;
Bitheas is' air an t-shiulaid gun tuille dheth bunaltas ann.

'S truagh nach robh mi 's mo leannan sa chrannaig air stiùireadh le gaoith,
No 'm bùthaig bhig bharraich aig iomall a' ghleannain leinn fhìn.
No 'n Lochlainn an daraich ri taobh na mara fo thuinn,
Gun chuimhn' air a chailin a dh'fhàg mi air àirigh chruidh-laoigh![85]

---

[85] Keith Norman MacDonald, *The Gesto Collection of Highland Music*, Llanerch Publishers, 1997, td 47. Clàraichte le Jenna Cumming, *Kintulavaig*. Macmeanmna, 2005 agus le Flora MacNeil, *Craobh nan Ubhal*, Temple 1996; Tha iomadh clàradh cuideachd air làraich-lìn Bliadhna nan Òran agus Tobar an Dualchais (air an ruighinn 2013).

74. Phiuthrag 's a phiuthar (i)

'S mise bean bhochd, *hù rù,*
Chianail, dhuilich, *hù rù,*
Thug mi 'n tochradh, *ho hol ill eò,*
Dhut an uiridh, *hù rù.*

Thug mi 'n tochradh, *hù rù,*
dhut an uiridh, *hù rù,*
Fhuair mi fhin i, *ho hol ill eò,*
'm bliadhna buileach, *hù rù.*

Fhuair mi fhin i, *hù rù,*
'm bliadhna buileach, *hù rù,*
'S mi gan aiseag, *ho hol ill eò,*
ro Chaol Muile, *hù rù.*

'S mi gan aiseag, *hù rù,*
ro Chaol Muile, *hù rù,*
'S ro Chaol Ile, *ho hol ill eò,*
'm bi na luingeas, *hù rù.*[86]

---

[86] Bho Chalum Aonghais Chaluim, Barraigh. Foillsichte ann an Campbell et al. *Hebridean Folksongs 2,* td 136 (air ath-chleachdadh le cead Oxford University Press).

Phiuthrag 's a phiuthar (ii)

Phiuthrag 's a phiuthar, *ho ho,*
ghaoil a phiuthar, *ho ho,*
Gur minig a bha, *och o dail ò,*
mi 's tu 'm bruthach, *ho gù ho ro.*

Gur minig a bha, *ho ho,*
mi 's tu 'm bruthach, *ho ho,*
Am bothan beag, *och o dail ò,*
ìseal cumhang, *ho gù ho ro.*

Am bothan beag, ìseal cumhang,
Gun lùb sìomain, gun strad tughaidh.
'N dìle mur ceann, 's bhiomaid subhach
'Phiuthrag 's a' phiuthar 'm faod thu èirigh?
Chan fhaod a' ghraidh, 'm faod thu fhèin e?
Tha 'm bainne mar dh'fhàg thu 'n dè e
Tha 'n crodh 's na laoigh feadh a chèile
Bhò dhruimfhionn donn 's a laogh fhèin ann
Cha chualas riamh, geum bu chruaidhe[87]
Na geum Duibhein, is geum Ruaidhein
Ach do gheum-sa, Dhubhach ghuailfhionn,
M' eudail an làmh, 'm biodh a' bhuarach,
M' eudail a' chas, bhiodh ga h-uallach
Sìos is suas, air feadh na buaile
's cha dug thu riamh, breab don bhuaraich
Cha mhuth' thug thu, bearn air buailidh.
Shiubhail mi 'm fàsach, dh'iarr mi 'n innis,
Dh'iarr mi bun, is braigh a' ghlinne,
Dh'iarr mi gach àit, 'm biodh tu mire,
Dhìrich mi suas, Beinn an Sgrìobain,
Theirinn ni nuas, a' Bheinn Ìseal,
Bheinn Chreagach ruadh, bha 'n taobh shìos dhi,
Eubhala Mhór[88], nan each grìsfhionn.[89]

---

[87] Seo tèama fleòdraidh a nochdas ann an òrain luaidh eile. Faicibh mar eisimpleir, òran 106 'Luinneag Bhleoghain na Banachaig'.

[88] A' bheinn as àirde ann an Uibhist a Tuath.

[89] Campbell et al. 1977: td 139, (le cead Oxford University Press). Air a chlàradh le Maggie MacInnes, *Eilean Mara*; Margaret Stewart, *Togaidh mì mo Sheòlta* agus Cruinn, *Cruinn*. Tha iomadh clàradh cuideachd air làrach-lìn Tobar an Dualchais.

75. Ged tha mi gun chrodh, gun aighean

Ged tha mi gun chrodh, gun aighean,
Gun chrodh-laoigh, 's gun chaoraich agam;
Ged tha mi gun chrodh, gun aighean,
Gheibh mi fhathast òigear grinn.

Fhir a dh'imeachas thar chuantan,
Giùlan mìle beannachd uamsa,
Dh'ionnsaidh òigear a' chùil dualaich,
Ged nach d' fhuair mi e dhomh fhìn.

'S fhir ud a dhìreas am bealach
Giùlain uamsa mìle beannachd;
Faodaidh tu innse do mo leannan
Gu bheil mi 'm laighe seo leam fhìn.

Ged nach eil mo sprèidh air lòintean,
Mo chrodh no mo chaoraich bhòidheach,
Bheirinn tochar dhut an òrdugh,
Cho math ri tè òig san tìr.

Ged tha mi gun chrodh, gun chaoraich,
Chan eil mi gun mhaise 'm aodann;
Dh'fhighinn breacan a bhiodh caol dhuit,
'S dhèanainn aodach a bhiodh grinn.

Ged tha mi gun chrodh, gun chaoraich
'S gun ghin agam ris an t-saoghal;
Bha mi raoir am measg mo dhaoine
Far am faigh na saoir na pinnt.

Ged tha mi gun chrodh air bhuailidh
Freasdal bainne na bà ruaidhe;
Chì thu fhathast air mo chluasaig
Òigear uasal do Chlann Nìll.

Nàile! 's mise th'air mo leònadh,
Mu òigear a chùil bhachlaich, bhòidhich,
Gur e sud an sgeul a leòn mi,
Thu 'bhi giùlan còt' an Rìgh.

Nàile! 's mis' tha dubhach, deurach,
'N seòmar àrd a' fuaigheal lèine,
Chaidh mo leannan gu Jamaica[90],
'S ciod am feum dhomh bhi ga chaoidh?[91]

76. Thug mi mo làmh don Eileanach

le Uisdean MacMhathain

Thug mi mo làmh don Eileanach;
Ged theireadh càch nach toigh leam thu,
A fhleasgaich bhàin nan sùilean tlàth,
Gur tu mo ghràdh 's cha cheil mi e.

Ged theireadh luchd an tuaileis riut,
Gun tug mi gaol don tuathanach;
Is mòr gur feàrr leam thusa, ghaoil,
Na tha chrodh laoigh air bhuaile aig'.
Cha chùram duinn 's an t-slàint' againn,
Ged tha gruaim mo chàirdean rium'
Gun seòl mi leat thar bhàrr nan stuadh
'S taobh thall den chuan gun gluais mi leat.[92]

[90] Chaidh iomadh saighdear bhon Fhreiceadan Dhubh a chur a-null gu Iamàica ann an 1743. Ann an tionndadh eile den òran 's ann a Dhùn Èideann a chaidh a leannan.

[91] Mac na Ceàrdadh 1879: td 167, le 2 rann a bharrachd air an togail bho làrach-lìn 'Bliadhna nan Òran'. Tha tionndadh eile den òran a' tighinn bho Dàrna Cogadh nam Boer (1899 -1902). Lorgadh facail an tionndaidh seo ann an seann phàipear-naidheachd neo-ainmnichte air an làrach-lìn <www.gaelcast.com>. Chaidh an t-òran a chlàradh le Mary Jane Lamond air *Òrain Ghàidhlig* agus le Seonaidh Williams airson BBC Bliadhna nan Òran. Chluinnear cuideachd Bella Cameron agus Coinneach Iain MacLeòid ga ghabhail air Tobar an Dualchais.

[92] Gun ainm, *Òrain a' Mhoid 2*, Glaschu, 1925. Tha iomadh clàradh dheth air làrach-lìn Bliadhna nan Òran (air a ruighinn 2013).

CAIBIDEIL 4: CREACH AGUS CALL

77. Crodh–laoigh nam bodach

Crodh-laoigh nam bodach,
Crodh-laoigh nam bodach,
Crodh-laoigh nam bodach
Gan togail ri gleann.

Ma tha, mo thogair,
Ma tha, mo thogair;
Ma tha mo thogair -
Chan eil mo chrodh ann.

Crodh-laoigh nam bodach
Air feur 's air fodar,
Crodh-laoigh nam bodach
Gan togail ri gleann.

Ma tha, mo thogair,
Ma tha, mo thogair;
Ma tha mo thogair -
Chan eil mo chrodh ann.[93]

Ged tha mi gun aighean,
Gun seòl air a faighinn,
Gun fheàrr leam na gamhainn
A naigheachd tha th'ann.

Ged tha mi gun chaoraich,
Gun chrodh air an aonaich,
Gu siubhlainn a saoghal,
Ma'n tabhainn fear cam.[94]

---

[93] Air fhoillseachadh ann an *Tog Fonn!* 2 le C. Màrtainn, td 43 agus *Eilean Fraoich* le Comunn Gàidhealach Leòdhais, Acair, 1982, td 37. Tha am fonn a' nochdadh anns an Gesto *Collection of Highland Music* le Keith Norman MacDonald, td 68, fo thiotal Beurla; 'The Spraith (or Plunder) of the Lowlands now graze in the glens."

[94] Chlàraich Sgoil Eòlais na h-Alba an dà rann seo bho Nan NicFhionghain à Bhatarsaigh, sàr sheanachaidh aig an robh stòras mhòr de dh'òrain agus sgeulachdan. A dh'aindeoin dìth sprèidhe, feumaidh gur e pearsa sgairteil, dùbhlanach a rinn na rannan seo! Tasglann Sgoil Eòlais na h-Alba,Nan MacKinnon, air a clàradh le James Ross, SA1956.085. Tha clàraidhean eile a' nochdadh air Tobar an Dualchais agus air BBC Bliadhna nan Òran.

78. Ceannaigh duain t' athar, a Aonghas

Ceannaich duain t' athar, Aonghais

Tánaguis a timchiol Éirionn: uathadh tráigh nach ttugais bhú;
Seoltar lat longbhárca leabhra, dobhránta, a shlat Teamhra, thú.
Sluagh Íle leat láimh lé hÁroinn, d'fhios a lámhaigh go Loch Con;
Bearar gon tsluagh fhinn sin Íle buar a hInnsibh míne Modh.[95]

Sheòl thu timcheall air Èirinn,
'S ainneamh an tràigh far nach do chreach thu bhò;
Seòlaidh tu ann an longan fada, caola, mar dòbhran,
A fhiùran à Tara thu.

Bha sluagh Ìle ann an Àrainn[96] leat,
A' feuchainn an sgilean làmhaidh cho fad' ri Loch Con;
Air an togail leis an t-sluagh fhionn Ìleach sin,
Tha buar mìn Innse Modh.[97]

---

[95] W. McLeod agus M. Bateman, *Duanaire na Sracaire*, td 80. Faicibh cuideachd a' bhàrdachd gun urra 'An Sith do Rogha, a Rígh Fionnghall?' agus 'Marbhna Fhearchoir I Mhaoil Chiaráin' anns an aon leabhar, tdd 154-160.

[96] Eileanan Àrainn ann an Èirinn.

[97] Eadar-theangachadh gu Gàidhlig na h-Alba le JG bhon a' Bheurla le Meg Bateman ann an *Duanaire na Sracaire*, td 82 – 90.

79. 'S e mo ghràdh na gamhna geala

'S e mo ghràdh na gamhna geala,
Hillean ò ro bha hò,
Thèid don chrò 's nach òl am bainne,
He ho hao rì i ri ì,
Hog i ò, hillean ò, rò bha hò.

Thèid don chrò 's nach òl am bainne,
Hillean ò ro bha hò,
Thèid a dh'Èirinn ris a ghealaich,
He ho hao rì i ri ì,
Hog i ò, hillean ò, rò bha hò.

Thèid a dh'Èirinn ris a ghealaich,
Hillean ò ro bha hò,
'S a thig às len aon seòl-mara,
He ho hao rì i ri ì,
Hog i ò, hillean ò, rò bha hò.

He ho rò ri i ri ò
He ho hò ri i ri o
He ho rò ri i ri ò
Hog i ò, hillean o, rò bha hò. [98]

---

[98] Ged nach eil ach trì rannan air an toirt seachad an seo, bha còrr agus 500 sreath anns an òran bho thùs, ceòl gu leòr airson ràmhadairean Chlann Dòmhnaill a chumail còmhla air an turas-cuain fhada a-null gu Aontroim agus air ais. Tha dreach foillsichte ann an Gillies, *Songs of Gaelic Scotland*, td 61. Clàraichte le Runrig, *Highland Connection*, Ridge Records, 1979 agus le Triantán, *Triantán*, Independent, 2001.

80. Rinn mi moch-èirigh gu èirigh

Hò rò ho laill ò,
Ho ì o ho nàilibh i,
Hò rò ho laill ò.

Rinn mi mocheirigh gu èirigh,
Hò rò ho laill ò, …

Chan ann a dh'uallach na sprèidhe,
Hò rò ho laill ò, …

No ghleidheadh an fhochainn Chèitein,
Ach a chumail coinneamh ri m'eudail;
Mhic 'ic Ailein na bi 'n eud rium,
Tha mi 'n troma ghaol orra cheudghaol,
Tha mi siod mas toil leat fhèin e.
Shiubhlainn, shiubhlainn, dh'fhalbhainn fhèin leat,
Rachainn leat ro 'chuan na h-Èireann,
Far am bi muir àrd ag èirigh,
Mucan is tuircean is bèistean,
Luingeis a' cogadh r' a chèile,
Toirt an iarainn fhuair o chèile,
Mnathan a' caoi, crodh a' geumraich,
Crodh is eich an lùib a chèile,
Chan aithnich mi mo chuid fhèin dhiubh.

Hò rò ho laill ò,
Ho ì o ho nàilibh i,
Ho ì o ho nàilibh i,
Ho ì o ho nàilibh i,
Hò rò ho laill ò.

Chuirinn-sa mo gheall, 's mo theanngheall
Dh'fhaodainn siod, ge bè mo cheann e,
Gu leagadh tu a' chreach na deannruith,
Tighinn le leathad Cothrom Chainnleam
O mhullach beinne gu bial fainge.[99]

---

[99] Facail agus fonn air an clàradh bhon a' Bh-ph Mary Steele (Màiri Bhàn Gillies), Loch Baghasdail a Deas, le Margaret Fay Shaw, *Folksongs and Folklore of South Uist*, td 250. Chaidh a chlàradh air The Alan Lomax Collection: *Gaelic Songs of Scotland: Women at Work in the Western Isles*, Rounder Records, 2006.

81. Bothan àirigh am Bràigh Raineach

Cuim a bhitheamaid gun eudail
Agus sprèidh aig na Gallaibh?
Gheibh sinn crodh as a' Mhaorainn
Agus caoraich à Gallaibh.

'S ann a bhios sinn gan àrach
Air àirigh Bràigh Raineach,
Ann am bothan an t-sùgraidh
'S gur e bu dùnadh dha barrach.[100]

82. Odha Ciaraig

Odha Ciaraig, iar-odh Duinneig,
Cha toir Mac Ian Ghiorr am bliadhna Mhuil thu,
Thug e 'n Dubh 's an Geal 's an Ciar uam,
'S mòr m' eagal gun tòir e mo chiall uam. [101]

---

[100] Tha tòrr a bharrachd rannan den òran seo na an dà rann seo. Tha an t-òran foillsichte ann an iomadh cruinneachadh de dh'òrain, leithid Gillies, *Songs of Gaelic Scotland*, td 330 agus Watson, *Bàrdachd Ghàidhlig*. Clàraichte le Brian O' hEadhra agus Christine Primrose, *An Turas*, Anam, 2003 agus Julie Fowlis, *Uam*, Shoeshine Records, 2009.

[101] Facail agus fonn ann an Kennedy Fraser, *Songs of the Hebrides* 1, td 72. Tha dreach eile den òran foillsichte ann an 'Cothrom,' An Gearran 2001, ann an artaigil mu dheidhinn 'Mac Iain Gheàrr' leis an Dr Mìcheal Newton. Air a ghabhail le Ùisdean MacAoidh air BBC Bliadhna nan Òran (ri a lorg fon tiotal 'Ill a bhò-lagain.').

83. Till an crodh Dhòmhnaill

Till an crodh Dhòmhnaill 's gheibh thu bhean bheadarrach
Till an crodh Dhòmhnaill 's gheibh thu bhean bhòidheach.
Till an crodh, fair an crodh,
Ruaig an crodh, lean an crodh,
Till an crodh Dhòmhnaill, 's gheibh thu bhean bhòidheach.

Till an crodh laochain, gheibh thu bhean bheadarrach,
Till an crodh laochain, gheibh thu bhean bhòidheach.
Till an crodh, fair an crodh,
Ruaig an crodh, lean an crodh,
Till an crodh laochain, gheibh thu bhean bhòidheach.

Seall air gach taobh dhiot crodh agus caoraich,
Seall air gach taobh dhiot maoin Mhic an Tòisich;
Till an crodh, fair an crodh,
Ruaig an crodh, lean an crodh,
Till an crodh laochain, 's gheibh thu bhean bhòidheach.

Till an crodh Dhòmhnaill, gheibh thu bhean bheadarrach
Till an crodh Dhòmhnaill, gheibh thu bhean bhòidheach.
Till an crodh, fair an crodh,
Ruaig an crodh, lean an crodh,
Till an crodh laochain, gheibh thu bhean bhòidheach.[102]

---

[102] Tasglann Sgoil Eòlais na h-Alba: Nan MacKinnon, air a clàradh le Seumas Ross, SA1956/091/3. Tha tionndadh den òran seo foillsichte ann an NicDhòmhnaill agus MacIllFhinnein, *Do Ghinealach Eile* agus iomadh tionndadh eile dheth air làrach-lìn Tobar an Dualchais.

84. Cagaran gaolach

Cagaran, cagaran, cagaran gaolach,
Cagaran foghainteach, fear de mo dhaoine;
Goididh e gobhair dhomh, goididh e caoraich;
Goididh e capull is mart o na raointean.

Cagaran laghach thu, cagaran caomh thu,
Cagaran odhar, na cluinneam do chaoine;
Goididh e gobhair is goididh e caoirich,
Goididh e sithionn o fhireach an aonaich.

Dèan an cadalan, 's dùin do shùilean,
Dèan an cadalan beag na mo sgùrdaich;
Rinn thu an cadalan, 's dhùin do shùilean,
Rinn thu an cadalan, slàn gun dùisg thu.[103]

---

[103] Henry Whyte, *The Celtic Lyre part IV*, Dùn Èideann, 1898, òran 53. Air a ghabhail le Gillian Niccoinnich air BBC Bliadhna nan Òran. Tha tionndadh rud beag diofraichte den òran air *Bho Thir Nan Craobh* le Mary Jane Lamond.

85. Fios gu Eòghann

Faodaidh fear bhios fuar, falamh,
Cruaidh, smearail, foinnidh, fearail,
Fead a thoirt an cluais balaich,
Mur a bi e rèidh ris.

Fios gu Eòghann, fios gu Ailean,
'S fios gu Dòmhnall Bàn an Caillich[104],
Ciod an truaigh a chum aig bail' iad,
'S a' ghealach air èirigh?

Clann a' Phì agus Clann Uaraig,
Ciod e an aon nì a chum uainn iad?
'S mi-fhèin 's Clann Liodar nan cuaran
'an guaillibh a chèile.

Tha Maolainich ann an Arcaig
's bu mhath gu slaodadh nan creach iad
's fhad 's a mhaireas nì aig Cataich
Cha bhi ac' ach leum air.

Nan gabhadh na cruachan iomain,
's mar ghabhadh crodh Chille Chuimein;
Bheireadh sinn air bodaich Mhoraidh,
Gum biodh dolaidh bèidh' orra;

Gun mharbhadh bean uasal thapaidh
Ann an tuasaid o chionn seachduin,
'S faodaidh sibhse crodh 'us capuill,
Thoirt dhachaidh na h-èirig.

Tha crodh a's eich air an leathad
Aig bodaich nach dèan an glèidheadh,
'S mur b' e dhomhsa bhi mo laidhe,
Dhèanainn rathad rèidh dhoibh.[105]

---

[104] 'Dòmhnall Bàn MhicCailein' ann an tionndaidhean eile.

[105] William MacKenzie, "Letters from my Celtic Portfolio," TGSI 8, 1878 -79, td 19. Saoilidh cuid gur ann le Alasdair Sgoilear a tha an duanag seo, ach tha eòlaichean eile den bheachd gur e Coinneach Dubh Loch Aillse, a chaochail mu 1825, a rinn e mar ionnsaigh briathrachail air buidheann de chreachadairean às dèidh dhaibh buaile a charaid a chreachadh.

86. A' chiad Diluain den raithe

le Ruaidhri Mac Mhuirich (c.1654 – 1714)

Tha aig Colla còmhlainn, nach conn-lapach gleus,
Luchd nam feudan dùbh-ghorm, nach diùltadh ri feum,
'N àm na graide dhùsgadh, gun dùbladh bhur feum,
Bha fios aig Mac-an-Tòisich, nach sòradh iad ceum,
Dol na choinnidh san là shoilleir, 's gun iad coimeas cheud,
B' annsa dol da bhualadh, na buaile 'n fhir-theud.

Maille ris gach suairceas bha fuaighte ri 'r gnè,
Tharraing sibh mar dhualchas an uaisle nur clèith;
Gu creachadh cha do ghluais sibh, cha chuala mi e;
B' annsa leibh teud-chluaise thoirt uam le m' thoil fèin,
Na mo chreachadh san dol seachad, 's mi nam airc mu m'
    sprèidh,
'S mi gun eagal tuairgneadh, 's mo bhuaile fo 'r mèin.

Tha Gleann Garadh ceannsgalach, connspannach, cruaidh,
Chumadh ri luchd aimhreit a' chonnspaid ud suas;
Nam tharraing gu sanntach nan lann as an truaill,
Mholainn do luchd gamhlais san àm ud bhith uaibh;
Bidh ceum cridheil air reing trithear – cha ghlèidh bruidhinn
    buaidh –
Aig buidheann mhòr cheannard nach teann mo chuid uam.[106]

---

[106] William Matheson, *The Blind Harper / An Clarsair Dall*, Dùn Èideann, 1970, tdd 32 - 44.

87. Thogail nam bò

Thogail nam bò, dh'iomain nam bò,
Thogail nam bò thèid sinn;
Thogail nam bò, ri uisge 's ri ceò,
Ri monadh Ghlinn Crò, thèid sinn.[107]

Thogail nan creach, bhualadh nan speach,
Thogail nan creach thèid sinn;
Thogail nam bò, ri uisge 's ri ceò,
Ri monadh Ghlinn Crò, thèid sinn.

Thogail nan creach, thogail nan creach,
Thogail nan creach thèid sinn;
Thogail nan creach, bhualadh nan speach,
Thogail nan creach thèid sinn.

Togail nam bò suas ris na bealaichean,
Togail nam bò an-àird ris an aonach,
Togail nam bò, soillse na gealaich leibh,
Caogad cruidh ballaich is balaich gan saodach'.[108]

---

[107] Tha Gleann Crò air taobh an iar an Àrair ann an Earra-Ghàidheal.

[108] Facail bho Smith, *Aithris is Oideas* agus MacFarlane, *The History of the Clan MacFarlane*, Glaschu, 1922, td 53. Foillsichte cuideachd ann an Newton, *Bho Chluaidh gu Calasraid*, Acair, 1999. Clàraichte le Seudan air *Seudan*, Greentrax, 2011.

88. An Caimbeulach Dubh

leis an Àireach Muileach (18mh linn)

An Caimbeulach Dubh a Ceanntaile
Iar-ogh' mhortair 's ogh a mhearlaich,
Am Braid-Albainn fhuair e 'arach –
Siol na ceilge 's mearlach a' chruidh.

'S odhar ciar an Caimbeulach Dubh
'S oilteil fiadhaich 'amharc 's a chruth
'S lachdunn liath-ghlas dubh; chan fhiach e
'S fear gun mhiadh an Caimbeulach Dubh.

Cuiream tuath e, cuiream deas e,
Cuiream siar e, cuiream sear e,
Cuiream fios gu bàird gach fearunn,
Gus an caill e 'chraicionn na shruth.[109]

---

[109] Airson tuilleadh rannan seallaibh air *The Clan MacLean Association Instituted* 1892, Glasgow: John Thomlinson, 1893, td 20. Tha dreach diofraichte den bhàrdachd seo air a sheinn mar Sràth Spèidh air làrach-lin Tobar an Dualchais.

89. Jamie Telfer of the fair Dodhead

It fell about the Martinmas tide,
When our border steeds get corn and hay,
The captain of Bewcastle has bound him to ride
And he's ower to Tividale to drive a prey.

And when they cam to the fair Dodhead,
Right hastily they climbed the peel;
They loosened out the cattle all
And ranshackled the house right weel.

The sun wasna up but the moon was down,
There was the gryming of a new-fallen snaw,
Jamie Telfer has run ten miles a-foot,
Between the Dodhead and Stob's Ha'.

"Gae seek yir succour at Branksome Ha'
For succour ye sae get nane frae me!
Gae seek your succour where ye paid black mail
For man, ye ne'er paid money to me![110]

---

[110] Francis J. Child, *Popular English and Scottish Ballads* vol. 4, àireamh 190, Houghton Mifflin, 1882 – 1898. Clàraichte air *The Muckle Sangs*, Scottish Tradition Series, vol. 5, Greentrax, 1992.

90. Maol Donn

Cha bu shealbhach dhomh d' fhaotainn,
's e mo ghaol a' Mhaol Donn,
Cha bu shealbhach dhomh d' fhaotainn,
 's e mo ghaol a' Mhaol Donn,
Cha bu shealbhach dhomh d' fhaotainn,
 's e mo ghaol a' Mhaol Donn,
Gad iarraidh 's gad fhaotainn, 's gad shlaodadh a poll.

Iain shomaltaich, *e horò*, thog iad an crodh far na loin,
Iain shomaltaich, *e horò*, thog iad an crodh far na lòin.

Thig an tòir oirnn fhìn, 's air mo làimh nì thu lorg,
Thig an tòir oirnn fhìn, 's air mo làimh nì thu lorg,
Thig an tòir oirnn fhìn, 's air mo làimh nì thu lorg,
Iain shomaltaich, *e horò*, thog iad an crodh far na lòin.

Iain bi muigh, *ò hò*, tha 'n tòir mun taigh, *ò hò*,
Thoir leat claidheamh, *ò hò*, mòr is saighead, *ò hò*.

Thig an tòir oirnn fhìn, 's air mo làimh nì thu lorg,
Thig an tòir oirnn fhìn, 's air mo làimh nì thu lorg,
Thig an tòir oirnn fhìn, 's air mo làimh nì thu lorg,
Iain shomaltaich, *e horò*, thog iad an crodh far na lòin.

Gad ionndrainn a tha mi, 's i mo ghràdh a' Mhaol Donn;
Gad ionndrainn a tha mi, 's i mo ghràdh a' Mhaol Donn;
Gad ionndrainn a tha mi, 's i mo ghràdh a' Mhaol Donn;
Gad iarraidh feadh fhraochan, 's gad shlaodadh à poll.[111]

---

[111] Tha dlùth-cheangal eadar an t-òran seo agus a' phìobaireachd 'MacCrimmon's Sweetheart'. Tha na rannan seo air an togail bho na clàraidhean gu h-àrd, ach airson an rann mu dheireadh, a lorgar ann an Creighton agus MacLeod, *Gaelic Songs in Nova Scotia*, td 283, (*National Museum of Canada Bulletin* no. 198), © Government of Canada. Reproduced with the permission of the Minister of Public Works and Government Services Canada (2012).Source: Library and Archives Canada/Gaelic Songs in Nova Scotia/AMICUS. Tha am fonn foillsichte ann an NicDhòmhnaill agus MacIllFhinnein, *Do Ghinealach Eile*, Muran, 1995, fon tiotal 'Cha bu shealbhach dhomh d'fhaotainn'. Chaidh a chlàradh le, eadar daoine eile, James Graham, *Siubhal*, Footstompin', 2004, Rona Lightfoot, *Eadarainn*, Macmeanmna, 2004 agus The Shee, *A Different Season*, Shee Records, 2008. Chluinnear a' phìobaireachd air a chlàradh le Uilleam Barrie air *Ancient Piobaireachd* Vol IV agus air *The Broken Chanter* le Fred Morrison.

91. Làmh slaodadh rium

leis an Urr Alasdair MacPhàrlain († 1763)

Dh'aindeoin duine, no gun fhios do,
'n tog mi chreach no 'n goid mi chuid?
'n làmh fhuair mi gu h-obair chneasta,
An sìn mi mach gu creich no braid?

'S mealltach faoin an nì do ghadaich'
Dùil bhith aig' ri buidhinn creich;
'S crìoch gu tric do theagar salach
Gad mu mhuineal ris a' chroich.

Cò dhiubh 's crìoch da, chroich no tinneas,
Bàs le h-arm no ànradh cuain,
Tilgear anam a dh'ionnsaigh 'n Donais,
'S leis mar chòir luchd braid is cluain.

Glèidh mo chridh', a Rìgh is Athair,
O shannt maoine nach buin damh;
O ghoid fheadail[112] ann do làthair,
M' anam glèidh agus mo làmh.[113]

---

[112] Eudail.

[113] Gillies, *Sean Dain agus Òrain Ghaidhealach*, 1786, td 132.

92. Obaidh buaile

Ho ro ho ro, ho ro ho ro,
Ho ro ho ro, bò dhubh os mo chionn,
Gu bheil i gun ùth is gun sùilean;
Ho ro ho ro, chan ith i 's chan òl
'S gun dòirt i na bhàthadh iùbhrach.

Ho ro ho ro, ho ro ho ro,
Ho ro ho ro, a bhaile sin thall,
Gu meal is gun caith sibh bhur crine;
Ho ro ho ro, gur seasg bhur crodh-laoigh,
'S ma 's cronail, ochoin bhur mi-rùn.

Ho ro ho ro, ho ro ho ro,
Ho ro ho ro, bò dhubh os mo chionn,
Bidh sunnd air na dilleachdain mhaoth'
Ho ro ho ro, bidh gruitheam, bidh càis'
Aig mnathan 's aig paisdean gaolach.[114]

---

[114] Kennedy Fraser, *Songs of the Hebrides*, vol. 3, Lunnainn, 1921, td 158. A rèir beul-aithris, seo òran a ghabh deagh bhana-bhuidseach às dèidh creach anns an deach an crodh air fad a ghoid. Dh'iarr a' bhana-bhuidseach air a' bhean agus a cuid chloinne tighinn dhan taigh aice leis na cuinneagan aca. An uair sin, cheangail i a h-aparan ri cabar dubh os a cionn agus bhleoghain i am bainne air fad air falbh bho bhuaile nan creachadairean fhad 's a bha i a' seinn.

93. 'N robh thu sa bheinn?

Eile le ho ro ho o hu a,
Eile le ho ro ho o hu a.

'N robh thu sa bheinn? *O ho hu a,*
Eile le ho ro ho o hu a.

'N d' fhuair thu na sprèidh? *O ho hu a,*
Eile le ho ro ho o hu a.

Cha d' fhuair, no 'n leth …

Cò bha bhuat dhiu? …

Nighean Buidheig …

Ogha Ruadhain …

Nighean na bà …

'S fheàrr sa bhuaile, *O ho hu a,*
Eile le ho ro ho o hu a.[115]

---

[115] Bhon a' chlàr *A' Fàgail Mhiughalaigh* le Magaidh NicAonghais, Marram Music, 2009. Dreach goirid agus fonn ann an Campbell, *Hebridean Folksongs 2*, td 162.

94. I hiùraibh o-o, chan eil mi slàn

'S muladach a' buain an lìn mi
'S deòir mo chinn a' ruith gu làr,

I hiùraibh o-o chan eil mi slàn,
Hug òrainn o chan fhaod mi tàmh,
I hiùraibh o-o chan eil mi slàn.

Dhòmhnaill Ghuirm ma rinn thu m' eucoir
Bha mi dhuit mar thè de chàch.

Bha mi dhuit mar bha do phiuthar,
Mun robh mi tuilleadh 's na b' fheàrr.

Cha do ghuidh mi Dia chur às dhuit,
Ged thug thu mo chreach gu làr.

Ged a thug thu dhòmhs a' chleitig,
Thug mi dhuit-sa gibht na b' fheàrr.

Thug thu bhuam-sa Iain is Dòmhnall,
Is Alasdair Òg a' chuailein bhàin.

B' fheàrr dhuit an crodh thoirt far ghleann
Na gaoir nam bantraichean mun àl.

'S truagh nach robh mi 'n riochd na faoileig',
'S aotrom dhèanainn air an t-snàmh.

Rachainn a-null air an linnidh,
Fiach an d' fhuair na gillean bàidh.[116]

---

[116] Creighton agus MacLeod, *Gaelic Songs in Nova Scotia*, tdd 112-114. (© Government of Canada. Reproduced with the permission of the Minister of Public Works and Govern ment Services Canada 2012 Source: Library and Archives Canada/Gaelic Songs in Nova Scotia/4169852.) Ann an tionndadh eile den òran chluinnear an rann 'ged a thug thu ginidh òir dhomh, 'S daor a cheannaich mi an dròbh.' Chaidh a chlàradh le Eilidh MacKenzie air *Èideadh na Sgeulachd,* Temple Records, 1992.

95. Cumha Mhic 'ic Alasdair

'S trom 's chan eutrom ar n-eallach,
Bho Dhiordaoin an deigh Calluinn,
Creach a' s gaoir dà thaobh Gharraidh,
Chan òr, chan airgiod, chan earras,
Cha chrodh, cha chaoirich, cha ghearran,
Ged a chaillte iad 's t-earrach,
Chan e aobhar an gearain,
Ach an t-Alastair Gleannach gar fàgail.[117]

96. Ailein Duinn

Ailein Duinn, ò hì, shiubhlainn leat,
Hò ri rì ri u ho, e o hùg hoireann ò
Ailein Duinn, ò hì, shiubhlainn leat.

Ailein Duinn, a luaidh mo chèille!
Gura h-òg a thug mi spèis dhut;
'S ann a-nochd as truagh mo sgeula,
'S chan e bàs a' chruidh san fhèithe,

Ach cho fliuch 's a tha do lèine,
Muca mara bhith gad reubadh;
Ged bu liomsa buaile sprèidhe
'S ann a-nochd bu bheag mo spèis dhith.[118]

---

[117] Ailein Dughalach, *Òrain, marbhrannan agus duanagan Gàidhealach*, td 202. Rinneadh pìobaireachd dom b' ainm 'Cumha Alasdair Dheirg Mhic 'ic Alasdair' do mhac Dhòmhnaill à Lagain, ceannard Dòmhnallaich Ghlinne Garadh. Chaochail Alasdair ro athar mu 1630. Airson barrachd fiosrachaidh, seallaibh air nòtaichean an lùib a' chlàir *Dastirum* (Siubhal) le Ailean MacDòmhnall.

[118] Chaidh iomadh tionndadh den òran seo fhoillseachadh, ach tha am fear seo bho Shaw, *Folksongs & Folklore from South Uist*, Aberdeen University Press, 1986, td 258, air a chlàradh bho Iain Campbell ann an Uibhist a Deas ann an 1933. Chaidh a chlàradh le Capercaillie air *To the Moon* agus tha iomadh clàradh dheth air Bliadhna nan Òran agus Tobar an Dualchais.

97. Ailein Duinn, a nì 's a nàire:

Ailein Duinn, a nì 's a nàire,
i na hì ri a hù o,
'S goirt 's gun daor a phàidh mi màl dhut;
Ò na bì hoireann oho
i na hì ri a hù o.

Cha chrodh-laoigh no caoraich bhàna,
i na hì ri a hù o,
Ach an luchd a thaom am bàta,
Ò na bì hoireann oho
i na hì ri a hù o.

Bha m' athair oirr' 's mo thriùir bhràithrean,
i na hì ri a hù o,
'S laogh mo chuim a rinn mi àrach,
Ò na bì hoireann oho
i na hì ri a hù o.[119]

---

[119] Lorgar tuilleadh rannan agus fonn an òrain seo ann an Gillies, *Songs of Gaelic Scotland,* td
48. Clàraichte le Maggie MacInnes air *Eilean Mara* agus tha iomadh clàradh eile air Tobar an
Dualchais.

98. Òran luaidh

Hug òireannan o hì a bhò,
Hì ri rì o hì ri a bhò.

Chunnas bàta steach an caolas,
Bean na deireadh 's i sìor chaoineadh,
Bean na toiseach 's a ceann sgaoilte,
Dh'fharraid mi diubh dè fàtha an caoinidh.
Chan ann ri cumha nan laogha,
Na ri cumha nan gamhna caola,
Na ri cumha nan caigeann caora,
Ach mo thriùir mhac sa bhlàr gun fhaotainn,
Tha 'n triùir bhràthair air gach taobh dhaibh.[120]

99. Ailean Dubh à Lòchaidh

'S toigh leam Ailean Dubh à Lòchaidh,
Mo ghaol Ailean donn a' chòta,
'S toigh leam Ailean Dubh à Lòchaidh.

Ailean, Ailean,'s ait leam beò thu.
Sguab thu mo sprèidh bhàrr na mòintich.
Loisg thu m' iodhlann choirce is eòrna.
Mharbh thu mo thriùir bhràithrean òga,
Mharbh thu m' athair is m' fhear pòsta,
'S ged rinn thu siud 's ait leam beò thu.[121]

---

[120] Air a chruinneachadh le Alasdair Mac 'Ille Mhìcheil bho Mhàiri NicRath anns na Hearadh anns an naoidheamh linn deug. 'S e banachag a bh' ann am Màiri, agus tha e coltach gun do chleachd i an t-òran airson bleoghan a bharrachd air luadh. *Carmina Gadelica*, vol. 5, td 30. Tha dreach eile den òrain le ceòl sgrìobhte ann an MacDonald, *Gesto Collection*, app. td 22.

[121] Traidiseanta. Tha briathran, fonn agus fiosrachadh mun òran seo ann an MacKe n z i e, *Òrain nan Rosach*, td 2. Lorgar cuideachd i ann an Ó Baoill, *Gàir nan Clàrsach*, Birlinn, 1994. Chaidh a chlàradh le Fiona MacKenzie, *Òrain nan Rosach* agus MacKenzie, *Fama Clamosa*. Chluinnear cuideachd e air Bliadhna nan Òran agus Tobar an Dualchais.

100. Iain Òg Mac Mhic Nèill

O ho èile hò i o hù o,
Hò i o hù o,
Ho ho èile hò i o hù o.

Is mis a' bhean bhochd th'air mo chreachadh,
O ho èile ...

Chan e mo chrodh no mo chapaill,
No mo chruachan air an sgapadh,

Chan e m' iodhlann dhol na lasair,
No mo dhaisean air an creachadh;
Chan e mo nighean dh'fhalbh le h-asaid,
Gum b' fhiach do mhnaoi tuireadh tacan;
Chan e chreach mi,
ach mo chùirtear 'n làimh an Glascho,
'S iad a' maoidheadh chur a Shasann,
No Dhùn Èideann nan ceud fasan.
Nan gabht èirig as mo leanabh,
Cha bhiodh an crodh sìos na gleannaibh;
Cha bhiodh eich a' feamnadh feamain;
Cha bhiodh caoirich bhàn air bheannaibh![122]

---

[122] Air a chlàradh bhon t-seinneadair Mór nighean Alasdair Mhic Nèill ann an 1870 agus foillsichte ann an Carmichael, *Carmina Gadelica* 5, td 22. Tha earrann beag den òrain ri chluinntinn air a ghabhail le Annie Johnston air Tobar an Dualchais fon tiotal ''S mise a' bhean bhochd,' SA1956:102 (air a ruighinn 2013).

101. Seathan Mac Rìgh Èireann

A Sheathainn duinn, a laoigh mo chèille,
'S fhada, ghaoil, a dh'fhalbhainn fhèin leat.

...

Nam faighte Seathan ri fhuasgladh,
Gheobhte 'n t-èirig mar an luachair,
Gheobhte 'n t-airgead mar an luatha,
Gheobhte 'n t-òr air oir nan cluantan,
Gheobht 'm fìon mar uisg an fhuarain,
Gheobhte bheòir mar chaochan fuarghlas;
Cha bhiodh meann an creig no 'n cruadhlaigh,
Cha bhiodh mìseag ann an cluanaig,
Cha bhiodh cìob an carr no 'n cruachan,
Cha bhiodh crodh air magh no buaile,
Cha bhiodh orc no arc air cluana;

...

Tha Seathan a nochd sa cheann uachdrach,
'S neo-shocrach a chaidleas mis air cluasaig,
'S tu gun duine sam bith leis an truagh thu,
Ach mise nam ruith thuig is bhuaidhe:
Nam faighinn-sa Seathan ri fhuasgladh,
Chan fhàgainn-sa bò air buaile,
Chan fhàgainn-sa dubh no ruadh iad,
Ged bheireadh siod an aona bhò bhuamsa,
'S cha b' i aona bhò dhubh mo bhuaile
Ach na treudan den chrodh ghuaillionn,
Den chrodh chinnionn dhruimionn chluasdhearg.[123]

---

123 Carmichael 1987: td 61. Cuideachd ann an Campbell et al., *Hebridean Folksongs* 2 agus
Gillies, *Songs of Gaelic Scotland*, td 326. Clàraichte le Capercaillie, *Nàdurra*; Flora MacNeil, *Òrain
Floraidh*; BBC Bliadhna nan Òran, Màiri Nic a' Ghobhainn agus Anna Niclain; Tobar an Dualchais,
iomadh clàradh.

102. Tha 'n crodh an diu dol air imprig

Ho ro laithill ò,
Ho ro ho ro ho ill ir inn is hò gù,
Ill ir inn is hò gù.

Tha 'n crodh an diu dol air imprig.
Ho ro ...

Dol a dh'iche fiar na cilleadh ...
Thug sibh bhuam na bha agam ...
Ràna mi taigh mòr a' ghlinne ...
Teine mòr is ùrlar sguabte ...
Seuraichean seachad mun cuairt ann ...[124]

103. Tha 'n crodh air na lòin

Tha 'n crodh air na lòin, tha 'n crodh air na lòin,
Tha 'n crodh air na lòin, is laoigh bheag aig an casan.

Tha na fèidh am Beinn h-Uig, tha na fèidh am Beinn h-Uig,
Tha na fèidh am Beinn h-Uig. Och! Mo dhlubhail mar thachair.

Tha mo shealgair na shìneadh, tha mo shealgair na shìneadh,
Tha mo shealgair na shìneadh, gun dùil ri tighinn dhachaigh.[125]

---

[124] Bhon t-seinn aig Penny Aonghais 'ic Raghnaill. Campbell et al., *Hebridean Folksongs 2*, 1977, td 82, le cead Oxford University Press. Dreachan eile ann an Carmichael, *Carmina Gadelica*, vol. 1, a dh'innseas gur e crònan buachailleachd a th' ann, agus ann an MacDonald, *Puirt-à-beul*. A rèir sgrìobag a rinn am fear-deasachaidh Keith Norman MacDonald, nuair a dh'fhoillsich e an t-òran ann an 1901, tha an crodh fhèin a' caoidh boireannach a dh'fhalbh agus a' guidhe gun till i slàn.

[125] To l m i e, *One Hundred and Five Songs of Occupation from the Western Isles of Scotland*, td 240. Chaidh a chlàradh le MacTalla air *Mairidh Gaol is Ceol* agus le Rachel Walker air *Bràigh Loch Iall* agus tha iomadh clàradh dheth air Bliadhna nan Òran agus Tobar an Dualchais.

104. Cha d' fhuair mi 'n cadal

Ill iù, hill ò, illean is ò
Hill iù ò, cha d' fhuair mi 'n cadal,
Ill iù, hill ò, illean is ò.

Cha d' fhuair mi 'n cadal an-raoir
'S gur goirt na saighdean rinn mo ghlacadh.

Cha d' fhuair mi 'n cadal an-raoir
Ag ionndrainn a choibhneis a chleachd mi.

'S muladach, 's muladach a tha mi,
'S mi 'm aonar air Airigh-bhadain.

'G iomain a' chrodh-laoigh gu buaile,
'S gun am buachaill' a bhith agam.

'G iomain a' chrodh-laoigh gu àirigh,
Gun thu ghràidh a bhith nam fhaisge.

Mo ghaol do làmh gheal gun chlì,
An dèidh a sìneadh anns an anart.[126]

---

[126] Craig 1949: td 86. Air a chlàradh le Dòchas, *An Dàrna Umhail* agus le Roddy Campbell, *Tarruinn Anmoch*. Tha clàraidhean dheth cuideachd air Tobar an Dualchais, air a ghabhail le Kate MacDonald agus Marion Campbell.

105. Cha till mo bhean chomainn

Cha till mo bhean chomainn,
Cha till mo bhean ghaoil,
Cha till mo bhean chomainn,
Bean thogail nan laogh.

Thig bàrr air a' ghiubhas,
Thig duilleach air craoibh,
Thig ruinn air an luachair,
'S cha ghluais mo bhean ghaoil.

Cha tig Mòr, mo bhean, dachaigh,
Cha tig Mòr, mo bhean ghaoil,
Cha tig mathair mo leinibh,
A laighe ri m' thaobh.

Thig na gobhra don mhainnir,
Beiridh aighean duinn laoigh,
Ach cha tig mo bhean dachaigh
A clachan nan craobh.

Thig Màrt oirnn, thig Foghar,
Thig todhar, thig buar,
Ach cha tog mo bhean luinneag,
Aig bleoghann, no buain.

Cha dirich mi tulach,
Cha shiubhail mi frith,
Chan fhaigh mi nochd cadail,
'S mo thasgaidh 's a chill.

Tha m' aodach air tolladh,
Tha m' olann gun sniomh,
Agus deadh bhean mo thighe,
Na laighe fodh dhion.

Bidh mo chrodhsa gun leigeil;
'S an t-eadradh aig cach,
Tha mo leanabh gun bheadradh,
Na shuidh air an làr.

Tha m' fhardochsa creachta,
'S lom mo leac, 's gur a fuar,
Tha m' ionmhas 's mo bheairteas,
Fo na leacan na suain.

Uist, a chagarain ghràdhaich,
Caidil samhach a luaidh,
Cha tog caoineadh do mhàthair,
As a tamh anns an uaigh."[127]
...
Cha tig Mòr mo bhean dhachaidh,
Cha tig Mòr mo bhean ghaoil:
Cha tig màthair mo chloinneadh
Nochd a laighe ri m' thaobh.

Mo chrodh-laoigh 's iad gun eadradh
'S na laoigh bheaga na sàil:
'S tha mo Mhòr-sa 'n Dùn Bheagain
Far nach freagair i 'n càs

O caidil a leanabh
Agus cuimhnich mar tha
Tha do mhàthair fo na leacan
'S tha m' achlais-sa fàs.[128]

---

[127] MacKellar 1889: td 160. Chaidh an t - òran fhoillseachadh ann an Mhàrtainn, *Orain an Eilein*, 2001, agus ann an NicDhòmhnaill agus MacIllFhinnein, *Do Ghinealach Eile*, 1995, td 38.

[128] Tasglann Sgoil Eòlais na h-Alba: Roderick MacDonald, air a chlàradh le D. A. Dòmhnallach, SA1957/109/A3. Tha dreach eile den òran ann an MacDonald, *The MacDonald Collection of Gaelic Poetry*, td 328.

106. Luinneag bhleoghain na banachaig

Càite 'n cualas, *hò hò,*
Geum bu chruaidhe, *hò hò,*
Na do gheum-sa, *ho ho, bha-ho,*
An druim-fhionn uasal, *hò hò.*

Na do gheum-sa, *hò hò,*
An druim-fhionn uasal, *hò hò,*
T' fhaotainn o m' laimh, *ho ho, bha-ho,*
'S mi gad ruagadh, *hò hò.*

Sìos 's a-nios,
Feadh na buaile,

Is tusa 'g ionndrainn,
Na bha bh'uamsa.

Chan iongnadh mise,
Bhi fo ghruaman,

Cha mhàthair mise,
Gun mo leanabh,

Bò air deasgach,
Dh'fhalbh am bainne,

Tha 'n tobar tràighte,
Dh'fhalbh am fior-uisg',

Cha b' ann, a ghaoil,
Ris na gillean,

Bhiodh tu mire,
Ach ri m' ghruagaich,

Ach ri m' ghruagaich,
Ri m' gheal ghruagaich.[129]

---

[129] MacDonald 1911: td 329. Tha clàradh de Duncan MacDonald ga ghabhail air Tobar an Dualchais.

CAIBIDEIL 5: BUACHAILLEACHD

107. Chuirinn mo ghiollan

Chuirinn mo ghiollan a dh'iomain nan caorach,
Chuirinn mo ghiollan a dh'iomain nan caorach,
Chuirinn mo ghiollan a dh'iomain nan caorach,
Chuirinn mo ghaol a dh'iomain nam bò.

Buachaille ghobhar thu, buachaille chaorach,
Buachaille ghobhar thu, buachaille chaorach,
Buachaille ghobhar thu, buachaille chaorach,
Buachaille laogh is buachaille bhò.

Leiginn mo bhalachan shiubhal nan garbhlach,
Leiginn mo bhalachan dh'fhalbh nam firichean,
Leiginn mo bhalachan shiubhal nan garbhlach,
Chumail an t-sionnaich bhon mheanbh-chrodh[130]

108. A mhicein ghasda

air fonn 'Highland Laddie'

Càit' an robh thu 'n diugh 's an dè,
A mhicein ghasda, 'mhicein ghasda?
Càit' an robh thu 'n diugh 's an dè?
Anns a' choille ris an sprèidh.[131]

---

[130] Port-à-beul traidiseanta. Rann mu dheireadh bho MacDonald, TGSI 29, 1916, td 117. Tha clàradh den òran bho Thasglann Channaigh a' nochdadh air làrach-lìn Tobar an Dualchais air a ghabhail le Mrs Donald MacIntyre, FC: Calum I MacLean, SA1956.36.B13 agus air Bliadhna nan Òran le Rona Lightfoot & na Seòid. Chaidh a chlàradh cuideachd le Julie Fowlis, Muireann NicAmhlaoibh, Eamon Doorley & Ross Martin air *Dual*, Machair Records, 2008.

[131] MacDonald, *TGSI* 29, 1916, td 115.

109. Tha fonn gun bhith trom

le Beathag Mhòr

Tha fonn gun bhith trom,
Hug o air a' bhanaraich;
Tha fonn gun bhith trom.

Bhrist an crodh a' bhuaile
'S an t-suain aig a' bhanaraich;
Nuair a chual' i 'n èigheach,
Ri lèine chan fhanadh i.

Nuair a chual' i 'n èigheach,
Ri lèine chan fhanadh i;
Fhuair mi leisgeul àlainn,
Bha dhà 'n Lag na Feamainn dhiubh.[132]

---

[132] Tha òrain eile leis an tiotal 'Thogainn fonn gun bhith trom' no 'Togam fonn gun bhith trom' aig Tobar an Dualchais, agus 's mathaid gur e an aon fhonn a bh' air a chleachdadh airson an òrain seo.Tha barrachd den òran foillsichte ann an Mhàrtainn, *Òrain an Eilein*, 2001, td 13.

110. An cluinn thu mis' a nighean dubh?

An cluinn thu mis' a nighean dubh,
an tèid an crodh an-diugh na ghleann?
An cluinn thu mis' a nighean dubh,
an tèid an crodh an-diugh na ghleann?
An cluinn thu mis' a nighean dubh,
an tèid an crodh an-diugh na ghleann?
Ach ma thèid an crodh an leth-ghleann,
bidh na geamaran sa mheall.[133]

---

[133] MacDonald, *TGSI* 29, 1916, td 105.

111. Òran na buachailleachd

le Seonaidh Caimbeul à Uibhist (1859-1947)

Gur h-olc a chiuird a' bhuachailleachd,
Ged a tha i fhathast feumail –
Cho math 's gum biodh an tuarasdal
O, is suarach agam fhèin i.

Ach canaidh càch "nach socair dhut
Bhith 'd shuidhe air cnoc a' leubhadh,
'S na beathaichean mu chuairt dhut
'S cha bhi uallach ort ge sèid i."

Ach ged a tha i tiaruinte
Gun mhìobhadh an àm sèididh,
O, b' fheàrr liom fhìn bhith ag iasgach
Ged a bhiodh an riasladh fhèin ann.

Na beothaichean cho mì-mhodhail
'S cha till iad ged a dh'èighinn[134]
A ch-uile h-aon a' falbh aca
Dhan arbhar, 's iad an dèidh air.

Nuair bhios am fiar gu 'n cluasan, is
Iad suas air an toil fhèin ann,
Gu saoilinn-sa nach gluaiseadh iad
Ged rachainn ruaig air chèilidh.

Ma bheir mi fhìn mo chùl riutha
Gun ionndrainnich iad fhèin mi,
Gu falbh anns an liagaireachd
'S iad fiach am faigh iad beum dhith.

Tha fear beag bìdeach loithreach ann
'S ma ligear a thoil fhèin leis,
O, cha bhi tàmh no fois aige
'S tha an donas air gu geumnach.

Ach ged a gheobhainn prìs orra
'S mi fhìn dol chon na fèille,
Chan fhaigh mi sgillinn ruadh orra
Nach d' rinn mi luach a' speuradh.[135]

---

[134] 'èibhinn' ann an *Òrain Ghàidhlig le Seonaidh Caimbeul* (faicibh an ath bhonn-nòta).

[135] Caimbeul, *Òrain Ghàidhlig le Seonaidh Caimbeul*; Chlàraich Dr Alan Bruford an t-òran seo bho John MacInnes Uibhist a Deas ann an 1965. Tasglann Sgoil Eòlais na h-Alba, SA1965/111/B2.

112. Eòghan Mun

Molaibh Eòghan Mun thar gach òganach
Thar gach uile chloinn tha sibh eòlach air;
Cumaibh e dhuibh cruinn,
An crodh air feadh ur fuinn,
’S e nach deàn an cuibhreach le ròpannan.

Leigidh e dhaibh triall far an fhèarr am fiar;
Orra cha robh riamh gainne lòin aige –
Ach ionalrachadh fial
Farsuing air bheag pian,
’S loma-lan am bianan de dh’fheòil orra.

Chuireadh e san fhang fad na h-oidhch’ an gang,
Ged a bhiodh iad seang anns a’ ghlomanaich.
Lorgadh e dhaibh eang
Giobach, ’s nach biodh meang
Far an cinn an t-seamrag ’s na neòineanan.

Faodaidh Iain Ruadh cadal loisinneach;
Cha tig greim a sguab no a dòrlach aig’;
Cha b’ ionnan ’s iomadh uair,
Bhiodh gach each mun cuairt
’Falbh nan greigh ga luath feadh an eòrn’ aige.[136]

---

[136] Hector Cameron, *Na Bàird Thirisdeach*, Sruighlea, 1932, tdd 199 - 202.

113. Air an Lurgain-Duibh

Tha mi air mo chur, *ho-ri,*
Tha mi air mo chur, *ho-rò;*
Tha mi air mo chur, *ho-ri,*
A bhuachailleachd a' chruidh, *ho-rò.*

A' buachailleachd a' chruidh, *ho-rì,*
A' buachailleachd a' chruidh, *ho rò;*
A' buachailleachd a' chruidh, *ho-rì,*
H-uile latha muith, *ho-rò.*

H-uile latha muith, *ho-rì,*
H-uile latha muith, *ho-rò,*
H-uile latha muith, *ho-rì.*
Air an Lurgain-Duibh, *ho-rò.*

Air an Lurgain-Duibh, *ho-rì,*
Air an Lurgain-Duibh, *ho-rò.*
Air an Lurgain-Duibh, *ho-rì,*
A' buachailleachd a' chruidh, *ho-rò.*

A h-uile latha muith, *ho-rì,*
A h-uile latha muith, *ho-rò,*
A h-uile latha muith, *ho-rì,*
A' buachailleachd a' chruidh, *ho-rò.*[137]

---

[137] Alexander MacDonald, *Story and Song from Lochness-side,* Inbhirnis, 1941, td 247. Ged a chaidh an t-òran seo à Gleann Mhoireasdan chlàradh mar thàladh, 's dòcha nach do thòisich e mar sin. Chuireadh daoine an ùine seachad le bhith a' seinn, ge b' e dè an obair a bha iad ris, agus thug na h-òrain fhèin faothachadh dhaibh.

114. Ag iomain nan gamhna

Ag iomain nan gamhna tha mulad orm,
Ag iomain nan gamhna 's mi sgìth;
Ag iomain nan gamhna tha mulad orm,
A' gabhail an rathaid leam fhìn.

'S iomadh ceum a shiubhail mi
A' falbh tro na glumaichean;
Bha lorg mo chois an-uiridh ann
'S cha do dh'fhuirich mar a bha i.[138]

115. Bonn Beinn Eadarra

'S fhada bhuam fhìn bonn Beinn Eadarra,
'S fhada bhuam fhìn Bealach a' Mhorbhain,
'S fhada bhuam fhìn bonn Beinn Eadarra,
'S fhada gun teagamh bhuam Bealach a' Mhorbhain.

Cùl am mullaichean, beul am bealaichean,
~~Cùl am mullaichean, mullach Sron Bhìornail.~~

Dh'fhàg mi 'n crodh-laoigh am bonn Beinn Eadarra,
Dh'fhàg mi 'n crodh-laoigh am bealach a' Mhorbhain,
Dh'fhàg mi 'n crodh-laoigh am bonn Beinn Eadarra,
'S fhada gun teagamh bhuam Bealach a' Mhorbhain.[139]

---

[138] Tormod Caimbeul, *Air do Bhonnagan a Ghaoil*, Steòrnabhagh: Acair, td 68. Tha corra thionndadh ann den òran seo. Thèid am port-dubailte 9/8 dom b' ainm 'G iomain nan Gamhna' fo ainmean eile leithid 'Tending the Cattle with a Heavy Heart' agus ' Gan Tae the Kye wi' Me' agus chaidh a chlàradh le Malinky air *Flower & Iron*, le Rory Campbell air *Magaid a' Phipir* agus le Finlay MacDonald air Pressed for Time. Tha seann fonn pìobaireachd leis an tiotal 'G' ioman nan Gamhnan, 's mi muladach' foillsichte ann an cruinneachadh Uilleim Gunn ann an 1884. Chaidh am fonn a-mhàin a chlàradh le Blazin'Fiddles: *The Old Style*. Èistibh cuideachd ri 'Fear a' Chùil Bhàin' air *Grinn, Grinn* le Cliar.

[139] C. Mhàrtainn, *Òrain an Eilein*, td 77. Òran pìobaireachd à Ùig san Eilean Sgitheanach. A rèir beul-aithris, 's ann mu dheidhinn taibhse gun cheann ann am Mòrair a tha aon tionndadh den òran seo. Airson barrachd air an sgeulachd seo, seallaibh air Black, R. *Witchcraft and Second Sight in the Highlands and Islands* (Birlinn) agus notaichean an lùib a' chlàir *Haunting* le Christine Stewart (2009). Chan eil bun buileach cho dìomhair aig an tionndadh seo a rèir coltais! Tha an t-òran foillsichte cuideachd ann an Creighton, H agus MacLeòid C *Gaelic Songs in Nova Scotia*,td.116.

116. Oisean Mac Fhionn MacCumhail

*Thàinig sgeulachd a-nuas ann am beul-aithris mu dheidhinn Oisean
mac Fhionn MacCumhail. Bha Oisean dall agus chuidich na seirbheisich
aige e. Thill gille Oisein a-steach aon oidhche fhiadhaich agus thuirt e:*

"'S ann a muigh atà an torman trom,
an sileadh trom bho bharr nan crann;
Cha chluinn mi fàrsan nan tonn
le cithe trom a chiobhan chrann.

Tha aghaidh nan siant bhon ear,
sneachda geal is dìle dhubh;
'S e dh'fhàg an fhaithche cho fuar
an cathadh cruaidh agus an cur.

Tha croinn na coille air chrith,
am brith air fàs na charn dubh,
An sneachd a' fìor-mharbhadh nan eun;
's ionann sin 's an sgeul tha muigh."

Agus thuirt nighean:
"Èirich thusa, Oisein, a choimhead a' chruidh ghuaillinn chaisinn,
Tha gaoth fhuar na h-aitimh a' lùbadh slat coill nan cnò."[140]

---

[140] Carmichael, *Carmina Gadelica* 5, 1987, td 398.

117. Thogainn fonn air an nighean duibh

Thogainn fonn air an nighean duibh,
Thaothaill hò! Thaothaill thog thu!
Thogainn fonn air an nighean duibh.

'S trice bha mi leat sa bhàthaich,
Is sneachda bàn fo shàilean a' chruidh.
'S trice bha mi leat san luachair,
Na mo bhuachaill cuallach a' chruidh.[141]

118. Griogal cridhe

'S ioma h-oidhche fhliuch 'us thioram,
Sìde nan seachd sian,
Gheibheadh Griogal dhomhsa creagan,
Ris an gabhainn dion.

Òbhan, òbhan, òbhan i ri,
Òbhan i ri ò,
Òbhan, òbhan, òbhan i ri,
'S mòr mo mhulad, 's mòr!

B' annsa a bhi le Griogal cridhe,
Tearnadh chruidh le gleann,
Na le Barainn mòr na Dallaich,
Sìoda geal mum cheann.[142]

---

[141] Stinton, *Poetry of Badenoch*, 1906, td 141. Tha iomadh clàradh dheth air Tobar an Dualchais.

[142] MacDonald, *The Gesto Collection of Highland Music*, app. td 25. Chaidh an t-òran seo a chlàradh le iomadh duine, nam measg Ishbel MacAskill – *Essentially Ishbel (2000)*; Fiona MacKenzie agus Arthur Cormack -*Seinn o ho ro Seinn (2003)*; Margaret Bennet – *Glen Lyon: A Song Cycle* (Grace Note Publications, 2010) agus Catherine-Ann MacPhee – *Sùil Air Ais* (Greentrax, 2004).

119. Cha tèid mi Choir Odhar

Cha tèid mi Choir Odhar, tha 'n latha 'n-diugh fuar,
Cha tèid mi Choir Odhar, tha 'n latha 'n-diugh fuar,
Cha tèid mi Choir Odhar, tha 'n latha 'n-diugh fuar,
'S air eagal nan gillean bhi 'n iomall nam bruach.

O, falbhaidh mi 's fàgaidh mi fàsach nan aighean,
O, falbhaidh mi 's fàgaidh mi fàsach nan aighean,
O, falbhaidh mi 's fàgaidh mi fàsach nan aighean,
Agus bheir mi 'n ràith geamhraidh 's a' ghleann 's am
    bith 'n cea'ch.

Gu dè a nì mise ma dheoghail na laoigh?
Gu dè a nì mise ma dheoghail na laoigh?
Gu dè a nì mise ma dheoghail na laoigh?
Mar a tèid mi am falach fo bharrach nan craobh.[143]

120. 'S ioma sùil a bha sileadh

'S ioma sùil a bha sileadh,
Eadar Raineach 's Druimuachdar.
Là Fheill Brìde san Earrach
Chaidh na h-aighean air uaibhreas.
'S tha mi sgith le bhi siubhal
Leacann dubha Dhruimuachdair.
Ged a fhuaireadh na h-aighean,
Chan fhaighear am buachaill',
'S ann bha an Dòmhnallach fìor-ghlan,
Na shìneadh san fhuaran.
...
Ach 's truagh nach mise chaidh seachad,
Mun do mheilich am fuachd thu;
Le mo bhreacan dlùth tioram,
Dheanainn fhilleadh mun cuairt duit;
'S cuach mhor uisge-bheatha,
Chuireadh rugha nad ghruaidhean.[144]

---

[143] MacDonald, *Story and Song from Loch Ness Side*, 1941, td 249. Tha tòrr òrain gaoil eile co-cheangailte ri buachaillean, banaraich agus an àirigh anns an aon leabhar. Tha clàradh de Evelyn Chaimbeul a' gabhail an òrain seo air làrach-lìn Bliadhna nan Òran.

[144] Bho 'Air chall air Druim Uachdair' ann an Stinton, *Poetry of Badenoch*, 1906, td 248.

121. Tha sneachd air Druim Uachdair

Bheirinn fèidh thar na monaidh
'S bheirinn bric as na lòin,
Leis an t-sneachd bhiodh air m' fheusaig,
'S gann gu lèir dhomh mo bhròg.

Leis an t-sneachd bhiodh air m' fheusaig,
'S gann gu lèir dhomh mo bhròg.
'S gann gu lèir dhomh ni 's fhaisg orm
Na lorg a' bhat tha nam dhòrn.

'S gann gu lèir dhomh nas fhaisg orm
Na lorg a' bhat tha nam dhòrn.
Tha sneachd air Druim Uachdair
Far 'n robh mi cualach nam bò.

Tha sneachd air Druim Uachdair
Far 'n robh mi cualach nam bò,
'S ann do nighean fear Donnchaidh
A thug mi 'n troma ghaol 's mi òg.[145]

---

[145] Maighread Stiùbhart, Bliadhna nan Òran, (air a ruighinn 2014); James Graham, *Greisean Grèine*, Skippinish, 2007.

122. Coir' Iararaidh

le Eòghann MacDhòmhnaill

Tha 'n Leathad-Feàrna,
Tha 'n cois a' bhràighe,
'Na ghleannan àluinn,
A dh'àrach bhò,
Toil-inntinn àraich,
A bhios a thàmh ann;
Cha laigh gu bràth air
A' ghaillionn reòt';
Bidh muighe 's càis ann
Gu là Fhèill-Màrtuinn,
'S an crodh fo dhàir
A bhios mun a' chrò;
Air la Fhèill-Brìde
Bidh cur an t-sil ann,
Toirt toraidh cinnteach
A ris na lorg.[146]

123. Crodh an tàilleir

Ho ì ho à, crodh an tàilleir, (x3)
Siosar is meuran is snàthad.

Cha tuit iad an toll no fèithe, (x3)
Ma thuiteas, gun tog e fhèin iad.

Tha mìle long air cuan Èirinn, (x3)
'S truagh nach robh mi fhìn air tè dhuibh.

Gur binn guth eòin san deagh mhadainn, (x3)
Gu cur a' ghille òig na chadal.

Tog dhìom do làmh, tha i fuar liom, (x3)
Rìgh! Gur beag orm fear fuadain![147]

---

[146] Bho duan le Ewen MacDonald à Dail Chataig mu dheidhinn 'Coir'-Iararaidh', air a ghabhail sìos bho John MacGillivray à Tornabreck ann an 1871 agus foillsichte ann an MacDonald, *Story and Song from Lochness-side*, 1941, td 94. Clàraichte le Bruce MacGregor air *Loch Ness*, Blazin' Records, 2005.

[147] bho *Kist of Dreams* le Chrissie Stewart agus *Mairidh Gaol is Ceòl* le Mactalla. Tha tionndadh den òran foillsichte ann an Shaw, *Folksongs & Folklore of South Uist*, 1986, td 150, fon tiotal 'Tha mìle long air cuan Èirinn.'

124. The day estivall

Le Alexander Hume, (c.1560-1609), a bha na mhinistear ann an
Logie, faisg air Sruighlea

The gloaming comes, the day is spent,
The sun goes out of sight,
And painted is the occident
With purpour sanguin bright.

But now the herds, with mony shout,
Calls other by their name.
"Gae, Billie! Turn our gude[148] about,
Now time is tae gae hame."

With bellie fou the beastes belyve[149]
Are turnèd frae the corn,
Whilk soberly they hameward drive,
With pipe and lilting horn.

Through all the land great is the gild[150]
Of rustic folks that cry,
Of bleeting sheep, frae they be filled,
Of calves and routing[151] kye.

All labourers draws hame at even,
And can till other say,
Thanks to the gracious God of Heaven,
Whilk sent this summer day.[152]

---

[148] treud.

[149] anns a' bhad.

[150] fuaim.

[151] a' geumnaich.

[152] R. Menzies Fergusson, *Alexander Hume: An Early Poet-Pastor of Logie and his Intimates*, Paislig, 1899, tdd 60-61.

125. Co-dhiu thogainn fonn mo leannain

Ge' bòidheach Baile Dhuinèidinn,
Le òrganan is ceòl gan glèusadh;
'S mòr gum b' fheàrr leam a bhi 'g èisteachd,
Gèumnaich na sprèidh a' tighinn gu baile.[153]

126 – The hirdie

Uilleam Scott à Fothair Aonghais (r.1785)

Oh for the innocent days I have seen,
When a' my young thoughts were happy and green,
When up i' the mornin' I raise fae my bed
And got my fu' sairin' o' milk and o' bread.
On wi' my plaidie and up wi' my tree,
Then out to the leas I gaed singin' wi' glee –
Sometimes a wee bonnet to keep my head dry,
And moggans to wear on my leggies forby.

Then fae the fauld I drove out my nout,
So merry as they gaed friskin' about.
They licked their sleek sides as they fed on the sward,
And lowed approbation o'er a' the full herd.
There Jenny had used to be keepin' her kye,
And fa' were sae happy as Jenny and I?
We ga'ed to the stripie in yon hollow green,
And puddled till baith hae been wet to the e'en.

Thus hae we played us a lang simmer's day,
We thought on nae hill, – we dreaded no wae;
Till anes the bright sun fell a hiding his nose,
And then we ga'ed hame to get our kail-brose.
A dish o' guid brose, wi' the kail and the says -
A hirdie was needin', just aff o' the leas;
The kail and the says and a drappie o' ream,
Wad set me a sleepin' as seen's they were deen.[154]

---

[153] Bàrd gun ainm; Foillsichte ann an MacDonald, *Story and Song from Lochness-shire*, td 206. Tha dreach eile den òran seo ann an Maclellan, *Brìgh an Òrain*, 2002, tdd 102-3 agus clàraidhean dheth ann an Sgoil Eòlais na h-Alba: SA1960/119/A2, Nan MacKinnon agus SA1954/58/A15, Lachlan Stewart.

[154] Gavin Greig, *Folk Song of the North East*, vol. 3, 1963, td 1. Foillsichte cuideachd ann an Ord's *Bothy Songs and Ballads*, Dùn Èideann, 1995, td 269.

127. Mhòrag Bheag a' chùl dualaich

Him ò ì og ì ò
A Mhòrag 's na ho rò gheallaidh
Him ò ì og ì ò.

Mhòrag bheag a' chùl dualaich
gu dè dh'fhàg an gruaim air t' aire?

'G iomain a' chruidh-laoidh gu buaile,
's nach fhaic mi mo luaidh, a dh 'fhearaibh.

'G iomain a' chruidh-laoidh gu àiridh,
's nach fhaic mi mo ghràdh a dh'fhearaibh.[155]

128. Tiugainn leam 'ille dhuibh

Tiugainn leam 'ille dhuibh, tiugainn na bhuailidh,
Tiugainn leam 'ille dhuibh, tiugainn na bhuailidh,
Tiugainn leam 'ille dhuibh, tiugainn na bhuailidh,
Tiugainn a luaidh a dh'ioma' nam bò.

Tiugainn leam 'ille dhuibh, tiugainn dhan aonach,
Tiugainn leam 'ille dhuibh, tiugainn dhan aonach,
Tiugainn leam 'ille dhuibh, tiugainn dhan aonach,
Tiugainn a luaidh a dh'ioma' nam bò. [156]

129. A Mhòr thromanach

"A Mhòr thromanach, a Mhòr ghreannmhor,
Càit' an d'fhuair thu 'n gille dubh ann-dubh?"
"A's an lagan am bi an t-soillearachd,
A's a' choille ag iomain nan gamhna."[157]

---

[155] Bhon chlàr *Fuaim* le Clannad (1982); Clàraichte cuideachd le Màiri MacInnes – *Causeway* (Lismor, 1989) agus Mary Jane Lamond – *Làn Dùil* (turtlemusik, 1999).

[156] Kenna Chaimbeul, *Guth a shnìomhas*; Cliar – *Puirt-à-beul.*

[157] Bho Mrs Agnes Currie, Lochbaghasdail, 1948, foillsichte ann an Shaw 1986: td 109. Air a chlàradh le Paul McCallum & Vivien Mackie air *Margaret's Glen*, Birlinn Records, 2007.

130. Gleann an Fhraoich

le Murchadh Moireasdan à Siadair

Nuair dh'iathas ceò an fheasgair dlùth
Cur smùid air bhàrr nam beann,
'S an crodh bhon innis cnàmh an cìr
Cho sgìth a' tighinn don ghleann;
Nuair bhios a' bhanachaig 'm beul na h-oidhche
Don laoigh toirt deoch le meòir,
Coinnichidh mi an gleann an fhraoich
Mo ghaol, mo rìbhinn òg.

Nuair bhios a' ghrian san àirde 'n iar
Dol sìos aig crìoch an lò,
'S a' cur an soills' air feadh nan sliabh,
'S a sgiamh air dhreach an òir;
'S nuair bhios na caoraich leis na h-uain
Cho suaimhneach aig a' chrò,
Coinnichidh mi an gleann an fhraoich
Mo ghaol, mo rìbhinn òg.

An uair bhios coileach ruadh an t-slèibh,
Measg gheugan leum cho beò,
'S a' gogail shuas mu bhil na fèith,
'S a chèile fhèin na chòir;
'S gach creutair beag mu sgàil nam bruach
Nan suain len àl gun treòir,
Coinnichidh mi an gleann an fhraoich
Mo ghaol, mo rìbhinn òg.

'S ged bhiodh air an fheasgar gruaim
'S an t-slighe buan gu leòr,
Is tuinn nan loch a' flodraich fuar
Lem fuaim am measg nan còs,
Gun dèan na thug mi dhut de luaidh
An ruaig chur air gach bròn;
Coinnichidh mi an gleann an fhraoich
Mo ghaol, mo rìbhinn òg.

Bheil cuimhne agad nuair bha sinn saor,
'S air feadh nan raon gun leòn,
A' buachailleachd a' chruidh 's nan laogh,
Gun smaoin air maoin no stòr;
Tha cuimhneachain air àm a dh'aom

Gam dhèanamh aotrom beò;
Coinnichidh mi an gleann an fhraoich
Mo ghaol, mo rìbhinn òg.

Tha bàt' na smùid don chala dlùth,
'S gach ròp is stiùir air dòigh,
'S nuair ruigeas i leam tìr mo rùin
'S an robh mi 'n tùs mo lò,
'S an anmoch chiùin nuair bhios gach flùr
'S an canach ùr nan glòir,
Coinnichidh mi an gleann an fhraoich
Mo ghaol, mo rìbhinn òg.[158]

131. Duanag a' chìobair

Le Dòmhnall Phàil (1798-1875)

Gu bheil mulad air m' inntinn
On là thàinig mi 'n tìr seo,
'S nach faic mi mo nighneag dhonn òg,
'S nach faic mi mo nighneag dhonn òg.

O nach faic mi a' chaileag
Don d' thug mi 'n cion-fallaich, -
'S ann a dh'fhàg mi i 'n Raineach nam bò,
'S ann a dh'fhàg mi i 'n Raineach nam bò.

Mur biodh ach astar aon oidhche
Eadar mise 's a' mhaighdean,
'S tric a rachainn 'g a foighneachd le deòin,
'S tric a rachainn 'g a foighneachd le deòin.

Ach tha 'n t-astar cho fada
'S nach faod mi 'tighinn dachaidh,
Eagal càch 'bhi gam fhaicinn san ròd,
Eagal càch 'bhi gam fhaicinn san ròd.

Bidh mo mhaighstir gam ionndrainn
On tha 'n stoc air mo chùram, -
'S mi gan gleidheadh air cùl Bail-a-chrò,
'S mi gan gleidheadh air cùl Bail-a-chrò.

---

[158] Le Murchadh Moireasdan (Murchadh a' Bhocs, Bàrd Shiadair 1884 - 1965). Air a ghabhail le Kathleen NicDhòmhnaill agus Daibhidh Solley air BBC Bliadhna nan Òran. Faclan agus fonn ann an *Eilean Fraoich*, 1982, fon tiotal 'Coinnichidh mì an Gleann an Fhraoich'.

Mi gach latha mun cuairt dhaibh,
’S iad cho duilich ri ’bhuach’leachd
On a thàin’ iad gu tuath don Chreig-Mhòir,
On a thàin’ iad gu tuath don Chreig-Mhòir.

’S mòr gum b’ fheàrr ’bhi gam buach’leachd
Ri mullach na guaille,
Far nach iarradh iad buachaill rin sròin,
Far nach iarradh iad buachaill rin sròin.

Far nach biodh orm bonn cùraim
Nuair a chuirinn mo chù riu,
Ged a bhitheadh iad dùinte le ceò,
Ged a bhitheadh iad dùinte le ceò.[159]

132. Dh’èirich mi moch madainn Chèitein

Dh’èirich mi moch madainn Chèitein,
Hill ir inn is hog a bho,
Thug mi gu siubhal an t-slèibhe,
Iù na hi rì ri a ho,
Ho hì o ho lebh ò, hi o,
Hòg a bhò.

Criosan caol-dubh air mo lèinidh,
Chunnaic mi bhuam baidean sprèidhe
Air tulaich ghuirm, is iad gun èirigh,
’S an cailin donngheal nan dèidh sin;
Ghreas mi chas ’s gun chas mi ’n èibhe
“Dèan fuireach ’s gum faighinn sgeula!
Bheil fallaineachd aca ’n Slèibhte?
Aig Dòmhnall Gorm, laogh mo chèille?
Chuala mi gun d’ rinn e rèiteach
Ri nighean Iarla nan geurlann,
Ri ogha biatach na fèille. [160]

---

[159] Stinton 1906: td 69. Foillsichte cuideachd ann an Gillies 2005: td 407. Clàraichte le Christine Primrose: *Àite mo Ghaoil*, Temple, 1993.

[160] Campbell et al. 1977: td 66, bhon t-seinn aig Anna agus Calum Johnston (le cead Oxford University Press). Kathleen MacInnes: *Òg-mhadainn Shamhraidh*, Greentrax, 2006; Tobar an Dualchais - Annie Johnston.

133. 'S moch an diu a rinn mi èirigh

Hi rì rì, hill iù hill ò ro,
E hoireann o, ho ro eileadh,
Hi rì rì, hill iù hill ò ro.

'S moch an diu a rinn mi èirigh,
Hi rì rì, hill iù hill ò ro,
E hoireann o, ho ro eileadh,
Hi rì rì, hill iù hill ò ro.

'S moch an diu e 's moch an dè e,
Dhìrich mi suas gual an t-slèibhe,
Fhuair mi gruagach dhonn gun èirigh,
'G iomain a' chruidh-laoigh 's gam feurach,
Gan togail ri strath an t-slèibhe.

'S ann ormsa tha aire na buaileadh
Slàn dhan fhear a chumadh bhuam i!
Slàn dha m' leannan, 's tamull bhuam e.
Làmh riofadh nam ball, 'ga fhuasgladh,
Làmh air an stiùir nuair bu chruaidh' i.[161]

---

[161] Thig an tionndadh seo bhon a' Bh.Ph. Neil Chaimbeul (Bean Nìll) à Uibhist a Deas, mar a chaidh a clàradh ann an Campbell, *Hebridean Folksongs* 2, td 106 (le cead Oxford University Press). Tha tionndadh eadar- dhealaichte ann an Shaw, *Folksongs and Folklore of South Uist* agus chaidh an tionndadh sin a chlàradh le Karen Matheson air a clàr *Downriver*, vertical records, 2005 agus air Capercaillie: *Nàdurra*, Survival Records, 2000.

134. Togaibh fonn an dràsda

Togaibh fonn an dràsda
'S na hò-thil-o-u, lou-hò-thil o,
Mhàiri riut a tha mi,
'S na hì-thi-lì-thi-lì-lo-u
Hò-thil-o-u, lou-hò-thil-ò.

Cò a nis do ghràdh-sa?
'S aithne dhomh na 's àill' leat.

Buachaille nan àrd bheann
Le treud de chaoraich bhàna.

Crodh-laoigh aige air àirigh
Air Tom an Fhianaich àluinn.

Bidh ìm is gruth is bàrr ann
Is mulchag mhòr de chàise.

Cha bhi dìth buntàt' ort[162]
Na maorach as an tràigh ort.[163]

---

[162] Gheibheadh buachaille iomaire bhuntàta mar phàirt den tuarastal aige agus chuireadh croitearan feamainn air talamh buntàta a' bhuachaille mar a dh'innis Dòmhnall Eàirdsidh Dòmhnallach air prògram Rèidio nan Gàidheal ann an 2009. Facal Oirbh: <www.bbc. co.uk/ radionangaidheal/facal oirbh/features/20090707> (air a ruighinn 2010).

[163] Comunn Gàidhealach Leòdhais , *Eilean Fraoich*, td 232 (air ath-chleachdadh le cead bho Acair). Clàraichte le MacKenzie: *Camhanach*, Macmeanmna, 1997.

135. Chailin òig as stiùramaiche

Chailin òig as stiùramaiche,
Chailin mise, buachaill' thusa,
Chailin òig, a hù ra bhò hò.

Chailin mise buachaill' thusa,
Chailin òig as stiùramaiche,
B' fheàirrde banchaig buachaill' aice,
Chailin òig, a hù ra bhò hò.

B' fheàirrde banchaig buachaill' aice,
Chailin òig as stiùramaiche,
Ged nach dèan e ach falbh reimpe,
Chailin òig, a hù ra bhò hò.

Ged nach dèan e ach falbh beimpe,
Thèid e mach san oidhche fhrasaich,
Chuireadh e na laoigh am fasgadh,
Ghabhadh e gu suanach aca,
Latha dhomh 's mi falbh an fhàsaich,
Thachair orms' an donnabhean dhàna,
Shuidh sinn air cnoc, rinn sinn bànran,
Dh'iarr a' chailin nì nach b' fheudar,
Muileann air gach sruth an Èirinn,
Caisteal air gach cnocan grèineadh.[164]

---

[164] Campbell et al., *Hebridean Folksongs 2*, td 44, (le cead Oxford University Press). Cuideachd ann an MacDonald 1911: td 246. Tha iomadh clàradh dheth air Tobar an Dualchais.

136. Cha tèid mi do dh'fhear gun bhàta

Cha tèid mi do dh'fhear gun bhàta,
Fear a' chòmhraidh chiùin as fheàrr lium,
Cha tèid mi do dh'fhear gun bhàta.

Cha tèid mi do dh'fhear gun eathar,
'S e gam fheitheamh o chuìnn ràithe.

Cha tèid mi do mhac a' chiobair,
Bhios a' dìreadh nam beann àrda.

Cha tèid mi a bhuachaille sprèidheadh,
Bidh e 'g èirigh motha 's tràth lium.[165]

137. Ho-ro mo chuachag

'S na hì liù lè leò,
Hò-rò mo chuachag,
'S na hì liù lè leò,

Mi ri buachailleachd chaorach
Nach fhaodar a ruagadh.

'S mi ri buachailleachd sheasgach
Nach tig feasgar gu buaile.

Laighidh mo sprèidh anns an fheasgar
'S fàgaidh mise mo bhuaile.

Chan fhairich mis' an t-astar fada
Tighinn an coinneamh na gruagaich.

Coinnichidh mis' i anns a' bhealach
'S bheir mi fàilte gun ghruaim dhi.

---

[165] Craig, *Òrain Luaidh Màiri Nighean* Alasdair, 1949, td 15. Rachel Walker, *Skippinish Ceilidh House: The Scottish Music Show*, Skippinish Records, 2010: *Scottish Tradition 18: Clò Dubh Clò Donn*, Greentrax, 2001.

Suidhidh ise 'na mo bhreacan
'S cha ruig fliuchadh no fuachd oirr'.

'S e bha gòrach do mhàthair
Dèanamh tàir air a' bhuachaill.[166]

138. Tha m' eudail is m' aighear 's mo ghràdh

Tha m' eudail is m' aighear 's mo ghràdh,
Ag iomain a ghnàth nam bò,
Chan iarrainn a dh'iochshlaint no shlàint
Ach faighinn, a ghràidh, ort còir,
'S cha bhi mise tuilleadh ach tinn
Gu faigh mi ort snaim nach sgaoil,
Le aont a' bhodaich bha thall
Na shuidh' ann an gleann an fhraoich.

Oir chunnaic mi mais' annad fhèin
Nach fhaca mi 'n tè ta beò,
'S chan fhaca mi gin air an fhèill
A ghabhainn romhad fhèin 's tu beò,
'S tu fhèin a bha labhairt le ciall,
'S a' labhairt le briathran sìth,
'S roimh aon de do chàirdean gu lèir
Gun ghoid thu dhuit fhèin mo chridh'[167]

---

166 Comunn Gàidhealach Leòdhais, *Eilean Fraoich*, 1982, td 233 (air ath-chleachdadh le cead bho
Acair). Cliar, *Grinn Grinn*, Macmeanmna, 2006, (briathran eadar-dhealaichte): Whistlebinkies, *A
Wanton Fling*, Greentrax, 1996.

167 MacKenzie, *Amhrain Anna Sheumais*, td 26. Christine Primrose – *'S Tu Nam Chuimhne*,
Temple Records, 1995: Billy Ross – *Shore Street* Greentrax, 2000: BBC Bliadhna nan Oran –
Ishbel MacAskill.

139. Eilean an Fhraoich

le Murchadh MacLeòid (Murchadh a' Cheisdear 1837 – 1914)

'N am èirigh na grèin
Air a shlèibhtibh bidh cèo,
Bidh 'bhanarach ghuanach,
'S a' bhuarach na dòrn,
Ri gabhail a duanaig,
'S i cuallach nam bò,
'S mac-talla nan creag,
Ri toirt freagairt d' a ceòl.
...
Nam faighinn mo dhùrachd
'S e lùdh'ginn 'bhith òg,
'S gun ghnothach aig aois rium
Fhad 's dh'fhaodainn 'bhith beò,
Nam bhuachaill air àirigh,
Fo shàil nam beann mòr,
Far am faighinn a' chàis,
'S bainne blàth airson òl.

Chan fhacas air thalamh leam
Sealladh as bòidhch'
Na 'ghrian a' dol sios
Air taobh siar Eilean Leòdhais;
'N crodh-laoigh anns an luachair
'S am buachaill nan tòir,
Gan iomain gu àirigh,
Le àl de laoigh òg.[168]

---

[168] Murdo MacLeod, *Bàrdachd Mhurchaidh a' Cheisdeir*, 1962, td 22. Tha iomadh clàradh fon tiotal 'A Chiall nach mise a bha an Eilean an Fhraoich' air Tobar an Dualchais.

CAIBIDEIL 6: BAINNE AGUS BLEOGHAN

140. Nighean donn nan gobhar

Ò nighean donn nan gobhar,
È nighean donn nan gobhar,
Trom m' inntinn is mi nad dheoghaigh,
Bòidheach, laghach, mo nighean donn.

Siod an ceol bu bhinne chualas,
Luinneag foil aig bannal ghruagach,
Ag iomain a' chruidh-laoigh don bhuaile,
Cuach a 's buarach air an druim.[169]

141. An gille dubh mo laochan

An gille dubh gur fad' a-muigh,
An gille dubh mo laochan,
An gille dubh gur fad' a-muigh,
An gille dubh mo laochan.

Cha toirinn bainne ghobhar dhuit,
Na idir bainne chaorach,
Oir leam gur math an airidh thu,
Air bainne chruidh 's na laoigh thu.[170]

---

[169] Bho *Stòras* le Mary Jane Lamond – tha barrachd rannan ann na th' air an toirt seachad an seo. Clàraichte cuideachd le Arthur Cormack – *Nuair Bha mi Òg* agus le Flora MacNeil – *Orain Floraidh*

[170] Mhàrtainn, *Òrain an Eilein*, td 107; Cairistìona Mhàrtainn, *Tog Fonn 2*, td 58. Battlefield Band – *Dookin*; Catriona McKay – *Catriona McKay* (ceòl a-mhàin)

142. Brochan bùirn

Brochan bùirn, brochan bùirn,
Brochan bùirn gheibh mo leanabh,
'S nuair a bheireas an crodh-laoigh,
Gheibh mo ghaol brochan bainne.[171]

143. Trì lochan

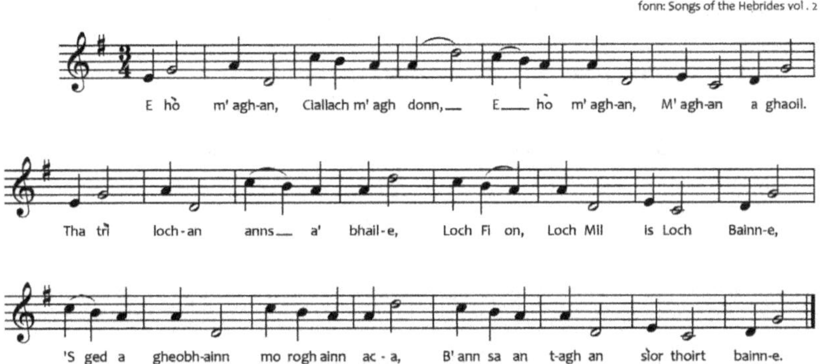

E hò m' aghan, ciallach m' agh donn,
E hò m' aghan, m' aghan a ghaoil,
Tha trì lochan anns a' bhaile,
Loch Fion, Loch Mil is Loch Bainne,
'S ged a gheobhainn mo roghainn aca,
B' annsa an t-aghan sìor thoirt bainne.[172]

---

[171] Caimbeul, *Air do Bhonnagan, a Ghaoil*, td 230. (*Air ath-chleachdadh le cead bho Acair*). Cuideachd ann an Tasglann Sgoil Eòlais na h-Alba: Kate MacDonald, air a chlàradh le Dr John MacInnes, SA1953.180.4.

[172] Kennedy Fraser, *Songs of the Hebrides vol. 2*, td . x . Chaidh an rann bheag bleoghain seo a chruinneachadh ann an Eilean Eige.

144. Nan tigeadh tu

Nan tigeadh tu, *hai-o-u, èile 's na hiùraibh o-u,*
Taobh na buaile, *hai-o-u, èile 's na hiùraibh o-u.*

Taobh na buaile, *hai-o-u, èile 's na hiùraibh o-u,*
Cha b' e do dheoch, *hai-o-u, èile 's na hiùraibh o-u.*

Cha b' e do dheoch, *hai-o-u, èile 's na hiùraibh o-u,*
Bùrn an fhuarain, *hai-o-u, èile 's na hiùraibh o-u.*

Bainne Buidheig, …

Bainne Gualfhionn, …

Bainne na bà, …

'S fheàrr sa bhuaile, *hai-o-u, èile 's na hiùraibh o-u,*[173]

145. 'S tìm dhomh bhith falbh

Cha b' e do dheoch uisg' an fhuarain,
Ach bainn' a' chruidh laoigh gun truailleadh,
Fìon is beòir air bhòrd duin' uasail … [174]

---

[173] Comunn Gàidhealach Leòdhais, *Eilean Fraoich,* td 59. (*Air ath-chleachdadh le cead bho Acair.*)

[174] Campbell et al. 1977: td 170, (le cead Oxford University Press)

146. Dhìrich mi suas an Coire Riabhach

'S toil liom, 's toil liom, *o hoireann ò*,
's toil liom Ruairi, *o hug ò ro*,
Chunnaic mi 'n dè, *o hoireann ò*,
Seachad suas thu, *o hug ò ro*,
...
 'S nan tachradh tu
An còir na buaile,
Ghlacainn cuman
's lunndrainn buarach;
'S cha b' e do dheoch
Bùrn an fhuarain,
Deoch de bhainne
Blàth gun truailleadh;
Càit' an cualas
Geum bu chruaidhe
Na geum Dhuibhein
Is geum Ghruagain,
No do gheum-sa
Shubhach ghuaillfhionn
Ag ionndrainn Iain
Dhonn na gruaige.[175]

147. Ho ro ma chaidil Mòrag bheag

Ho ro ma chaidil Mòrag bheag,
Ho ro ma chaidil Mòrag,
Ho ro ma chaidil Mòrag bheag,
Ma chaidil cha bu mhòr e.

Tha mis' air uisge lònain duibh,
Is bainne chruidh aig Mòrag,
Tha mis' air uisge lònain duibh,
Is bainne chruidh aig Mòrag.[176]

---

[175] Bho LS an Urr. Dhunnchaidh Leathainich – Canon MacLean's MS ann an John L. Campbell, *Hebridean Folksongs 2*, td 174 (le cead Oxford University Press). Faicibh cuideachd 'Gu dé nì mi nochd ri m' nàire?' anns an aon leabhar. Clàraichte bho Kate Buchanan le Iain Latharna Caimbeul, Tasglann Channaigh (CannaTape.0088) agus ri chluinntinn air Tobar an Dualchais (air a ruighinn 2013).

[176] Air a sheinn mar thàladh leis a' Bh-ph Katie MacAulay a dh'ionnsaich i bho a seanmhair ann an Uibhist a Tuath. Donald A. Fergusson, *From the Farthest Hebrides*,Toronto, 1978, td 192. Faicibh òran 141 gu h-àrd airson dreach eile den òran. Arthur Cormack, *Nuair Bha mi Òg*; Alan Stivell, *Brian Boru*, fon tiotal 'Sword Dance'; Tobar an Dualchais , Mairead NicAoidh.

148. Di-mòladh na tì

Le Iain MacIllEathain, Bàrd Bhaile Mhàrtainn (1827-1895)

Ged thig am bainn' oirre toiseach an t-samhraidh,
Leanaidh gach cailleach ri fasan a' gheamhraidh,
Fiacaill fhallain chan eil i na ceann,
'S na bunan a th' ann cho dubh ris an Tì.
...
Thusa 'chail' òg, d' am bu chòir a bhi somalt',
Le fuil agus feòil, ma thoisich galar ort,
Bheir mi dhuit leigh a leigh'seas d' an-shocair;
Ol am bainn', agus seachainn an Tì.[177]

149. Ò ho nighean, è ho nighean

Ò ho nighean, è ho nighean,
Ò ho nighean a' chinn duibh àlainn.
'S duilich liom gun dug iad bhuam thu,
Càch a bhith gad luaidh gach là rium.

'S cha robh car a dhianadh tè 'ile
Nach cuireadh tu fhèin do làmh ann,
Nigheadh 's dh'fhuaighleadh tu mo lèine,
'S bleoghnadh tu sprèidh dhomh air àirigh.[178]

---

[177] Cameron, *Na Bàird Thiristeach*,1932, tdd 158-160. Faicibh cuideachd 'Òran na Tea' ann an *Tocher* 22. Tha clàradh de Ùisdean MacCuinn ga ghabhail air làrach-lìn BBC Bliadhna nan Òran.

[178] Bhon a' Bh-ph John Currie (PeigiNill), North Glendale, 1932. Foillsichte ann an Shaw 1986, td 118. Tha clàradh den Urr Uilleam MacMhathain ga ghabhail air Tobar an Dualchais (air a ruighinn 2013). Clàraichte cuideachd le Máire Ni Chathasaigh, New *Strung Harp*, Temple , 1997.

150. Chruinneag na buaile

O chruinneag, e chruinneag,
O chruinneag na buaile;
Mo cheist cailin mo chridhe,
’S ann leat a ruithinn air fuadach.

Fhuair mi litir Di-Dòmhnaich,
A thug deòir air mo ghruaidhean;
Iad gam iarraidh gu d’ phòsadh,
Fàth mo leòin thug iad bhuam thu.

Cha bhi mi gad chaoineadh,
Chan e ’n t-aog a thug bhuam thu;
’S ann a rinn thu mi fhàgail,
’S tu falbh an dràsd’ le fear fuadain.

’S ann ort fhèin tha ’n cùl rìomhach
Air a chìreadh na dhualan;
E gu camlubach, bòidheach,
’S fiamh an òir air gach dual dheth.

’S truagh nach robh mi ’s an Fhraing leat,
A Nic-Raing a’ chùil dualaich;
Cha bhiodh mulad air d’ inntinn,
’S ceòl na fìdhle mu d’ chluasan.

’S truagh nach robh mi ’s a’ chàrn leat,
A muigh air àirigh nam fuarbheann;
Leis an rìbhinn as bòidhche,
Rinn mo leòn le fàs suarach.[179]

---

[179] Creighton agus MacLeod, *Gaelic Songs in Nova Scotia*, 1964,tdd 152-153. (©Government of Canada. Reproduced with the permission of the Minister of Public Works and Government Services Canada 2012 Source: Library and Archives Canada/Gaelic Songs in Nova Scotia/4169852). Clàraichte le Chrissie MacDonald air *Barra*, 2007.

151. A bhanarach dhonn a' chruidh

Le Alasdair Mac Mhaighstir Alasdair

A bhanarach dhonn a' chruidh,
Chaoin a' chruidh, dhonn a' chruidh;
Cailin deas donn a' chruidh
Cuachag an fhàsaich.

A' bhanarach mhìogach,
'S e do ghaol chuir fo chìs mi,
'S math thig làmhannan sìoda
Air do mhìn-bhasan bàna.

'S mòr bu bhinne bhi 'd èisteachd
'N àm bhith bleoghan na sprèidhe,
Na 'n smeòrach sa Chèiten
'M bàrr gèig ann am fàs-choill.

Nuair a sheinne tu 'n coilleag
A' leigeil mairt ann an coille;
Thàladh eunlaith gach doire,
Dh'èisteachd coireall do mhànrain.

Ceòl farasda, fìor-bhinn,
Fonnar, faramach, dìonach,
A sheinn a cailin donn mìogach,
A bheireadh bìogadh air m'àirneann

'S ge b' fhonnar an fhiodhall
'S a teudan an rithidh;
'S e bheireadh damhs air gach cridhe,
Ceòl nighin na h-àiridh.

'S ciatach nuallan na gruagaich,
Ri bleoghann cruidh ghuaillfhinn,
A' toirt torman air cuachaig,
'S bodhar fhuaim aig a clàraibh.

'S taitneach siubhal a cuailein,
Ga chrathadh mu 'cluasan;
A' toirt muigh' air sèid luachraich
An taigh-buaile, an gleann fàsaich.

Dà mhaoth-bhois bu ghrinne,
Fo 'n dà ghairdein bu ghile;
Nuair shìnt iad gu h-innealt',
Gu sinean cruidh fhàsgadh.

Gum bu mhothar mo bheadrach,
Teachd don bhuaile mu ead-thrà,
Sèamh sult-chorpach beitir,
'S buarach ghreasaid an àil aic'.

Glac gheal a b' àrd gleodhar,
A' stealladh bainne 'an cuaich bleothainn,
A' seinn luinneagan seadhach,
An gobhal na bàraig.

Nuair thogadh tu bhuarach,
Cuach a's cùrrasan na buaile;
B' ao-coltach do ghluasad,
Ri guanag na sràide.[180]

152. Flùr nam bà

Flùr nam bà, Mhàiri dhonn,
Flùr nam bà, Mhàiri,
'S gil' thu na 'n canach is gil' thu na sneachd,
Flùr nam bà, Mhàiri dhonn,
Flùr nam bà thu.[181]

---

[180] MacKenzie agus Logan 1882: td 127. Tha cuid den bheachd gur ann don Phrionnsa Theàrlach a sgrìobh Alasdair Mac Mhaighstir Alasdair an t-òran seo, ged a tha coltas òran gaoil do bhanarach air. 'S e pìos bàrdachd àlainn a th' ann, le tòrr rannan a bharrachd air an fheadhainn seo. Tha iomadh clàradh den òran air Bliadhna nan Òran agus Tobar an Dualchais.

[181] Marjory Kennedy Fraser agus Kenneth MacLeod, *From the Hebrides*, 1925, ro-ràdh, td xv, air a sheinn le Angus McGoughan à Giogha mar òran bleoghain.

153. Cairistiona Chaimbeul

Thig mo ghaol-s' an cois a geallaidh, Cairistiona Chaimbeul;
Mur tig fear is feàrr na rathad, Cairistiona Chaimbeul.

Gur i banarach na buaile, Cairistiona Chaimbeul,
Doirtidh i na ni i bhleoghann, Cairistiona Chaimbeul.

Gur i banarach na bainne, Cairistiona Chaimbeul,
Olaidh i na bheir i dhachaidh, Cairistiona Chaimbeul.

Tha i math air fuaghal faitheam, Cairistiona Chaimbeul,
Gum b' fheàrr i chartadh na ba-thigh, Cairistiona Chaimbeul.

Gur i math air fuaghal sioda, Cairistiona Chaimbeul,
'S mòr gum b' fheàrr i dhèanamh sioman, Cairistiona
Chaimbeul,

Tha i dhomhsa daonnan dileas, Cairistiona Chaimbeul,
'S do gach oigear anns an sgire, Cairistiona Chaimbeul.[182]

---

[182] MacDonald, *TGSI* 29, 1916, td 103. Tobar an Dualchais, Capt. Dugald MacCormick, SA1953.117, (air a ruighinn 2013).

154. Banachaig na sprèidhe

Hi ri ri ribh o,
Ho rionn o-i o ho eile,
Hi ri ri ribh o.

'S mi am bhanachaig na sprèidhe,
Aig a' bhaintighearn òig à Slèibhte.[183]

155. Cha do chuir mo bhean buarach

'S cha do chuir mo bhean buarach
Air mart air buailibh chruidh bhainne,
'S ann a chleachd i bhith fuaghal
Còmh' ri gruagaichean glana.

'S ann a chleachd i bhith fuaghal
Còmh' ri gruagaichean glana,
'S truagh nach robh mi 's tu Mhòrag
Air luing mhòir nan trì chrannan.[184]

---

183 Bhon a' Bh-ph NicLeòid, Sgeubost, an t-Eilean Sgitheanach. Tha am fonn foillsichte ann an Kennedy Fraser, *From the Hebrides*, 1925, td xi fon tiotal 'The Sleat Dairymaid'.

184 Tasglann Sgoil Eòlais na h-Alba: Donald Joseph MacKinnon, air a chlàradh le Seumas Ross, SA1957/96/A1. Tha an aon chuspair a' nochdadh anns an òran 'Na h-Ìghneagan Donna, Bòidheach' ann an Maclellan, *Brìgh an Òrain*, 2000, td 10: ©McGill-Queen's University Press, Montreal and Kingston 2000:
   Cha do chuir i riamh buarach air crodh guaillfhionn neo caisfhionn
   'S ann a bhiodh i ri fuaghal measg ghruagaichean glana.

Ach ann an òran eile anns an aon chruinneachadh, tha banarach air a moladh airson a sgilean ann am fuaghal agus buain a bharrachd air a bòidhchead. Seo dìreach aon rann bhon òran fhada seo:
   Banarach na buaileadh
   Meur as grinne a dh'fhuaigheas,
   Cha mhiosa latha buan' thu
   Cur nan sguab am bannaibh.

156. A Mhòrag 's na ho rò gheallaidh[185]

Ò ì og ì ò,
A Mhòrag 's na ho rò gheallaidh,
Ò ì og ì ò.

A Mhòrag bheag a' chùil riomhaich,
Dheanainn-sa do chìr a cheannach.

Cha leiginn thu chrò nan caorach,
Air eagal d'aodach a shalach.

Cha leiginn thu chrò nan gobhar,
No bhleoghainn a' chruidh as t-earrach.

Mi air chùl nam beanntan àrda,
Cha chluinn mo mhàthair mo ghearain.

A Mhòrag bheag nighean an Leòdaich,
Airson a dhèanainn dòrtadh faladh.

A Mhòrag bheag à tìr nan Leòdach,
Dh'òlainn do dheoch-slàint' a dh'aindheoin.[186]

---

185 B' e Mòrag ainm dìomhair a chleachd na Seumasaich nuair a bha iad a' bruidhinn mu dheidhinn a' Phrionnsa Theàrlaich. Ma dh'fhaoidte gun do thòisich an t-òran seo mar òran Seumasach a' moladh uaisleachd a' Phrionnsa agus a' gealltainn taic a thoirt dha anns an t-stri. Chaidh a chlàradh ann an Alba Nuadh.

186 Bhon chlàr *Làn Dùil* le Mary Jane Lamond. Clàraichte cuideachd le Clannad, *Fuaim*; Mairi MacInnes, *Causeway* agus na Poozies, *Yellow Like Sunshine*. Tha rann a' nochdadh ann an òran ann an Stinton, *Poetry of Badenoch*, 1906, a sheallas cuideachd nach b' e obair uasal a bh' ann am bleòghan ann an sùilean a' bhàird. Airson sealltainn cho uasal 's a tha cuspair an dàin, Lachlann na Maighe, chleachd am bàrd na facail a leanas:

Ghaoil Lachlainn na biodh gruaim ort,
Cha do ghlac do mhàthair buarach,
Plaide bhàn chuir mu 'guallainn,
Ach sìoda dearg is sròl uaine.

157. Teàrlach Ruadh

Ach nam bithinns' roghainn na fearainn,
Cha bhiodh Teàrlach Ruadh dhe falamh;

Bu leat-s' Strath h-Eireann is Strath Naruinn,
Àrd na Saoire 's Clach na h-Aire.

Fhuair thu mi nam chaileig shuaraich,
'S mi leigeil a' chruidh sa bhuaile';

Sgealb thu 'n cogan, 's bhris thu 'm buarach,
 'S thog thu mi gu gnìomh mnà uailse.[187]

158. Tigh-tarladh nan Uailsin

Leig dhiot a nì ghreannach
'S glac bean a chuil-dualaich;

'S i chumadh do lèine,
'S bu cheatuich a dh'fhuaidheadh;

A dh'eireadh 's a mhaduinn
'S a ghlacadh a' bhuarach;

'S nuair thig an crodh dhachaigh,
Reachadh fasant' d' an bhuaile;

Dhèanadh mulchog is mioscan,
'S biaidh meas aig Daoin' uails' uirr'

Dhèanadh còta is cosag
Breacan daite re h-uail duit.[188]

---

[187]Stinton, 1906: td 4.

[188] Gillies, 1786: td 123.

159. Òran sùgraidh

Le Donnchadh Bàn Mac an t-Saoir (1724 – 1812)

'S i nighean mo ghaoil, an nighean donn òg;
Nam biodh tu re m' thaobh, cha bhithinn fo bhròn,
'S i nighean mo ghaoil, an nighean donn òg.

'S i Màiri Nic Neachdain as dàicheile pearsa;
Ghabh mis' uiread bheachd ort ri neach a tha beò.

Nuair sheallas mi t' aodann, 's mi 'n coinneamh ri t' fhaotainn,
Gur math leam nam faodainn bhi daonann ad chòir.

On a thug thu dhomh gealladh, 's ann duit-sa nach aithreach,
'S chan fhaic iad thu 'n ath-bhliadhn' ad' bhanaraich bhò.

Cha tèid thu don bhuailidh, a bhleoghan cruidh ghuaillfhinn;
Cha chuir thu ort cuaran, 's gur uallach do bhròg.

Chan fhòghnadh le m' chruinneig, a' bhuarach no chuinneag,
'S cha chluinnear gun cumadh tu cuman ad dhòrn.

Cha tèid thu Bhad-odhair a leigeadh nan gobhar,
'S minn bheag as an deoghaidh gan deoghal mun chrò.

Cha leig mi thu 'n fhireach thoirt a' chruidh as an innis.
Air eagal na gillean bhith sireadh do phòg.

Cha taobh thu duin'-uasal, 's chan aill leat am buachaill,
'S chan fheàirrde fear-fuadainn bhith cruaidh air do thòir.

Bheir mis' thu Dhùn Èideann a dh'ionnsachadh Beurla,
'S chan fhàg mi thu 'd èigin ri sprèidh an fhir mhòir.[189]

---

[189]Angus MacLeod, *Òrain Dhonnchaidh Bhàin*, Dùn Èideann, 1978, td 102. Clàraichte le Anna Murray – *Trì Nithean*; Capercaillie – *Roses and Tears* agus Cliar – *Grinn Grinn* (Macmeanmna 2005).

160. Cha tèid mise

O ho eile, ill i ro hu,
O ho eile, ill i ro hu.

Cha tèid mise, *ill i ro hu*
O ho eile, ill i ro hu,

Nochd dhan bhuaile, *i ro hu,*
O ho eile, ill i ro hu.

Gun dà chuman …
Gun dà bhuaraich …
M' aighear 's mo rùn …
Oigfhear a' chul …
Thig ort on Chrùn …
Bonaid ghorm ùr …
'S fabhar na cùl…[190]

____

[190] bho *A' Fàgail Mhiughalaidh* le Maggie MacInnes, Marram, 2009.

161. Hì ho rò 's gun dheoghail na laoigh

À rò, 's gun dheoghail na laoigh,
Hì ho rò, 's gun dheoghail na laoigh,
À rò, 's gun dheoghail na laoigh,
Hì ho rò, 's ma dheoghail leig dhaibh.

Mnathan na buaile, mnathan na buaile,
Mnathan na buaile 'n gruagaibh a chèile.

Mnathan na h-àirigh, mnathan na h-àirigh,
Mnathan na h-àirigh, bha iad ga rèiteach,

Bheinn Òr Bheag, a' Bheinn Òr Bheag,
A' Bheinn Òr Bheag is Beinn 'ic Shèitich.

An Dà Dhìolaid, an dà Dhìolaid,
An Dà Dhìolaid, 's Garbhlach Esan.

Na Beanntan Òra, na Beanntan Òra,
Na Beanntan Òra, mu choinneamh a chèile.[191]

---

[191] Bhon chlàr *Gaelic Songs of Scotland: Women at Work in the Western Isles*, le Alan Lomax. (Bhon Alan Lomax Collection, American Folklife Center, Library of Congress. Used courtesy of the Association for Cultural Equity.) Dh'ionnsaich an seinneadair Catherine MacKellaig à Mùideart an t-òran bho a seanmhair a bhuineadh do theaghlach de phìobairean ann am Mùideart SA1951/2/B9 Tha tionndadh eile den òran agus sgeulachd mu a dheidhinn, ann an *An Gàidheal*, Treas Mios an Earraich , 1877, td112, https://archive.org/stream/gaidhealpaipeir (air a ruighinn 2013) agus tha clàradh de Maeve NicFhionghuin ga ghabhail air *Òrain Traidiseanta*.

162. Mòr à Rìoma[192]

Mòr à Rìoma 's gamhainn aice,
Mòr à Rìoma 's laogh aice,
Mòr à Rìoma 's gamhainn aice
Dh'fhalaich i 's a' fhraoch e.

Chan fhaod Eoghann dol a laighe
Chan fhaod Eoghann èirigh;
Chan fhaod Eoghann dol a laigh'
'S a' bhanarach gun èirigh.

Crodh-laoigh ann 's a' langanaich,
Crodh-laoigh ann a' geumnaich;
Crodh-laoigh ann 's a' langanaich,
'S a' bhanarach gun èirigh.[193]

163. Phroo, phroo!

Phroo, phroo! My bonnie cow!
Phroo, hawkie! Ho, hawkie!
Ye ken the hand that's kind to you;
Sae let the drappie go, hawkie.

Your caufie's sleepin' in the pen,
Phroo, hawkie! Ho, hawkie!
He'll soon win to the pap again;
Sae let the drappie go, hawkie.[194]

---

[192] No 's dòcha 'Mòr an Druimfhionn'.

[193] Tasglann Sgoil Eòlais na h-Alba: Nan Buie, air a clàradh le Dòmhnall Eàirdsidh Dòmhnallach, SA1968.081. A rèir clàradh eile bha an 'gamhainn' anns an òran a' comharrachadh leanabh a bh' aig a' bhanarach Mòr às dèidh dhi pòsadh gun fhiosta. Bhiodh màthair an fhiosraiche a' gabhail an òrain seo fhad 's a bha i a' bleòghan no a' càrdadh. (Tasglann Sgoil Eòlais na h-Alba: Sandy agus Nan Buie air an clàradh le Mòrag NicLeòid agus Iain MacIlleathain SA1971/18). Tha an clàradh ri a chluinntinn air Tobar an Dualchais fon ainm 'Mòr an Druimfhionn'.

[194] Ged a chaidh na rannan seo a sgrìobhadh sìos le bàrd à Moireibh, Raibeart MacSheumais, tha e gu math coltach gun cuala am bàrd banaraich na sgìre gan seinn sa chiad dol a-mach, fhad 's a bha iad trang ris a' bhleoghan: Faicibh a' chaibideil 'Tàlaidhean' airson barrachd mu dheidhinn fhacail mar seo a bh' air an cleachdadh airson gairm air mairt. Tha barrachd rannan a' nochdadh ann an Ord's *Bothy Songs and Ballads* fon tiotal 'Milking Song'.

164. Gaol a' chruidh

Fanaidh m' agh, fanaidh m' agh,
Fanaidh m' agh rium-sa,
Fanaidh m' agh, fanaidh m' agh,
Air mullach gach tuilm rium.

Gaol a' chruidh, gaol a' chruidh,
Gaol a' chruidh mheall mi.
Luaidh a' chruidh, luaidh a' chruidh,
Luaidh a' chruidh fèin thu.[195]

165. M' aghan fhin thu

M' aghan fhin thu, m' aghan fhin thu,
M' aghan fhin thu, m' aghan donn;
Ged bhiodh na siomain air crodh na tìre,
Bidh buarach shiod' air an aghan donn.

M' aghan gaoil thu, m' aghan gaoil thu,
M' aghan gaoil thu, air feadh nan tom;
M' aghan aoidheil air feadh an fhraoich thu,
'S gur mòr mo ghaol air an aghan donn.

M' aghan cais-fhionn, m' aghan cais-fhionn,
M' aghan cais-fhionn, a thogadh m' fhonn;
Tha 'm bainne frasadh, bho h-ùgh gu casan,
'S i greiseadh dhachaidh, gu laoighean donn.

M' aghan fhin thu, m' aghan fhin thu,
M' aghan fhin thu, m' aghan donn;
Ged 'bhios na siomain, air crodh na tire,
Bidh buarach shioda air m' aghan donn.[196]

---

[195] Tasglann Sgoil Eòlais na h-Alba: Margaret MacKay, Ob an Doill, air a clàradh le Fred MacAmhlaidh, SA 1953/221. Tha iomadh dreach den òran seo ann. Tha e a' nochdadh ann an Shaw, *Folksongs and Folklore of South Uist*, td 160. Tha eisimplear eile, a chruinnich Mary McKellar aig deireadh an 19mh linn, a' nochdadh anns an aithris aice ann an TGSI 15, td 169. Clàraichte le Alan Lomax, *Gaelic Songs of Scotland: Women at Work in the Western Isles* agus le Maggie MacInnes, *A' Fàgail Mhiughalaidh.* Tha iomadh clàradh cuideachd air Tobar an Dualchais .

[196] MacKellar, *TGSI* 15, 1889, td 169. Ri a chluinntinn air a ghabhail le Mrs Angus Currie air Tobar an Dualchais.

166. Ho hi ho leiginn

Ho hi ho leiginn, ho hi ho leiginn,
Ho hi ho leiginn, m' aghan guail-fhionn,
Ho hi ho leiginn, m' aghan gaolach,
'Us mo chrodh-laoigh air gach taobh dhen bhuaile.

Faic an dris ud air an lionaig,
'S i a lubadh leis na smiaran,
'S amhuill sid agus m' aghan ciad-laoigh,
An t-agh is ciatach de chrodh na buaile.

'S i mo rùnsa an t-aghan cais-fhionn,
Chan iarr i buarach a chur mu casan,
Nuair bhiodh cach anns na siomain naisgte,
'S e siod à Sasunn bhiodh air mo ghuail-fhionn.

M' fheudail fhèin an t-aghan cais-fhionn,
Thèid don bheinn is nach iarr i dhachaidh,
Cudthrom bainne air a casan,
Is laogh a h-altruim le gheum ga buaireadh.

Dh'fhaithninn gris-fhionn a' tighinn thar faire,
Leis a' mheanbh-bhric a tha mu braighe,
Righ gur ro-mhath a thogail àil i,
A suas thar chàch 's i 'n ceannard buaile.

M' fheudail ise a chrodh na tìr so,
Bheir i dhomhsa am bainne priseil,
Gheibh mi càise is gheibh mi ìm dhi,
'S nam bidh i uam gum bu mhor gam dhì i. [197]

---

[197] MacKellar 1889:, td 163. Tha iomadh òran ann coltach ris an òran seo, a' sealltainn 's dòcha
gun robh i air a seinn le iomadh duine agus ann an iomadh sgìre aig aon àm. Chaidh a chlàradh
le Julie Fowlis, *Uam*; Karen Matheson, *Downriver*; Màiri Nic a' Ghobhainn, *Òrain Traidiseanta*:
Margaret Stewart agus Allan MacDonald, *Colla mo Rùn*; Bliadhna nan Òran, Ùisdean MacAoidh.

167. Bò lurach thu

Bò lurach thu, bò lurach thu,
Bò lurach thu, bò na h-àirigh.

Sil, ulaidh bhàn, bò bhainneach thu,
Sìl, ùlaidh bhàn, bò na h-àirigh.

Bileagan beag mìne,
Bhò na h-àirigh, bhò na h-àirigh,
Bileagan beag mìne,
Bhò ghrinn na h-àirigh.

Fraoch agus feur dhuit,
Bhò na h-àirigh, bhò na h-àirigh;
Fraoch agus feur dhuit,
Bhò ghrinn ma h-àirigh.[198]

168. Mo ghaol-sa a' bhò 's luaidh nan aighean

Mo ghaol-sa a' bhò 's luaidh nan aighean,
Mo ghaol-sa a' bhò 's luaidh nan aighean,
Mo ghaol-sa a' bhò 's luaidh nan aighean,
Thèid mi leat gu àirigh fhathast.

Mo ghaol-sa a' bhò nach eil suarach,
Mo ghaol-sa a' bhò nach eil suarach,
Mo ghaol-sa a' bhò nach eil breabach,
'S nach cuir eagal air a' bhuachaille.
Mo ghaol-sa a' bhò 's luaidh nan aighean
Thèid mi leat gu àirigh fhathast.[199]

---

[198] Air a chruinneachadh ann an Siabost agus air fhoillseachadh ann an Kennedy Fraser, *From the Hebrides*, 1925, td 4. Ceòl sgrìobhte cuideachd ri lorg ann an *Scottish Music Graded Exams Harp RSAMD Grade 5*, Taigh na Teud, 2008.

[199] Tasglann Sgoil Eòlais na h-Alba: Katherine Dix, air a chlàradh le Ian Paterson, SA1974.181.

169. Crodh Chailein (i)

Crodh Chailein, crodh Chailein, crodh Chailein mo ghaoil,
Crodh riabhach breac ballach air dhath nan eun-fraoich.

Tha a' chailinn gun leanna 's tha am balach gun mhnaoi,
'S tha a' bhuarach, 's a' chuinneag anns a' mhonadh air chall.

Tha a' chailleach 's i bodhar, 's tha am bodach, 's e cam,
'S cha lèir dhaibh 'n crodh-bhleoghann, le ceò odhar nan
     carn.

'S iad mo ghràdh-sa crodh Chailein, bheir am bainn' air an
     fhraoch,
Air mullach a' mhonaidh, gun duine nan taobh.

Air mullach a' mhonaidh, gun duine nan taobh,
Le gogan gun bhuarach, gun laogh' icin gun laogh.

'S i bò Bean-an-taighe bò leathann, dhubh-liath,
Bò lìonadh an gogan 's bò thogail nan laogh.

'S chan eil leithid mo bhà-sa ann am bàthaich an rìgh;
Cluinnear 'geum an Dùn Èideann 's i fhèin an Gleann
     Laoigh.[200]

---

[200] Stinton, *The Poetry of Badenoch*, 1906, td 17.Tha an ceòl sgrìobhte ann an NicDhòmhnaill agus MacIllFhinnein, Do Ghinealach Eile,1995, td 8. Ann an Shaw, *Folksongs & Folklore of South Uist*, 1986, td 168, tha sgeulachd eile air a toirt seachad mu dheidhinn 'Crodh Chailein'. Thuirt Màiri NicRath à Loch Baghasdal a Deas gur e sìthiche a bh' ann an Cailean agus gum b' e a chrodh na fèidh. 'S e a leannan- daonnda a sheinn an t-òran mar òran-bleoghain.

Crodh Chailein (ii)

Crodh Chailein, mo chridhe, crodh Iain, mo ghaoil,
Gun tugadh crodh Chailein, am bainn' air an fhraoch.

Gun chuman, gun bhuarach, gun lao' -cionn, gun laogh,
Gun ni air an domhan, ach monadh fodh fhraoch.

Crodh riabhach breac ballach, air dhath nan cearc-fraoich,
Crodh ' lionadh nan gogan 's a thogail nan laogh.

Fon dlùth-bharrach uaine, 's mu fhuarain an raoin,
Gun tugadh crodh Chailein dhomh 'm bainn' air an fhraoch.

Crodh Chailein, mo chridhe, 's crodh Iain, mo ghaoil,
Gu h-uallach 's an eadar-thrath, a beadradh ri 'n laoigh.[201]

[201] MacKellar 1889, td 159. Tha iomadh clàradh den òran air Tobar an Dualchais agus Bliadhna nan Òran agus tha e ri a chluinntinn cuideachd air Lomax, *Gaelic Songs of Scotland: Women at Work in the Western Isles.*

170. Thoir am bainne, m' eudail

Thoir am bainne, m' eudail,
Thoir am bainne, m' eudail,
Thoir am bainne, m' eudail!

Thoir am bainne 's gheibh thu ceannach,
Bonnach brathainn, brìgh na brailis;
Fìon na cailin, mil is marrum,
M' eudail!

Thoir am bainne 's gheibh thu ceannach,
Feòir na machair, ceò nan achadh;
Beòir na bracha, ceòl na farcha.
M' eudail!

Thoir am bainne 's gheibh thu beannachd,
Rìgh na talamh, rìgh na mara,
Rìgh nam flàtha, rìgh nan aingeal,
Rìgh na Cathrach, m' eudail![202]

---

[202] Carmichael, *Carmina Gadelica* 4, 1941: td 64. Cuideachd ann an Smith, *Aithris is Oideas*, 1964, td 34.

171. Duanag bhleoghain

Crodh nan cas-fhionn thig o dheas oirnn –
’S mòr gum b’ fheàrr leam m’ odharag chiar-dhubh.

Bleoghan, bleoghan, bleoghan, bleoghan,
Bleoghan mo bhò odhar chiar-dhubh;

Leag do bhainne dhomh gun ghainne
’N cùl na beinne, ’n oidhch’ tha ciaradh.

Crodh nan cas-fhionn thig o dheas oirnn
O cha bhlais air fraoch no fiaonach.

’N cùl an tomain mo bhò dhruimein
Nì mo chuman dhomh a lionadh.

Bainne silidh dhomh nas gile
Na uchd eala nuair tha ’ghrian oirr’.[203]

---

[203] NicShimidh agus Barr, *Muir agus Tir*, 1989.

172. M' aghan gaoil

Bidh buarach shìoda, bidh buarach shìoda,
Bidh buarach shìoda air m' aghan gaoil.

Nuair bhios an sìoman air crodh na tire,
Bidh buarach shìoda air m' aghan gaoil.

Nuair bhios am fodar air crodh nam bodach,
Bidh buarach shìoda air m' aghan gaoil.

Nuair thig an geamhradh, is gainne 'n fhodair, -
Crodh nam bodach cha tog iad àl.

Ach ged bhithinns' gun sguab nam shobhal,
Chuirinn cobhar air gogan làn.

Nuair theid mise 's mo chuid aighean,
Roimh an latha do Ruigh-Chaol.

'S mòr mo mhunnachag, 's trom mo mhuighe,
'S leathan, buidhe, mo chuid laogh.[204]

---

[204] Stinton, 1906: td 15.

173. Iù hòileagan, iù hó m'aighean

Iù hòileagan, iù hò m' aighean,
Iù hòileagan, iù hò m' aighean,
Iù hòileagan, iù hò m' aighean,
Mo chrodh-laoigh is m' aighean,
Air gach taobh den abhuinn.

M' eudail a' chrodh, gur h-i 'ghuaill-fhionn,
Cha b' i 'cheann-fhionn bò bu shuaraich',
Beannachd banaraich is buachaill –
Cha bhiodh tu duilich do chualach'!

'S math is aithne dhomh do mhàthair,
Nighean Glasaig, ogha Blàraig;
'S tric a lion thu an stòp-cairt domh,
'S cha bhiodh air mo mhuirnean fàilinn.[205]

---

[205] Stinton 1906: td 15. Tha Karen NicMhathain a' gabhail tionndadh eile den òran seo air a clàr *Downriver.*

174. A Bhòlagan, a bhò chiùin

A Bhòlagan, a bhò chiùin,
A Bhòlagan, a bhò chiùin,
A bhò chridheag 's a bhò ghràdhag,
Cridheag nam bà, gabh ri d' laogh.

'N oidhche bha buachaill' muigh,
Cha deachaidh buarach air boin,
Cha deachaidh nuall a ceann laoigh,
A' caoineadh buachaill' a chruidh.

'S e mo chuilean m' aghan fhìn;
Na faighinn mo shaghach làn,
Cha b' uilear a mhnaoi do chuim
Buachaille cuimichte ri sàil.

'S iomadh buaile, bò gun laogh,
Cha dèid dhachaigh, bò gun laogh,
Thèid air chreachaibh, bò gun laogh,
Leum i 'n gàradh, bò gun laogh.[206]

---

[206] Tasglann Sgoil Eòlais na h-Alba: Mrs Agnes Currie, air a clàradh le Iain Latharna Caimbeul, Canna Tape 0005. Ri a chluinntinn air Tobar an Dualchais. Foillsichte ann an Shaw, *Folksongs & Folklore of South Uist*, 1986, appendix td 282.

175. Gabh ri d' laogh

M' aghan gaolach, na bi 'd aonar,
Biodh do laoghan air do bheulaibh,
Seall thu 'n druis ud thall air laomadh,
Is i ag aomadh le na smeuran.

He ho-li-bhò 's a bhò ri ag
Ri ag bhò, gabh ri d' laogh!

Tàlaidh do luran riut fhèin
Gun cuir thu dhan bhuaile treud,
Buachailleachd Chaluim dhut na dhèidh,
Rinn e an luinneag seo dhut fhèin.

Is cinnteach tha 'n seanfhacal caon,
Bò nam beannachd, bò nan laogh,
Bò nam mallachd, bò nan sliabh,
Nach do chaisg ar pathadh riamh.

Minig a-muigh bò gun laogh,
Ainmig a-staigh bò gun laogh,
Talcas a' chruidh bò gun laogh,
Salchar a' chruidh bò gun laogh.

Tha 'n t-agh dubh air tighinn gu rèite,
Nì thu ri do luran geuma,
Thig thu dhachaigh le na treuda,
Caisgidh tu pathadh nan ceudan.

M' aghan dubh thu! M' aghan dubh!
Is ionnan dhomhsa agus dhut.
Nar caillear ort do laoghan dubh,
Mis' is m' aon mhac gaoil fo mhuir.[207]

176. 'S Dia mòr gar beannachadh

'S Dia mòr gar beannachadh,
'S an t-Athair naomh gar beannachadh,
Chan fhaod sùil ar cronachadh,
Thòir am bainne bhò dhonn.

Dia a bheannachadh do chuile[208],
'S e seo a' chuile nach tràigh,
Cuile bhainne, cuile bhà,
'S an tè loma-làn do lionn.[209]

---

[207] Bho Chaitrìona NicNill, Ceann Tangabhall, Barraigh, ann an Carmichael, *Carmina Gadelica*, *vol.* 4, td 54, fon tiotal 'Bò nam beannachd'. Faicibh cuideachd 'Cha tèid dhachaigh bò gun laogh' ann an NicDhòmhnaill agus MacIllFhinnein, *Do Ghinealach Eile*. Tha òran coltach ri seo air a sheinn le Mrs Anne Morrison air a clàradh le D. A. Dòmhnallach air Tobar an Dualchais , Tasglann Sgoil Eòlais na h-Alba, SA1964.050.

[208] 's dòcha 'cuithe'.

[209] Tasglann Sgoil Eòlais na h-Alba: Mrs Anne Morrison, Milton, Uibhist a Deas, air a clàradh le Dòmhnall Eàirdsidh Dòmhnallach, SA1964/92/ A7.

177. Beannaich, a Dhè, mo bhoineag

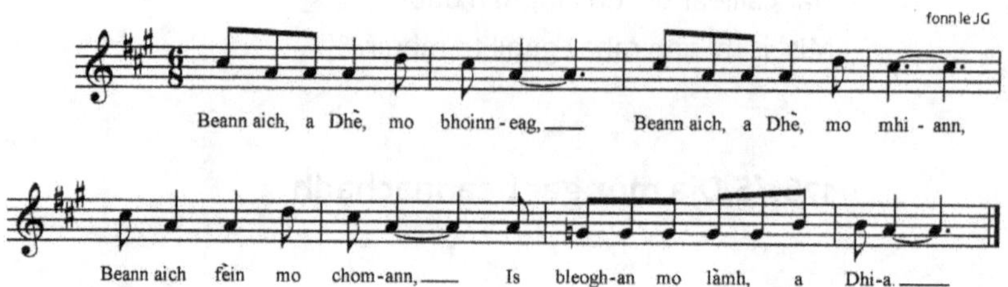

Beannaich, a Dhè, mo bhoineag,
Beannaich, a Dhè, mo mhiann,
Beannaich fèin mo chomann,
Is bleoghan mo làmh, a Dhia.

Beannaich, a Dhè, gach sine,
Beannaich, a Dhè, gach miar,
Beannaich fèin gach boinne,
Thèid dha m' ghogan, a Dhia![210]

178. Hò-an, hò-an, canam crònan

Hò-an, hò-an, canam crònan,
Sìl, a bhòthag, sìl a' mhothain,
Lus na meala, lus an Dòmhnaich!
An còmhnadh Chrìosda bhuain mi mòthan,
Is gleidhidh e mo bhainne air dhòigh dhomh.

An ceud sileadh do Chalam Cille mo ghaoil,
'S e dhùin dhut gach sloc, 's e shùmhail dhut gach cnoc,
'S e stiùir thu a-nochd dhachaidh gun lochd.
O, beannachd nam bochd dha m' bhuachaille caomh!
Sìl, o sìl a bhòthag bainne a' mhòthain dha m' chomhlaiche caomh!

An dara sileadh dhan seòrachan sgìth 's dhan dìlleachdan mhaoth,
Cha bhi dòigh air bòthaig am buaile rògaich,
Is meirg nach comhnadh le deòrach 's le monagan maoth,
Sìl, a bhòthag bainne a' mhòthain 's nan neòineanan naomh,
Sìl, o sìl bainne dhan deòrachan sgìth 's dhan dilleachdan mhaoth.
An treasa sileadh dha m' chèile fir 's dha m' ghilleachan gràidh,

---

[210] Carmichael 1941: td 64.

Gum fàs e ri latha 's gum fàs e ri oidhche,
Ri grèin na goillse 's ri gealaich na soillse,
Sìl, a bhòthag, bainne a' mhòthain nan sobhrag 's nan somarag àigh!
Sìl, o sìl bainne tiugh, miath tiugh, bheir im agus gruth
Agus sul dha m' dhuine 's mo lùrachan gràidh![211]

179. Siud a rud a rinn thu, Mhàiri

Siud a rud a rinn thu, rinn thu,
Siud a rud a rinn thu Mhàiri,
Siud a rud a rinn thu, rinn thu,
Dh'òl thu 'm bainne raoir 's a Mhàiri.

Liodal lò lì lò,
Liodal lò li là,
Liodal lò lì lòl,
Dh'òl thu 'm bainne raoir 's a Mhàiri.

Do chrochadh a thoill thu, thoill thu,
Do chrochadh a thoill thu Mhàiri,
Do chrochadh a thoill thu, thoill thu,
Rinn thu rud nach d' rinn do mhàthair.

Liodal lò lì lò,
Liodal lò li là,
Liodal lò lì lòl,
Do chrochadh a thoill thu Mhàiri.[212]

---

[211] Carmichael 1941: td 78. Faicibh cuideachd 'Sil a Bhó' ann an Kennedy Fraser, *From the Hebrides*, td 72.

[212] Tasglann Sgoil Eòlais na h-Alba: Kate NicDhòmhnaill, Uibhist a Deas, air a clàradh leis an Dotair Alastair MacIllEathain, SA1956.025. Tha dreach eile den òran clàraichte air làrach-lìn Tobar an Dualchais fon tiotal 'Do chrochadh a thoill thu Mhàiri'. Tha seo a' nochdadh cuideachd ann an Shaw, *Folksongs and Folklore of South Uist*, td 186 agus NicDhòmhnaill agus MacIllFhinnein, *Do Ghinealach Eile*, td 22.

180. O Mhàiri 's tu mo Mhàiri

I oireann ò ra u,
I oireann ò dhiù a,
Hi òireann ò ra u.

O Mhàiri 's tu mo Mhàiri,
'S truagh nach robh sinn air an àirigh,
Le sprèidh de chrodh bainne,
Togail àl de laoigh ghasda,
Togail àl de laoigh bhoireann,
Dèanamh ime agus chàis' ann.[213]

181. Latha Pheadair

Là Fhèill Peadair, Latha Muire
Latha mòr air son gruth is uachdair
Nuair bhiomaid air an àirigh.[214]

182. Ruidhlidh na coilich dhubha

Gheibh thu aran agus ìm 's càise na banaraich,
Gheibh thu aran agus ìm agus bainne bhò ann.[215]

---

[213] Bhon chlàr *Downriver* le Karen NicMhathain: Clàraichte le Gillian MacKenzie air *Griais* agus le
Margaret Stewart & Allan MacDonald air *Colla mo Rùn*.

[214] Shaw 1986: td.22

[215] Port-a-beul traidisiunta. Clàraichte le Mac-Talla: *Mairidh Gaol is Ceòl* agus le Màiri MacInnes:
Orosay

183. Fhuair sinn ìm

Fhuair sinn ìm às a' Ghleann Mhòr,
Fhuair sinn ìm, buntàt' is ìm
Is muc is ìm às a' Ghleann Mhòr,
Fhuair sinn ìm mun d'fhalbh sinn.[216]

184. Mìre, mìre, miùg, miùg

Mìre, mìre, miùg, miùg,
Mìre, mìre, miùg, miùg,
Mìre, mìre, miùg, miùg,
Aran is ìm is càise.

Aran is ìm is miùg is mìre,
Aran is ìm is miùg is mìre,
Aran is ìm is miùg is mìre,
Aran is ìm is càise.[217]

185. Chan eil mo leannan ann a' seo

Dhith thu 'n gruth is dh'òl thu 'm bàrr,
Dh'ith thu 'n gruth is dh'òl thu 'm bàrr,
Dh'ith thu 'n gruth is dh'òl thu 'm bàrr,
Is dh'ith thu càis an t-samhraidh.

Cha dèan ìm no gruth no bàrr,
Bainne tiugh no bainne blàth,
Cha dèan ìm no gruth no bàrr,
An àirde chur air m' annsachd.[218]

---

[216] Port-a-beul traidisiunta; Ceòl agus facail foillsichte ann an NicDhòmhnaill agus MacIllFhinnein, *Do Ghinealach Eile*, td 19. Maeve MacKinnon, *Don't Sing Love Songs*: Bliadhna nan Oran -Còisir Àrd-sgoil MhicNeacail.

[217] Chan eil cuimhne agam cò as a fhuair mi an rann seo bho thùs. Tha clàradh dheth air làrach-lin 'Am Baile': <www.ambaile.org.uk>. (air a ruighinn 2012).

[218] Comunn Gàidhealach Leòdhais, *Eilean Fraoich*, td 88 (Air ath-chleachdadh le cead bho Acair). Air a ghabhail le Dolina MacKinnon air Tobar an Dualchais.

186. Òran do chaora

Le Donnachadh Bàn Mac an t-Saoir

Bhiodh aice dà uan sa bhliadhna,
'S bha h-uile h-aon riamh dhiubh fallain.

'S nuair a thigeadh mìos roimh Bhealltainn
B' fheairrde 'mi na bh'aice bhainne.

Chumadh i rium gruth is uachdar
Air fhuairead 's gum biodh an t-earrach.

Dh'fhòghnadh i dhomh fad an t-samhraidh
Chumail annlain rium is arain.

Cha robh leithid chun an eadraidh
Am fad as freagradh do Mhac Cailean.[219]

187. Maistreadh a rinn Muire

Maistreadh a rinn Muire
Air ùrlar a' ghlinne,
Meudachadh an ime,
Riarachadh a' bhainne,
Roinn na muinntir uile,
Thig a' chuinneag, thig,
Thig a' chuinneag, thig,
Thig a stòrach, thig a stòrach,
Blàthach gu m' dhòrn,
'S ìm gu m' uilinn.[220]

---

[219] A. MacLeod, *Òrain Dhonnchaidh Bhàin*, 1978, td 132.

[220] MacDonald 1911: td 408. Tha e air a ghabhail le Maeve NicFhionghuin air *Òrain Traidiseanta* agus ri a chluinntinn cuideachd air Alan Lomax: *World History of Folk & Primitive Music: vol. 3: Scotland*.

188. Òran maistridh

Fhir chuir ial an gil 's an grian
Fhir chuir biadh an dias 's an tàn,
Fhir chuir iasg am bùrn 's am blian
Cuir an t-im a-nìos na thràth![221]

189. Hì gun tig Sìtheag

Hì gun tig Sìtheag, hì gun tig Seòthag,
Hì gun tig an Odhar-Bhàn,
Miorcan, Piorcag, Cnàmhan Uillt, Dèideag,
Blàrag bhò 'n nighean donn,
Beathag Mhòr a' bhainne *bhruis*,[222]
Bidh luchan ann, bidh lachan ann,
Bidh madadh-ruadh an craiceann ann,
Bidh 'n t-ìm ann, bidh 'n t-ìm ann,
Bidh 'n t-ìm na chnapan ann.[223]

190. Tha glug an siud

Tha glug an siud, tha glag an siud,
Tha glag an siud, tha glug an siud,
Tha rud as fheàrr na chòir an siud,
Tha rud nas fheàrr na fìon ann.

Tha glug an seo, tha glag an seo,
Tha seilcheag mhòr air bhog an seo,
Tha làn cuman Cairistiona
Do dh' ìm brèagha buidh' againn.[224]

---

[221] Carmichael 1941: td 84.

[222] 'briosg' 's dòcha?

[223] Tasglann Sgoil Eòlais na h-Alba: Anna NicChoinnich, Anna Sheumais, air a chlàradh le Francis Collinson agus James Ross, *Leòdhas*, 1957, SA1957.015 agus ri a chluinntinn air Tobar an Dualchais. Èistibh cuideachd ri SA1955.006 B6b air Tobar an Dualchais.

[224] Alexina Ghreumach agus Alma NicShimidh, *I dal u dal*, 1991. Èistibh cuideachd ri 'Oran Maistridh' air a sheinn le Mairead NicAoidh agus air a chlàradh le Fred MacAmhlaidh ann an cruinneachadh Sgoil Eòlais na h-Alba, SA1953/221/9.

191. A mhnathan na buaile

A mhnathan na buaile,
Dh'ith sibh an t-ìm,
Dh'òl sibh an t-uachdar;
Dh'ith sibh an t-ìm;
A mhnathan na buaile,
Dh'ith sibh an t-ìm,
Dh'òl sibh an t-uachdar,
'S mise gu tìnn.[225]

192. Hìm! Ham!

Hìm! Ham! Hìm! Hò!
Sud an rud a b' fheàrr leam,
Hìm! Ham! Hìm! Hò!
Ìm buidhe 'n t-samhraidh.[226]

193. 'S iomadh neach a bha fo mhulad

Fèili ho ra lo rò, 's na hò ral eile, (x3)
'S iomadh neach a bha fo mhulad,
Gun d'thàinig cuireadh bhon eug ort.

An robh sgeul ann as cràite na tha an dràst air na dùthcha
Gun do chailleadh bò Dhòmhnaill 'm mart as bòidhche air a' chunntais,
Tha mo bhròn is mo mhulaid gun tàinig cuireadh on uaigh ort,
'S iomadh feur agus fochann bha nad phocaid a' cunntais.

Beag an t-iongnadh dhomh bhith 'n ceal, bhith fàs frioghach mi-thuarail,
Chailleadh ìm agus càise, bainne blàth agus uachdar,
On a chuireadh an ùir i, cha chluinneadh t' òran air buailidh,
Mile marbhaisg air Màiri, 's i rinn smàladh dhan bhodhaig dhut.[227]

---

225 Mackellar 1889: td 169.

226 Stinton 1906: td 28.

227 Tasglann Channaigh: Tormod MacIlleMhaoil, air a chlàradh le Iain Latharna Caimbeul ann an 1951, CW0159. Tha an clàradh seo ri a chluinntinn air Tobar an Dualchais, (air a ruighinn 2013).

194. Òran a' mhàrgarain

Le Calum MacAoidh (Calum Ruairidh à Bragar 1866 – 1940)

O 's mòr a tha mo dhiombadh ri sùgh a' chruidh neònaich;
An t-ìm a thug na ceannaichean dhuinn dhachaigh às an Òlaind,[228]
O 's mòr a tha mo dhiombadh ri sùgh a' chruidh neònaich.

Tha cuid ag ràdh g' eil stamhan ann,
G' eil feamainn dearg a' chladaich ann,
Cuid eile gur e blanaig na muic'-mhara th' ann an tòrr dheth.
O 's mòr a tha mo dhiombadh ri sùgh a' chruidh neònaich.

An t-ìm as fheàrr a fhuaireadh ac',
Gu bheil e bonn 's a luach oirnn,
Gun dùisg e ormsa gruaimean chur air uachdair arain-eòrna.
O 's mòr a tha mo dhiombadh ri sùgh a' chruidh neònaich.

Biadh nan Gall cha chaomh leinn e,
'S e dh'fhàg iad fhèin gun chlì annta,
Cha mhoth' iad na sìthichean tha 'n taobh na Beinne Mòire.
O 's mòr a tha mo dhiombadh ri sùgh a' chruidh neònaich.

Bidh e 'n-còmhnaidh 's fiamh air,
Agus eagal ron a' sgian air,
Is chan iarr e bheag a liàcradh gu leudaich e gun òrdugh.
O 's mòr a tha mo dhiombadh ri sùgh a' chruidh neònaich.

O siud an t-ìm a shàraich mi
Is cha b' e ìm nan àrd-bheannan;
Cha d' rinneadh air an àirigh e, no 'n àit' a b' aithne dhòmhsa.
O 's mòr a tha mo dhiombadh ri sùgh a' chruidh neònaich.

Nach seall sibh air a' chìocharan
Nuair gheibh e a' chiad fhiacail aig;
Gur seo an nì a dh'iarras e, 's dè an t-iongnadh ged nach mòr e?

O 's mòr a tha mo dhiombadh ri sùgh a' chruidh neònaich;
An t-ìm a thug na ceannaichean dhuinn dhachaigh às an Òlaind,
O 's mòr a tha mo dhiombadh ri sùgh a' chruidh neònaich.[229]

____

[228] 'S e companaidh às an Olaind, Jurgens, a' chiad fhear a rinn margarain ann am factaraidh ann an 1871.

[229] Foillsichte ann an Comunn Gàidhealach Leòdhais, *Eilean Fraoich*, td 156 (*Air ath-chleachdadh le cead bho Acair.*) Tha iomadh clàradh air Bliadhna nan Òran agus chaidh a chlàradh cuideachd le Dàimh air *Crossing Point*.

CAIBIDEIL 7: AN ÀIRIGH: ÙRACHADH AGUS GAOL

195. An t-uachdar 's am bainne tiugh

An t-uachdar 's am bainne tiugh
An t-uachdar 's a h-uile rud,
An t-uachdar 's am bainne tiugh,
Is bainne na bà ruaidhe.

'S bithidh an t-ìm air an aran,
'S math an t-ìm air an aran,
'S math an t-ìm leis an aran,
'S bainne na bà ruaidhe.[230]

196. Ceud fàilt' air gach gleann

le Dòmhnall Ailean Dòmhnallach à Uibhist a Deas (1906 – 1992)

Nuair a dh'èireadh a' ghrian
Bha i riaghladh gach stòr,
A' toirt fàs air an t-sìol,
'S dh'fhàg siud fiachan aic' oirnn;
Is gach creutair bhiodh fann
Feadh nam beann airson lòin,
Anns an òg-mhadainn shamhraidh
'S an driùchd feadh an fheòir.

B' e mo mhiann a bhith nuair sin
A' fuadach na sprèidh
Gu na lèantaichean luachrach
Airson buannachd dhaibh fhèin;
Mi ri biathadh an àil
Nach robh 'n làrach an treud,
Leis an fhìor bhainne bhlàth
Gus am fàsadh iad treun.[231]

---

[230] Tasglann Sgoil Eòlais na h-Alba: Catriona MacIntyre, air a clàradh le Calum Iain MacIlleathain, SA1956.036. Ri a chluinntinn air Tobar an Dualchais.

[231] Bho Kathlenn NicAonghais: *Òg-Mhadainn Shamhraidh* (2006). Tha clàraidhean eile dheth le Tormod MacIllEathain agus Iain Moireasdan air Bliadhna nan Òran.

197. Taobh Loch Eireachd

Thèid sinn null gu taobh Loch Eireachd,
Thèid sinn null gu taobh Loch Eireachd,
Thèid sinn null gu taobh Loch Eireachd,
Nuair a thig an samhradh.

Thèid na muilt a dh'Allt an Tobair,
Thèid na muilt a dh'Allt an Tobair,
Thèid na muilt a dh'Allt an Tobair,
Nuair a thig an samhradh.

Thèid iad ann, ma thèid iad idir,
Thèid iad ann, ma thèid iad idir,
Thèid iad ann, ma thèid iad idir,
Nuair a thig an samhradh.[232]

---

[232] Stinton 1906: td 11.

198. Fhir a shiùbhlas

Fhir a shiùbhlas uam thar a' Bhealaich!
Thoir uam soiridh gu Taobh Loch Eireachd,
Gu Beinn' Udlamain 's am bi 'n eilid,
Gu bràigh an Sgùlain 's gu Loch an t-Searraich.

Hì iùr o, no iùr èil,
Hì iùr o, no iùr èil,
Hì iùr o, no iùr èil,
'S mi air srath na tìre, 's gur beag mo spèis de.

Beir uam soiridh dh'ionnsuidh 'n t-Seann Ruigh,
Carn an Fhùdair is an Sgùlain,
An Aonaich Mhòir tha 'm bràigh an àiridh,
'S gum b' ann do m' dhùchas na Lùban.

Là na h-imrich, nuair a dh'fhalbhainn,
Rachainn timchioll air a' mheanbh-chrodh,
Leiginn m'anail air a' Gharbh-Dhùn.
'S air Lùb Bad Chearc, gun caidlinn anmoch.

Nuair a thèid mi mach mun chabhsair,
Leam chan eibhneas ceòl nan àrd-chlag: -
An crodh 's a' gheumnaich mach mun àiridh,
'S a' ghrian a' teàrnadh fo sgèith Beinn Eallair.[233]

---

[233] Ibid., td 11.

199. Seinn o ho rò seinn

Seinn o ho rò seinn,
Seinn o ho rò leannain,
Seinn o ho rò seinn.

Gur e mise tha brònach
Dh'fhalbh Dòmhnall on bhaile.

Gura minig a bha sinn
Air àirigh a' chruidh bhainne.

Ann am bothag an t-sùgraidh,
'S gun ga dùnadh ach barrach.

Bu leabaidh dhuinn luachair,
Is bu chluasag dhuinn canach.

Bhitheadh cuthag 's gug-gùg aic'
Seinn ciùil air bhàrr chrannaibh.[234]

---

[234] Òran traidiseanta: bho *Kintulavaig* le Jenna Cumming, Macmeanmna, 2005. Clàraichte cuideachd le Fiona NicChoinnich agus Arthur Cormack air *Seinn o ho rò Seinn*, Màiri Mhòr Fellowship, 2003.

200. Àirigh a' Chaolais

le Iain MacAilein

Balach na h-aimhreite, *ho ro*,
Mac an fhir Ghallda, *ho ro eile*,
'Thàinig le antlachd, *hu ru bhi o*,
'S chuireadh na glinn o riaghailt oirnn.

Le sunnd chuir an t-armunn a thàinig don bhaile,
A suas àite sùgraidh air culthaobh a' bharra;
'S chan fhaicear air cùram 's a chùl ris an stalla'
Bidh poit agus bul aig', 's gur dlùth nì e 'gharadh.

Nuair shuidhich e 'm bonn aig tigh fonnmhor na caithrean,
Gun ghlaodh e a-nuas air a' bhuachaill aig Ailein;
Nuair thàinig e làmh ris, gu blàth thuirt e, "Charaid,
Ma gheibh thu na lanain gur pairt iad mun talla."

A-nuas thàinig Bloinigean gu stoirmeil nan càramh,
Is thuirt e, "Is àluinn an àirigh 'bhios agaibh.
Gu dearbh bidh i bonn; bidh i trom air ur sporain
Mun cuir sibh air dòigh i, 's i stòiridh fon talamh."

Na dhèigh thàinig Iain, 's bu chridheil am fear e,
Is thuirt e, "Is ceutach tha 'n stèidh air a gearradh;
Bheir mise dhuibh còmhnadh – b' e 'n solas bhi mar ribh;
Bidh againn an àirigh is feàrr tha san fhearann."

'S na croitean so shuas, tha na buachaillean ro-mhath;
'S ann aca tha 'n àirigh tha 'n àite math seallaidh;
Tha 'chlachaireachd làidir, 's gur h-àluinn a tarruing –
Rinn Donnachadh an garbh-fhiodh 's Iain Camshron an spalladh.

'S ann aca tha 'n earnais, ni 's feàrr tha glè ainneamh!
Tha còrn airson càis' ac', a bhlàiteachadh bainne;
Tha gloine mar sgàthan an càradh 's a' bhalla,
'S tha caisteal a' ghàraidh gu h-àrd air na spàrran.

'S iad fèin na fir èibhinn, gun èislean, gun ghalair;
Tha sgil ac' air eubhach, air leum, 's air cur char dhiubh;

Gur tric a bhios uaislean air chuairt leis na gallaibh[235],
'S gur h-iomadh tè bhòidheach 'tha 'n tòir air gach fear dhiubh.

Na creidibh gach nì a thèid innseadh sa bhaile
Mu dheidhinn nam buachaillean luath-chasach, meara;
A' pheasair cha spìon iad a-nios as an talamh,
'S cha leig iad an fheudail[236] aon cheum as an sealladh.[237]

201. Òran an t-samhraidh

le Donnchadh Bàn Mac an t-Saoir

Nuair thig an samhradh geugach oirnn
Thèid sian nan speur on ghruamaiche;
Thig tlus is blàths is èibhneas,
Thèid gach nì dh'a rèir am buadhalachd;
Thig feart le neart na grèine oirnn,
Nì 'n saoghal gu lèir a chuartachadh;
Thig teas o slios nuair dh'èireas i,
Nì feum, 's cha trèigear uainne e.

Bidh gach creutair fàilinneach
A bha greis an càs na fuaralachd,
A' togail an cinn gu h-àbhachdach,
On thàinig blàths le buaidh orra;
Na h-eòin sa 'phong am b' àbhaist daibh,
Gu ceòlmhor fonnmhor, fàilteachail,
Feadh phreas is thom ri gàirdeachas,
Gun chàs a dh'fhàgadh truailleadh iad.

Gach tàin as àirde chruinneacheas,
Don àirigh uile ghluaiseas iad;
Thig bliochd is dàir gun uireasbhuidh,
Craobh àrd air cuman gruagaiche;
Na h-aighean as òige làidire
Nach d' fhiosraich tràth nam buaraichean,

---

[235] gallai' ann an Cameron, *Na Bàird Thiristeach.*

[236] an fheudail = an sprèidh

[237] Cameron 1932: td 59. Air a ghabhail le Donald Sinclair air Tobar an Dualchais (air a ruighinn 2013).

Bidh luinneag aig rìbhinn chùlduinn daibh,
Gam brìodal ciùin le duanagan.

'S fìor-ionmhainn mu thràth nòine
Na laoigh òga chòir na buaile sin;
Gu tarrgheal ballbhreac bòtainneach
Sgiathach druimfhionn sròinfhionn guailleach;
'S iad gu lìthdhonn cìordhubh càraideach
Buidh' grìsfhionn cràdhearg suaicheanta
Seang sliosmhor dìreach sàrchumpach,
Mìn slìogte bàrr an suanaiche.

Bidh foirm is colg air creutairean
Gu stoirmeil gleusd' 'g ath-nuadhachadh,
Le forgan torchuirt feudalach,
An treud 's an sprèidh 's am buachaille;
An gleann bàrrach, bileach, rèidhleannach,
Creamh, raineach, rèisg is luachaireach,
'S e caoin, cannach, mìnchruthach, ceutach
Fireach, slèibhteach, feurach, fuaranach.[238]

---

[238] A. MacLeod, *Òrain Dhonnchaidh Bhàin*, 1978, td 184. Clàraichte le William Matheson: Scottish Tradition, vol. 16: *Gaelic Bards & Minstrels*, Greentrax, 2001.

202. Fàilte na Mòr-thir

le Alasdair Mac Mhaighstir Alasdair

H-eitirin airin uirin o ho ro,
H-eitirin airin ho-o ro.

Failt' ort fèin, a Mhòr-thir bhòidheach,
Anns an òg-mhios Bhealtuinn.

Grian-thir òr-bhuidh, 's uaine còta,
'S froinidh ròs ri h-altaibh.

Le biadh 's le dibh a' cuir thairis ;
Cha tèid Earrach teann orr.

'S bainneach, bailceach, braonach, glacach,
Bruachan tachdrach Ailleart.
...
Crodh air dair, am bàrr an fhasaich,
'N fheoir nach d' fhas gu crainntidh.

'S iad air theas a' ruidh lem buaraich;
'S tè le cuaich gan teann-ruidh.

'S miosrach[239], cuachach, leabach, luachrach,
Dol gu buaile 's t-samhradh.

'S onach, uachdrach, blàthach, cnuachdach,
Lòn nam buachail annta.

'S ìmeach, gruthach, meogach, sruthach,
An imirich shubhach, shlambach.

Deoch gun tomhas, dol far comhair;
Gun aon glothar gainntir.[240]

---

[239] 'S dòcha bho 'measair'. Bhiodh measairean agus cuachan aig banaraich aig a' bhuaile.

[240] gun ainm *Co-chruinneachadh de dh'oranan taoghta, 1836:* td 66. Air a ghabhail le Capt. D. J. MacKinnon air *An Eòsag,* 2010.

203. ’S e tìr mo rùin-s’ a’ Ghàidhealtachd

Air fa lè lu hò hù,
’S e tìr mo rùin-s’ a’ Ghàidhealtachd,
Air fa lè lu hò hù.

Far am bi an crodh ’s na laoigh,
Air feadh nan gleann air àirighean.

Bidh a’ bhanarach dol fòpa,
’S peile mòr ’s gach làimh aice.

Gheibh thu pailteas dheth ri òl,
’S cha phàigh thu gròt no fàrdan air.

Bidh na boirionaich a’ snìomh,
’Chlann-nighean ’s ciad a’ càrdadh ac’.

Fear a’ cur is fear a’ buain,
Is fear air chuan ’s a bhàt aige.
…
’S tu nach faireadh fad’ an oidhch’,
Air feadh nan gleann am Beàrnaraigh.

Bhiodh na caileagan a’ luadh,
’S bu taitneach fuaim an gàire leam.

Thèid mi ann aig àm na fèille,
’S chì mi fèin na b’ àill leam ann.[241]

204. Cruinneag nam bò

Le Angus MacKechnie (bàrd Mòd 1927)

’Chruinneag mo ghràidh
’S tric a bha sinn nar dithis,
Air àirigh chruidh dhruimfhinn,
Fo shìleadh a’ cheò,
’G èisdeachd na coisir,

---

[241] Foillsichte mar ‘’S e tìr mo rùin-sa Ghàidhealtachd’ ann an Comunn Gàidhealach Leòdhais *Eilean Fraoich*, td 65 (*Air ath-chleachdadh le cead bho Acair*). Clàraichte le Calum Alex MacMillan air *Tàladh nan Cuantan*, 2005 agus le Bannal air *Waulking Songs*, Greentrax, 1996.

Ri ceòl air gach spiris,
’S bu sholasach sinne,
Ri mire mun chrò.[242]

205. Cha labhair mi ’n t-òran

I hoireann ò ro ho,
I hoireann ì ù o,
I hoireann ò ro ho.

Mìle soiridh, ciad fàilte,
Bhuam gu Màiri ’s a faicinn,
Gu bean òg a’ chùil dualaich,
’S nan gruaidhean dearg daithte;
’S tric a bha mi ’s tu, Mhàiri,
Air àirigh le ’r martaibh,
Dianamh ìm agus chàise,
Toirt na blàthcha gun cheannach,
Muigh air àirigh na buaile,
Sopag luachrach na daras,
Muigh am bothag an t-sùgraidh,
’S gun ga dùnadh ach barrach.
Ann an gleannan àrd fiadhaich,
Mharbhte fiadh is laogh breac ann,
Coileach dubh air bàrr gèige,
’S moich’ a dh’èibheadh ro ’latha;
Thigeadh fèidh anns a’ bhùireadh
Gar dùsgadh len langan,
Thig gach eun anns an dùrdail
Gar dùsgadh ron latha,
Bhiodh a’ chuthag ’s gug gùg aic’,
Seinn a ciùil duinn air chrannaibh.[243]

---

242 H. Cameron, *Na Bàird Thirisdeach*, 1932: td 381.

243 John L. Campbell, *Hebridean Folksongs 1*, 1969: td 132. (le cead Oxford University Press). Tha clàradh de Alasdair Boyd ga ghabhail air Tobar an Dualchais.

206. Na gamhna geala

’S iad mo chuid gamhna, na gamhna geala
D’ ith siad an féar ach chan ólann siad aon bhainne
Snámhann siad anonn is anall ar an Bhanna
Ach char bhfearr leo an lomtrá acu ná an lán mara.

Híoma bíoma bó, ’s é mo bhrónsa na gamhna
Mailleliú, ’s iad mo bhrónsa na gamhna
Híoma bíoma bó, ’s é mo bhrónsa na gamhna
O maidin chiúin sa tsamhradh is gan na gamhna agam á seoladh

Ó, bheirim-se mo mhallacht don tsagart a phós mé,
’S an darna mallacht do na bailte móra.
Siadsan nár chleacht mé riamh i dtús m’óige,
Ach mé ag rinnce ins a’ tsamhradh ’gus na gamhna liom a’seoladh.[244]

Is beag mo bheinn ar thigheach ceann slátaigh
Ar fhuinneóga gloine nó ar leapacha árda,
Ceólta na cruinne ’s iad dá seinm i mo chluasa -
Ba bhinne liom-sa géimneach na ngamhna sa’ mbuailligh.[245]

---

[244] Tha na rannan seo air a’ chlàr *Trìona* le Maighread & Trìona Ní Dhomhnaill agus Micheál Ó Domhnaill: Eadar-theangachadh gu Gàidhlig na h-Alba le JG:

’S iad mo chuid gamhna, na gamhna geala, Dh’ith iad am feur ach cha do dh’òl iad am bainne, Shnàmhadh iad null is a-nall thar a’ Bhanna, ach cha b’fheàrr leo an tràghadh na muir-làn.

Hìoma bìoma bò, ’s iad na gamhna fàth mo bhròin, Mailleliú, ’s iad na gamhna fàth mo bhròin, Hìoma bìoma bò, ’s iad na gamhna fàth mo bhròin, Air madainn chiùin as t-samhradh chan urrainn dhomh an iomain.

Mo mhallachd air an t-sagart a phòs mi, agus mo dhàrna mhallachd air na bailtean mòra Chan ann mar sin a chosg mi làithean m’ òige, Ach bhithinn a’ dannsadh as t-samhradh agus ag iomain nan gamhna.

[245] Donal O’ Sullivan agus Mícheál Ó Súilleabháin, *Bunting’s Ancient Music of Ireland*, University of Cork, 1983: Eadar-theangachadh gu Gàdihlig na h-Alba le JG: *Is beag mo spèis do thaighean le sglèatan air a’ mhullach, Le gloinne anns na h-uinneagan agus leabannan àrda, Nam b’urrainn dhomh ceòl an t-saoghail a chluinntinn nam chluasan, Bu bhinne leam geumnach nan laogh anns a’ bhuaile.*

207. Bheir soraidh, soraidh bhuam

'S binn guth cuthaig ann, *na e ho hù o;*
 's binn guth smeòraich, *na hi rì ri rì ò,*
O hi ò 's a bho ro ho è, o hù o;

'S binn guth bhuachaille, *na e ho hù o;*
cuallach bhò ann, *na hi rì ri rì ò,*
O hi ò 's a bho ro ho è, o hù o;

'S binn guth na banachaig, *na e ho hù o;*
is meanbh-chrodh òg roimhpe, *na hi rì ri rì ò,*
O hi o 's a bho ro ho è, o hù o.[246]

208. Nighneag a' chuil duinn, nach fan thu?

Nighneag a' chuil duinn, nach fan thu?
Fios aig tir gur mi do leannan.
Nighneag a' chuil duinn, nach fan thu?

Mi cho deigheil air do phògan,
'S tha laoigh òg air òl a' bhainne -

Mi cho dèigheil dhol gad iarraidh,
'S a tha fiadh air ruith 's na gleanna' -

'S ann on bha mi beag am phàisde
Thug mi gràdh dhuit a bhios maireann -

Nuair a bha sinn ris a' chuallach
Thug mi luaidh air d' chuailean barr'ionn -

Beul om binne ceòl a's gàire,
Deudach àlainn mar a' ghaillionn -

'S tric a fhuair mi treis de d'mhànran
Air an àiridh, anns na gleannaibh.[247]

---

[246] Òran luaidh traidiseanta, ri a chluinntinn air Tobar an Dualchais air a ghabhail le Kate MacDonald agus Joan MacKenzie.

[247] Fergusson, *Bho na h-Innse Gall As Iomallaiche*, 1978, td 208. Air a chlàradh le Anne Martin, *Cò…?* Whitewave Music, 1998. Tha iomadh clàradh cuideachd air Tobar an Dualchais.

209. Fàgail Liosmor

Cadal no dùsgadh, cluinnidh mi uam
A' bhanarach òg ri luinneig mun chrò;
'S an ùr-mhadainn Chèit' san smeòrach air geug,
A' gleusadh a pìob gu ceòl.

Sìoda is sròl chan iarrainn rim dheòin,
No seudan is stòr, no leabaidh chloimh àrd;
B' e m' aighearachd bhuan an àirigh bheag uain',
Is cadal gu suain air làr.[248]

210. Laithean m'òige

le Màiri Nic a' Phearsain

"Bheil cuimhn' agad an uair a bha sinn,
Na ar pàisdean ris a' ghòraich.
Nuair a bhiomaid air an àiridh
Falach càise 's a' chruaich-mhòna ?
Ruith gu Fionnaghail an Dùin
Le làn ar sgùirde dhe gach seòrsa?
Poca mine 's stocan càil,
Is sgùird buntàta dh'ionnsaidh Flòraidh;
Breac a Linne Poll-an-Dòbhrain,
'S ceithreamh òisge airson ròstaidh."[249]

---

[248] BBC Bliadhna nan Òran. Chaidh an t-òran seo a chlàradh cuideachd le Paul McCallum & John Carmichael: *Ceòl a' Ghlinne*, Calum Kennedy, *Songs in Gaelic* agus Fiona NicChoinnich agus Art MacCormaig: *Seinn o ho ro Seinn*.

[249] MacBheathain, *Dàin agus Òrain Ghàidhlig le Màiri Nic a' Phearsain*, 1891, td 264.

211. Eilean a' Cheò

le Màiri Nic a' Phearsain

Nuair thigeadh tùs an t-samhraidh,
Cha ghanntar a bhiodh oirnn;
Bhiodh pailteas bìdh is annlain
Anns a' ghleann san robh na seòid;
Bhiodh gruagaichean air àirigh,
'S an crodh len àl mun chrò,
'S a' dèanamh ime 's càise,
An Eilean àrd a' Cheò. [250]

212. Àirigh a' Chùl-Chinn

le Iain MacLeòid à Cùl-Chinn an Stòir ann an Asainte (19mh linn)

O mar a bha nuair a bha sinn òg,
A' mireag air an àirigh le mànran is ceòl.

'N àm èirigh na grèine cur fàilt' air a' bheinn
Bu bhòidheach an àirigh am bràighe Chùl-chinn;
Na h-uiseagan 's na smeòraich cho ceòlmhor a' seinn,
'S na flùran a b' àlainn lem fàile ga inns'.

Bha solas air an àirigh, cha b' ann bhon a' ghrian,
Bha ceòl ann an uair sin nach cuala mi riamh,
Bha sòlas anns a' ghràdh agus dàn anns gach fiamh,
Is ùr-dhealt na h-òige cur fonn air an t-sliabh.

Nach fhaca tu na caistealan 's ann asta dhèanainn uaill,
'S e bothanan na h-àirigh làn bainne blàth nam buail',
Na miosraichean 's na copanan 's na cumanan 's na cuaich,
'S na caileagan ag itealaich mar dhealain-dè mun cuairt.

Sibhse tha cho fiosrach am Pàrlamaid na tìr',
Thoiribh dhuinn na h-àirighean, na mullaichean 's na frìth;
'S thèid mi fhìn an urras dhuibh mar dhuine 's fhaide chì;
Gun dannsadh sinn 's gun seinneadh sinn, "Guma fada beò an rìgh!"[251]

---

[250] MacBheathain 1891: td 264. Clàraichte le Catherine Ann MacPhee, *Sings Màiri Mhòr*; Arthur Cormack, *Nuair bha mi Òg*; Capercaillie, *Cascade* agus Na h-Òganaich, *Scot-free*.

[251] Bhon làrach-lìn BBC Bliadhna nan Òran (air a ruighinn 2013). Ged a dh'fhoillsichear leabhar den bhàrdachd aig Iain MacLeòid ann an 1907, cha do nochd an t-òran seo ann. Chaidh an t-òran a chlàradh cuideachd le Paul MacCalum air *Taigh a' Bhàird*.

213. Tom an t-Searraich

le Ruaraidh Mac a' Ghobhainn à Bràgair ann an Leòdhas,
(1894 -1954)

Fhuair mi àirigh gheal mo ghràidh,
Caoraich laigh innte len àl;
Chagailt a bha caomh is blàth,
Bha i bàn fo fheur is bharran.

Tulach tiamhaidh cianail fàs,
Am balla crìonadh sìos gu làr,
Cha robh sgiamh air gnìomh nan làmh,
Bha gach àrd-doras ri talamh.

Cha robh bainne fuar no blàth,
Cha robh uachdar, cha robh càise,
Am bliochd air triall is blian na àite,
Anns an àirigh san robh 'm pailteas.

Cha robh ceòlradh, spòrs no fonn,
Comann m' òige 's mo luchd-dàimh,
Chuireadh leòn is bròn air chall,
'S clàr an inntinn mar an canach.[252]

---

[252] Tha iomadh clàradh den òran seo air BBC Bliadhna nan Òran.

214. Buain nan dearcan ris an sprèidh

Fàill ill ò ro bha hò,
Siubhal bheannta, ghleann is ghlacan,
Fàill ill ò ro bha hò,
Buain nan dearcan ris an sprèidh.

Maduinn Iuchair dhùisg iad mi,
'S binn o phìoban Mhic Iain Ghasda.
'S ann a dh'ùraich iad dhomh rìs,
Nuair a bha mi ris an sprèidh.

Dìreadh chnocan, tearnadh ghlacan,
Siubhal bheannta, ghleann is bhacan,
Aile 'n fhraoich is gaoth a' chreachainn,
Buain nan dearcan ris an sprèidh.

Siod an tìr san cinn na Gàidheil,
Seargaidh iad air sràidean Ghlascho,
Bhiodh iad làidir, lìonmhor, rathail,
Buain nan dearcan ris an sprèidh.

Ach 's ann tha mi 'n tìr nan Gall,
'S ioma Gàidheal th'ann an airceis;
'S ann bu chòir dhaibh a bhi thall
Buain nan dearcan ris an sprèidh.[253]

---

[253] Gun ainm, *A' Choisir-Chiùil: the St. Columba Collection of Gaelic Songs, arranged for part-singing,* Paislig, 1890.

215. 'S toigh leam cruinneag dhonn nam bò

'S toigh leam cruinneag dhonn nam bò,
Shiubhlainn leat tro choill nan cnò;
'S toigh leam cruinneag dhonn nam bò.

'S toigh leam cruinneag dhonn na h-àirigh,
Dhan tug mi mo ghràdh 's mi òg.

'S toigh leam cruinneag dhonn na h-àirigh;
'S e do ghràdh a rinn mo leòn.

'S toigh leam banarach na buaile,
Buain an fhraoich gu dath a' chlò.

'S toigh leam banarach na buaile,
Aig a bheil dà ghruaidh mar ròs.

'S toigh leam banarach a' ghlinne,
Chuireadh air mhire laoigh òg.

Shiubhlainn leat tro choill a' bharraich,
Ged bhiodh càch a' fanaid oirnn.

Shiubhlainn leat tro choill an anmoich,
Ged bhiodh càch a' seanchas oirnn.

Ri cur a chruidh-laoigh d' an innis,
Dh'aithnichinn a' tighinn do cheòl.

Faodaidh iadsan a bhith bruidhinn;
Cumaidh sinn' ar cridhe beò.[254]

---

[254] Mhàrtainn, *Òrain an Eilein*, 2001, td 87. Foillsichte cuideachd ann an MacDonald, *The MacDonald Collection of Gaelic Poetry*, 1911, td 204. Tha am fonn agus cuid de na rannan ann an Comunn Gàidhealach Leòdhais, *Eilean Fraoich* agus ann an Smith, *Amhrain Anna Sheumais*. Rannan eile bho ghrunn sheinneadairean. Tha deagh chlàraidhean den òran seo air làraich-lìn BBC Bliadhna nan Òran agus Tobar an Dualchais agus le Graham Neilson, *New Boat Old Rocks*; *Na h-Òganaich, The Great Gaelic Sound of Na h-Òganaich* agus Tannas, *Sùilean Dubh*.

216. An samhradh

le Iain Mac a' Ghobhainn à Iarsiadair, Leòdhas (1848 – 1881)

Èiribh, rachamaid don ghleann,
'S gu faic sinn ann na caileagan;
Èiribh, rachamaid don ghleann,
'S gu faic sinn ann na h-òighean.

Tha 'n samhradh cridheil, èibhinn ann,
Tha tlus 'us blàths nan speuran ann,
Tha gathan grinn na grèine,
Air na speuran 'cur dreach òir orr'.

Tha gruagaichean cho lionmhor ann,
Falt dualach, cuachach, snìomhach orr',
Cò shealladh air an sgiamh aca,
Nach miannaicheadh am pòsadh?[255]

---

[255] Tha an t-òran air fad, le fonn, foillsichte ann an Comunn Gàidhealach Leòdhais *Eilean Fraoich*, td 19 (Air ath-chleachdadh le cead bho Acair).

217. Bothag na h-àirigh

Bothag na h-àirigh, hì ri,
Gleannan an fhàsaich, he ho ro eile,
Bothag na h-àirigh, hì ri,
Chunnaic mi luaidh mo chridhe 's mi ann.

Siubhail an fhàsaich pàiteach, sgitheach,
Ràinig mi 'n àrigh tràth san oidhche,
Thachair sin rium a' mhaighdeann
Is dh'fhaighnich i am bu sgìth mi, tighinn gu …
Bothag na h-àirigh, hì ri,
Gleannan an fhàsaich, he ho ro eile,
Bothag na h-àirigh, hì ri,
Chunnaic mi luaidh mo chridhe 's mi ann.

Gur dh'fhaighnich i am bu sgìth mi,
No fanainn fad rè na h-oidhch ann,
Fhreagair mi i le aoibhneas,
Nam faighinn-sa coibhneas nìghneag ann am …
Bothag na h-àirigh, hì ri,
Gleannan an fhàsaich, he ho ro eile,
Bothag na h-àirigh, hì ri,
Chunnaic mi luaidh mo chridhe 's mi ann.

Am bothag na h-àirigh 'm bràigh a' ghlinne,
Cha d' fhuair mi bhuat na bha mi sireadh,
Gur sin a dh'fhàg m' inntinn trom fo mhulaid,
Gur d' rinn mo bhileag a mhùchadh ann am…
Bothag na h-àirigh, hì ri,
Gleannan an fhàsaich, he ho ro eile,
Bothag na h-àirigh, hì ri,
Chunnaic mi luaidh mo chridhe 's mi ann.

Gheibhinn siud air an àirigh,
Uachdar bainne agus blàthach,
Gheibhinn gach nì mar a b' àill' leam,
Ach chan fhaighinn-sa càil a bha dhìth orm ann am …
Bothag na h-àirigh, hì ri,
Gleannan an fhàsaich, he ho ro eile,
Bothag na h-àirigh, hì ri,
Chunnaic mi luaidh mo chridhe 's mi ann.[256]

---

[256] Bhon t-seinn aig Murchadh MacLeòid air BBC Bliadhna nan Òran, (air a ruighinn 2014).

218. Maighdeanan na h-àirigh

Thug mi 'n oidhche raoir 's mi bruadar,
Mar ri nigheagan na buaile;
B' fhìnealt uasal mìn na gruagaich
Seinn nan duanag anns an àirigh.

Thug mi 'n oidhche raoir san àirigh,
Thug mi 'n oidhche raoir san àirigh;
Chaith mi 'n oidhche chridheil choibhneil,
Mar ri maighdeanan na h-àirigh.

Thug mi 'n oidhche 'n raoir san àirigh,
'S crodh a' sileadh bainne tàlaidh,
'S dealt na h-oidhche sileadh chaoibhneis
Air na maighdeanan san àirigh.

'S cianail dùsgadh an fhir-fhuadain,
'S e sìor-ionndrainn tìr a' bhruadair;
'S tiamhaidh buan da thar nan stuadhan
Ceòl nan gruagach anns an àirigh.[257]

---

[257] Facail Gàidhlig air an togail bho Ann NicNèill, Barraigh le Coinneach MacLeòid. Foillsichte ann an Kennedy Fraser, *Songs of the Hebrides* 1, td 32. Clàraichte le Capercaillie, *Cascade*; Anne Martin, *Cò…?* agus Kenneth McKellar , *The Tartan.*

219 Iseabail NicAoidh

le Rob Donn

URLAR
Isabail Nic-Aoidh aig a' chrodh laoigh,
Iseabail Nic-Aoidh 's i na h-aonar, (x3)
Seall sibh Nic-Aoidh aig a' chrodh laoigh,
Am bonnaibh na frith 's i na h-aonar.

SIUBHAL
Mhuire 's a Righ!
A dhuine gun mhnaoi,
Ma thig thu a chaoidh,
'S i so do thiom;
Nach faic thu NicAoidh
Aig a' chrodh-laoigh,
Am bonnaibh na fridh,
'S i na h-aonar.
Comharradh dubh
Nach 'eil gu math,
Air fleasgach amh
Bhith feadh an so,
Nuair tha bean-tigh'
Air Ridhean-nan-Damh,
Muigh aig a' chrodh,
'S i na h-aonar.

AN DARA SIUBHAL
Seall sibh bean-tigh'
Air Ridhean-nan-Damh
Muigh aig a' chrodh,
Gun duine mar-ri;
Duine sam bith
Th' air son a' chluich',
Do chinneadh maith,
Le meud a chruidh,
Deanadh e ruith',
Do Ridhean-nan-Damh'
Gheibh e bean-tigh,
'S i na h-aonar.

AN TAOBHLUATH
Nach faic sibh an *oibseig*
Tha coslach ri glacadh,
Am bliadhna ga chleachdadh
Ri crodh agus eachaibh
Air achadh 'n aonar, &c

'S neònach am fasan
Do dhaoinibh tha dh'easbhuidh
Nan nithean bu taitneich'
Dhaibh fèin a bhi aca,
Bhith fulang a' faicinn
Am bliadhna ga cleachdadh
Ri crodh agus eachaibh
Air achadh na h-aonar, &c

AN CRUNLUATH
Seall sibh a' cheannaidheachd
An iomalladh na mullaichean
Am bliadhna 's i gu muladach,
Na h-uile lath' na h-aonar, &c
Innsidh mise do dh'iomadh fear
'S an rannaidheachd nuair chluinnear i,
Gu bheil i air a cùmail
As na h-uile h-àite follaiseach
Le ballanan is cuinneagan,
An iomalladh na mullaichean
Am bliadhna, 's i gu muladach,
Na h-uile lath' na h-aonar.[258]

---

[258] MacKay, *Òrain le Rob Donn*, 1871, td 123. Clàraichte le James Campbell air *Scottish Tradition*, vol. 8: *James Campbell of Kintail Gaelic Songs*, Greentrax, 2010.

220. 'S trom leam an àiridh

le Rob Donn

'S trom leam an àiridh, 's a' ghair so a h-innt',
Gun a phàirtinn a b' abhaist, bhi 'n trath-sa air mo chinn,
Anna chìch-chorrach, chaol-mhalach, shlìob-cheannach, chruinn,
Is Iseabail a' bheòil mhilis, mhànranach, bhinn.
Heich! Mar a bha, air mo chinn,
A dh'fhàg mi cho cràiteach, 's nach stà dhomh bhi 'g inns'.[259]

221. Gum bu slàn do na gillean

Gum bu slàn do na gillean
Thug an linne mu thuath orra.
Hao rithill a hò
Na hi rithill èile,
'S na hi rithill a hó.

Anns a' bhàta dhuibh dharaich
'S ro-mhath ghearradh i 'm fuaradh.

Och nan och, mar a thà mi,
 'S mi air àiridh 'n Gleann Cuaiche!

Mi leigeil nan gobhar,
'S a' bleoghann cruidh ghuaill-fhinn.

Ciamar gheibh mi nochd cadal
'S mi air leaba gun chluasaig.[260]

---

[259] Hew Morrison, deas., *Òrain le Rob Donn*, vol. 1, 1899, td 148.

[260] Òran luaidh à Leòdhas, a' caoidh fhireannaich a chaidh a bhàthadh. Bho *An Deo-Ghreine*, vol. 1, Oct 1905–Sept 1906, Iris a' Chomunn Gàidhealach. Tha dreach eile den òran agus fonn ann an Gillies, *Songs of Gaelic Scotland*, 2005. Clàraichte leis Na h-Òganaich, *Gael Force* 3, 1974.

222. ’S mise ’s daor a cheannaich

I ù ru rò bhi u o,
Hò i abh ò.

’S mise ’s daor a cheannaich
Air bainne nighean Dòmhnaill;

Chalainn èileadh ò hi ò,
Rò ho leathag.

Chan e mìod mo shine
Chuir mi mhilleadh m’ òige.

I ù ru rò bhi u o,
Hò i abh ò.

Chan e mìod mo shine
Chuir mi mhilleadh m’ òige.

Chalainn èileadh ò hi ò,
Rò ho leathag.

’S mi ’m bothan beag cumhag
Air àirigh am ònar.

Tha mo bhràiste briste,
Tha mo chrios na òirnean;

Mo ghruag anns na tollan,
’S mo phlaid na stròicean.

Aig fear a Chloinn Mhuirich
’S Mac Muire na thòrachd!

Chionn mo thoirt an asgaidh
Gun tochradh gun chòrdadh.
…
Nam faicinn mo leannan,
Le ghealladh don bhuailidh

Gun glacainn an cuman,
’s gun lunnainn a’ bhuarach;

Gum faighinn leat cadal
An leaba bhig luachrach,

’S ann fodhad a sgaoilinn
An t-aodach, ’s air m’ uachdar,

A chuid nach biodh tioram
Gum filleamaid uainn e.

Chuir iad thu ’n taigh glaiste
Far nach faic mi bhuam thu,

Fhir an aodainn shoilleir
Fo thaghadh na gruaige,
…
Iomlaid na bà dàra
Chuir mo ghràdh an gruaim rium.

’S mise ’s daor a cheannaich
Air bainne nighean Dòmhnaill.

Chalainn èileadh ò hi ò,
Rò ho leathag.[261]

223. Bha mis’ a raoir air an àirigh

Hù hoireann ò, hù hoireann ò
Hù hoireann ò, hù hoireann ò.

Bha mis’ a raoir air an àirigh,
Hi hò èileadh, ho hoireann ò.

Bha mis’ a raoir air an àirigh,
Hù hoireann ò, hù hoireann ò.

Cha b’ ann ri aighear a bha mi,
Hi hò èileadh, ho hoireann ò.

---

[261]Campbell et al., *Hebridean Folksongs* 1, 1969, td 100, (le cead Oxford University Press.) Tha clàradh de Mòr Chaimbeul a’ gabhail an òrain seo air Tobar an Dualchais (air a ruighinn 2014).

Ach ri smaointinn ort, a' ghràidhein,
Hù hoireann ò, hù hoireann ò.

Shaoil mi nach cumadh mùir làn thu,
'S nach cumadh lìonadh no tràghadh,
'S nach mùth' chumadh an tè bhàn thu,
Dh'aithnighinn a cuid cruidh air àirigh,
No a cuid ghearran gu deànamh aitich.

Hù hoireann ò, hù hoireann ò,
Hù hoireann ò, hù hoireann ò,
Hù hoireann ò, hù hoireann ò.

Bha mi raoir air àirigh luachrach,
'S dh'fhairich mi fear làimhe fuairidh,
Sgaoileadh a bhreacan mun cuairt dhiom,
Càradh an arm an taobh shuas dhiom.
Bhuail mi sad air 's thilg mi bhuam e,
Dh'aithnich mi nach b' e mo luaidh e,
Fhleasgaich, ma thèid thu 'n taigh-òsda,
Na bi 'd mhisgeir, na bi 'd phòitear.
Fhleasgaich a dhireas Gleann Cuaiche,
Bheir soiridh bhuamsa gu Ruairi,
'S innis dha gu bheil mo luaidh air,
'S innis dha gu bheil mi fallain,
'S gun do chuir mi 'n geamhradh farum,
'S gun do thiarainn mi on earrach,
'S samhradh grianach a' chruidh-bhainne,
Gu foghar nan sguab a ghearradh.[262]

---

[262] Campbell et al. 1977: td 54, (le cead Oxford University Press). Faicibh cuideachd 'Chaidil mi raoir air an àirigh' anns an aon leabhar agus 'Oidhche dhomh air àirigh buaileadh' ann an Maclellan, *Brìgh an Òrain*, 2002, td 201. Tha Kathleen MacInnes air an t- òran seo a chlàradh air *Òg-mhadainn Shamhraidh*.

CAIBIDEIL 8: DRÒBHAIREACHD AGUS FÈILLTEAN

224. Alasdair Òig, Mhic 'ic Neacail

Alasdair Òig, Mhic 'ic Neacail
Hillean ò hi rì ho roho
Hillean ò hi rì o hò
Na huilirinn ò hi riho roho.

B' fheàrr leam fhìn gu saothraichinn mac dhut;
Fear na dhiùc dhiubh, fear na chaiptean,
Fear air an luing mhòir an Sasainn,
Fear na cheannard air na gaisgich,
'S fear na dhròbhair mòr nam mart dhiubh.[263]

225. Moladh do Iain Mac-an-Abba

I'n Mhic Sheumais Mhic-an-Abba,
Gu ma maithreann duit le sòlas,
I'n Mhic Sheumais Mhic-an-Abba.

'S Dròbhair grinn a cheannach mhart thu,
Far an tachair thu air còmh'ail
'S Drobhair grinn a cheannach mhart thu.

Tha thu shiol nan uaislean gasta,
Bu ro-mhaith am feachd na' n toir iad.
…
'S iomadh ban-tighearna òg phriseil,
Leis 'm bu riomhach t' fhaidhinn pòsda,
…
'S aithne dhomh Ban-Leòdach ghasta,
Le buaile mhart aic' a' phorsan.
…
Fear mòr, cumadail a' d' phears' thu,
Ga maith d' an tig breacan is Còta,
…

---

[263] Bhon t-seinn aig Flora MacNeil air *Òran Flòraidh*. Foillsichte ann an Gillies, *Songs of Gaelic Scotland*, 2005, td 376, Shaw, *Folksongs and Folklore of South Uist*, 1986, agus MacInnes agus Newton, *Dùthchas nan Gàidheal*, 2006. Tha iomadh clàradh den òran seo ann, nam measg Flora MacNeill, *Òrain Flòraidh* agus Anna Murray, *Into Indigo*.

Gun chron cumadh a bhi air mior dhiot,
O chùl do chinn sios gu d' bhrògaibh,

...

Ach I'n Mhic Sheumais Mhic-an-Abba,
Gu ma maithreann duit le sòlas.[264]

226. Òran nan dròbhairean

le Murdo Dearg nam Bò

Nach cianail tha mi fhìn 's mo Dhomhnallan
An Gleann Smeòil mas geamhradh e,
Gun neacha beò bhith tighinn nar còir
Mus dig MacCòrn a shealltainn oirnn;
A Righ! Gur seachdain liom gach latha
Gos an dig blàs an t-samhraidh oirnn,
An uair a bhios na gillean òga
Tighinn air tòir nan gamhnaichean.

Siud far a robh na seòid –
Na dròbhairean nuair ghluaiseadh iad,
Na Bàideanaich bho sliabh gu tràigh
'S an Clàrca na dhuine-uasal orr';
Bha MacPhàrlain is MacMhaoilein
'S Mac an t-Saoir à Ruadhainn ann,
'S ma sheasas iad aig tòir na prìs
Chan fheàrr a' righ na 'n tuathanach.

'S bha iomadh glòir ann an Gleann Smeòil
Nuair thigeadh oirnn a' samhradh ann –
A' ghrian mar òr dol sìos fo sgleò
Is ceòl an crò nan gamhnaichean;
Bhiodh iomadh spòrs aig sean is òg,
'S bu shòlasach bha 'n danns' aca;
Bhiodh iasg is feòil ri dìosgail bhòrd,
Bha sùgh an eòrna 's branndaidh ann.

Siud far a robh na balaich ghasda
Chridheil thapaidh sheannsgeulach,
'S nuair thigeadh iad air tòir nam mart,
Cha bhiodh an achlais gann aca;

---

264 Marairead Cameron, *Orain Nuadh Ghàidhealach*, Dùn Èideann, 1785, td 37.

> 'S O! bu toigh liom a' fear fialaidh
> A bha riamh mar shamhl' orra –
> Le osan gearr is fèileadh beag,
> Is daor a chuir e Chaingeis orr'.[265]

Anns an rann a leanas bho thionndadh eile den bhàrdachd seo, tha am bàrd air dealbh anabarrach math a pheantadh dhuinn de chaidreachas aighearach na h-àirigh ri linn teachd nan dròbhairean:

> Ach nuair thig oirnne tòs a' Mhàigh
> 'S an crodh air aird na fuarbheannan,
> Bidh laoigh gu leòr a' ruith man chrò
> 'S bidh maighdean òg gam buachailleachd;
> Bidh daoine fialaidh 'g inns' na sgeul
> 'S gun goirinn sè sheann sgeàlaichean;
> Bidh mnathan fialaidh dèanamh maitheas
> Gu luinneach, subhach, cairdeasach.[266]

---

[265] Murdo Dearg nam Bò, 'Òran nan Dròbhairean', *Scottish Studies* 9 , 1963, tdd 189 – 203. Foillsichte cuideachd ann an MacInnes agus Newton, *Dùthchas nan Gàidheal*, 2006, td 135.

[266] MacInnes agus Newton, M. *Dùthchas nan Gàidheal*, td 135. Tha clàradh den òran ann an Tasglann Sgoil Eòlais na h-Alba: – Donald Mackay, air a chlàradh le Hugh Macrae, SA 1953-151-02 agus cuideachd le Fiona MacKenzie: <www.ambaile.org.uk>, (air a ruighinn 2012).

227. Bidh stòp againn

Horo bidh stòp againn,
An urra ris dròbhairean,
B' iad fhèin na daoine còire,
Bheireadh oirnn gum bi'dh sinn faoilteach.

Thoir soiridh gu 'n am Baideanach,
Gur fhada leam an tàmh a th'orr',
Tha 'n ceannach air mo shàrachadh,
'S tha 'm màl air dol an daoirid.
Horo ...

'S iomadh curaidh calma dhiubh,
Ni bunaig dha na h-Albannaich,
'S ann diubh tha Fear a Gharbha,
'S chan eil seanchas air a chaochla.
Horo ... [267]

---

[267] Alasdair Òg, 'The Highland Ceilidh', *The Celtic Magazine*, vol. 1, àireamh 11, an t-Sultain 1876, td 337.

228. An dròbhair bha 'n seo an dè

An dròbhair bha 'n seo an dè,
B' èibhinn a bhi 'g òl leis;
Ged tha lèine shalach air,
Tha lèine ghlan na phòca.
An dròbhair bha 'n seo an dè,
B' èibhinn a bhi 'g òl leis.[268]

---

[268] An Comunn Gàidhealach. *An Deò Ghrèine*, àireamh 1, Sruighlea, 1906, td 62.

229. Còmhradh eadar Iain Bàn 's Coire Chuinnlidh

le Màiri Nic a' Phearsain
Air fonn 'Alasdair à Gleanna Garadh'

Nuair a ràinig mi Port Rìgh,
Gun tàinig caochladh air an àite,
'S tric a sheas mi air an Fhèill
A' reic na sprèidh lem athair gràdhach.
'S nuair a thigeadh Coire Chuinnlidh,
'S a chuid uilnean tro a chòta,
"Ciamar a tha thu 'n-diugh, Iain Bhàin,
'S a bheil an sprèidh 's an t-àl an òrdugh?"

Fhreagair m' athair mar a b' àbhaist,
Ann an càirdeas ri luchd-eòlais,
"Chan adhbhar gearain mar a tha mi,
Tha mo shlàinte mar as còir dhi;
Tha aon nì a tha gam chràdhadh,
Ain-iochd is àrdan dhaoine mòra,
Toirt an fhearainn bho luchd-àitich,
'S nach fhaigh sinn leud sàil ar bròige."

Coire Chuinnlidh:
"'S duilich leam do chor, Iain Bhàin;
An d' fhuair thu 'm bàirligeadh le òrdugh?
Innis dhòmhsa, 's na gabh tàmailt,
Mas e 'm màl tha cur na tòir ort;
'S ged nach eil na prìsean àrd,
Gun toir mi 'n-dràsda na do dhòrn dut
Fichead not 's gun dèan thu phàigheadh;
Seo mo làmh nach iarr mi gròt ort."

Iain Bàn:
"Tapadh leat, a Choire Chuinnlidh,
Tha thu coibhneil mar bu chòir dhut;
'S iomadh not a rinn mi chunntadh
Riut on thionndaidh thu nad dhròbhair;
Chan e dìth creideis no airgid,
Taing don t-Sealbh, tha cur na tòir orm,
Ach uachdaran truagh gan eanchainn
A reic ri sealgairean ar còir dheth."[269]

---

[269] Dòmhnall E. Meek, *Màiri Mhòr nan Òran - Taghadh de a h-Òrain*, Dùn Èideann, 1998, tdd 96-98.

230. Do Dhòmhnall Mac Bheathain, an dròbhair

le Aonghas Mac Aoidh
air fonn 'Do shlàinte dheagh dhuin' uasail'

Is lionmhor dròbhair tapaidh,
Th'eadar Glascho agus Slèibhte,
An duth'aich Mhic Aoidh 's an Cata,
'S feadh Ros a' ceannach feadail;
Ach thèid thu fèin air adhairt,
As an t-Shleaghaich romp gu ceutach,
'S bi'dh agad top nan atharlan,
Is gheibh am marsant fèin iad.

Is caraid do na h-uaislean thu,
nuair bhios an Tuath nan èiginn,
A chuid dhiu nach reic bollachan,
Bidh iad a' togail sprèidhe;
A's thèid thu troimh a' mhonadh leo,
Ri sneachd a's reothadh geur ann,
'S bi'dh tu fèin 's do cheatharnaich,
Leo seasamh latha fèille.

'N sin thig deireadh bhliadhna oirnn,
's cha bhi miagh air feadail,
Bi'dh na màil gan agairt oirnn,
Cuid againn fada dheigh-làimh;
Ach bheir sinn sgriob gu Dòmhnull,
'S chan fhaic e oirnn bonn èiginn,
Bheir e dhuinn an còrr,
Gus an dèan an t' ogradh èiridh.[270]

---

[270] Alexander MacKay, *Original Songs and Poems in English and Gaelic*, Inbhirnis, 1821, td 126.

231. Òran Aonghais Dhuibh an Dròbhair

le Màiri Nic a' Phearsain

Ho ro 's fada leam thu bhuam,
Dheas-làimh a lìonadh nan cuach;
Bhoineid-chocta ma do ghruaig,
'S do bhreacan guailne dòigheil.

Och Aonghais 'ic Dhòmhnaill 'ic Donnachaidh,
'S iomadh àit an cualas d' iomradh;
Eadar Uidhist is Aird-nam-murchann –
'S furbhailteach an Dròbhair.

Chan eil duin' air a bheil cuimhn'
Bhon a chaochail Coire-Chuinnlidh,
Tha cho cogaiseach na inntinn,
'S cho cìnnteach na chòrdadh.

Chan eil ceàrna anns an dùthaich,
Eadar Liandail 's Rugh-an-dùnain;
Nach eil lorg do chois gu dlùth ann,
'S tha do chliù sa Mhòr-thir.

Thug thu agh agam air geamhradh,
Bhon thuit fodar a bhith gann duit;
'S math a phaidh thu mi mu Bhealtainn,
Mar a gheall thu, sheòid, dhomh.

Chan eil each an taobh sa Shlèibhte,
Nach bi treis agad gan grèidheadh;
'S ged bu shìn' iad na Righ Sèumas,
Dheanadh m' fhèudail òg 'ad!

Chan eil mart air am bi crùban,
'S chan eil damh air am bi ghlùineach,

Ma chuireas Aonghas an t-sùil ris,
Nach tionndaidh iad lòinneag.

Bha thu uair air Fèill-na-Manachainn,
'S tha mi nise dol ga sheanchas,
Reic thu comh-aoise mo sheanamhar,
Mart gam b' ainm a' Ghròiseann.

Bha thu uair Fèill Phort-rìgh,
'S tha mi nise dol ga ìnnseadh,
'S nuair theann thu ri iarraidh prìse.
B' fhìreannach do stòraidh.[271]

---

[271] Mary MacPherson, *Poems and Songs by Mary MacPherson*, Inbhirnis, 1891, td 95. Tha rannan a bharrachd air an toirt seachad san leabhar sin.

232. An nigh'n dubh ghuanach

Ho rò, mo nigh'n dubh ghuanach,
Ho ri, mo nigh'n dubh ghuanach,
Mo nigh'n dubh, chruinn dubh, ghuanach,
'S mo luaigh air an nighin duibh.

Nuair bha mi nam dhròbhair
A' falbh leis na dròbhtan,
Gun dhearbhainn fhìn mo stòras,
Ri tocaid mo nighean dubh.

Gur bliadhna leam gach là
Gus àm paidheir an Fhèill Màrtainn,
'S gu ruig mi Ceann-an-t-saile
Far an dh'fhàg mi mo nighean dubh.

'S mi cuir an chruidh na bhuala,
Gun bheachdaich mi do ghluasad,
'S gun robh mo chàs ro chruaigh,
Gus an d'fhuair mi mo nighean dubh.

An uair a thig an samhradh,
A's damhair na sgoil-dannsa,
Ged chosg mi seice gamhna,
Gu cuir mi ann mo nighean dubh.[272]

---

[272]Gun ainm: *Co-chruinneachadh de dh' oranan taoghta*, 1836, td 10. Chan eil a' chiad rann a' nochdadh anns a' chruinneachadh sin, ach tha e ri chluinntinn air clàradh den òran aig Tobar an Dualchais (SA1955.163) aig an t-seinneadair, Seòrdag Mhoireach, (air a ruighinn 2012).

233. Mi air m' aineoil fad om chàirdean

Ò hoireannan è ho rò,
Hù hoireann ò 's mi air m' aineoil,
Ò hoireannan è ho rò.

Mi air m' aineoil fad o m' chàirdean,
Ò hoireannan è ho rò,
Hù hoireann ò 's mi air m' aineoil,
Ò hoireannan è ho rò.

'S cha chluinn mo mhàthair mo ghearain,
Ò hoireannan è ho rò,
Hù hoireann ò 's mi air m' aineoil,
Ò hoireannan è ho rò

Mi air m' aineoil fad o m' eòlas,
Mo ghaol dròbhair a' chruidh bhainne,
Ràinig thu mi feadh na h-oidhcheadh,
Dh'fhoighneachd thu dhiom robh mi fallain,
Thuirt mi nach robh aona bheud dhomh
Ged a bha èislein air m' aire,
'S ma chuireas Dia mi a gàbhadh,
Faigh banaltram tràth dha d' leanabh.
'S nuair dh'èireas mi far mo shiùbhla,
Bidh mi sunndach air do bhainis.
Thug thu leat nighean Lachlainn Thàilleir
'S dh'fhàg thu fo phràmh mi aig baile.
'S thug thu leat Nic 'Ille Riabhaich
Le buailidh chiataich chrodh ballach,
Marbhphaisg air na fearaibh òga
Bhios gu misgeil stròthail fearail,
'S na ma feàrr do chaileig òig,
Bheireadh gaol dha deòin do dh'fhear dhiubh,
Chuile taobh a sheòlas gaoth e,
Ma dh'fhaodas e, gheobh e leannan.[273]

---

[273] Craig, *Òrain Luaidh Màiri Nighean Alasdair*, 1949, td 71. Tha clàradh den òran air a ghabhail le Donnachadh Dòmhnallach air Tobar an Dualchais, (air a ruighinn 2012).

234. Ged is socrach mo leabaidh

le Rob Donn
Air fonn: Logie of Buchan

Ged is socrach mo leabaidh,
Chan e 'n cadal bh' air m' ùidh;
'S tric mo smuaintean a' gluasad
Don taobh tuath leis a' ghaoith;
'S mòr a b' annsa bhith mar riut
Ann an gleannan nan laogh,
Na bhith cunntadh nan Sàileach
Ann am pàirceachan Chraoibh.

'S toigh leam càradh na frìthe,
Ged tha mi 'n Craoibh air bhòrd lom,
Eadar badaidh nan caorach
Agus aonach nan tom;
Is na h-ursannan riabhach
'N tùs na bliadhn' am bi chlann:
'S a bhith fo spìcean nan creagan –
Bu shaor mo leabaidh dhomh ann.

'S mòr mo cheist air a' ghruagaich,
A tha 'n taobh shuas den a' Bhàrd,
Gheibht' gu h-anmoch sa bhuaile
Nuair thigeadh 'm buar às gach àird;
'S mise fèin nach tug fuath dhuit,
Ge fada uait tha mi 'n dràst –
'S tric a chaill mi mo shuain riut,
'S bu mòr mo bhuannachd do phàg.[274]

---

[274] Aithnichte cuideachd mar 'Òran mar gum b' ann le dròbhair araid d' a leannan'. Guinne agus MacPhàrlain, *Òrain agus Dàin le Rob Donn MacAoidh*, 1899, td 62.

235. Fear Taigh Bhìogais

le Rob Donn

Fear Taigh Bhìogais is Iain Mac Eachainn,
An dà phearsa 'n robh an fhoill,
Leis na beòil nach feudtadh sheachnadh,
Ged a chreachadh iad thu raoir;

Gu bheil an cogais air a tachdadh,
Reic nam marta ris na Gaill,
Ach sgrìobhaidh Dia le faobhar ceartais
Am beartas sin de an clainn.[275]

---

[275]Guinne agus MacPhàrlain, *Òrain agus Dàin le Rob Donn Mac-Aoidh*, 1899, td 14.

236. Iain MacPhàil an dròbhair

Gaol, an gille, th'aig càch ort mios,
'S tu 'm bun a' ghlinne 'n còmhnuidh,
'S tu 'n t-òigeir uasal, 's suairce beus,
'S gur tric ar fèill, le d' dhròbh thu.

Bhon a thàrlaich dhomh bhi 'm thàmh,
'S gun duin' am dhàil 'ni còmhradh,
Gun tòisich mi 's gun dèan mi dàn,
Do dh'Iain MacPhàil an Dròbhair.

Nuair a thèid thu thun na fèille,
Bidh na ceudan còmhl' riut,
Bidh na Sasunnaich ad dhèigh,
A' gabhail sgeul an Dròbhair.

Tha thu measail ann ad dhùthaich,
Ionnsaicht' ann am fòghlum,
C'uim nach seinninn-sa do chliù,
'S gun d'thug thu crùn ri òl dhomh?

Ged nach eil thu mòr bhon làr,
Tha d' inntinn àrd a' seòladh;
Gur h-ùr a' choill bhon d' rinn thu fàs,
'S do chairdeas ri Cloinn Dòmhnuill.

Tha ciall as gliocas ann ad cheann,
A bhuineadh geall air mòran;
Gur h-iomadh fear bu mhiòsa cainnt
A fhuair commanda Còirneil.

Ach nam faighinn-se gu m' dhùrachd,
H-uile cùis gu m' òrdugh,
Bhiodh tu d' Mhember anns a' chùirt,
'S tu d' shuidhe dlùth ri Deòrsa.

Ged bu leamsa mart air chluais,
Gun liubhrainn bhuam le m' dheoin i,
'S do rogha cèile bhi ri d' ghuallain,
'Tighinn le buaidh on phòsadh.[276]

---

[276] Mac na Ceàrdadh, *An t-Oranaiche*, 1879, td 33.

237. An dròbhaireachd

le Alasdair MacMharais

Bheir mi hò air m' urradh hò,
Hao ill ò air m' orradh fhèin.
Dh'fhalbhainn fhèin air m' orradh hò –
Thogainn fonn 's gun ceannaichinn sprèidh.

Tha mi air m' orradh an dràst,
Ona dh'fhàg 'ad mi leam fhèin;
'Us mi 'n Uibhist 'ceannach bhà,
'S ciad nam làimh de m' chreideas fhèin.

Ghabh mi 'n toiteach moch Di-màirt,
'S chaidh mi sàbhailte gu fèur;
Reic mi na h-eich anns a' Phàirc,
Seachdain mun tàinig an fhèill.

Ged tha barail mhòr aig càch,
Gun robh mi iar fàs gun nì;
Tha mo phòcaid an diugh làn,
'S gun mo làmh ri ite pinn!

Dh'aithn 'inn an t-agh dubh, no ruadh,
Dait' air suaicheantas a bhèin;
'S nan leanadh a' phrìs a suas,
Chumainn fhèin mun cuairt an cèum.

Adharc fhada, ghorm, no dhearg;
Cluas mhòr 'us earball d' a rèir;
Speir mholach, leathan, gharbh,-
Bhiodh e searbh mur bimid rèith.

E 'bhi leathan os a chionn;
Goirid on dà shùil a bhèul;
Fionnadh dualach, tiugh 's e dlùth,
Gun 'bhi fo na ghlùn ach rèis.

Aisne leoghar, dhomhain, chròm,
Trusadh na chòm air an fhèill;
Togail ann a suas gu 'bhàrr,
Aigionnach na nàdar fhèin.

Thug mi gaol don chèaird cho mòr
’S nam biodh mo stòras d’ a rèir,
Dh’ fhàgadh e mi rithist òg;
’g ioman dhròbh ’us iad leam fhèin.[277]

238. Bliadhnach Ailein

le Màiri Flòraidh NicDhòmhnaill

O thèid mi-fhin leis a’ bhliadhnach don mhargadh;
Chan eil fear a chì e nach bi rium a farmad;
O thèid mi-fhin leis a’ bhliadhnach don mhargadh;
’S gun deal mi ri Iain Camshron, an dròbhair.

’S e sud an dròbhair sgairteil; a leithid chan eil ’an Albainn:
Bu shuarach Mr. Barrowman, ged a bha e ainmeil;
Tha dùmhlachd na sporan ’s nach eil gainne airgid;
’S thig mise bhar a’ mhargaidh le tòrr dheth.

Cha robh sinn ùine fhada a cabaileis mun bhargain;
Dh’iarr mi na ghabhainn air; ’s bu ghrad a thug e ’thairgse:
Chuir e ’lamh na achlais, is thug e mach an t-airgead,
Is tha e nis a’ stararaich nam phoca.

Nuair a thèid mi dhachaidh leis, a’ bhean bidh i ga iarraidh -
A’ chlann ’am feum air dreasaichean a cheannach dhaibh ’s a dhèanadh:
Nuair phaigheas mi na marsantan is leth-mhàl do Mhac-Dhiarmaid,
Gur math an airidh Niall air a’ chòrr dheth.

Nuair thàinig àm dhuinn dealachadh is seataladh is paigheadh,
Bha botul air an *desk* aige de dh’uisge-beatha Gàidhealach,
Ga riarachadh na ghloineachan gun ghainne, ged bhiodh càch ann;
’S e fhèin nach gabhadh làn bhar na còrach.[278]

---

[277] Donald MacPherson, *An Duanaire*, 1868, td 55: Ri a chluinntinn air Tobar an Dualchais air a ghabhail le Norman McKenzie fon tiotal ‘ Bheir mi hò air m’uraigh hò,’ (air a ruighinn 2012).

[278] Cameron, *Na Baird Thirisdeach*, 1932, td 311.

239. Chan eil a' chùis a' còrdadh rium

Hug o ri no, ro hu ro bho,
chan eil a' chuis a còrdadh rium,
Hug o ri no ro hu ro bho.

Dh'eirich mi la na fèille, 's trom mo cheann 's cha neònach e,
Hug o ri no ro hu ro bho …

Buntàt' ùr 's trinnsear maoraich chuir mo ghaol gu bòrd thugam.

Dh'fhalbh mi leis an damh bheag lachdunn fiach a faighean dròbhair dha.

Dh'fheith mi gu bial na h-oidhche, cha robh a' phrìs a còrdadh rium.

Shuidh mi ann an gleannan fraoich ri taobh fear de na dròbhairean.

Nuair chunnaic mi na bha gam ionnsuidh chuir iad curam mòr orm.

Gu ro Bàillidh-Mòr na chabhaig 'tagairt a chuid coirichean,

Chuir e 'n 'ordan na maoir bheaga mas teichinn gu mòinteach air.

"Cuimhnich gu ruig thu mi màireach 's am màl ad phòc' thugam.

Agus roinn dhen t-seann "*arrears*" ceart cho cinnteach còmhla ris.

Cuimhnich gu bheil an t -Achd nam fhabhor, cha bhi dàil nis mo agaibh."

Thàinig Fear Airgead-nam-Bochd is poca beag 'morrocco' aige.

"Mur a paidh thu 's a mhineid cha bhi idir 'vot' agad."

Thàinig Marsanta-na-Mine, litrichean na dhòrn aig,

Labhair e 's a ghuth air chrith, "bheil dad idir dhomhsa agad?

Mur a paidh thu 'n t-suim uile, chan urrainn mi an cor thoirt dhuit."

Thàinig Marsanta-na-Ti, 's da rireamh cha do chòrd e rium,

"Thug thu riarachadh do chàch, ged nach eil fàirdein dhomhs agad,"

Dh'iarr e fiachan bh' air mo mhàthair on bha mi nam òg-ghiullan,

Gun d' thainig Marsanta-chotain, botul aig 's gun d' òl sinn rud,

Oirleam gur e dusan nòt a thuirt e rium bha còir aig air,

Dh' èigh an saor orm le cabhaig, "trobhad facal òganaich,

An diugh a gheall thu m' fhaicinn ceart, thoir tarruinn air do phocaidean,"

A' fear 'thug dhomh a chruach a's t-earrach, bha e tacan còmhla rium,

"Thoir dhomh *not* a gheibh am Bàillidh 's bheir mi dàil 's a chor dheth
    dhut,"

Chan fhaighinn o fhear-na-cliabh ach 'siadaire' agus 'rogaire',

Nuair bu mhiann leam 'dhol dachaidh nochd an clachair 's treodag air.

"Cuimhnich am beagan bha eadruinn gu bheil e deiseil dhomhs' agad.

Thàinig an Griasaiche air fhianaidh is bha droch bhial gu leòr aige,

Thàinig an Tàilleir a-nall 's gun d' fhuair mi dram on òganach,

"Cuimhnich air a bheagan thasdan bh'agam ort on bhon-uiridh,"

Thàinig an *'Travallair'* Gallda, srann aig a chuid chleòcanan,

Gun robh deàrrsa as a bhroilleach agus lainnir as a bhòtainnean,

'S ann a thuirt e rium 's a' Bheurla *"You must pay the whole of it,"*

'S ann a thuirt an gobha rium le truas, gur olc do thuar 's cha neònach
    leam,

Chan eil mise an diugh nam èigin, glèidh fhèin ma bhios còrr agad,

Gun sheas a' Bhàinneach as mo chionn, "thoir dhomh mo chrùn a rogaire,"

Riob an Dotair mi om chul-thaobh, ghabh mi null a chòmhradh ris,

"Leth-chrun airson bannochdach Challuim 's mo *shalaraidh* còmhla ris,"

Dh'fhàg mi uaislean ann an dìchuimhne, 's cha do dh'iarr iad gròt orm,

Maighstir Teàrlach Ghearradh-Phailteas agus Alasdair Dòmhnullach,

Rob Fearghustan, Fear-an-Droma, Dòn'ull Clarc 's Fear- Bhoirinish,

Fiachan o bhliadhna gu bliadhna aca airson siol 's clòimh orm.[279]

Bho nach dànaig a' Bhean Ghlùine chuir e iùnadh mòr orm.[280]

---

[279] Air fhoillseachadh ann an *MacTalla*, vol. 1, àireamh 14. Tha dreach eile den òran aig Dòmhnall MacIlleathain, Uibhist a Tuath air a chlàradh le Dòmhnall A. MacDhòmhnaill, foillsichte ann an Tocher 40. Tha clàradh den òran le Neil Gillies air Tobar an Dualchais fon tiotal 'Dh'fhalbh mi leis an damhbeag lachdann'. Tha iomadh clàradh eile den òran fon tiotal 'Chan eil a' chùis a' Còrdadh Rium' air an aon làrach-lìn (air an ruighinn 2012 - 2014).

[280] Tha am beachd eirmseach seo air a ghabhail ann an dreach eile den òran a chruinnich Margaret Fay Shaw bho Roderick MacDonald (Ruairi am Posta) à Loch Baghasdail. Shaw, *Folksongs and Folklore of South Uist*, 1986, td 124.

240. An Fhaighir Mhuileach

Far am bi na faighrichean is ann a bhios na pìobairean,
Far am bi na pìobairean is ann a bhios na dannsairean,
Far am bi na dannsairean is ann a bhios na caileagan,
Far am bi na caileagan is dòcha gum bi buaireas ann.

Ho 'illean togaibh fonn air faighir àit' th'air m'aire-sa,
Cuid againn ri an òl is cuid ri mire 's aighearachd;
Bò bhainne cheannaich mi is truagh gun tug mi dhachaidh i,
Pòg mhilis thug mi dhith is chuir mi ròp air Màiri.

Faighrichean is pìobairean is dannsairean is caileagan
Is bò bhainne aig mac a' ghobhainn 's Màiri Anna cuide rium;
Faighrichean, pìobairean, dannsairean, caileagan,
's caileagan, dannsairean, pìobairean, faighrichean,
Nì mise leabaidh dhomh fhìn sa chrò 's bi leabaidh àrd aig Màiri.

Tràth èirigh nuair a dhùisg mi, b' eagalach mo bhruadaran,
Tràth nòna dh'èirich mi, bu neònach leam na chunnaic mi,
Seall oirre 's i na cadal, bha mo cheann na thuainealaich,
Bò bhainne 'na leabaidh 's anns a' bhuaile Màiri! [281]

---

[281] Valerie Bryan, *Ceòl nam Fèis 2*, Port Rìgh, 2000, td 62. Air a chlàradh le Coisir Ghàidhlig an Eilein Mhuilich air *Òran no Dhà*.

241. Òran na bà

le Aonghas Caimbeul (17mh linn)

O! b' e spriolag a chuir na mo lion thu,
Chuireadh tu eagal air seisear nam fiannuis,
Diuidh na tàine gu faca mi riamh thu,
Sgrogag gun eireachdas, goireal na blianaich.

Dh'fhalbh mi air turas am meadhain a' Gheamhraidh,
A dh'iarraidh mart tuaighe air uaislean gun ghanntar,
Thug iad dhomh seis chuir gun cheist orm anntlachd,
Diuidh na tàine a bh'(aig) Pàdruig as t-Samhradh.

An *topmaster* gasda 'ga molladh a mheall mi,
'G radh nach tilleadh i idir as t-Samhradh,
'S nach faigheadh Fear Shuardail air luach i mu Bhealtuinn,
'S i falbh air a glùinean ag ionnsachadh dannsa.

'S iomadh mart sgiobalta bh'eadar so 's Tolorum,
Ged a thug mise Nic Griogail a Borgh leam,
Cha chuir i fo ghillean bonn mire no foirme,
A draghadh a feithean, 's a geilligean monognach.

'S ann agad tha 'n amhaich a rachadh ron fhàine,
Iosgaidean caola fon chaoltrum is gràinnde;
Do shlinnein 's do chruachan mar chruaidh air an ràsair,
Do thàinidh 's do bhòthan mar chòsan na fàsag.[282]

---

[282] MacDonald 1911: td 300.

242. Bodach an t-saidhbhir

'S latha dhomh aig Fèill Phort Rìgh
'S nach fhaighinn duine ris am bruidhinn ann,
Bha mi 'faireachdainn car sgith,
'S gun d' thug mi sgrioba dhachaigh aiste,
Chan eil socair eallaich agam.

'S nuair ràinig mi an Drochaid Mhòr
Is smaoinich mi gun ghabhainn òran,
A chumadh fadachd dhiom san rathad,
'S gun duine beò bhith an taice rium.
O chan eil socair eallaich agam.

'S ann thàinig am bodach a bèisteil
Mach on t-saidhbhir agus dh'èigh e,
"Mura stad thu 'ic na bèisdeadh
Cha teid ceum nas fhaide dhiot."
O chan eil socair eallaich agam.

'S thug e sùrdag far na bruaich,
'S thàinig e nall airson mo ruatharadh,
Thuirt e rium am briathran cruaidhe,
"Libhrig bhuat na th' agad dhomh!"
O chan eil socair eallaich agam.

'S chuir mi mo làmh nam phòcaid,
'S ann air thuairmse fhuair mi gròta
Dh'aithnich mi air bàrr a shròin,
Gur math a chòrdadh drama ris.
O chan eil socair eallaich agam.

'S bha botal agam a's a' mhàileid
A fhuair mi 'sa 'Royal' mus d'fhàg mi,
Às nach d' thàinig riamh an àrca,
'N stuth a b' fheàrr à Talisker!
O chan eil socair eallaich agam.

Is thug e a' chòrcais às fon mhùdan
Is dh'fheuch e 'm blas a bh'air gu sunndach,
Dh'òl e h-uile deur gu grunnd
'S cha tug e fiù 's casad air.
O chan eil socair eallaich agam..[283]

---

[283] Tasglann Sgoil Eòlais na h-Alba: Hugh MacRae, air a chlàradh le James Ross, SA1953.151. Ri a chluinntinn air Tobar an Dualchais, (air a ruighinn 2014).

243. Òran le Iain Ruadh, dròbhair a bha 'n Raineach

Duine bochd air bheagan mhart
Chan fhaigh e meas bho nàbaidh;
Duine falamh 's e gun nì
Gur fada shìos thèid fhàgail.

Bha mise uair do m' shaoghal,
'S bha maoin agam a's càirdean;
Bu chompanach dhaoin'-uaisle mi,
Nam shuidhe shuas 's tigh-thàirne.

Ach nis bhon tha mi aosmhor,
'S gum bheil mo mhaoin air m' fhàgail,
Chan aithnich fear den chiad mi,
Ged chi iad sìos an t-sràid mi.

Ged bhiodh gliocas Shol' aig fear,
A's sgoilearachd Righ Dàibhidh;
Nuair their'geas a chuid stòrais,
Chan fhiach a chòmhradh fairdean.
…
Ach 'n t-ùmpaidh 'g am bheil stòras,
Airgiod 's òr gun bhàigh leis,
Chan fhasa dol do ghlòir dha
Na dol tromh chrò na snàthaide.

Ma gheobh mi lòn a's aodach,
Chan iarr mi chaoidh nas àirde,
'S gum bi mi leis cho toilichte
Ri Bonapart na phàillinn.[284]

---

[284] Mac na Ceàrdadh, *An t-Oranaiche*, 1879, td 356.

244. Gillean an dròbhair

Tha mi cho sgìth 's nach urrainn dhomh innse,
'Illean an dròbhair, 'illean an dròbhair;
Tha mi cho sgìth 's nach urrainn dhomh innse,
'Illean an dròbhair, 'illean an dròbhair.

Iuchair na cisteadh ann am pòca na briogais
Aig gillean an dròbhair, gillean an dròbhair;
Iuchair na cisteadh ann am pòca na briogais
Aig gillean an dròbhair, gillean an dròbhair.[285]

A h-uile dad nì mi 's fheudar dhomh innse,
Gillean an dròbhair, gillean an dròbhair;
A h-uile dad nì mi 's fheudar dhomh innse,
Gillean an dròbhair, gillean an dròbhair.

B' fheàrr leam fhìn gun tigeadh na saoir
'S gu faighinn mo dhìnnear, faighinn mo dhìnnear;
B' fheàrr leam fhìn gun tigeadh na saoir
'S gu faighinn mo dhìnnear, faighinn mo dhìnnear.

---

[285] Air a ghabhail le Iseabail (Bella) Niclosaig, *Cape Breton Gaelic Folklore Collection* (àireamh an tèip: 212 A14). An dà rann mu dheireadh bho Eòs MacNill *Cape Breton Gaelic Folklore Collection* (àireamh an tèip: 149: A15, air ath-chleachdadh le cead Iain Seathaich. Fonn ann an MacDonald, *Cruinneachadh Gesto*, 1997, td 116 agus air a chlàradh le Ingrid Henderson agus Ann Martin air *Nighean nan Geug*.

CAIBIDEIL 9: CREIDEAMH, OS-CHRÀBHADH AGUS DÌOMHAIREACHD

245. Laoigh bhreaca bhoirionn

Laoigh bhreaca bhoirionn, (x3)
Doinnion anns an damhuir!

Bhodaich bhig a bhun a' Choire, (x3)
Coradal us Craigeo.

Bhodaich bhig a' chòta ghioire, (x3)
Circidal us Cragabhig.

Bhodaich bhig a bhun a' Bhealaich,
Bhodaich bhig a bhun a' Bhealaich,
Bhodaich bhig a bhun a' Bhealaich,
Treise dha do lamhaich!
Mealam dhut do shlàinte![286]

246. Eòlas an torranain

Buainidh mi an torranan,
Le toradh mara 's tìr,
Lus nan agh 's nan sonas e,
Lus a bhainne mhi.

Mar a dh'òrduich Rìgh nan rìgh,
Brìgh a chur an cich 's an càrr,
'S mar a dh'òrduich Tì nan dùl,
Sugh a chur an uth 's an àr,
Le bliochd, le blachd, le bladh,
Le cobhan, le omhan, 's le ais,
Le laoigh bhoirionn, bhreac,
Gun laoigh fhirionn ac,
Le àl, le agh, le toradh,
Le gràdh, le bàigh, le sonadh ...[287]

---

[286] Mary MacInnes à Haccleit, Beinn na Faoghla ann an Carmichael 1928: td 321.

[287] Carmichael 1928: td 84.

247. A ru eugail, aogail, atail

A ru eugail, aogail, atail,
Fàg uth na bà caisne,
Fàg uth na bà cait-cinn,
Fàg, fàg a' phait sin,
Agus tar pait eil ort.

A ru rag rudaidh
Dur an uth a' mhairt,
Fàg an t-at 's an t-utha,
Teich gu grunn na claiche.

Cuirim ru ri clach,
Cuirim clach ri làr,
Cuirim bainne an uth,
Cuirim sugh an ar.[288]

248. Diardaoin, Là 'Ille Chaluim Chaoimh

Diardaoin, Là 'Ille Chaluim Chaoimh,
Là chur chaorach air seilbh,
Là chur bà air a laogh,
Là chur aodach an deilbh.

Là chur churach air sàl,
Là chur gais chon a meirgh,
Là chon breith, là chon bais,
Là chon ardu a sheilg.

Là chur ghearran an eill,
Là chur feudail air raon,
Là chur urnuigh chon feum,
Là m' eudail an Daorn,
Là m' eudail an Daorn.[289]

---

[288] Carmichael 1928: td 6.

[289] Carmichael 1900: td 162.

249. Buachailleachd Chaluim Chille

Buachailleachd Chaluim Chille,
Dha bhur cuartach a' falbh 's a' tilleadh,
Dha bhur cuartach an srath 's an iomair,
Agus an iomall gach garbhlaich.

Dha bhur cumail o shloc 's o eabar,
Dha bhur cumail o chnoc 's chreaga,
Dha bhur cumail o loch 's o leagadh,
Gach feasgar agus anmoch.

Dha bhur cumail on mhoisein mhillte,
Dha bhur cumail on chroisein chriona,
Dha bhur cumail on roaiein rionga,
Is o na siodhaich chearbach.

Sìth Chaluim dhuibh san ionailt,
Sìth Bhrighde dhuibh san ionailt,
Sìth Mhoire dhuibh san ionailt,
'S bhur tilleadh dachaidh anaglainn.[290]

250. Eòlas a' chronachaidh

Dèanamsa dhutsa eòlas air sùil,
À uchd 'Ille Phadruig Naoimh,
Air at amhaich is stad earbuill,
Air naoi conair 's naoi connachair,
'S air naoi bean seang sithe,
Air sùil seana-ghille, 's air sealladh seana-mhna;
Mas a sùil fir i, i lasadh mar bhigh,
Mas a sùil mnath' i, i bhi dh'easbhuidh a cich,
Falcadair fuar agus fuarachd da 'fuil,
Air a ni, 's air a daoine,
Air a crodh 's air a caoraich fèin.[291]

---

[290] Carmichael, *Carmina Gadelica, vol.* 4, 1941, td 46.

[291] William MacKenzie, "Gaelic Incantations and Charms of the Hebrides," *TGSI* 18 , 1892, td 135.

251. Tha crodh Chailein an gleannan an fhèidh

Tha crodh Chailein an gleannan an fhèidh,
'N dèidh an aiseag on taca seo 'n dè,
Tha crodh Chailein an gleannan an fhèidh.

Crodh is caoraich air aodann Cùnnaig
Fear is fraoch air aodann Corrabheann.[292]

252. Slàn gun dìth Sìtheag

Slàn gun dìth Sìtheag, Slàn gun dìth Seòthag,
Slàn gun dìth Druimanomhain, slàn gun dìth Gobhar Bhàn,
Pircean, Siorcan, tha mo chrodh-sa tighinn,
'S an tarbh Slèite air an ceann
Slàn gun dìth an crodh,
'S nach dìth am buachaill'.[293]

---

[292] Tasglann Sgoil Eòlais na h-Alba: Nan MacKinnon (FC: James Ross). SA1958/139/4 FC Gaelic 1610. Tha na facail seo gu math coltach ri facail 'Tha'n crodh laoigh air Aodann Chorrabheinn' ann an NicDhòmhnaill agus MacIllFhinnein, *Do Ghinealach Eile*, td 4.

[293] Tasglann Sgoil Eòlais na h-Alba: SA1955.006 Annie NicCoinnich, air a clàradh le Francis Collinson agus James Ross, Leòdhas 1955. Chuala Anna NicChoinnich às an Rubha ann an Leòdhas sgeulachd bho sheann bhanacharaid dhi, a rugadh mu 1865, mu dheidhinn crodh-mara a' tighinn gu tìr air a' Bhràigh ann an Leòdhas. A rèir na sgeulachd, bha boireannach còmhla ris a' chrodh a' gabhail an rainn seo.

253. Chualas null an cuan Canach

Chualas null an cuan Canach,
Bò a Tiriodh, bò a Barraidh,
Bò a Ìle, bò a Arainn,
'S a Cinntire uain' a' bharraich.

Caillear, caillear, caillear Cuachag,
Caillear Gumag, caillear Guamag.
Caillear Guileag, caillear Guaillionn,
'S caillear Cruineag dhonn na buaile.

Thèid mi, thèid mi, thèid mi Mhuile,
Thèid mi dh' Eire nam fear fuileach,
Thèid mi Mhanainn bheag nan culaidh,
'S thèid mi ceum dhan Fhraing 's cha chunnart.

Caillear, caillear, caillear Gorag,
Caillear Dubhag, caillear Dothag.
Caillear Muileag, caillear Moileag,
'S caillear Muirneag dhonn an òrfhuilt.[294]

---

[294] Carmichael 1928: td 260.

254. Thig dhachaigh leam dhan t-sìdhean

Bidh clann bheag a' bhaile seo,
A' bhaile seo, a' bhaile seo,
Bidh clann bheag a' bhaile seo
A' bigirich air charnan.

A' bigirich, a' bigirich,
A' bigirich air charnan,
A' bigirich gun tiomachadh,
A' bigirich gun tàmhach.

Cha tugainn fhìn mo ghilleachan,
Mo ghilleachan, mo ghilleachan,
Cha tugainn fhìn mo ghilleachan
Air fichead botha bàna.

B' fheàrr leam anns an innis thu,
San innis thu, san innis thu,
B'fheàrr liom anns an innis thu
Na gin a ghin do chàirdean.

Bheir mi mìr is marrum dhut,
Is bainne geal nam mìneag;
Bheir mi fìon na brailis dhut,
'S thig dhachaigh leam dhan t-sìdhean.[295]

---

[295] Clàraichte le Maggie NicAonghais air *A' Fàgail Mhiughalaigh*. Foillsichte ann an Carmichael, *Carmina Gadelica, vol.* 5, 1987, td 117, fon ainm 'Òran Sìdhe'.

255. Ho leiba chall o

Ho *leiba chall o*
Oidhche bha mi 'fhaire bhuaile,
Ho leiba chall o,
Dh'fhairich mi crith nach bu chrith fuachd i,
Ho leiba hi ri ho ro,
Ho leiba chall o.

Ho leiba chall o
Suil dhan tug mi thar mo ghualainn,
Ho leiba chall o,
Fear beag na feusaig ruaidhe,
Ho leiba hi ri ho ro,
Ho leiba chall o.

Ho leiba chall o,
Cireadh 's a' crathadh mo ghualainn,
Ho leiba chall o,
Fear beag na feusaig ruaidhe,
Ho leiba hi ri ho ro,
Ho leiba chall o.[296]

---

[296] Chruinnich Frances Tolmie an t-òran bho Mary Ross, Kilmoluag, san Eilean Sgitheanach. Foillsichte ann an Kennedy Fraser, *From the Hebrides*, 1925, td 6.

256. A' ghaoil, lig dhachaigh gu m' mhàthair mi

A ghaoil, lig dhachaigh gu m' mhàthair mi,
A ghràidh, lig dhachaigh gu m' mhàthair mi,
A ghaoil, lig dhachaigh gu m' mhàthair mi,
Air tòir a' chrodh-laoigh a thàna mi.

'S ann a raoir a chuala mi
Mo ghaol a bhith ri buachailleachd;
'S ged fhuair thu 'n iomall na buaile mi,
A ghaoil, lig dhachaigh mar fhuair thu mi.

'S mi dìreadh ris na gàraidhean,
'S a' teàrnadh ris na fàirichean,
Gun d' thachair fleasgach bàidheil rium,
'S cha d'fheuch e bonn ga chàirdeas rium.

Ged bheireadh tu crodh agus caoirich dhomh,
Ged bheireadh tu eachaibh air thaodaibh dhomh,
Ged bheireadh tu sin agus daoine dhomh,
A ghràidh, lig dhachaigh mar fhuair thu mi.

Trodaidh mo phiuthar 's mo bhràthair rium,
Trodaidh mo chinne 's mo chàirdean rium,
Trodaidh m'athair 's mo mhàthair rium,
Mur dèid mi dhachaigh mar thàinig mi.[297]

---

[297] Tha an tionndadh seo air a thoirt bho 2 dhreach diofraichte ; aonan bho Pheigi NicRath, Gleann Dail a Tuath agus aonan bho 'Còmhradh eadar nighean òg agus each-uisge' bho phàipearan An t-Urr Seòras MacEanraig nach maireann. Tha an 2 dhreach air am foillseachadh ann an Shaw, *Folksongs and Folklore of South Uist*, 1986, td 170. Tha tionndaidh eile ri lorg anns a' *Chruinneachadh Gesto* le Keith Norman MacDonald, fon ainm 'Oran Sugraidh.' Clàraichte le Catherine-Ann MacPhee air *Sùil air ais* agus le Julie Fowlis air *Gach Sgeul*.

257. A Mhòr, a Mhòr, taobh ri d' mhacan

A Mhòr, a Mhòr, a Mhòr, a Mhòr,
A Mhòr, a Mhòr, taobh ri d' mhacan;
A hùbh a hò!
'S gheibh thu goidean boidheach bhreac uam,
A hùbh a hò, a hùbh a hò!
Laogh do chuim, an cois an tuim,
Gun teine, gun dion, gun fhasgadh.

A Mhòr, a ghaoil, till ri d' mhacan,
'S gheibh thu goidean boidheach bhreac uam,
A hùbh a hò!
Gheibheadh tu fion 's gach ni b' ait leat,
 A hùbh a hò, a hùbh a hò!
Ach nach èirinn leat 's a' mhaduinn,
Ged nach èirinn leat 's a' mhaduinn.

Bha 'n ceò 's a' bheinn, bha 'n ceò 's a' bheinn,
Bha 'n ceò 's a' bheinn, 's uisge frasach,
A hùbh a hò!
's thachair ormsa, a' ghruagach thlachdmhor,
A hùbh o hò, a hùbh o hò!
A nighean nan gamhna, bha mi ma' riut,
Anns a' chrò is càch nan cadal.

An daoith gheal donn, an daoith gheal donn,
An daoith gheal donn, rug i mac dhomh,
A hùbh a hò!
Ged is fuar a rinn i altrum,
A hùbh a hò! A hùbh a hò!
A Mhòr, a Mhòr, till ri d' mhacan,
's gheibh thu goidean boidheach bhreac uam.

A Mhòr, bheag dhonn, nach till thu rium,
A Mhòr, bheag dhonn, nach till thu rium,
A hùbh a hò!
Mi caoidh do mhicein air an t-sliabh,
A hùbh a hò, a hùbh a hò!
's a bhialan min ri m' fheusag liath,
's tu direadh bheann, 's a' teirneadh bheann,
A' direadh bheann, 's a' teirneadh bheann,
A hùbh a hò!
's na laoigh air chall a' direadh bheann,

A hùbh o hò, a hùbh o hò!
's na laoigh air chall a' teirneadh bheann,
Gu sgith, fliuch, fuar, 's na laoigh air chall[298].

A Mhòr, a Mhòr, pill ri d' mhacan,
's gheibh thu goidean boidheach bhreac uam,
A hùbh a hò!
Laogh do chuim ri taobh cnocain,
Gun teine, gun tuar, gun fhasgadh,
A hùbh o hò, a hùbh o hò!
's gheibh thu fion uam 's gach ni 's ait leat,
Ach nach èirinn leat sa mhaduinn.[299]

258. Maolruainidh Ghlinneachain

Hù a-hò, Maolruainidh Ghlinneachain,
Hì a- hò, Maolruainidh!
Dh'fhalbh do mhàthair 's thug i 'm fireach oirr',
Hù a-hò, Maolruainidh!

Dh'fhalbh do mhàthair 's thug i 'm fireach oirr',
Hì a- hò, Maolruainidh!
's thug i 'm balg san robh do chuid mìne leath'
Hù a-hò, Maolruainidh!

Dh'fhàg i 'n gleann 's na fèidh a' fuireach ann,
's ged nach tig an t-aon là thilleas i,

Gheibh thu glùn is mùirn is mire bhuam,
's tiugainn leam don t-sithean urad ud.[300]

---

[298] Faicibh òran 292, 'A Mhòrag Bheag,' airson facail gu math coltach riutha seo.

[299] MacKellar, *TGSI* 15, 1989, tdd 154-155. Tha tionndaidh den òran seo anns a' Chruinneachadh Gesto fon ainm 'Òran an t-each uisge nuair theich a bhean bhuaidh', ann an *Carmina Gadelica*, vol. 5, fon ainm 'A Mhór, a ghaoil', agus ann an Tocher 47. Tha clàraidhean de Nan NicFhionghain a' gabhail tionndaidhean rud beag eadar-dhealaichte den òran fo na tiotalan 'A Mhòr, a ghaoil, till rid mhacan' agus 'Dh'èirich mi moch.'

[300] Sèist agus a' chiad trì rannan bho Tolmie 1997: tdd 184-185. Rannan eile bho NicShimidh agus Barr 1989.

259. A nighean nan geug

A nighean nan geug, *o hao ri u,*
Tha muigh leis an sprèidh, *o hao ri oban, o hao ri u.*

Tha muigh leis an sprèidh, *o hao ri u,*
Na gabh eagal no fiamh, *o hao ri oban, o hao ri u.*

Tha mis' an seo sian,
A nighean nan geug
Mo thruaidhe mo chlann,
Bean eile nan ceann,
Gam bualadh gu teann,
Gam biadhadh gu gann,
's an athair sa ghleann,
A nighean nan geug.[301]

---

[301] Òran tiamhaidh eile, anns a bheil tannasg de mhàthair òg a' nochdadh do nighean a tha a-muigh leis an sprèidh agus ag iarraidh oirre taic a thoirt don chloinn aice 's iad a' fulang bho dhroch cùram am muime. Air a chlàradh le Ishbel MacAskill air *Essentially Ishbel*; Catherine Ann MacPhee: *Cànan nan Gàidheal* agus Ann Martin and Ingrid Henderson, *Nighean nan Geug.*

260. Sealgair agus Sìfeag

Am bun a' chruidh cha chaithris mi,
Am bun a' chruidh cha bhi mi;
Am bun a' chruidh cha chaithris mi,
Is m' aighear anns an t-sìdhean.

Ged a sguir mi 'n bhuachailleachd,
Tha bruaillean beag air m' inntinn,
Gum falbh mo leannan suairce bhuam,
'S mo leanaban uaine 's an t-sìdhean.

Ach fhir a thug mo dhoras dhiom
'S a chuir mo thoil dha m' dhìth-sa,
Gun rùth gun rath gun sonas dhut, –
Gur don' an rud a rinn thu.

Ged tha mi nochd sa bhaile seo,
Is bochd liom bhith dh'a ìnnseadh, -
'S iomadh àit am bheil mo chairdean,
'S pàirt dhiubh san tìr ìseal.[302]

---

[302] Carmichael, *Carmina Gadelica vol.* 5, 1987, td 121. Tha clàradh air Tobar an Dualchais de dh'Iain Fionnlasdan às an Druim Bhuidhe ann an Loch Aillse ag aithris rann gu math coltach ris, (SA1958.167, air a ruighinn 2013), agus tha e ri a chluinntinn cuideachd air *Cape Breton Gaelic Folklore Collection* le Lauchie Maclellan.

CAIBIDEIL 10: TAIRBH … AGUS TÀLAIDHEAN

261. An tarbh Gàidhealach

’S ann air an druim fhraoich a rugadh mi,
’S ann air an druim fhraoich a rugadh mi,
’S ann air an druim fhraoich a rugadh mi,
’S air bainne bà gaoil a thogadh mi.

An tarbh Gallta

Air làr an taigh’ mhòir a rugadh mi,
Air làr an taigh’ mhòir a rugadh mi,
Air làr an taigh’ mhòir a rugadh mi,
’S air mil ’s air beòir
’S air fìon ’s air feòir
A thogadh mi.[303]

262. ’N cuala sibh gairm an tairbh riabhaich?

’N cuala sibh gairm an tairbh riabhaich,
O tha tha, o chan eil,
Nuair a thug e mach a sliabh air?
O, o chan eil.

Siod mar dhaoninn mo sheanair,
O tha, o chan eil,
Caoineadh gu rèidh fada fallainn,
O tha, o chan eil.[304]

---

[303] T. Caimbeul, *Air do Bhonnagan a Ghaoil*, 2005, t̪d 200 (*Air ath-chleachdadh le cead bho Acair*).

[304] Tasglann Sgoil Eòlais na h-Alba: Nan MacKinnon, air a clàradh le James Ross, SA1959/69/A7.

263. Clach nan tarbh

Tarbh dearg mach a Sasainn
Thàinig 'mhaslachadh Albann,
Is air gualainn Beinn Mhurlaig
Rinn e bùraich bha calma:
"'S truagh an dùthaich!"
'S truagh an dùthaich!"

Ach 'na choinneamh gun sgàth air
Gun deach tarbh dubh Loch Laomainn,
Is thar Poll Chrò don ùmaidh
Tabhairt dùbhlain do ghlaodh e:
"Cò às thu, 'mhic?"
"Cò às thu, 'mhic?"

Sin le pùthail a shròine,
Togail ceò bha dalladh,
Leigeil ris uile-thrèineachd,
B' àrd a dh'èigh tarbh Shasainn:
"Tìr do nàmhaid!"
"Tìr do nàmhaid!"

Sadadh phlocan 's na speuraibh
Ciod a dh'èireadh dha sealltainn?
A-nis tarbh dubh Loch Laomainn,
Seo an aoigheachd a sheall e:
"Bheir mi blàr dhuit!"
"Bheir mi blàr dhuit!"

Ach an tarbh dearg a Sasainn,
Cha do chrathaich a àite –
Chrom e 'cheann thun na còmhraig
Agus ghròc e gu dàicheil:
"Thig, a nàbaidh!"
"Thig, a nàbaidh!"

Nis mu thimcheall Loch Laomainn
Chaidh mo laochan, an tarbh dubh,
Is air gualainn Beinn Mhùrlaig,
Feuch ga ionnsaigh bu gharbh e:
"Seo 'ad dhàil mi!"
"Seo 'ad dhàil mi!"

Chuir an tarbh dubh gu chùlaibh
Fear an dùbhlain bu bhragail
Agus ruidhl' clach mhòr leis
Air an lòn gu bhith cantainn:
"Tha mi ciùrrte!"
"Tha mi ciùrrte!"

Nis an tarbh dubh a Murlaig,
Sheas fad ùine ga choimhead,
Agus phill e gu h-uallach –
Seo an nuallan a bh'aige:
"Buaidh don dùthaich!"
"Buaidh don dùthaich!"[305]

264. Hò gun do mharbh mi

Air fonn 'The Maids of Islay'

Hò gun do mharbh mi, hè gun do mharbh mi,
Hò gun do mharbh mi tarbh le dòrn,
Hò gun do mharbh mi, hè gun do mharbh mi,
's cha robh aineirich air na feòil.

Hi ri rì ri gun do mharbh mi,
Hi ri rì ri tarbh le dorn,
Hi ri rì ri gun do mharbh mi,
's cha robh aineirich[306] air na feòil.[307]

---

[305] Bàrdachd leis an Urr Dòmhnall MacCaluim à Creig Innis ann an Earra-Ghàidheal ann an Scottish Gaelic Column 'Cothrom' CLI, An Cèitean 2000.Tha sgeulachd 'Clach nan Tarbh' ann an Newton, Bho *Chluaidh gu Calasraid* agus cuideachd ann am J. F. Campbell, *Popular Tales of the West Highlands,* vol. 3. Tha ceangail làidir eadar an tionndadh sin den sgeulachd agus an òran seo.

[306] eanraich.

[307] Faclan bho Julie Fowlis air-loidhne, <www.celticworld.it> (air a ruighinn 2013).

265. Chunna mi 'n tarbh

le Ailean MacCoinnich

Chunna mi 'n tarbh donn 's e a' leumraich,
Air cùl gharraidh 's mi leam fhèin ann,
Chunna mi 'n tarbh donn 's e a' leumraich.

Thug e 'n aghaidh air Seumas Cùbair,
Ged a bha galla agus cù aig',
Na b' èiginn rinn e 'n geata a dhùnadh,
Bhiodh e rùisgte gu strac lèineadh;
Chunna mi 'n tarbh donn 's e a' leumraich.

Na h-olc rudan a rinn iad dhomhsa,
Nuair a chuir iad air an dròbh mi,
Ma leumas e orm sa mhònaich,
Gum bi m' eòl air eòin nan speuran;
Chunna mi 'n tarbh donn 's e a' leumraich.[308]

---

[308] Tasglann Sgoil Eòlais na h-Alba: Katherine Dix, air a clàradh le Iain Peatarsan, SA1968.184. A17.

266. Clò nan gillean

Clò nan gillean,
Iomair e hò',
Clò nan gillean,
Iomair chuimir iomair e hò.

Cha chualas riamh,
Iomair e hò,
Ceòl bu bhinne,
Iomair chuimir iomair e hò.

Bualadh ràmh,
Iorram ghillean,

Bùirein nan tarbh,
Air taobh glinne,

Bha an tarbh mòr ann,
'S an tarbh druimfhionn,

Bha tarbh MhacLeòid ann,
Tarbh Mhac Shimidh,

Chuir Mac Dhòmhnaill
Iomair e hò,
Coin gan sìreadh.[309]
Iomair chuimir iomair e hò

---

[309] Craig, *Òrain Luaidh Mairi Nighean Alasdair*, 1949, td 13 agus Kennedy Fraser, *Songs of the Hebrides* 1, 1909, td xiv. Air a chlàradh le Calum agus Annie Johnston air *Scottish Tradition* 13, Greentrax, 2010. Tha iomadh clàradh dheth cuideachd air Tobar an Dualchais, (air an ruighinn 2012 -2014).

267. A' chiad tarbh a fhuaireadh riamh san àite

le Seonaidh Caimbeul à Uibhist (1859 -1947)
Air fonn 'Mo nighean dubh laghach, thaghainn thu'

Gun smaoinich sinn gun èireamaid,
Gu cur mu dhèidhinn na cùise,
A dh'fhiachainn am faigheamaid tarbh
Nach biodh a' falbh na sgiùrsair.

'S an toiseach nuair a thòisich sinn,
Airson am Bòrd[310] a dhùsgadh,
Ag innse g' eil sinn feumach air
'S nach dèan fear breun a' chùis dhuinn.

Ach fear beag laghach sìobhalta
Gun mhì-mhodh, gun don'-ionnsaich;
Bhiodh math airson nan dìgean,
'S a bhiodh dìcheallach dhan ionnsaigh.

Gun a chuir na daoine còire
A bh'air a' Bhòrd ud sin gar n-ionnsaigh,
'S gu bheil e nis a' còrdadh rinn
Cho math ri pòr na dùthcha.

Is chan eil meang am falach ann,
Cho fad 's is barail liomsa;
Tha e sìobhalta ri bhuachailleachd,
'S cha ghluais e gun dèid cù ris.

'S dà adhairc shinte chiatach air,
Gun fhiaradh no gun lùbadh,
Gun ghiobag air a' bhian aige
Nach snìomhainn le corr-shùgh.

Am pòr sin as an dànaig e,
'S na dh'araicheadh bho thùs e,
Gum buin iad dhan Donn-Ghuaillean
Bh' anns a' bhuaile aig Cu Chùlainn.[311]

---

310 Bòrd an Fhearainn

311 Seonaidh Caimbeul, *Òrain Ghàidhlig le Seonaidh Caimbeul*, 1936, tdd 32-34.

268. Òran tarbh Ruisgearraidh

Chunnaic mi 'n dàmh donn 's na h-èildean,
Dìreadh a' bhealaich le chèile,
Chunnaic mi 'n dàmh donn 's na h-èildean.

Moch Diluain a dh'fhalbh na h-àrmuinn,
's thug iad am bàta leotha gun dàil ann,
Loch nam Madadh rinn i fàgail,
Is dh'òl iad làn ur slàint' ri chèile.

Nuair a thug iad às a' bhàta,
Thuirt Iain Alasdair le tàirealachd,
"Cha mhoth e dhut na buntàta,
Is gu latha a' bhràth cha dèan e feum dhuinn."

'S ann a-staigh o Chroc Cùlodair,
Dh'fhalbh a *ring* a bha na shròn às,
Thuirt am bruid ud "Seall, a Dhòmhnaill,
Bidh sinn còmhladh air ar reubadh."

'S nuair a ràinig iad an caolas,
Thachair orra mòran dhaoine,
Is barail leis gum faigheadh e sgaoilte
Mach gu h-aotrom feadh na slèibhtean.

'S ann air cladach Ceann a' Gharraidh,
Dh'fhàs e fiadhaich 's leig e ràn às,
'S fhuair e Coinneach air an t-snàmh ann,
Is Ailean thàrr e às air èiginn.

Dhiùlt e èirigh agus falbh dhaibh,
Gus am fac' e laoigh Tormoid,
Siud an sealladh a bha dealbhach,
Is math am *bargain* dhut aig fèill e.

Dh'fhalbh an tuathanach gu seòlta,
Is thug e suas air clachan mòr e,
Chrith a ghlùinean 's chaill e a dhòchas,
Is thuit e, a bhròinein, is cha b'e èibhinn.[312]

---

[312] Tasglann Sgoil Eòlais na h-Alba: Aonghas MacPhilip, air a chlàradh le Iain Peatarsan, SA1971.274. Ri a chluinntinn air Tobar an Dualchais, (air a ruighinn 2013).

269. Òran tarbh a' Cheathramh Mheadhanaich

Dh' èirich Iain MacCuaig is thug e fuaim air a bhasan,
Is thuirt e, "Grad cuiribh bhuaibh e, chan eil buaidh air air thalamh,
'S ged a dhèanadh e àl dhuibh, cho math 's a dh'àraich mart bainne,
Tha iomadh cron air rin àireamh,
'S tha fear no dhà dhiubh *air 'm malairt a-nall gu m' mhac*"[313].

'S gun robh Dòmhnall aig Màiri, cha robh tàlantan aige,
Cha robh tarbh air a' mhargadh nach biodh anabarrach math leis,
Bha e gearain air an làraich 's mar a bha e gun searrach,
'N dèidh na chosg e ri fhàgail,
'S bha sin tamailteach cuideachd dhan duine bochd.[314]

---

[313] Dh'fhaodadh nach iad seo na facail a thathar a' seinn.

[314] Tasglann Sgoil Eòlais na h-Alba: an t-Urr Uilleam MacMhathain, air a chlàradh le Iain Peatarsan, SA1976.101.B4. Ri a chluinntinn air Tobar an Dualchais.

270. 'S muladach mi 'n diugh 's mi 'g èirigh

le Daibhidh MacAnndrais à Slèite

'S muladach mi 'n diugh 's mi 'g èirigh,
Tarbh a' bhùird 's e rinn mo lèireadh;
'S muladach mi 'n diugh 's mi 'g èirigh.

Dìreadh suas aig druim is gàirdeas
Air, cur aghaidh air le gàir' is
Bhris an ròp a rinn am fàgail,
'S gun robh cànan ann bha èibhinn;
'S muladach mi 'n diugh 's mi 'g èirigh.

Cha robh crùbach ann no bacach,
Nach robh nis a-mach le bhata,
Iad a' dèanamh mòran astar
Gus a dhol an taic na bèiste.
'S muladach mi 'n diugh 's mi 'g èirigh.

Ged a chaidh iad air an glùinean,
Loisg iad airsan mòran pùdair;
Cha do chuir iad stad air casan eòlaich,
's ann a leònadh e 's e a' geumnaich.
'S muladach mi 'n diugh 's mi 'g èirigh.

Ghabh e suas ri bealach Aruisg
Mar gun robh e seo son tamall
Chaidh e sìos gu cùl na fàsaich,
Is crodh-dàir cha tug e gèill dhaibh.
'S muladach mi 'n diugh 's mi 'g èirigh.

Tha e nise gu fuar, reòite,
Leis a' pheilear thugadh stròc às;
'S cha bhith dìth oirnn airson brògan,
'S air an fheòil bi mòran feum às.
'S muladach mi 'n diugh 's mi 'g èirigh.[315]

---

[315] Tasglann Sgoil Eòlais na h-Alba: David Anderson (FC: Iain MacAonghais) SA1953.178.9.

271. Òran an tairbh

le Flòraidh Iain Dhòmhnaill Phàdraig

'S ho rò gun teiridh sinn hùgan fhathast air,
Feuch am faigh sinn tarbh dhan bhaile-se,
'S ho rò 's ann theiridh sinn hùgan fhathast air.

Thuirt Mairsaili 's ise còmh' leam,
Bith thu dòigheil 's bheir thu dhachaigh e;
Hò 's ann theiridh sinn hùgan fhathast air.
…
Sin a thuirt Annag anns a' Bheurla,
"I'm afraid I can't manage it."
Hò gun toireamaid hùgan fhathast air.

Thàinig i sin a-null is Flòraidh
Dol a thoirt òrdain dha na balachaibh;
Hò gun toireamaid hùgan fhathast air.
Feuch am faigh sinn tarbh dhan bhaile-se,
'S ho rò 's ann theiridh sinn hùgan fhathast air.[316]

---

[316] Tasglann Sgoil Eòlais na h-Alba: Flòraidh Boyd, air a clàradh le Mòrag NicLeòid agus Peter R Cooke, SA1972.029. Ri a chluinntinn air Tobar an Dualchais, (air a ruighinn 2013).

272. Òran an A. I.

le Coinneach 'Red' MacLeòid (1899 -1977)

An cuala sibh naidheachd, an cuala sibh naidheachd,
An cuala sibh naidheachd tha an-diugh feadh an àit'?
Na leugh sibh na forms a thàinig bhon Bhòrd
Ag innse mar 's còir dhan a' bhò dhol a dhàir?

Ma thuig mi na briathran, gach nì bha iad ag iarraidh:
Bha tubhailt le siabann bha mias is bùrn blàth;
Bha form le ainm ann an litrichean dearga
Ach an lorgadh an tarbh far robh 'n t-earball a' fàs.

Tha bodach is cailleach ri mo thaobh anns a' bhaile -
Chaidh mise an urras nach innsinn dhuibh càil -
Sa mhadainn a' bhòn-dè chaidh a' chùis mach à òrdugh -
'S e 'n ràn bh' aig a' bhò chuir na seòid ud an-àird.

Thuirt a' chailleach ris a' bhodach, "Bidh an-àird air do
chasan,
Thoir leat as an sporan ud tasdan no dhà;
Theirg a-null chun a' fòn is cuir cùisean an òrdugh,
Is innis don Bhòrd gu bheil a' bhò leis an dàir."

Thuirt am bodach 's e 'g èirigh, "Cha tèid, theirig fhèin ann,
'S tu as luaithe gheibh èisdeachd 's tu ag èigheach cho àrd;
Cha chuala 's cha d' leugh mi 's chan fhaca mi 'm pàipear,
Chan eil fhios a'm fon ghrèin dè a' Bheurl' th' air an dàir."

Thuirt a' chailleach cho seòlta, "Cuiridh mis' air do dhòigh
thu,
Thoir thusa leat ròp 's biodh a' bhò na do laimh;
Nuair thogas tu fòn is a chluinneas iad a crònan,
Bidh fios aig a' Bhòrd dè as còir dhut a ràdh."

Thàinig an tarbh ud na shuidh' ann an carbaid,
Gun adhairc, gun earball, cha robh calg air a' fàs;
Ma bha ruinge na chuinnlean chan eil e rim chuimhne –
's gu faic mi chuid laogh cha bhi m' inntinn aig tàmh.

Bha bhò 's an damh ruadh anns a' bhàthaich an uair sin,
Nuair chaidh an duin'-uasal mun cuairt air na dhà;
Thuirt a' chailleach ris a' bhodach nuair fhuair iad a-mach e,
"Mur 'eil mis' air mo mhealladh 's e an damh chaidh a dhàir."

An sin nuair thuirt esan, "Eil sibh 'g iarraidh crodh bainne? –
Tha 'n seòrsa sin agam, an *class* dhiubh as fheàrr;"
's ann a threagair a' chailleach, "Cha ghlèidh sinn cho fad iad,
Ma thèid iad rin athair, gun chas ach a dhà."

Ma bha siud ann rim linn-sa chan eil e nam chuimhne,
Ach dh'innis mi dhuibhse gu cinnteach mar bha;
Cumaibh nam chuimhn' e 's bithibh daonnan a' faighneachd,
Is innsidh mi dhuibh ma bhios laogh anns na dhà.[317]

273. Tàladh Dhòmhnaill Ghuirm

Ho nàil i bhò i,
Nàil i bhò i,
A' ghrian 's i 'g èirigh,
Ho nàil i ro hò.

A' ghrian 's i 'g èirigh,
Ho nàil i bhò i
'S i gun smal oirre,
Ho nàil i ro hò.

I gun smal oirre …
Ho nàil i ro hò.
No air na reultan …
Ho nàil i ro hò.

Nuair thèid mac mo rìgh-sa …
Fo làn-èideadh, …
Gun robh neart na cruinne leis …
Agus neart na grèine! …
Neart an tairbh dhuibh …
'S àirde leumas.[318]

---

[317] C. MacLeòid, *Òrain Red*, td 38 (*Air ath-chleachdadh le cead bho Acair*). Ri a chluinntinn air a ghabhail le Iain Dòmhnallach air Bliadhna nan Òran, (air a ruighinn 2013).

[318] Dh'ionnsaich mi an t-òran seo bho Mhàiri Anna NicUlraig aig Fèis Rois. Tha dreachan dheth foillsichte ann an Campbell, *Hebridean Folksongs*, vol. 2, 1977, td 128, ann an Ó Baoill agus Bateman, *Gàir nan Clàrsach*, 1994 agus cuideachd ann an Mhàrtainn, *Òrain an Eilein*. Tha iomadh clàradh dheth ann, nam measg Alison Kinnaird, *The Silver String* agus Anne Lorne Gillies, *O Mo Dhùthaich*.

274. Chaidil iad uil' ann am Muile chrodh-laoigh

Chaidil iad uil' ann am Muile chrodh-laoigh,
Chaidil iad uil' ann am Muile chrodh-laoigh,
Chaidil iad uil' ann am Muile chrodh-laoigh,
Fo dhubhar na coille 's fo dhubhar nan craobh.[319]

275. Tha bò 's agh agam

Tha bò 's agh agam,
Bò is loth agam,
Tha bò 's agh agam,
Dìreadh ri gleann.[320]

---

[319] Tasglann Sgoil Eòlais na h-Alba: an t-Urr Uilleam MacMhathain, air a chlàradh le Seumas Ross, SA1954.055. Ri a chluinntinn air Tobar an Dualchais.

[320] Tasglann Sgoil Eòlais na h-Alba: Nan MacKinnon, air a clàradh le Seumas Ross, SA1959/64.

276. Gheibh thu caoraich, gheibh thu crodh

Gheibh thu caoraich, gheibh thu crodh,
Gheibh thu caoraich, gheibh thu crodh,
Gheibh thu caoraich, gheibh thu crodh,
Gheibh thu buaile fearainn, gheibh.

Gheibh thu othaisg dhubh na cìr,
Gheibh thu laoghan dubh na bà,
Gheibh thu othaisg dhubh na cìr,
'S a' b*hò* bhiorach leis an àl.

Thèid mo ghaol-sa suas am fireach,
Thèid mo laoghan don an tràigh,
Thèid mo ghaol-sa suas am fireach,
Breacan-guaille air mo ghràdh.[321]

---

[321] R. Caimbeul, *Òrain a' Mhoid* 8, Glaschu, 1930. Clàraichte le Fiona MacKenzie & Arthur Cormack air *Seinn o ho ro Seinn*. Tha tionndadh eile den òran air làrach-lin Tobar an Dualchais air a ghabhail le Seasaidh NicCoinnich agus le Eilidh NicCoinnich.

277. Tha bò dhubh agam

Tha bò dhubh agam,
Tha bò dhubh bhuam,
Tha trì bà dubh'
Air an leacain ud shuas.

Tha trì bà dubha,
Tha trì bà ruadh',
Tha trì bà dubh'
Air an leacain ud shuas.

Tha trì bà dubha,
Tha trì bà donn',
Tha trì bà dubh'
Air an leacain ud thall.[322]

278. Tha 'n crodh-laoigh san fhraoch aig Màiri

Tha 'n crodh-laoigh san fhraoch aig Màiri,
Tha 'n crodh-laoigh san fhraoch aig Màiri,
Tha 'n crodh-laoigh san fhraoch aig Màiri,
Trì bà dubh is aona bhò bhlàr ann.

Tha 'n crodh eil' an Eilean an fhèidh,
Tha 'n crodh eil' an Eilean an fhèidh,
Tha 'n crodh eil' an Eilean an fhèidh,
Is na gillean as an dèidh.[323]

---

[322] Fonn agus a' chiad rann bho Caimbeul, *Songs Remembered in Exile*, 1999, td 65; fonn agus facail rud beag diofraichte ann an MacKenzie, *Amhrain Anna Sheumais*, a chleachdas am fonn 'An Siudagan Iomlan' bho MacDonald, *Cruinneachadh Gesto*, td 28 appendix. Ri a chluinntinn air Tobar an Dualchais air a ghabhail le Margaret MacKay, (air a ruighinn 2013).

[323] Tolmie, *105 Songs of Occupation from the Western Isles of Scotland (1840)*, 1997. Faicibh cuideachd 'Tha 'n crodh-laoigh air Aodann Chorrabheinn' ann an NicDhòmhnaill agus MacIllFhinnein, *Do Ghinealach Eile*. Tha clàradh den Urr Uilleam MacMhathain ga ghabhail air Tobar an Dualchais, (air a ruighinn 2013).

279. Fà-ill ile na ho rù

le Mairearad Ghobha

Fà-ill ile na ho rù,
A-ill o na hi ri ù.
Fà-ill ile na ho rù,
'S i mo rùn mo leanabhsa.

Baidh, baidh bà, mo ghràdh,
Meigeag bheag a chinnein bhàin,
Meigeag bheag a chinnein bhàin,
Gur i annsach(d) mamaidh i.

Chaidh na caoirich oirnn o stàth,
Chan eil bainne ac' no àl,
Ciod an comas th'air a ghràidh,
Ged thàinig call an earraich oirnn.

Ged a chairnemide stòr,
Chumadh saibheir sinn ri 'r beò,
Nuair a chairear sinn fon fhòid,
Cha mhòr a thèid 's an talamh leinn.

Ach mo bhitheas t-athair beò,
Gleidheas e dhuinn crodh air lòn,
Caoirich agus uain mun chrò,
Is bheir e bhòtach searrach dhuinn.[324]

---

[324] Crònan le Mairearad Ghobha (theasd mu 1820), bean Dhònuill Ruaidh Ghobha, foillsichte ann an Paul Cameron, "Perthshire Gaelic Songs," TGSI 17, 1891, td 169. Cha robh fonn foillsichte leis an òran, ach gabhaidh a sheinn ri fonn 'Mo chridhe trom 's mi seòladh'.

280. Thug an geamhradh leis an crodh

Hòan agus hòan ò
Hòan agus hòan ò,
Hòan agus hòan ò,
Thug an geamhradh leis an crodh.

Hòan agus hòan ì,
Hòan agus hòan ì,
Hòan agus hòan ì,
Thug an geamhradh leis an nì.[325]

281. Dheoghail an crodh-laoigh 's na beannaibh

Hu a ho hì o mo leanabh,
Hu a ho hì o mo leanabh,
Hu a ho hì o mo leanabh,
Dheoghail an crodh-laoigh 's na beannaibh.

Càit' am faigh mi bainn' dha mo leanabh?
Càit' am faigh mi bainn' dha mo leanabh?
Càit' am faigh mi bainn' dha mo leanabh?
Dheoghail an crodh-laoigh 's na beannaibh.[326]

---

[325] Tasglann Sgoil Eòlais na h-Alba: an t-Urr Uilleam MacMhathain, air a chlàradh le Seumas Ross, SA1976.105.9. Ri a chluinntinn air Tobar an Dualchais, (air a ruighinn 2014).

[326] Tasglann Sgoil Eòlais na h-Alba: Roderick MacDonald (Fear-clàraidh: D.A Dòmhnallach) SA1959/109. Tha 'Dheoghail an crodh-laoigh 's na beannaibh' gu math coltach ri sèist a chaidh a chlàradh bho Ruairidh MaGilleBhuidhe à Uibhist a Deas ann an 1953 – 'Tha crodh-laoigh air aodann Corrabheinn'. Dh'innis an seinneadair don neach-clàraidh gun do chluich pìobair òg à Smeircleit fonn an òrain seo, às dèidh dha rud beag oideachaidh fheumail fhaighinn bho bhean-sìthe chuideachail, airson sealltainn do phìobairean ainmeil MhicCruimein cho math 's a bha pìobairean Smeircleit.

282. Tha crodh-laoigh air aodann Corra Bheinn (i)

Tha crodh-laoigh air aodann Corra Bheinn,
Tha crodh-laoigh air aodann Corra Bheinn,
Uisg' is gaoth air aodann Corra Bheinn,
Tha crodh-laoigh air aodann Corra Bheinn.[327]

Tha 'n crodh-laoigh air aodainn Corrabheinn (ii)

Tha 'n crodh-laoigh air aodainn Corrabheinn,
Driuchd nan speur air feurach Corrabheinn,
Tha 'n crodh-laoigh air aodainn Corrabheinn,
Òg an aois air aodann Corrabheinn.

Tràth chuireas a' ghrian fàilt air Strodha,
Tràth cheilearas eoin ailleachd Dhonnan,
Tràth chuireas a' ghrian fàilt air Strodha,
's a chinneas am feur air àirigh Dhonnan.[328]

---

[327] Tasglann Sgoil Eòlais na h-Alba: Roderick Bowie, Uibhist a Deas, air a chlàradh le Calum I. MacLean, SA1953.36.A3. Ri a chluinntinn air Tobar an Dualchais (air a ruighinn 2012.) Clàraichte cuideachd le Maggie Harrison air *A Leap in the Dark*, Zebo, 2007. Tha tionndadh den òran le ceòl sgrìobhte ann an NicDhòmhnaill agus MacIllFhinnein, *Do Ghinealach Eile*, 1995, td 4.

[328] Tionndadh eile den aon òran, a chruinnich Coinneach MacLeòid bho Chiorstaidh NicFhionghain à Eige agus a chaidh fhoillseachadh le Marsaili Cheanadach-Fhriseil anns an leabhar *Songs of the Hebrides* 2. Chan eil coltas cho fiadhaich air Coire Bheinn anns an dreach seo den òran!

283. ’S tràth chuir a’ ghrian fàilt’ air Strotha

’S tràth chuir a’ ghrian fàilt’ air Strotha,
Innis a’ chruidh-laoigh, chaorach ’s ghobhar,
Chì mi an òigh le h-òran fodham;
’Sùil air a luaigh, ’s a cuach fo chobhar.[329]

---

[329]Chruinnich Frances Tolmie an rann seo bho Sheònaid NicAnndrais ann an 1861. B’ e Seònaid a’
bhanaltram aig mansa Bhràcadail san Eilean Sgitheanach, ach ’s ann ann an Eige a dh’ionnsaich
i an t-òran aig glùin a màthar. Fonn agus facail ann an Tolmie, 105 *Songs of Occupation from the
Western Isles of Scotland*, 1997, td 242.

284. Cò leis an crodh druimfhionn ud thall?

Cò leis an crodh druimfhionn ud thall,
A' dìreadh ri uchdan nam beann?
Cò leis an crodh druimfhionn ud thall,
A' dìreadh ri uchdan nam beann?

Leam fhìn a ghaoil, leat fhèin a ghràidh,
Leam fhìn a ghaoil, leat fhèin a ghràidh,
Leam fhìn a ghaoil, leat fhèin a ghràidh,
Cò leis an crodh druimfhionn ud thall?

Co leis an crodh druimfhionn ud thall,
'S a' bhanarach dhonn air an ceann?
Cò leis an crodh druimfhionn ud thall,
'S a' bhanarach dhonn air an ceann?
Leam fhìn a ghaoil ...

Cò leis an crodh druimfhionn ud thall,
Gan eadradh air ùrlar nan gleann?
Cò leis an crodh druimfhionn ud thall,
Gan eadradh air ùrlar nan gleann? [330]

---

[330] Bhon t-seinn aig Margaret Stewart air *Togaidh mi mo sheolta*, Greentrax, 2008. Clàraichte cuideachd le Maeve NicFhionnghuin, *Òrain Tradiseanta* agus an t-Urr Uilleam MacMhathain air Tobar an Dualchais. Tha am fonn foillsichte ann an NicDhòmhnaill agus MacIllFhinnein, *Do Ghinealach Eile*, 1995, td 9.

285. Tàladh na banachaig

Hò hì ò bho, hì o bhò,
Sìl do bhainne, bhò dhuinn,
Ho hi ò bhò, hì o bhò,
Seathan sa ghiùsaich, *hì o bhò.*
Ho i ò bhò, hì o bhò,
Sìl do bhainne, bhò dhuinn,
Hò hì ò bho, hì o bhò,
Seathan san ionndrainn, *hì o bhò.*

Hò hì ò bho, hì o bhò,
Seathan, bhò dhuinn, *hò i bhò.*
Ho hi ò bhò, hì o bhò,
Mo laoidh 's mo shionnsa, *hì o bhò.*
Ho i ò bhò, hì o bhò,
Nàile bhò dhuinn, *hò i bhò.*
Hò hì ò bho, hì o bhò,
Is loinn mo chiùrraidh, *hì o bhò.*

Hò hì ò bho, hì o bhò,
Seathan, bhò dhuinn, *hò i bhò.*
Ho hi ò bhò, hì o bhò,
Seathan sa ghiùsaich, *hì o bhò.*
Ho i ò bho, hì o bhò.
Bha mi a-raoir, *hò i bhò.*
Hò hì ò bho, hì o bhò,
sa choill na dhùrdail, *hì o bhò.*

Hò hì ò bho, hì o bhò,
Bha mi, bhò dhuinn, *hò i bhò.*
Ho hi ò bhò, hì o bhò,
An luim a shùgraidh, *hì o bhò.*
Ho i ò bho, hì o bhò,
 Nàile, bhò dhuinn, *hò i bhò.*
Hò hì ò bho, hì o bhò,
An soills' a shùla, *hì o bhò.*[331]

286. Cò ni bhuirich?

Cò ni bhuirich?
Ni crodh h-Unais.
Cò ni bhuirich?
Ni crodh h-Unais.
Cò ni geuman?
Ni crodh Shniseasord.
Cò ni bhuirich?
Ni crodh h-Unais.[332]

---

[331] Facail air an cruinneachadh le Coinneach MacLeòid bhon t-seinn aig a' Bh-ph NicFhionghain à Bàgh a' Chaisteil, Barraigh, agus foillsichte ann an Kennedy Fraser, *Songs of the Hebrides* 1, 1909, td 75. Tha mi air na facail atharrachadh rud beag gus an suidhich iad nas fheàrr le fonn ana-bhuilleach an òrain.

[332] Geantraigh beag spòrsail a bhuineas don Eilean Sgitheanach. Chlàraich Frances Tolmie mar a sheinneadh e ann an seòmar-altraim Mansa Bhràcadail ann an 1861. Tolmie, *105 Songs of Occupation from the Western Isles of Scotland,* 1997, td 241.

287. Cò thug mo bhò a dh'Èirinn?

Cò thug mo bhò a dh'Èirinn?
Og hò ro bhò eile,
Cò thug mo bhò a dh'Èirinn?

Cò thug mo bhò bhainne
bhuam a dh'aindeoins' a dh'èighinn?[333]

A' bhò thug mi à Barraigh,
O mo charaid à Breibhig.

A bhò thug mi do dh'Uibhist
Is dh'fhalbh rithist a Shlèite.[334]

288. Banaltrum shunndach (i)

Banaltrum shunndach thogadh an leanabh beag (x3)
Bainne nan gamhna thogadh an leanabh beag.

Banaltrum ùidheil thogadh an leanabh beag (x3)
Mir' agus mùirn a thogadh an leanabh beag.

Banaltrum ùidheil thogadh an leanabh beag (x3)
Lite gun bhùirn a thogadh an leanabh beag.

Banaltrum chiallach thogadh an leanabh beag (x3)
Bainne nan cioch a thogadh an leanabh beag.[335]

---

[333] Chan eil mi buileach cinnteach an e sin am facal a thathar a' seinn.

[334] Tasglann Channaigh: Dòmhnall Mac an t-Saoir, Paislig, air a chlàradh le Iain Latharna Caimbeul, 1949.12.14, (àireamh a' chlàir: 21410 - àireamh a' chlàir thùsail: CW0020). Ri a chluinntinn air Tobar an Dualchais (air a ruighinn 2014.)

[335] MacKenzie, *Amhrain Anna Sheumais*, 1973. Tha am fonn foillsichte ann an Comunn Gàidhealach Leòdhais, *Eilean Fraoich*, 1982, td 33. Tha clàradh de Annie Arnott ga ghabhail air Tobar an Dualchais, (air a ruighinn 2013.)

Banaltrum shunndach (ii)

Togaibh e, togaibh e, togaibh mo leanabh beag (x3)
Banaltrum chiuin, a thogadh mo leanabh beag.

Togaibh e, togaibh e, togaibh mo leanabh beag (x3)
Deoch 's cha b'e 'm bùrn a thogadh mo leanabh beag.

Togaibh e, togaibh e, togaibh mo leanabh beag (x3)
Cioch agus gluin, a thogadh mo leanabh beag.

Togaibh e, togaibh e, togaibh mo leanabh beag (x3)
Fion agus lionn, a thogadh mo leanabh beag.

Togaibh e, togaibh e, togaibh mo leanabh beag (x3)
Laidh am plaid ùir, a thogadh mo leanabh beag. [336]

289. Mi-fhìn 's tu-fhèin a Dhòmhnullain

Mi-fhìn 's tu-fhèin a Dhòmhnullain,
Mi-fhìn 's tu-fhèin a Dhòmhnullain,
Mi-fhìn 's tu-fhèin dà cheann gun cheill,
A chaith thu fhèin le gòraiche.

'S a tha nighean aig an Dòmhnullach,
Tha nighean aig an Dòmhnullach,
Tha nighean aig mac Gille Bhride,
'S bi i stri ri Dòmhnullan.

'S ged tha mi 'n cuil an crodha leat,
Ged tha mi 'n cuil an crodha leat,
Ged tha mi 'n crò Mhic Gille-Chaluim,
Gheibh sinn tac bhon Dòmhnullach. [337]

------

[336] an Urr John Macrury, "Unpublished Old Gaelic Songs," *TGSI* 16, an Gearran, 1890, td 107.

[337] Bhon t-seinn aig Ceitidh NicAulaigh. Foillsichte ann an Donald Fergusson, *Bho na h-Innse Gall as Iomallaiche*,Toronto, 1978, tdd 194-195.

290. Hòro làdaidh beag

le Caiptean Dòmhnall Eòsaph MacFhionghain

Hòro làdaidh beag, hò ro èile,
Hòro làdaidh beag, hò ro èile,
Hòro làdaidh beag, hò ro èile,
Ged nach eil thu ach òg, bidh gu leòr ann an dèidh ort.

An tè a gheibh Dòmhnall, bidh còrr aic' air t-èile,
Bidh iasgair, bidh sealgair, bidh marbhaich an fhèidh aic',
Bidh dròbhair nam mart aic', gan creic air na fèiltean,
Làmh-stiùiridh a' chuain, chuireadh suas na siùil bhrèid-gheal.

Tha Màiri bheag bhòidheach, an òrdan glè rìomhach,
Gun dannsadh i 's t-seòmar mar dhotam' air truinnseir,
Gun a bhith cheòl aic' ach còmhradh mo chinn-sa
Air bharraibh a h-òrdag, am brògan MhicNaoimhein.

Tha Beitidh chùil-bhuidhe le cuman 's le buaraich,
'S i feitheamh an inilt, gun tig an crodh guaill-fhionn;
Nach bòidheach a' luinneag a sheinneas a' ghruagach,
Torghan an fheasgair aig eadrath sa bhuailidh.[338]

---

[338] Taing do Mhàrtainn Mac an t-Saoir a thug dhomh na rannan seo. Tha tionndadh rud beag diofraichte den òran ann an Tasglann Channaigh air a ghabhail le Caiptean Dòmhnall Eòsaph MacFhionghain, air a chlàradh le Iain Latharna Caimbeul, 1947.11.07. Ri chluinntinn air Tobar an Dualchais, (air a ruighinn 2013).

291. Mo chùrachan

Chuirinn fhìn mo leanabh gu làr,
Mo leanabh gu làr, mo leanabh gu làr;
Chuirinn fhìn mo leanabh gu làr,
’S cha bhanaltram dha mi fhìn.

Chuirinn fhìn mo ghamhna dheoghal,
Na gamhna dheoghal, na gamhna dheoghal;
Chuirinn fhìn mo ghamhna dheoghal,
’S nach banachaig bleoghainn dhaibh mi.

Och! Mar tha mo chiochan làn,
M’ achlais fàs, mo chiochan làn;
Och! Mar tha mo chiochan làn,
’S mo shùil an deigh mo chùrachain.

Shiubhail mi bheinn o cheann gu ceann,
O bheann gu beann, o cheann gu ceann;
Shiubhail mi bheinn o cheann gu ceann,
Ciod tha, cha d’fhuair mi ’n cùbhrachan.

Fhuair mi lorg a’ bhric air an allt,
A’ bhric air an allt, a’ bhric air an allt;
Fhuair mi lorg a’ bhric air an allt,
Ciod tha, cha d’fhuair mi ’n cùrachan.

Fhuair mi lorg na bà ’s a laoigh,
Na bà ’s a laoigh, na bà ’s a laoigh;
Fhuair mi lorg na bà ’s a laoigh,
Ciod tha, cha d’fhuair mi ’n cùrachan.

Tha bò mhaol dhonn a’ dìreadh bheann,
Tha bò mhaol dhonn a’ tearnadh bheann,
O thaobh a’ ghlinn gu bruaich nan allt,
Tha ise sgìth ’s a laogh air chall.[339]

---

[339] MacDonald, *The MacDonald Collection of Gaelic Poetry*, 1911, td 326. Tha tionndaidhean eile ann leis an tiotal ‘Mo Chùbhrachan’. Tha iomadh clàradh ann den òran seo, nam measg Sgoilearan Shir Iain MacSuel, *Seinn Ma Tha!* Laurel MacDonald, *Kiss Closed my Eyes* agus Màiri Nic a’ Ghobhainn, *Òrain Tradiseanta*. Tha e ri chluinntinn air a sheinn le Agnes Currie air Tobar an Dualchais fon ‘Cò gu leigeadh na gamhna dheoghail,’ (air a ruighinn 2013.)

292. A Mhòrag bheag

A Mhòrag bheag a' dìreadh bheann,
A' teurnadh ghleann, a' dìreadh bheann;
A Mhòrag bheag a' dìreadh bheann,
Gu bheil thu sgìth 's na laoigh air chall.[340]

Mo bhò dhubh mhòr a' siubhail bheann,
Mo bhò dhubh mhòr a' teàrnadh ghleann,
Mo bhò dhubh mhòr a' siubhail bheann,
'S ann tha i sgìth 's a laogh air chall.[341]

293. Pru dhè Mhic a' Ghamhna

"Pru dhè Mhic a' Ghamhna,
Pru dhè Mhic a' Ghamhna cheann-fhionn,
Pru dhè Mhic a' Ghamhna,
Bhrist' thu 'm braidein, 's dh' òl thu 'm bainne,
Pru dhè Mhic a' Ghamhna,
'S dh'fhalbh thu 'n oidhche ris a' ghealaich,
Pru dhè Mhic a' Ghamhna,
Ach ma dh' fhalbh 's ann duit nach b' aithreach,
Pru dhè Mhic a' Ghamhna,
'S bòidheach air lianaig ar n-aighean,
Pru dhè Mhic a' Ghamhna,
'S bòidheach balg-fhionn ar crodh-bainne,
Pru dhè Mhic a' Ghamhna,
Chuala tu an damh donn ri langan,
Pru dhè Mhic a' Ghamhna,
Ach ma chuala fhuair e 'n t-saighead,
Pru dhè Mhic a' Ghamhna,
Pru dhè Mhic a' Ghamhna cheann-fhionn."[342]

---

[340] Carmichael 1987: td 111.

[341] Air a ghabhail le Cliar air *Cliar* agus le James Graham air *Siubhal*.

[342] MacKellar, TGSI 14, 1888, td 137.

294. Pu'n Dealbhach bheag!

Pu'n Dealbhach bheag! Pu'n Dealbhach ruadh!
Pu'n Dealbhach ruadh 's tu luaidh mo chridh'!
Bi nuas gu luath o challtuinn bhruach,
'S do laogh lag, fuar, mo Dhealbhach fhin!
Nuas bho dhoireachan nan cnò,
A Dhealbhach òg gu dòigheil ciùin;
Is thoir am bainn' gu ciallach còir,
A Dhealbhach bheag, a rùin, a rùin!
Pu'n Dealbhach, Pu'n Dealbhach,
Is meanmnach troimh'n gharbhlach,
…
Pu'n Dealbhach bheag, nach tig thu nall
Bho thaobh nam meall 's an t-anmoch ann?
Pu'n Dealbhach bheag, nach tig thu nall
'S cuir beatha 's blàths am beul do laoigh.[343]

295. Tàladh MhicLeòid

Mo chruit chiùil thu,
Mo thiompan àlainn,
M' fharcha bhinn thu,
Mo sprèidh air àirigh.
Mo chaora geala,
Mo ghobhair mheige,
Mo bhò bhainne,
Mo ghreigh bheannach.
Laogh nam ban bàn thu,
Gaol nam ban-sìdh thu,
Maon nam ban basagheal
Bha tamall anns an t-sìdhean.[344]

---

343 Malcolm MacInnes, *Iseabail na h-Àirigh*, Glaschu, 1933.

344 Carmichael 1987: td 218.

296. Crò Chinn t-Sàile

Thèid mi dhachaigh, hò ro dhachaigh,
Thèid mi dhachaigh chrò Chinn t-Sàile.
Thèid mi dhachaigh, hò ro dhachaigh,
'S gabhaidh mi rathad mòr Chinn t-Sàile.

Thèid mi fhìn, leam fhìn, leam fhìn ann,
Thèid mi fhìn ann null a Geàrrloch,
Thèid mi fhìn, leam fhìn, leam fhìn ann,
'S gabhaidh mi rathad mòr Chinn t-Sàile.

Leig a-staigh mi ghaoil a Pheigi,
Leig a-staigh mi ghaoil a Mhàiri,
Leig a-staigh mi ghaoil a Pheigi,
'S mi dol dhachaigh chrò Chinn t-Sàile.

Bidh mi nochd am buaile Phearsain,
Bidh mi na chuid mhart a-màireach;
Bidh mi nochd am buaile Phearsain,
Bidh mi na chuid mhart a-màireach.

Nam bu leam fhìn thu, fhìn thu, fhìn thu,
Nam bu leam fhìn thu dhèanainn do thàladh;
Nam bu leam fhìn thu, fhìn thu, fhìn thu,
Nam bu leam fhìn thu, ghràidh do mhàthar.

Thogainn thu, leagainn thu, thogainn thu, leagainn thu,
Thogainn thu, leagainn thu, 's dheanainn do thàladh;
Thogainn thu, leagainn thu, thogainn thu, leagainn thu,
Thogainn thu, leagainn thu ghràidh do mhàthar.

Thèid mi dh'Uraigh bhuain a' mhurain,
Thèid mi dh'Uraigh leat a ghràidh bhig;
Thèid mi dh'Uraigh bhuain a' mhurain,
Thèid mi dh'Uraigh 's thig mi màireach.

Thèid mi nam shineadh, nam shineadh, nam shineadh,
Thèid mi nam shineadh gun dàil ann;
Thèid mi nam shineadh, nam shineadh, nam shineadh,
'S thèid mi nam shineadh gu bràth ann.

Cuiribh badan fraoich am dhosan,
'S ann an oisean mo lic làraich,
Cuiribh badan fraoich am dhosan,
'S caidlidh mi gu socair sàmhach.[345]

___

[345] Tha iomadh clàradh den òran seo air Bliadhna nan Òran. Tha e ri chluinntinn cuideachd air Tobar an Dualchais air a ghabhail le Mrs Margaret Cross, (air a ruighinn 2013), agus air na clàraidhean a leanas: Fiona MacKenzie, *Òrain nan Rosach*; Seonag NicCoinnich: *Scottish Tradition*, vol. 19; Margaret Stewart agus Allan MacDonald, *Fhuair mi Pòg*.

Leabhraichean

Alexander, Wm. 1887. *Notes and Sketches Indicative of Northern Rural Life in the C18th*. Edinburgh: David Douglas.

An Comunn Gàidhealach. 1906. *An Deò Ghrèine Àireamh 1*. Sruighlea: Eneas MacKay.

Bennett, M. 2013. *Recollections of an Argyllshire Drover & Other West Highland Chronicles*. Ochtertyre: Grace Note Publications.

Black, R. 1986. *Mac Mhaighstir Alasdair: The Ardnamurchan Years*. Isle of Coll:The Society of West Highland and Island Historical Research.

Brown, Peter Hume. 1978. *Early Travellers in Scotland* Edinburgh: James Thin. *(facsimile of 1891 edition published by D. Douglas)*.

Bryan, Valerie. 2000. *Ceòl nam Fèis 2*. Portree: Fèisean nan Gàidheal.

Buchan, Norman agus Peter Hall. 1973. *The Scottish Folksinger*. London and Glasgow: Collins.

Bunting, Edward. 1840.*The Ancient Music of Ireland, Arranged for the Piano Forte, To which is prefixed a Dissertation on the Irish Harp and Harpers, Including an Account of the Old Melodies of Ireland, Volume 3*. Dublin: Hodges and Smith.

Buxton, Ben. 1995. *Mingulay: An Island and it's People*. Edinburgh: Birlinn.

Caimbeul, B.1993. *Òrain nan Gaidheal Àireamhan 1 – 3*. Glaschu: Gairm.

Caimbeul, Seonaidh. 1936. *Òrain Ghàidhlig le Seonaidh Caimbeul (air an toirt sìos le Iain MacAonghais)*. Dun Phàrlain: B. MacAoidh & a Chuideachd.

Caimbeul, Tormod.2005. *Air do Bhonnagan a Ghaoil*. Steòrnabhagh: Acair.

Caldwell, David. 2008. *Islay: The Land of the Lordship*. Edinburgh: Birlinn.

Cameron, A.D. 1986. *Go Listen to the Crofters:The Napier Commission and Crofting a Century Ago*. Stornoway: Acair.

Cameron, David Kerr. 2008. *The Ballad and the Plough: A Portrait Of The Life Of The Old Scottish Farmtouns*. Edinburgh: Birlinn.

Cameron, Dr Alexander. 1892. *Reliquiae Celticae, volumes 1 & 2*. Inverness: Northern Chronicle Office.

Cameron, Hector. 1932. *Na Bàird Thiristeach*. Sruighlea: A' Chomunn Thirisdeach.

Cameron, J. (deas). 1949. The Justiciary Records of Argyll and the Isles 1664-1705. Vol. 1. Stair Society 12.

Cameron, John. 1900. *The Gaelic Names of Plants*. Glaschu: J. Mackay.

Cameron, Marairead. 1785. *Orain Nuadh Ghàidhealach*. Dùn Èideann: D. MacPhatraic.

Campbell, J.F. *Popular Tales of the West Highlands Vol III (Alexander Gardner of*

Paisley & London: 1890)

Campbell, John Gregorson. 1900. *Superstitions of the Highlands and Islands of Scotland.* Glasgow: James MacLehose and Sons.

Campbell, John Lorne, F.M.Collinson, D. MacCormick, & A. McDonald.   1969. *Hebridean Folksongs Volume 1.* Oxford: Clarendon Press.

Campbell, John Lorne, F.M.Collinson, D. MacCormick, & A. McDonald.   1977. *Hebridean Folksongs Volume 2.* Oxford : Oxford Uni Press.

Campbell, John Lorne. 1999. *Songs Remembered in Exile.* Edinburgh: Birlinn.

Carmichael, Alexander. 1900. *Carmina Gadelica vol. 1.* Edinburgh.

Carmichael, Alexander. 1928. *Carmina Gadelica vol. 2.* Edinburgh: Oliver & Boyd

Carmichael, Alexander. 1941. *Carmina Gadelica vol. 4.* Edinburgh: Oliver & Boyd.

Carmichael, Alexander. 1987. *Carmina Gadelica vol. 5.* Edinburgh: Scottish Academic Press.

Child, Francis. J. 1898. *Popular English and Scottish Ballads Vol. 4.* Boston & New York: Houghton Mifflin.

Cochrane, Ùna. 2009. *Crodh Gàidhealach gu Leòr!* Edinburgh: *Busdubh Books an co-bhuinn le* Stenlake Publishing Ltd.

Comunn Gaidhealach Leòdhais (ed.). 1982. *Eilean Fraoich: Lewis Gaelic Songs and Melodies.* Stornoway: Acair.

Coutts, Ben. 1997. *Bred in the Highlands.* Edinburgh: Mercat Press.

Craig, K.C. 1949. Òrain *Luaidh Màiri Nighean Alasdair.* Glaschu: Alasdair Matheson & Co Ltd.

Craven, James Brown. 1886. *Journals of the Episcopal Visitations of the Right Rev. Robert Forbes of the Dioceses of Ross and Caithness, and of the Dioceses of Ross and Argyll, 1762 & 1770 with a History of the Episcopal Church in the Diocese of Ross Chiefly During the 18th Century and a Memoir of Bishop R. Forbes.* London: Skeffington & Son.

Creighton, Helen agus Calum MacLeod. 1964. *Gaelic Songs in Nova Scotia. Ottawa: National* Museum of Canada Bulletin no. 198- Dept of the Secretary of State, Canada.

Cunninghame Graham, R.B. 1913. *A Hatchment.* London: Duckworth & sons.

Curle, Alexander W.S., F.S.A:Scot. 189. 1895-1896. "Notice of Four Contracts or Bonds of Fosterage," *Proceedings of the Society of Antiquities of Scotland:* Edinburgh: Neill & Company.

Defoe, Daniel. 1928. *A Tour Through the Whole Island of Great Britain. London: J&M Dent &* Sons. (Revised edition 1962).

De Paor, Liam. 1986. *The Peoples of Ireland.* London: Hutchinson & Co. Ltd.

Donaldson, John E. 1938. *Caithness in the C18th.* Edinburgh & London:The Moray Press.

Dughalach, Ailein. 1829. Òrain, *marbhrannan agus duanagan Ghaidhealach.* Inbhirnis: Mac-an-Toisich.

Dunbar, John G. 1997. *Sir William Burrell's Northern Tour, 1758*. East Linton: Tuckwell Press.

Dwelly, Edward. 1977. *The Illustrated Gaelic-English Dictionary*. Glasgow: Gairm

Fenton, Alexander. 1987. *Country Life in Scotland*. Edinburgh: John Donald.

Fergusson, Donald A. 1978.*From the Farthest Hebrides / Bho na h-Innse Gall as Iomallaiche*. Toronto: The Macmillan Company of Canada Limited.

Fergusson, R. Menzies. 1899. *Alexander Hume: An Early Poet-Pastor of Logie and his Intimates*. Paisley and London: Alexander Gardner.

Forbes, Alexander Robert. 1905. *Gaelic Names of Beasts (Mammalia), Birds, Fishes, Insects, Reptiles etc.* Edinburgh: Oliver & Boyd.

Fyfe, J.G. 1942, *Scottish Diaries & Memoirs 1746-1843*. Stirling: Eneas MacKay.

Gillies, Anne Lorne. 2005. *Songs of Gaelic Scotland*. Edinburgh: Birlinn.

Gillies, John, 1786, *Sean Dàin agus Òrain Ghàidhealach/Collection of Ancient and Modern Gaelic Poems and Songs'*. Perth.

Grant, Anne MacVicar. 1806. *Letters from the Mountains: being the real correspondence of a lady, between the years 1773 and 1803. Vol. 1.* London: Longman, Hurst, Rees, and Orme.

Grant, Anne MacVicar. 1809. *Letters from the Mountains Vol. 3*. London: Longman, Hurst, Rees, and Orme. Grant, I.F. 1981. *Everyday Life on an Old Highland Farm 1769- 1782*. London: Shepheard-Walwyn.

Grant, I.F. 1961. *Highland Folk Ways. London: Routledge & Kegan Paul.*

Grant, I.F. 1930. *Social and Economic Development of Scotland before 1603.* Edinburgh: Oliver & Boyd.

Grant, William. 2010. *Scottish Anecdotes and Tales.* Montana: Kessinger Publishing.

Ghreumach, Alexina agus AlmaNicShimidh. 1991. *I Dal U Dal* Steòrnabhagh: Acair.

Greig, Gavin. 1963. *Folk Song of the North East Vol 3* Hatboro: Folklore Associates.

Grimble, Ian. 1979. *The World of Rob Donn*. Edinburgh: Edina Press.

gun ainm. 1890. *A' Choisir-Chiùil: the St. Columba Collection of Gaelic Songs, arranged for part- singing*. Paisley: J & R Parlane.

gun ainm. 1836. *Co-chruinneachadh de dh'òrain taghta : iomadh dhiubh nach deach a-riamh roimhe ann an clò. A collection of the most popular Gaelic songs: including a number of original pieces of merit now printed for the first time.* Glaschu: Duncan MacVean.

gun ainm. Ro 1889. *Filidh nam Beann*. Glaschu: R.McGregor & Co.

gun ainm. 1925. *Òrain a' Mhoid 2*. Glaschu: Alasdair MacLabhruinn 's a Mhic.

gun ainm. 1925. Òrain a' Mhoid 8. Glaschu: Alasdair MacLabhruinn 's a Mhic,

Guinne, an t-Urr Adhamh agus Calum MacPhàrlain. 1899. Òrain *agus Dàin le Rob Donn MacAoidh*. Glaschu : Iain MacAoidh.

Gunn, Wm. 1848. The Caledonian Repository of Music Adapted for the
      Bagpipes. Glasgow.

Haldane, A.R.B. 1952. *The Drove Roads of Scotland*. Newton Abbot: David &
      Charles.

Jackson, Anthony. 1989. *The Pictish Trail*. Kirkwall: The Orkney Press.

Kennedy Fraser, Marjory & an t-Urr K. MacLeòid. 1925, *From the Hebrides*.
      Glasgow: Paterson's Publications Ltd.

Kennedy Fraser, Marjory. 1909. *Songs of the Hebrides Vol.* 1. London: Boosey &
      Co.

Kennedy Fraser, Marjory. 1917. *Songs of the Hebrides Vol.* 2. London: Boosey &
      Co.

Kennedy Fraser, Marjory. 1921. *Songs of the Hebrides Vol.* 3. London: Boosey &
      Co.

Knott, Eleanaor. 1920. A bhfuil aguinn dár chum Tadhg Dall Ó Huiginn (1550-
      1591), Lunnainn: Simpkin, Marshall, Hamilton, Kent & Co. Ltd airson
      Chumain na Sgríbhinn Gaedhilge.

Lees, James Cameron. 1897. *A History of the County of Inverness*. Edinburgh &
      London: Wm Blackwood & Sons.

Lenman, Bruce. 1984. *The Jacobite Clans of the Great Glen 1650 – 1784*. London:
      Methuen.

MacBheathain, Alasdair. 1891. *Dàin agus Òrain Ghàidhlig le Màiri Nic a'
      Phearsain/ Poems and Songs by Mary MacPherson*. Inbhirnis: A. & U.
      MacCoinnich.

MacDonald, Alexander. 1941. *Story and Song from Lochness-shire*. Inverness:
      Northern Counties Newspaper and Printing and Publishing Company, Ltd.

MacDonald, Rev. Archibald. 1894. *The Uist Collection*. Glasgow: Archibald
      Sinclair.

MacDonald, Rev. A. 1911. *The MacDonald Collection of Gaelic Poetry*. Inverness:
      Northern Counties Newspaper and Printing and Publishing Company,
      Limited.

MacDonald, Keith Norman. 1900. *MacDonald Bards from Medieval Times*.
      Edinburgh: Norman MacLeod.

Macdonald, Keith Norman. 1931. *Puirt-a-beul* (mouth-tunes: Or, songs for dancing
      as practised from a remote antiquity by the Highlanders of Scotland.
      Glaschu: Alex Maclaren.

MacDonald, Keith Norman. 1997 (ath-chlò-bhualadh) *Gesto Collection of
      Highland Music*. Burnham-on-sea: Llanerch Publishers.

MacDonell, Sister Margaret. 1982, *The Emigrant Experience – songs of Highland
      emigrants in North America*. Toronto: University of Toronto Press.

MacFarlane, J. 1922, *The History of the Clan MacFarlane. Glasgow: David Clark
      Ltd*.

Macfarlane, W. 1906- 1908 *Geographical collections relating to Scotland,* Volume
      3 air a dheasachadh le Mitchell, A and J.T. Clark,. Edinburgh: Scottish

History Society.

MacGriogair, Iain. 1897. *Luinneagan Luaineach*. Lunainn: David Nutt.

MacIlleathainn, Iain agus Maletta NicPhàil. 2005. *Seanfhacail is Seanchas*. Steòrnabhagh: Stornoway Gazette Group Ltd.

MacInnes, J. (ùghdar) agus Michael Newton (deasaiche). 2006. *Dùthchas nan Gàidheal: Collected Essays of John MacInnes*. Edinburgh: Birlinn 2006.

MacInnes, Malcolm. 1933. *Iseabail na h-Àirigh*. *Glaschu: Alex Maclaren & Sons*.

MacKay, Alexander. 1821. *Original Songs and Poems in English and Gaelic*. Inverness.

Mackay, Robert (Mackay Mackintosh deasaiche). 1829, *Songs and Poems in the Gaelic Language*. Inverness.

MacKay, Rob Donn (deasaiche gun ainm). 1871. Òrain *le Rob Donn* Edinburgh: MacLachlan & Stewart.

MacKay, Wm. (deas.) 1896. Records of the Presbyteries of Inverness and Dingwall *1643-1688*. Edinburgh: The Scottish Historical Society.

MacKay, Wm. 1893. *Urquhart & Glenmoriston – Olden Times in a Highland Parish*. Inverness: Northern Counties Newpaper & Printing & Publishing Co. Ltd.

MacKenzie, A. 1973. *Amhrain Anna Sheumais*. Miss A. MacKenzie.

MacKenzie, John agus James Logan (luchd-deasachaidh). 1841. *Sar-Obair nam Bard Gaelach*. Glaschu: MacGregor, Polson & Co.

MacKenzie, John agus James Logan. 1882. *Sar-Obair nam Bard Gaelach* (5 m h chlo-bhualadh), Dùn Èideann: MacLachlan & Stewart.

MacKenzie, Osgood. 1921. *A Hundred Years in the Highlands*. London: Edward Arnold.

MacKillop, James. 1998. *Oxford Dictionary of Celtic Mythology*. Oxford: Oxford University.

Press.Maclellan, Lauchie, John Shaw. 2002. *Brìgh an Òrain: A Story in Every Song*. Edinburgh: Birlinn.

MacLeod, Angus (deasaiche). 1978. Òrain *Dhonnchaidh Bhàin*. Dùn Èideann: Comunn Litreachas Gàidhlig na h-Alba.

MacLean, M. agus C. Carrell. 1986. Às *an Fhearann*. Edinburgh: Mainstream Publishing/Stonoway: An Lanntair/ Glasgow: Third Eye Centre.

MacLeod, Murdo. 1962. *Bàrdachd Mhurchaidh a' Cheisdeir*. Darien Press

MacLeòid, Calum Iain M. 1971. *Sgial is Eachdraidh*. Glaschu: Gairm 47.

MacLeòid, Coinneach. 1998. *Orain Red*. Steòrnabhagh: Acair.

MacLeòid, Iain. 1907. *Dàin agus* Òrain *le Iain MacLeòid*. Inbhirnis.

MacLeòid, Malcolm C. (deasaiche). 1908. *Modern Gaelic Bards*. Stirling: Eneas MacKay.

Mac na Ceàrdadh, Gilleasbuig. 1879. *An t-Òranaiche*. Glaschu: Archibald Sinclair.

MacPherson, Donald. 1868. *An Duanaire*. Dùn Èideann: MacLachlan & Stewart.

MacPherson, Mary. 1891. *Poems and Songs by Mary MacPherson*. Inbhirnis.

MacRae, An t-Urr Alexander. 1910. *History of the Clan MacRae*. Dingwall: George

Souter.

Martin, Martin. 1999, *A Description of the Western Isle of Scotland, circa 1695*. Edinburgh: Birlinn. (Foillsichte an toiseach London 1716; Glasgow: Thomas D. Morrison, 1884).

Matheson, William (deasaiche). 1970. *The Blind Harper/An Clarsair Dall:* Òrain *Ruaidhri Mhic Mhuirich agus a chuid ciùil*. Edinburgh: Comunn Litreachas Gàidhlig na h-Alba.

McLauchlan, Rev. Thomas. (deasaiche). 1862. *Book of the Dean of Lismore*. Edinburgh: Edmonston & Douglas.

McLeod, Wilson agus Meg Bateman (luchd-deasachaidh). 2007. *Duanaire na Sracaire – Anthology of Medieval Gaelic Poetry*. Edinburgh: Birlinn 2007.

McNeill, F. Marion. 1959, *The Silver Bough vol. 2*. Glasgow: MacLellan.

McNeill, F. Marian. 1957, *The Silver Bough,* vol. 1. Glasgow: MacLellan.

Meek, Dòmhnall E. 1995, *Tuath is Tighearna – Tenants and Landlords*. Dùn Èideann: Comunn Litreachas Gàidhlig na h-Alba *Vol* 18.

Meek, Dòmhnall E. 2003. *Caran an t-Saoghail*. Dùn Èideann: Birlinn.

Meek, Dòmhnall E. 1998. *Màiri Mhòr nan* Òran *– taghadh de a h-Òrain* Dùn Èideann: Comunn Litreachas Gàidhlig na h-Alba, Scottish Academic Press.

Mhàrtainn, Cairistìona. 2001. *Orain an Eilein*. Upper Breakish: Taigh na Teud.

Mhàrtainn, Cairistìona. 1994. *Tog Fonn!* Upper Breakish: Taigh na Teud.

Mhàrtainn, Cairistìona. 1997. *Tog Fonn! 2* Upper Breakish: Taigh na Teud.

Milliken, Ile William agus Sam Bridgewater. 2004. *Flora Celtica*. Edinburgh: Birlinn.

Mitchell, John. 2000. *The Sheilings and Drove Ways of Loch Lomondside* Stirling: Jamieson & Munro.

Moffat, Alistair. 2005. *Before Scotland*. London: Thames & Hudson.

Monro, Donald. 1999. *A Description of the Occidental i.e. Western Islands of Scotland*. Edinburgh: Birlinn.

Morer, Thomas. 1702. *A short account of Scotland. Being a description of the nature of that Kingdom, and what the constitution of it is in church and state*. London.

Morrison, Hew. 1899. Òrain *le Rob Donn* (treas clo-bhualadh). Dùn Èideann: John Grant.

Munro, R.W. 1961. *Monro's Western Isles of Scotland*. Edinburgh: Oliver & Boyd.

Munro, R.W. 1984. *Taming the Rough Bounds; Knoydart 1745-1784*. Coll: The *Society of* West Highland & Island Historical Research.

Munro, W. 1978. *Reivers or Cattle Theives,* Dingwall: Dingwall Museum Trust.

Newton, Michael. *Bho Chluaidh gu Calasraid*, Steòrnabhagh: Acair.

NicChoinnich, Fiona. 2005. Òrain *nan Rosach*. Caidreachas Òran Gàidhlig Màiri Mhòr, Highland Council / Taigh nan Teud.

NicDhòmhnaill, Iseabail T. agus Fearchar I.MacIllFhinnein. 1995. *Do Ghinealach Eile: Dà fhichead* òran o bheul-aithris Uibhist a Deas. Muran.

Nicolson. A. 1882.*A Collection of Gaelic Proverbs and Familiar Phrases – based on*

MacIntosh's Collection, Edinburgh: MacLachlan and Stewart.

Nicolson, Alex ander. 1996. *Gaelic Proverbs: Tha gu leòr cho math ri cuilim.* Edinburgh: Birlinn.

NicShimidh, Alma agus Alasdair Barr, 1989, *Muir agus Tir*, Steòrnabhagh: A' Chomunn Ghaidhealach, Roinn nan Eilean Siar; clò-bhuailte le Gasaet Steòrnabhaigh.

Ó Baoill, Colm agus MegBateman. 1994. *Gàir nan Clàrsach*. Edinburgh: Birlinn.

Ó Baoill, Seán Óg agus Mánus Ó Baoill. 1975. *Ceolta Gael,* Cork: Cló Mercier.

Ó Maoileoin, Pádraig (an Seabhac). 2007. *Seanfhocail na Mumhan*. Baile Átha Cliath: An Gúm. (foillsichte an toiseach ann an 1926.)

O'Sullivan, Donal and Mícheál Ó Súilleabháin. 1983. *Bunting's Ancient Music of Ireland.* Cork: University of Cork.

Ord, John agus AlexanderFenton. 1995,*Bothy Songs and Ballads.* Edinburgh: John Donald.

Pennant, T. A. 2000. *Tour in Scotland 1769.* Edinburgh: Birlinn. *(first edition John Monk 1774).*

Pennant, T. 1998. *Tour in Scotland and Voyage to the Hebrides 1772.* Edinburgh: Birlinn.

Purser, John. 1992. *Scotland's Music.* Edinburgh: Mainstream Publishing & BBC Scotland.

Ramsay, J. 1888. *Scotland & Scotsmen in the 18th Century Volume 2.* Edinburgh & London: Wm Blackwood & Sons.

Reeves, Wm, 1874. *Life of Saint Columba, Founder of Hy. Written by Adamnan, Ninth Abbot of that Monastery.* Edinburgh: Edmonston and Douglas.

Rogers, Pat. 1993. *Johnson & Boswell in Scotland – A Journey to theHebrides,* New Haven & London: Yale University Press.

Ross, Anne. 2000. *The Folklore of the Scottish Highlands.* Stroud: Tempus.

Ross, W.A. & H. R. Ross. 1996. *A Little Book of Gaelic Proverbs.* Belfast: Appletree Press.

Shaw, Lachlan. 1882. *History of the Province of Moray.* Glasgow: Thomas D. Morison.

Shaw, Margaret Fay. 1986. *Folksongs and Folklore of South Uist.* Aberdeen: Aberdeen University Press. (first published 1955).

Sinclair, Sir John. 1826. *Analysis of the Statistical Account of Scotlan*d Volume 1, London: Johnson.

Sinclair, Sir John. 1791 – 1799. The Statistical Account of Scotland (OSA). http:// edina.ac.uk/stat-acc-scot/'

Sinclair, Sir John. 1834 – 1845. The New Statistical Account of Scotland (NSA). Edinburgh: William Blackwood & Sons.

Smith, John A. 1964. *Aithris is Oideas.* London: University of London Press Ltd.

Smout, T.C. 1969. *A History of the Scottish People 1560 – 1830.* Fontana Press.

Stewart, Katharine. 2010. *Cattle on a Thousand Hills.* Edinburgh: Luath Press Ltd.

Stevenson, David. 2004. *The Hunt for Rob Roy.* Edinburgh: Birlinn.

Stinton, Rev. Thomas. 1906. *Poetry of Badenoch.* Inverness: Northern Counties.

Storrie, M.C. 1981, *Islay: Biography of an Island.* Islay: The Oa Press.

Sutherland, Elizabeth. 1977. *The Pictish Guide.* Edinburgh: Birlinn.

Thomson, Derick. 1992. *The MacDiarmid Anthology. 1770.* Edinburgh: Scottish Gaelic Texts Society, Scottish Academic Press.

Tolmie, F. 1997. *105 Songs of Occupation from the Western Isles of Scotland (1840).* Burnham-on-Sea: Llanerach Publishers. (reprinted from the Journal of the Folk-Song Society no.16 – first published: 1911).

Watson, J. Carmichael, 1934. *Gaelic Songs of Mary MacLeod.* Glasgow & London: Blackie.

Watson, Roderick. 1995. *The Poetry of Scotland.* Edinburgh: Edinburgh University Press.

Watson, W.J. 1915. *Bàrdachd Gàidhlig.* Inbhirnis: Northern Counties.

Watson, W.J. 1937. *Scottish Verse from the Book of the Dean of Lismore,* Scottish Gaelic Texts Society *Vol 1.* Edinburgh: – Oliver & Boyd

Whyte, Henry ('Fionn'). 1920. *The Celtic Garland.* Glasgow:Alexander MacLaren & Sons.

Whyte, Henry ('Fionn'). 1898. *The Celtic Lyre part IV.* Edinburgh: John Grant.

Whyte, Ian. 1979. *Agriculture and Society in Seventeenth Century Scotland.* Edinburgh: John Donald.

IRISEAN AGUS PÀIPEARAN

Alasdair Òg. 1876. "The Highland Ceilidh," *The Celtic Magazine* Volume 1, *àireamh 11: 331-338.*

Buidse, an t-Urr. Dòmhnall. 1972-74 "Beathag Mhór, Bana Bhàrd Sgiathanach," Scottish Gaelic Texts Society 48: 376-379.

Cameron, Paul. 1891. "Perthshire Gaelic Songs," *TGSI* 17: 126-170.

Cregeen, Eric. "The Last of the Argyllshire Drovers: Dugald MacDougall," *Scottish Studies* 3:

MacBain, Alexander. 1884. "The Ancient Celts," *TGSI* 11: 51-84.

MacCoinneach, Uilleam. 1892. "Gaelic Incantations and Charms of the Hebrides," *TGSI* 18: 97-182.

MacDiarmid, James. 1902. "Fragments of Breadalbane Folklore," *TGSI 25:* 126-148.

MacDhòmhnaill, Dòmhnall Iain. Am Foghar 1987. "Crodh Chailein", Gairm àireamh 140: 311.

MacDonald, D.A. 1986. "Chan eil a' chùis a' còrdadh rium," *Tocher* 40: 242.

MacDonald, D.A. 1994. "A Mhór, a Mhór, taobh ri d' mhacan*", Tocher* 47:

MacGilleBhàin, Alasdair. 1891. "Gaelic Incantations", *TGSI* 17: 222-265.

MacIllFhialain, Aonghas. 2003. "Paigheadh Biadhachadh an Tairbh", *Tocher* 57.

Mackellar, Mary Cameron. 1888. "The Sheiling: its Traditions and Songs", *TGSI* 14: 135-*153.*

Mackellar, Mary Cameron. 1889. "The Sheiling: its Traditions and Songs – part 2", *TGSI* 15: 151-171.

MacLean, Chrissie. 1988. "Falkirk Tryst: Droving cattle from Tiree," (SA1976/115A). *Tocher* 41:323.

Mackintosh, Andrew. 1916. "Gaelic and English Words for Old Highland Marches, Strathspeys and Reels," *TGSI* 29: 81-94.

MacRitchie, David. 1908, "Stories of the Mound Dwellers," *Celtic Review* 4: 316-331.

Macrury, John. 1891. "Unpublished Old Gaelic Songs," *TGSI* 16: 98 -110.

Murdo Dearg nam Bò. 1963. "Òran nan Dròbhairean," *Scottish Studies* 9: 189-203.

Newton, Dr. Michael. An Gearran 2001. 'Mac Iain Gheàrr' *Cothrom Comunn Luchd Ionnsachaidh CLI.*

Stinton, Rev T. 1898. "Snatches of Song collected in Badenoch," *TGSI* 22: 233-256

Stinton, Rev T. 1893. "Stray Verses of Gaelic Poetry," *TGSI* 19: 73 – 89.

PÀIPEARAN-NAIDHEACHD:

Inverness Advertiser: January 30 1856; Feb 26 1856
Oban Times 20/3/1896
Press & Journal May 31 2004

LÀRAICH-LÌN:

Am Baile. "Bean margaidh Albannach agus clann," <www.ambaile.org.uk> (air a ruighinn 2012)

BBC Alba. 2010. "Bliadhna nan Òran," <www.bbc.co.uk/alba/oran> (update:2010: air a ruighinn 2010 – 2014)

Comhairle nan Eilean Siar. <www.cne-siar.gov.uk/gaelic>. (air a ruighinn 2012)

Comunn Eachdraidh an Taobh Siar. "Shieling," <www.ceats.org.uk> (air a ruighinn 2012).

Comunn Eachdraidh Nis. Murchadh 'An Dòmhnaill. "Àirigh ann an Leòdhas," <cenonline.org>. (air a ruighinn 2011)

School of Scottish Studies. 2006. "Tobar an Dualchais." <www.tobarandualchais. co.uk> (air a ruighinn 2009 – 2013)

Clàraidhean

Bannal: Waulking Songs *(Greentrax 1995)*.

Barrie, William: Ancient Piobaireachd Vol IV.

Battlefield Band: Dookin' *(Temple Records 2007)*.

Bennett, Martyn agus Margaret Bennett: Glen Lyon *(Grace Note Publications 2010)*.

Blazin' Fiddles: The Old Style *(Blazin' Records 2004)*.

Bodega: Bodega *(Greentrax 2006)*.

Campbell, James: Scottish Tradition 8 James Campbell of Kintail Gaelic Songs: *(School of Scottish Studies/ Greentrax Recordings Ltd. 2010)*.

Campbell, Roddy: Tarruinn Anmoch *(Greentrax 2000)*.

Campbell, Rory: Magaid a' Phipeir *(Lochshore 1997 / Klub/KRL 2000)*.

Capercaillie: Cascade *(Etive Records 1984)*.

Capercaillie: Delirium *(Survival Records 1991)*.

Capercaillie: Get Out *(Survival Records 1992)*.

Capercaillie: Secret People *(Survival Records 1993)*.

Capercaillie: Glenfinnan – Songs of the '45 *(Survival Records 1998)*.

Capercaillie: The Blood is Strong *(Grampian Television Music 1995)*.

Capercaillie: To the Moon *(Survival Records 1995)*.

Capercaillie: Nàdurra *(Survival Records 2000)*.

Capercaillie: Roses and Tears *(Vertical Records 2008)*.

Chaimbeul, Kenna: Guth a shnìomhas *(Macmeanmna 2007)*.

Clannad: Fuaim *(Tara Records 1982)*.

Clannad: Macalla *(RCA Power Play Studio 1985)*.

Cliar: Cliar *(Macmeanmna 2000)*.

Cliar: Grinn, Grinn *(Macmeanmna 2005)*.

Clò Dubh Clò Donn: Scottish Tradition 18 *(Greentrax 2001)*.

Coisir Ghàidhlig an Eilein Mhuilich: Òran no Dhà *(Highlander Music 2007)*.

Cormack, Arthur: Nuair bha mi Òg *(Temple Records 1984)*.

Cormack, Arthur: Ruith na Gaoithe *(Temple Records 1989)*.

Cruinn: Cruinn *(Cruinn 2013)*.

Cumming, Jenna: Kintulavaig *(Macmeanmna 2005)*.

Dàimh: Crossing Point *(Greentrax 2007)*.

Danú: Up in the Air *(Shanachie 2004)*.

Dòchas: An Dàrna Umhail *(Gordon Duncan 2011)*.

Fowlis, Julie: Mar a tha mo Chridhe *(Macmeanmna 2005)*.

Fowlis, Julie: Uam *(Shoeshine Records 2009)*.

Fowlis, Julie: Gach Sgeul *(Machair 2014)*.

Fowlis, Julie, Muireann NicAmhlaoibh, Eamon Doorley & Ross Martin: Dual *(Machair Records 2008)*.

Gillies, Alasdair: Island Heritage *(Scottish Heritage Records 2007)*.

Gillies, Anne Lorne: O Mo Dhùthaich *(Iona Records 1998)*.

Graham, James: Greisean Grèine *(Skippinish 2007)*.

Graham, James: Siubhal *(Footstompin' 2004)*.

Harrison, Maggie: A Leap in the Dark *(Zebo 2007)*.

Heywood, Heywood: By yon Castle Wa' *(Greentrax 1993)*.

Johnson, Calum: 1951 Edinburgh People's Festival Ceilidh Alan Lomax *(Rounder Records 2006)*.

Johnston, Calum agus Annie: Scottish Tradition Series 13 (Greentrax 2010).

Kennedy, Calum: Songs in Gaelic *(Dancing Midgies Music 2008)*.

Kennedy, Mary Ann agus na Seòid: Mary Ann Kennedy agus na Seòid *(Watercolour Music Ltd. 2008)*.

Kinnaird, Alison: The Silver String *(Temple Records 2004)*.

Lamond, Mary Jane: Bho Thir Nan Craobh *(B. & R. Heritage Enterprises 1997)*.

Lamond, Mary Jane: Làn Dùil *(Tidemark/Turtlemusik 1999 & Wicklow/ RCA 2000)*.

Lamond, Mary Jane: Stòras *(Turtlemusik 2005)*.

Lamond, Mary Jane: Òrain Ghàidhlig *(CD Baby 2006)*.

Lightfoot, Rona: Eadarainn *(Macmeanmna 2004)*.

Lomax, Alan: World History of Folk & Primitive Music: Vol 3: Scotland *(Rounder Records 1998)*

Lomax, Alan: 1951 Edinburgh People's Festival Ceilidh *(Rounder Records 2005)*.

Lomax, Alan: Gaelic Songs of Scotland: Women at Work in the Western Isles *(Rounder Records 2006)*.

MacAskill, Ishbel: Sìoda *(Macmeanmna 1994)*.

MacAskill, Ishbel: Essentially Ishbel *(MacAskill 2000)*.

MacDonald, Allan: Dastirium *(Siubhal 2007)*.

MacDonald, Chrissie: Barra *(Smith Mearns 2007)*.

MacDonald, Finlay: Pressed for Time *(Footstompin' Records 2004)*.

MacDonald, Laurel: Kiss Closed my Eyes *(Wicklow Records 1995)*.

MacDonald Sisters: Hòro Bhodachan hòro *(Emerald 45 disk 1969)*.

MacGregor, Bruce: Loch Ness *(Blazin' Records 2005)*.

MacInnes, Kathleen: Òg-mhadainn Shamhraidh *(Greentrax 2006)*.

MacInnes, Maggie: Eilean Mara *(Dunkeld 1999)*.

MacInnes, Maggie: Peaceful Ground *(Marram 2004)*.

MacInnes, Maggie: A' Fàgail Mhiughalaidh *(Marram 2009)*.

MacInnes, Màiri: Causeway *(Lismor 1989)*.

MacInnes, Màiri: Orosay *(Greentrax 2001)*.

MacLeod, Donnie Murdo: Gaelic Scotland 2 *(ARC Music 2007)*.

MacKay, Catriona: Catriona MacKay *(Glimster Records 2007)*.

MacKenzie: Camhanach *(Macmeanmna 1997)*.

MacKenzie: Fama Clamosa *(Macmeanmna 2002).*

MacKenzie, Eilidh: Eideadh na Sgeulachd *(Temple Records 1992).*

MacKenzie, Fiona agus Arthur Cormack: Seinn o ho ro Seinn *(Caidreachas Òran Gàidhlig Màiri Mhòr 2003).*

MacKenzie, Fiona: Òrain nan Rosach *(Caidreachas Òran Gàidhlig Màiri Mhòr 2006).*

MacKenzie, Gillian: Griais *(Gress Recordings 2012).*

MacKinnon, Capt. D. J: An Eòsag (2010).

MacKinnon, Catriona & Lisa MacKinnon: Back to Barra *(2008).*

MacKinnon, Maeve: Don't Sing Love Songs *(Footstompin' Records 2007).*

MacMillan, Calum Alex: Tàladh nan Cuantan *(Skippinish 2005).*

MacNeil, Flora: Craobh nan Ubhal *(Temple Records 1996 – re-release of 1976 album).*

MacNeil, Flora: Òrain Flòraidh *(Temple Records 2000).*

MacPhee, Catherine-Ann: Cànan nan Gàidheal *(Greentrax 1993).*

MacPhee, Catherine-Ann: Sings Màiri Mhòr *(Greentrax 1994).*

MacPhee, Catherine-Ann: Sùil Air Ais *(Greentrax 2004).*

MacTalla: Mairidh Gaol is Ceol *(Temple 1994 – re-released 2008).*

Malinky: Flower and Iron *(Greentrax 2008).*

Martin, Anne: Cò…? *(Whitewave Music 1998).*

Martin, Anne agus Ingrid Henderson: Nighean nan Geug *(Whitewave Music 2005).*

Matheson, Karen: Downriver *(Vertical records 2005).*

Matheson, William: Scottish Tradition Vol 16: Gaelic Bards & Minstrels *(Greentrax 2001).*

McCallum, Paul: Taigh a' bhaird *(Beracah Music 2005).*

McCallum, Paul & John Carmichael: Ceòl a' Ghlinne.

McCallum, Paul & Vivien Mackie: Margaret's Glen *(Birlinn Records 2007).*

McKellar, Kenneth: The Tartan *(Decca 1960).*

Morrison, Fred: The Broken Chanter *(Lismor 1993).*

Murray, Anna: Into Indigo *(Klub Records Ltd. 1997).*

Murray, Anna: Out of the Blue *(Klub Records Ltd. 2000).*

Murray, Anna: Trì Nithean *(Klub Records Ltd. 2000).*

Na h-Òganaich: The Great Gaelic Sound of Na hÒganaich *(Beltona Sword 1972).*

Na h-Òganaich: Gael Force 3 *(Beltona Sword 1973).*

Na h-Òganaich: Scot Free *(Beltona Sword 1975).*

Neilson, Graham: New Boat Old Rocks *(2002).*

Ni Chathasaigh, Máire : New Strung Harp *(Temple 1997).*

Ní Dhomhnaill, Maighread, Trìona Ní Dhomhnaill agus Micheál Ó Domhnaill: Trìona *(Gael Linn 1972 – remastered 2009).*

Nic a' Ghobhainn, Màiri: Òrain Traidiseanta *(Lewis Recordings).*

NicChoinnich, Seonag: Scottish Tradition Vol. 19 *(Greentrax 1999).*

NicFhionghuin, Maeve: Òrain Traidiseanta *(Lewis Recordings)*.

O' hEadhra, Brian agus Christine Primrose: An Turas *(Anam 2003)*.

Poozies: Yellow Like Sunshine *(Greentrax 2009)*.

Primrose, Christine: Àite mo Ghaoil *(Temple 1993)*.

Primrose, Christine: 'S Tu Nam Chuimhne *(Temple Records 1995)*.

Ross, Billy: Shore Street *(Greentrax 2000)*.

Runrig: Highland Connection *(Ridge Records 1979)*.

Scottish Tradition Series Vol 5: The Muckle Sangs *(Greentrax 1992)*.

Scottish Tradition Series Vol 18: Clò Dubh Clò Donn *(Greentrax 1998)*.

Scottish Tradition Series Vol 19: Seonag NicCoinnich *(Greentrax 1999)*.

Seudan: Seudan *(Greentrax 2011)*.

Sgoilearan Shir Iain MacSuel: Seinn Ma Tha! *(Electric Honey 1997)*.

Shine: Sugarcane *(Chocolate Records 2001)*.

Sileas: Delighted with Harps *(Green Linnet 1992)*.

Stewart, Chrissie: Kist o' Dreams *(Kist o' Dreams 2004)*.

Stewart, Christina: Haunting (Feisty Besoms 2012).

Stewart, Margaret: Togaidh mì mo Sheòlta *(Greentrax 2008)*.

Stewart, Margaret agus Allan MacDonald: Fhuair mi Pòg *(Greentrax 1998)*.

Stewart, Margaret agus Allan MacDonald: Colla mo Rùn *(Greentrax 2001)*.

Stivell, Alan: Brian Boru *(Dreyfus 1995)*.

Tannas: Rù-Rà *(Lochshore 1995/ KRL 2000)*.

Tannas: Sùilean Dubh *(KRL 1999)*.

Teine: Làn Tighe Chaileagan *(Townsend Records 2006)*.

The Chieftains: The Chieftains 1 *(Claddagh 1963)*.

The Corrs: Home *(Atlantic 2005)*.

The Shee: A Different Season *(Shee Records 2008)*.

Tobia, Emma Kate: Aisling na nGael *(Tara Music 2009)*.

Triantán: Triantán *(Independent 2001)*.

Walker, Rachel: Bràighe Loch Iall *(Skippinish 2004)*.

Walker, Rachel: Fon Reul-Sholus *(Skippinish 2010)*.

Walker, Rachel: Skippinish Ceilidh House: The Scottish Music Show *(Skippinish Records 2010)*.

Whistlebinkies: A Wanton Fling *(Greentrax 1996)*.

Whistlebinkies: Timber Timbre *(Greentrax 1999)*.

Clàr-amais

Clàr-amais ainmean

Clàr-amais àitean

Clàr-amais òrain agus dàin

Tiotalan ann an **clò dubh**. Ciad loidhne den earrann a nochdas san leabhar seo ann an *clò eadailteach*.